LES DERNIERS CORSAIRES MALOUINS

LA COURSE SOUS LA RÉPUBLIQUE ET L'EMPIRE

« *1793 — 1814* »

THÈSE POUR LE DOCTORAT
Présentée à la Faculté des Lettres de Rennes

Par l'Abbé F. ROBIDOU

RENNES — PARIS
IMPRIMERIE OBERTHUR
1919

LES

DERNIERS CORSAIRES MALOUINS

La Course sous la République et l'Empire

« 1793-1814 »

Permis d'imprimer.

Le Recteur d'Académie,

L. Gérard-Varet.

Vu :

A Rennes, le 16 juin 1914.

Le Doyen de la Faculté des Lettres,

G. Dottin.

LES

DERNIERS CORSAIRES

MALOUINS

LA COURSE SOUS LA RÉPUBLIQUE ET L'EMPIRE

« *1793 — 1814* »

THÈSE POUR LE DOCTORAT
Présentée à la Faculté des Lettres de Rennes

Par l'Abbé F. ROBIDOU

RENNES — PARIS

IMPRIMERIE OBERTHUR

1919

AVANT-PROPOS

Ce livre était composé lorsque survint la mobilisation générale, le 2 août 1914.

Appelé dès les premiers jours, l'auteur n'eut plus qu'une pensée, celle de la patrie à défendre.

Quelques mois plus tard, cependant, la guerre de tranchée ayant remplacé la guerre de mouvement, l'abbé F. Robidou se trouvait ramené à Paris avec la réserve du personnel sanitaire. Il put mettre à profit ses loisirs forcés pour corriger les épreuves et compléter sa documentation sur quelques points de détail en consultant les Archives Nationales.

Le répit devait d'ailleurs être assez court. Dès les premiers mois de 1915, l'abbé F. Robidou était affecté en qualité de caporal aux brancardiers de la 36e division. De nouveau il se trouve pris par la dure vie du soldat en campagne. Il en supporte joyeusement les fatigues, estimé de ses chefs, très aimé de sa petite escouade et de ses camarades.

En mai 1916, la 36e division se trouvait appelée à son tour à Verdun. C'est là que le caporal Robidou trouva une mort glorieuse, non loin du fort de Souville, dans l'exercice de ses fonctions de brancardier.

Modèle de conscience et de devoir, dit la citation qui lui fut décernée, il avait fait dès les premières heures et comme prêtre et comme Français le sacrifice de sa vie. Il s'était donné de toute son âme à la tâche très modeste que les circonstances lui avaient imposée. D'autres diront, peut-être, qu'il eût pu et plus utilement en remplir de plus importantes. Nous nous souviendrons seulement qu'aux yeux de Dieu le mérite ne s'est jamais mesuré à l'éclat du rôle joué ici-bas.

Dans la pensée de l'auteur, les *Corsaires Malouins* ne devaient constituer qu'une partie de la thèse de doctorat qu'il se proposait de soutenir. Ils devaient être suivis d'un ouvrage de plus longue haleine sur la *Formation et l'Education des Clercs* depuis les Origines jusqu'à Charlemagne. A cet ouvrage surtout l'abbé F. Robidou consacra le meilleur de ses efforts. Prêtre, il aima l'Eglise; Malouin, il aima sa petite patrie d'une affection très vive. Ainsi s'expliquent deux sujets de thèse si dissemblables au prime abord.

Tout travail porte en lui-même sa récompense. Les heures données par l'abbé F. Robidou à la composition de sa thèse comptèrent certainement parmi les meilleures de sa vie. Si, de plus, la *Formation et l'Education des Clercs* qui paraîtra sans doute quelque jour, si les *Corsaires Malouins* qui paraissent aujourd'hui pouvaient contribuer à faire mieux connaître et plus aimer l'Eglise, mieux connaître et plus aimer Saint-Malo, toute l'ambition de l'auteur se trouverait pleinement satisfaite.

L. ROBIDOU.

BIBLIOGRAPHIE

ARCHIVES

ARCHIVES NATIONALES. — M. Le Grand, conservateur adjoint :

FF₂, 1 à 15. — Décisions du Conseil des Prises de l'an XI à 1816. — Ce sont les expéditions adressées au Ministère de la Marine. Les Archives mêmes du Conseil ont dû périr dans l'incendie du Conseil d'Etat (1871). Sur 1.500 jugements de prises, 49 concernent des corsaires malouins.

FF₂, 19. — Imprimés donnant le résultat de 94 liquidations générales de corsaires malouins pour des campagnes allant de l'an VII jusqu'à 1813.

FF₂, 22. — Quarante jugements de bonne prise pour des navires ennemis terris à Saint-Malo (1807-1813).

AD^VII, 43-44-45. — Prises et armements en course, 1793-an XI. — Imprimés donnant avec la législation sur les prises maritimes une foule de rapports, opinions et mémoires d'hommes politiques, d'armateurs et de neutres sur les avantages et les inconvénients de cette législation. Le carton 45 contient de plus 39 jugements du Conseil des Prises (an VIII-IX).

AF^IV, 1195 à 1200. — Archives de la Secrétairerie d'Etat. Lettres et rapports du Ministre de la Marine. Evénements, mouvements et nouvelles de la Mer et des Ports. Tableau des croisières ennemies. On trouve également dans cette série un certain nombre de décrets impériaux concernant les corsaires malouins (Fiches manuscrites aux articles Prises-Saint-Malo).

BB[3], *188-193.* — *Correspondance du Ministre de la Justice et du Conseil des Prises* sur différents faits concernant la course. Lettres reçues des consuls et agents dans les pays étrangers.

F[7], *3643-8048.* — *Rapports de police.* — Les Archives du Ministère de la Marine récemment versées aux Archives Nationales comprennent trois séries intéressantes :

BB[2]. — Lettres du Ministre aux Ports.
BB[3]. — Lettres des Ports au Ministre.
BB[4]. — Campagnes.

Des tables manuscrites permettent de se reporter aux numéros concernant Saint-Malo, Morlaix et Brest. Les principales campagnes des corsaires malouins s'y trouvent racontées en détail. Le terrissage des prises y est mentionné. Principaux extraits de journaux anglais concernant la course.

Le Magasin central de la Marine, 64, quai Debilly, à Paris, possède un certain nombre de documents relatifs à la course. Je n'ai pu y consulter qu'un « Etat des Corsaires armés dans le 3e arrondissement (an XI-1813). Cet Etat signale pour le port de Saint-Malo les vingt liquidations non terminées dans cette période.

Archives du Commissariat de Marine a Saint-Servan (1) :

Salle A, séries A-B. — On y trouve toute la correspondance officielle de 1793 à 1815. Les lettres du Ministre de la Marine sont collationnées dans des cartons. Plusieurs registres contiennent les copies de lettres du Commissaire et le résumé des dépêches ministérielles.

Salle F, série F[2]. — Il faudrait un assez long travail pour classer toutes les pièces qui s'y trouvent. M. *Lebeau* n'en a donné qu'un inventaire très succinct. On peut y consulter notamment :

(1) Inventaire par M. Lebeau, publié dans la *Revue Maritime et Coloniale* (août-septembre 1886).

1° *Les rôles d'équipage des corsaires sortis du port.*

2° *Des registres* contenant :

a) Enregistrement des « Lettres de marque ».

b) Engagement des marins étrangers.

c) Billets de rançon donnés aux capitaines.

d) Certificats de cautionnement.

e) Rapports des capitaines (28 août 1809-11 avril 1816).

3° *Des états concernant les armements en course.*

Il y en a :

a) Du 9 messidor an V, intitulé : Les armements en course contre les ennemis de l'Etat depuis le 18 février 1793 jusqu'à ce jour.

b) De prairial an VII, donnant en outre la valeur des bâtiments armés et quelques renseignements sur leur état actuel.

c) De brumaire an VII, indiquant les prises faites antérieurement. Des notes continuent cet état jusqu'à la fin de l'an VIII.

d) De l'an X, portant ce titre : Prises faites par les corsaires qui ont armé à Saint-Malo pendant la dernière guerre. Cet état indique : 1° Le produit des cinq centimes et du décime par franc versé à la caisse des Invalides; 2° Les prises non encore liquidées.

e) De 1815, intitulé : Etat des corsaires armés durant les guerres de l'an XI. On y trouve le nom des bâtiments, des armateurs, des prises, les sommes versées aux Invalides et parfois quelques indications sur la croisière.

f) De 1815 à 1830, indiquant à peu près chaque semestre l'état des liquidations non encore terminées.

4° *Des tableaux demandés par Napoléon* donnant, de 1806 à 1813 (1809 manque), les résultats généraux de la course pour le port de *Saint-Malo*.

5° *Un grand nombre de règlements de parts de prises et quelques minutes de liquidations générales.*

6° *Des imprimés* donnant parfois en plusieurs exemplaires le résultat des *liquidations générales*.

7° *Deux cartons* contenant un certain nombre de pièces relatives aux *prisonniers de guerre*.

8° *Divers dossiers et lettres d'armateurs* concernant les prises (p. ex. Dossier de *La Cleopâtra*).

Archives du greffe du Tribunal de Commerce de Saint-Malo :

1° *64 liasses* contenant les *comptes d'armement* de corsaires dont les liquidations n'ont pas été faites. Chaque liasse renferme un compte avec pièces à l'appui.

2° *39 liquidations particulières* de prises faites par les corsaires et conduites en ce port.

3° *177 minutes de liquidations générales* de lettres de marque et corsaires.

4° *174 états de répartition des parts de prises* et gratifications revenant aux équipages.

5° *92 règlements de parts de prises.*

Archives municipales de Saint-Malo :

LL. 70 pièces I. 15 : Les prises du corsaire *Le Furet* et compte de liquidation an V.

LL. 175. Nombreux armements de corsaires jusqu'en l'an XI.

Registres de délibérations du Conseil municipal.

Archives départementales a Rennes :

22 M. 19. Rapport du sous-préfet sur la situation de Saint-Malo-Saint-Servan vers 1800.

II. 351. Le combat du *Renard*.

Archives du Tribunal de Commerce de Morlaix [1], contiennent pour toutes les prises terries à Morlaix par des corsaires malouins :

1° Pièces de procédure jusqu'à l'an VIII.

2° Jugements de bonne prise.

(1) Lemoine et Bourde de la Rogerie. *Inventaire des Archives du Finistère*, Appendice I, p. 237.

3° Règlements et instructions sur la liquidation des prises.
4° Liquidations particulières.

Copie de lettres du Sous-Commissaire de Lannion (20 janvier 1809-29 décembre 1810).

Une brochure intitulée : Jugement rendu par le Tribunal civil du département des Côtes-du-Nord au profit des citoyens Thomas aîné et Martin, armateurs du corsaire *La Laure*, contre Barthode Hagena, capitaine du navire *Le Salomon et Betty*, réclamé par Jean Jansen et Burmester, négociants à Hambourg (Port-Brieux, 1er messidor an VII, chez Bourel, 52 pages) (1).

Une autre brochure ayant pour titre : Conduite à tenir par les capitaines de navires armés en course et par les chefs conducteurs de prises (Chez Forest, à Nantes, an VII, 15 pages) (1).

Un mémoire intitulé : Conseil des prises. Réponse au mémoire de la *Mary-Anna* (2).

Correspondance suivie entre le capitaine Le Maitre et M. Augustin Thomas aîné, armateur du *Duguay-Trouin* (cahier de 40 feuillets in-folio dont la couverture porte uniquement cette mention : Journal historique an XII. La correspondance contient 21 numéros. Elle commence le 13 germinal an XII et se termine brusquement le 9 messidor de la même année (3).

(1) Document communiqué par M. l'abbé Edouard Bourdet, P. j., nos 34 et 70.

(2) Communiqué par M. l'abbé Meriais, ancien professeur au Collège de Saint-Malo, P. j., no 71.

(3) Manuscrit communiqué par M. Haize, président de la Société historique et archéologique de Saint-Malo. Analysé et cité en partie dans la *Revue du Pays d'Aleth*, année 1909, p. 81 et suiv., sous le titre « Récit d'une campagne d'été d'un corsaire ».

PRINCIPAUX OUVRAGES CONSULTÉS

Annales de la Société historique et archéologique de Saint-Malo, Saint-Servan, Haize, 1900-1911.

Benaerts (L.). — *Saint-Malo pendant le Consulat et l'Empire* (Annales de Bretagne, t. XIV, p. 367-403, Rennes, Plihon et Hervé, 1898).

Bouvet (P.). — *Précis des campagnes du capitaine de vaisseau P. Bouvet*, Paris, F. Didot, 1840.

Clowes. — *The royal Navy*, London, 1899-1901, t. IV. V et VI.

Cunat (C.). — *Notice historique sur Saint-Malo* (Ogée, Dictionnaire historique de Bretagne, t. II, p. 881 et suiv., édition Marteville, Rennes, 1843-53). — *Histoire de Robert Surcouf, capitaine de corsaires*, Paris, 1842. — *Saint-Malo, illustré par ses marins*, Rennes, 1857, Pealat. — François-Joseph Hénon : *Enlèvement du cutter anglais* l'Union, *à Plymouth*, Dinan, Bazouges, 1888.

Dahlgren (E. W.). — *Les Relations commerciales et maritimes entre la France et les côtes de l'Océan Pacifique*, Paris, Champion, 1909.

Delaunay. — *Les Evasions du capitaine Guillaume-Marie Angenard* (Annales de Bretagne, t. VI et VII, Rennes, 1890-91).

Fabre (E.). — *Voyages et Combats*, 2e *série*. — *Le Contre-amiral Bouvet. Nos corsaires*, Paris, Berger-Levrault, 1886.

Gallois (Napoléon). — *Les Corsaires français sous la République et l'Empire*, 2 vol., Paris, 1847.

Harvut. — *Les Malouins à Terre-Neuve* (Annales de Bretagne, t. IX, 1893-94). — *La Pêche à Terre-Neuve* (Annales de la Société historique et archéologique de Saint-Malo, 1900).

HERPIN. — *La Compagnie des Indes aux mains des Malouins* (Annales de la Société historique et archéologique de Saint-Malo, 1901).

HERVÉ. — *Le French-Shore*, Rennes, 1905.

LEBEAU. — *Code des Prises.*

LEMOINE et BOURDE DE LA ROGERIE. — *Introduction à l'Inventaire sommaire des Archives du Finistère*, série B, art. IV : Guerre de course ; Corsaires de Morlaix et ports voisins, XLIX-CXVII, Quimper, Jaouen, 1902.

MALO (H.). — *Les Corsaires. Mémoires et documents inédits*, (Mercure de France, Paris, 1908).

MANET. — *Les Malouins célèbres*, Saint-Malo, 1824.

MONENTHEUIL. — *Essai sur la Course*, Paris, 1898.

Moniteur Universel.

NICOLLIÈRE-TEIJEIRO (S. DE LA). — *La Course et les Corsaires du port de Nantes*, Paris, Champion, 1896.

PISTOYE (DE) et DUVERDY. — *Traité des prises maritimes*, 2 vol., Paris, Durand, 1855.

POULAIN (J.). — *Duguay-Trouin corsaire, écrivain. La Course au XVIIe siècle*, Paris, Didier, 1882.

PRAMPAIN (Ed.). — *Saint-Malo historique*, Amiens, 1902.

PRENTOUT. — *L'Ile de France sous Decaen*, Paris, Hachette, 1901.

Revue du Pays d'Aleth, années 1908-09-10, Saint-Servan, Haize.

ROBIDOU (Bertrand). — *Histoire et Panorama d'un beau pays*, Dinan, Bazouges, 1861.

SOTTAS (J.). — *Note sur le rôle des Malouins dans la Compagnie des Indes orientales pendant le règne de Louis XIV.* — *Les Navigations anciennes des Malouins à la mer du Sud, 1698-1720* (Annales de la Société historique et archéologique de Saint-Malo, 1904-1908).

SURCOUF. — *Un Corsaire malouin : Robert Surcouf*, Paris, 1890.

THIERS. — *Histoire du Consulat et de l'Empire.*

TROUDE. — *Batailles navales de la France*, Paris, 1866.

Vigie de l'Ouest, ancien journal de Saint-Malo.

REMARQUES. — 1° Les Archives du Commissariat de marine à Saint-Servan ont fourni la part de beaucoup la plus large dans les documents recueillis et cités. On voudra bien tenir comme venant de ce fonds tous les renseignements qui pourraient manquer de références ;

2° Le calendrier républicain n'est employé qu'à partir de l'an II et cesse le 23 nivôse an XIV. Le tableau suivant permettra de comparer les dates principales.

CALENDRIERS

Républicain.		Grégorien.	
An I	1er vendémiaire	1792	22 septembre.
An II	—	1793	—
An III	—	1794	—
An IV	—	1795	23 —
An V	—	1796	22 —
An VI	—	1797	—
An VII	—	1798	—
An VIII	—	1799	23 —
An IX	—	1800	—
An X	—	1801	—
An XI	—	1802	—
An XII	—	1803	24 —
An XIII	—	1804	23 —
An XIV	—	1805	—

On se rappellera que, dans le calendrier républicain, l'ordre des mois est le suivant : vendémiaire, brumaire, frimaire, nivôse, pluviôse, ventôse, germinal, floréal, prairial, messidor, thermidor, fructidor.

4° Thivend, Bleschamps, Gaude, sont successivement Commissaires de marine à Saint-Malo-Saint-Servan. Pennelé est durant toute cette période chargé de l'Inscription maritime.

Les Ministres de la Marine sont : Monge, Dalbarade, Truguet, Forfait, Bruix, Decrès.

Abréviations.

A. N. : Archives nationales.

St-S. : Archives de la Marine à Saint-Servan.

St-M. : Archives du greffe du Tribunal de Commerce de Saint-Malo.

INTRODUCTION

Au mois de décembre 1789, six malouins influents, porteurs d'une pétition habilement motivée, furent envoyés à Paris. Ils avaient pour mission d'obtenir du pouvoir central la création en Bretagne d'un département ayant Saint-Malo pour chef-lieu. « Cette ville, disait en substance le document rédigé par le Conseil permanent *de la commune, est la seconde de la province par son commerce et sa navigation. C'est elle qui fournit le plus de matelots, car son activité maritime dans ses deux branches principales, la pêche et le cabotage, en forme beaucoup et en détruit peu. La population de la cité et des districts environnants les fournit tous. Ils deviennent, en temps de guerre, les défenseurs de la patrie. Saint-Malo envoie à l'Espagne les toiles de Bretagne, expédie pour la côte de Guinée, l'Amérique, les Indes. Le défaut de protection a beaucoup diminué son trafic, mais il peut refleurir sous la sage administration de négociants habiles et rompus aux affaires. Lorsque le nouveau département veillera lui-même sur ses destinées, il ne tardera pas sans doute à recouvrer la splendeur qu'il possédait autrefois et qu'il a perdue parce que son commerce et surtout sa pêche ont été découragés, quelque intéressants qu'ils soient pour la prospérité du royaume, de sa marine et de ses colonies. Les descendants de Jacques Cartier dont on a laissé envahir les précieuses découvertes, ceux de Duguay-Trouin, méritent de conserver un pavillon sur les mers. Ils ont autant et plus de droits qu'aucune autre ville à ne pas rester oubliés, sans influence dans leur patrie, sans représentants à l'Assemblée nationale »* (1).

Cette pétition n'eut point, on le sait, le résultat désiré. Mais elle permet de faire une double constatation : A la fin de l'Ancien Régime, le commerce de Saint-Malo avait diminué dans des proportions considérables (2). *Pourtant cette antique cité revendique encore l'une des premières places parmi les villes importantes de Bretagne.*

La pêche à la morue est certainement en décadence depuis un demi-siècle par suite de la cession de Terre-Neuve à l'Angleterre et de la concurrence étrangère sur le French-Shore et au Grand-Banc (3). *Mais la navigation au long-cours reste toujours assez prospère malgré le défaut de protection dont se plaignent à juste titre les négociants malouins* (4). *Le commerce des toiles (quintins, noyales, chaussettes de Vitré, toiles de Morlaix, Laval, Cholet), avec les possessions espagnoles du Nouveau-Monde* (5), *l'importation des épices et autres denrées coloniales, la*

(1) Bertrand ROBIDOU. *Histoire et panorama d'un beau pays*, p. 330. — Voir aussi H. SÉE et LESORT. *Cahiers des doléances de la Sénéchaussée de Rennes*, t. III, p. 30; *Charges et griefs de la communauté de Saint-Malo*, art. 68, et *Mémoire des Armateurs en 1782*, *ibid.*, p. 32.

(2) Sur le commerce maritime de Saint-Malo aux XVIIe et XVIIIe siècles, il faut lire l'ouvrage magistral de E. W. DAHLGREN, *Les Relations commerciales et maritimes entre la France et les côtes de l'Océan Pacifique*, et les intéressantes brochures de :

FRAIN. *Registre d'écuyer Nicolas Bouleuc* (1678), Vannes, Lafolye, 1902. — *Vitréenne et Malouine* (1690-1783), Vitré, Lécuyer, 1902.

(3) HERVÉ. *Le French-Shore.*

HARVUT. *La Pêche à Terre-Neuve.*

CUNAT. *Saint-Malo illustré par ses marins.* « Dans un état de 1772 sur le produit de la pêche à Terre-Neuve, nous trouvons que 99 navires expédiés rapportèrent 2.289.969 livres 15 sous 4 deniers de morue, 188.069 livres 12 sous 9 deniers d'huiles en barriques, 5.738 livres 9 sous 10 deniers de langues et de maux. — En 1777, 78 bâtiments seulement armèrent pour Terre-Neuve ».

(4) Il s'agit surtout du traité de 1786 avec l'Angleterre, V. SÉE et LESORT, *op. cit.*, p. 30.

(5) Ces marchandises passent ordinairement par Cadix. Plusieurs familles malouines ont des représentants dans cette ville. Il y a un consul d'Espagne à Saint-Malo.

traite [1] *occupent un grand nombre de bâtiments et de marins du quartier. Parmi les expéditions les plus importantes de cette époque, il faut citer celle qui fut organisée par M. Grand-Meslé pour aller faire le trafic sur les côtes de Chine. Le roi prêta à cette occasion aux malouins plusieurs grands navires. Un emprunt de cinq millions de livres permit de compléter leur armement* [2]. *Le cabotage assure également des relations fréquentes avec Jersey, l'Angleterre et tous les ports de la côte normande ou bretonne* [3]. *Pour le trafic intérieur Saint-Malo reste l'un des premiers marchés de la Bretagne. Ses entrepôts fournissent notamment les denrées coloniales jusqu'à Saint-Brieuc, Ploermel, Rennes et Vitré.*

(1) La traite des nègres est surtout pratiquée par les Malouins établis à l'île de France.

PRENTOUT. *L'île de France sous Decaen.*

SURCOUF. *Histoire de Robert Surcouf*, p. 66 et suiv.

En 1790, l'Assemblée générale de Saint-Malo invoque le *veto* suspensif du roi contre l'abolition de la traite (Bertrand ROBIDOU, *op. cit.*, p. 286).

(2) CUNAT dans OGÉE. *Dictionnaire historique de Bretagne*, p. 812.

(3) Selon Ch. CUNAT dans OGÉE, *op cit.*, p. 812 et suiv. « En 1777, sans comprendre les 111 navires affectés au grand et petit cabotage et les morutiers, 6 bâtiments allèrent à la Côte de Guinée, 5 à Saint-Domingue, 5 à Cayenne, 30 à la Guadeloupe, 4 à la Martinique, 2 au Bengale, 2 aux îles de France et Bourbon, 2 à Pondichéry. 51 navires étrangers, anglais, russes, hollandais et suédois entrèrent avec cargaison de leur pays, 112 navires français appartenant aux ports de Bordeaux, Bayonne, Rouen, Dunkerque, Lorient arrivèrent avec les produits de ces villes, 20 gabarres de 10 à 40 tonneaux apportèrent des bois de construction. En tout 401 navires. »

« Depuis le traité de Versailles (1783) jusqu'au 31 mai 1790, Saint-Malo aurait expédié au long cours 670 navires et Saint-Servan 217. Au cabotage, la première aurait armé 327 bricks, goëlettes ou côtres, la seconde 176. En totalité, pour la ville et le faubourg, 1.390 bâtiments sur lesquels furent employés 35.661 marins et dont les avances d'armement montèrent à la somme de 5.661.371 livres. Il n'est pas question dans ce chiffre des bateaux de pêche ni des navires suédois, prussiens, hollandais, anglais, espagnols qui de tout temps ont afflué dans le port. Leur nombre, sans être aussi grand que celui des nôtres, a néanmoins toujours été considérable. » Voir *Archives municipales de Saint-Malo*, LL 154 : Etat des bâtiments armés de 1783 à 1790.

L. BENAERTS a fait sur les Archives de Saint-Servan le relevé exact des entrées et sorties pour le port de Saint-Malo en 1788 (*Annales de Bretagne*, t. XIV, p. 368). Il a trouvé, sur le registre d'entrée, 994 bâtiments dont 81 seulement dépassent 100 tonneaux et 207 cinquante. Dans ce nombre il y a 474 navires malouins. Les bâtiments des autres nations atteignent le chiffre de 31 (16 hollandais, 4 danois, 4 suédois, 1 espagnol, 6 allemands). Ils apportent à Saint-Malo les bois de construction du Nord, le fer de Suède, le chanvre et le lin de Russie. Les navires anglais sont certainement beaucoup plus nombreux.

La déclaration de guerre à l'Angleterre (1er février) et à l'Espagne (7 mars 1793) vint tarir à peu près complètement ces sources de prospérité. Une foule de navires et de bras restent désormais sans autre emploi que la Course.

Dans la séance du 27 mai 1792 l'Assemblée législative avait assez longuement délibéré sur une motion du député Kersaint proposant l'abolition des armements de ce genre. M. Emmery (1) *dit : « Je suis d'une ville qui a équipé plus de 1.200 corsaires durant la dernière guerre. Ils ont fait plus de mal à l'Angleterre que les deux marines royales de Bourbon réunies. Cependant cette ville ne désire point continuer de telles entreprises. Je vous propose donc de charger le roi de négocier dans les différentes cours l'abolition de la Course et d'ajourner toutes les propositions qui vous seront présentées. » Un ordre du jour en ce sens fut déposé par Vergniaud et rallia tous les suffrages* (2). »

L'on s'en tint d'ailleurs à ce souhait platonique et un décret de la Convention (31 janvier 1793) autorisa dès le début de la guerre tous les citoyens français à armer en course. Il en fut de même en l'an XI aussitôt après la rupture entre Napoléon et l'Angleterre.

Les Malouins célèbres aux siècles précédents par des expéditions de ce genre (3) *n'attendirent pas longtemps pour profiter de l'autorisation. Ils ne demanderaient pas mieux*

(1) DE PISTOYE et DUVERDY. *Traité des prises maritimes*, I, p. 7, appellent M. Emmery *Un Malouin*. Il était en réalité de Dunkerque. V. MONENTHEUIL, *Essai sur la course*.

(2) *Moniteur universel*, 1er juin 1792.

(3) Abbé MANET. *Les Malouins célèbres*.

Ch. CUNAT. *Saint-Malo illustré par ses marins*.

Abbé POULAIN. *Duguay-Trouin et la Cité corsaire*.

Abbé PRAMPAIN. *Saint-Malo historique*, p. 16, note 1, dit : « Sans savoir exactement le nombre des corsaires armés sous Louis XIV, on est sûr qu'il dépasse le chiffre de 160. Pendant les guerres de Succession d'Autriche et de Sept Ans, Saint-Malo arma pour la course 194 navires, pendant la guerre d'Amérique, 72. » Ces chiffres paraissent exagérés. Un état des A. N., F^{2}-74, relève seulement, de 1778 à 1782, 37 campagnes de Malouins, 104 prises terries et 34 rançons. Le tout aurait produit 5.382.880 livres.

sans doute que de continuer paisiblement la pêche et le négoce. Au début de l'an XI, il y a trente bâtiments en chantier pour Terre-Neuve. D'autres navires, en nombre à peu près égal, sont déjà partis. Une pétition du 24 frimaire, signée de 16 noms tous connus pour leurs armements en course, est adressée au ministre de la Marine. Elle le supplie de laisser à Saint-Malo, au moins pour quelques mois, les ouvriers du port : charpentiers, perceurs, calfats, réquisitionnés par le Préfet Maritime de Brest depuis 18 jusqu'à 50 ans (1). *Mais nécessité fait loi. Les hostilités à peu près continuelles avec l'Angleterre ne leur permettent pas de choisir et d'autre part la neutralisation des navires est trop périlleuse et trop rarement respectée par les belligérants* (2).

Aussi, sauf de courts intervalles, — de 1793 à l'an IV et durant la fragile paix d'Amiens, — une foule de bâtiments armés en guerre sortent chaque année de Belle-Grève ou de Solidor pour courir sus aux Anglais.

Des villes comme Dunkerque, Boulogne (3), *Nantes* (4) *ou Bordeaux ont peut-être équipé durant la même période (1793-1815) un nombre plus grand de corsaires. Mais si l'on compare le chiffre des habitants, la proportion reste en faveur de Saint-Malo. Nulle part la Course n'occupe dans la vie publique et commerciale de la cité une place aussi*

(1) Corresp. minist. St.-S. Selon CUNAT (*op. cit.*, p. 819), dans les premiers mois de 1802, 151 navires sortent du port, dont 26 pour les Indes orientales ou occidentales, et le surplus au grand et au petit cabotage.

(2) *Lettre de Bleschamps*, 29 Pluv., P. j. no 21.

(3) Henri MALO. *Les Corsaires*, cite pour le seul port de Boulogne les noms de 98 capitaines ayant presque tous commandé plusieurs campagnes de 1793 à 1814 (p. 334-379).

(4) DE LA NICOLLIÈRE-TEIJEIRO. *La Course et les Corsaires du port de Nantes* Il y eut 20 armements en course en 1793 (p. 246 et suiv.) et près de 80 pendant les années 1797-1798 (p. 258). Depuis 1800, les frégates et les péniches anglaises bloquent étroitement l'embouchure de la Loire. La course devient à peu près impossible (p. 263).

DUCERÉ. *Les Corsaires basques et bayonnais sous la République et l'Empire*, cite 110 armements de 1793 à 1809. Voir aussi P. j. no 24 *bis*. En 1811, Saint-Malo tient le premier rang après Boulogne.

importante. Nulle part aussi peut-être, elle n'offre à l'imagination éprise des choses du passé une moisson plus ample de hardis coups de main, d'heureuses rencontres, et de revers bien cruellement payés. Enfin, si durant plusieurs siècles des armements de même nature ont donné à la « cité corsaire » son aspect le plus pittoresque, ils présentent à cette époque un intérêt tout spécial parce qu'ils sont plus proches de nous et marquent la fin d'une législation sans doute à jamais disparue.

Personne encore jusqu'ici n'a étudié d'après les sources et dans son ensemble la Course à Saint-Malo pendant la Révolution et le premier Empire. Les indications de Ch. Cunat, dans son article du Dictionnaire historique de Bretagne (Ogée), *sont incomplètes et souvent fausses. Napoléon Gallois passe rapidement en revue tous les ports de la France et de ses colonies. Il n'a pu que rarement consulter les Archives et se contente ordinairement de résumer et de coordonner les renseignements fournis par des publications antérieures et le* Moniteur universel. *Les deux biographes de Robert Surcouf s'occupent à peu près uniquement de leur héros dont les campagnes les plus intéressantes ont eu l'île de France pour point de départ. Le premier*[1]*, Louis Benaerts a consulté les documents originaux pour la période (1803-1814) et publié dans les* Annales de Bretagne, *t. XIV, p. 386 et ss., un « Tableau des Armements » auquel il reste peu à ajouter. Mais en 15 pages de développement il ne pouvait épuiser le sujet. Il a nécessairement négligé une foule de témoignages intéressants et qui permettent de mieux juger l'activité économique et sociale de la cité malouine au début du siècle dernier.*

(1) En écrivant ces lignes je ne connaissais pas l'ouvrage de E. Fabre : *Voyages et Combats*, 2e série, *Le contre-amiral Bouvet. Nos Corsaires*. On y trouve une très intéressante histoire des campagnes de J.-M. Cochet et de Louis Quoniam. L'auteur a eu certainement à sa disposition de riches documents de famille.

Dans cette étude, quatre chapitres intitulés : L'Armement, — La Campagne, — Les Règlements de Compte, — Les Prisonniers — mettront sous les yeux du lecteur les procédés généraux et les résultats de la Course de 1793 à 1814. Il sera facile, en consultant les Tableaux et Pièces justificatives de l'Appendice, de contrôler d'après les sources la valeur des assertions formulées au cours de ce travail.

Qu'il me soit permis d'adresser ici mes plus sincères remerciements à M. Sée, professeur à la Faculté des lettres de Rennes, dont les judicieuses remarques m'ont été du plus grand secours. Je remercie aussi bien cordialement tous les amis et compatriotes qui, par leurs communications ou leurs encouragements, m'ont facilité une tâche parfois longue et pénible.

F. Robidou.

Saint-Malo, Juillet 1914.

LES
DERNIERS CORSAIRES MALOUINS

CHAPITRE PREMIER

L'Armement.

I

L'Armateur.

C'est la cheville ouvrière de l'entreprise. Son activité se fait sentir dans chacune des multiples opérations qu'exige un armement en course.

La plupart des armateurs sont des commerçants de la région : Saint-Malo, Saint-Servan, Paramé, Saint-Méloir, Dinan, Pleurtuit. On verra facilement en consultant les « Tableaux des armements » (1) quels furent les plus entreprenants, les plus opiniâtres dans la bonne comme dans la mauvaise fortune. Voici d'ailleurs la liste de ceux dont on rencontre le plus souvent les noms et qui se distinguèrent davantage par le nombre et l'importance de leurs expéditions (2).

(1) Voir à l'Appendice tableaux I-II-III.

(2) On trouvera sur plusieurs de ces personnages des renseignements intéressants dans :

PARIS-JALLOBERT, *Anciens Registres paroissiaux. Ville de Saint-Malo*, III.

KERVILLER, *Bio-bibliographie bretonne*, et, dans le t. III, des *Cahiers des doléances de la Sénéchaussée de Rennes pour les Etats généraux de 1789* (Henri SÉE et H. LESORT).

Liste des principaux armateurs de la région malouine.

Amiel (Jean-Baptiste).
Blaize et fils (Louis).
Bourdas.
Coste.
Delastelle (Michel).
Delorme-Villedaulé.
Despeschers frères.
Dubois (François).
Dubois (Théodore).
Dubois (Benjamin).
Dubois (Alexis).
Dubois (Alexandre).
Dubois (Jean-Baptiste).
Duchesne (François).
Duhamel.
Dupuy-Fromy.
Erussard.
Fichet (Joseph).
Fichet (Louis).
Fontan jeune.
Fortin aîné.
Gautier.
Gauttier jeune et fils (J.-B.).
Gauttier (Louis).
Gaultier.
Gilbert frères.
Godfroy (Pierre).
Guibert fils.
Guillemaut (François).
Havart (Guillaume).
Havart (Pierre).
Harembert.
Jallobert frères.
Kermel (Pierre).
Kerpoisson aîné.
Lachambre (Charles).
Lebreton de Blessin.
Lebreton de la Vieuxville.
Lemême (Bertrand).
Lemoine.
Lesnard.
Letellier (François).
Vieuville (Magon).
Villehuchet (Magon).
Marion frères.
Martin.
Maucron.
Nicol aîné.
Pintedevin.
Protet (Alexandre).
Ravaleux (Jean).
Roussel.
Santerre.
Sainton.
Surcouf (Robert).
Thomas aîné.
Thomas (Augustin).
Thomazeau (L.).
Thomazeau jeune et fils.

A peine trouve-t-on durant ces vingt années une douzaine de noms étrangers. Ils ont d'ailleurs presque tous sur place parmi les négociants malouins des représentants chargés des détails de l'armement. Les principaux sont :

Dauchy, de Nantes ou Granville, représenté par Fontan.
Deslandes, de Granville.
Labbé (Joseph).
Lamartisière et Floch, de Brest, représentés par Thomazeau.
Bersolle et Torrée, de Brest, représentés par Blaize.
Corvel, de Brest, représenté par Duchesne et Pintedevin.
Fourchon, de Lorient, représenté par Amiel.
Gast (François), de Caen.
Pontrève et C°, de Rouen.

Parfois ces armateurs prennent un nom de guerre [1]. Ainsi Bastide cache Augustin Thomas.

Quelques-uns, surtout au début de leur carrière, commandent eux-mêmes le bâtiment auquel ils sont intéressés. C'est le cas de A. Clérault, Lauriot, Boutruche, Neel et Delastelle. D'autres comme Le Même, Potier et Capel sont d'anciens capitaines enrichis par la course. Ils ne craignent point à l'occasion de remettre la main à l'œuvre. En 1807, Robert Surcouf conduit lui-même à La Martinique un beau trois mâts *Le Revenant* et ramène à Saint-Malo, l'année suivante, la frégate *Le Charles* avec une cargaison de 5 millions. Mais presque tous restent à terre où ils préparent et attendent en commerçants avisés et prudents le résultat de ces expéditions toujours très dangereuses.

Un petit nombre de ces armateurs débutent dans les affaires. Le Commissaire de marine mentionnant Guillaume Havart, écrit au ministre inquiet pour la caisse des Invalides : « Il n'est pas riche mais l'armement n'a pas grande conséquence », et dans une autre circonstance : « Ce sont

(1) Le Commissaire de marine est d'ailleurs au courant. Voir DE PISTOYE, *op. cit.*, I-183, les pénalités dans le cas où l'armement est fait sous un faux nom.

de petits capitalistes qui ne travaillent qu'avec les fonds des actionnaires ».

Les autres ont au contraire une situation de fortune solidement assise. Magon de la Villehuchet, père de l'armateur, était maire de Saint-Malo à la fin de l'Ancien régime. Les familles Jallobert et Bourdas ont donné des députés aux Etats de Bretagne en 1788.

Plusieurs jouent un rôle considérable lors des événements de 1789 et pendant les premières années de la crise révolutionnaire. Jean Bodinier fait partie des électeurs chargés de nommer les députés de la Sénéchaussée de Rennes aux Etats généraux. Etheart, Guillemaut, Jallobert sont membres du conseil permanent de Saint-Malo. De la Mennais, Despeschers, Blaize, Lebreton de Blessin, Duchesne, Fichet, Canneva avancent ou donnent aux municipalités malouines et servannaises des sommes importantes pour équilibrer leurs budgets. Dubois est élu lieutenant-colonel de la garde municipale de Saint-Servan. Dupuy-Fromy et Leyritz sont les premiers chefs de celle de Saint-Malo. En 1790, Gauttier est procureur syndic de cette ville. En l'an VIII, Duchesne et Pintedevin prêtent 50.000 francs; Blaize 60.000 à la marine alors très en retard pour ses paiements [1].

A partir du Consulat ils gardent une place à part dans l'aristocratie de la cité malouine. Le commissaire les consulte avant de répondre à la circulaire de Bonaparte sur les modifications qu'il convenait d'apporter à l'Acte de navigation et sur l'avenir commercial de Saint-Malo (an VIII). Ils forment presque toujours à eux seuls le Tribunal de commerce. En l'an XI, J. Marion, A. Despeschers,

(1) La plupart de ces renseignements sont empruntés aux ouvrages cités p. 1, note 2, et à :
Bertrand Robidou, *op. cit.*, p. 285-331, etc.
Cunat, *op. cit.*, p. 813 et suiv.
Levot. *Biographie bretonne.*

A. Thomas, Santerre y sont juges. En 1806, A. Despeschers est nommé président, J.-B. Marion, L. Gautier, P. Dupuy-Fromy, juges. Ce sont des personnages importants ayant dans l'administration locale et même à Paris des amis et des protecteurs tout-puissants. Sous l'administration pourtant éminemment bureaucratique de l'empire, les Commissaires de marine et leurs subordonnés sont obligés de les ménager et ne s'épargnent point pour leur être agréables. En cas de besoin les armateurs s'adressent d'ailleurs avec succès directement aux ministres et aux plus grands fonctionnaires. Augustin Thomas, mécontent d'une décision de l'inspecteur Jurien, écrit au Préfet Maritime de Brest Caffarelli : « Je suis fâché que M. l'Inspecteur confonde ainsi tous les hommes et ne veuille pas distinguer ceux qui, comme moi, attachent peu d'importance à la possession d'une modique somme de 28.000 fr. ». Malheureusement ce « brave Préfet » ne peut rien faire pour lui et en a grand regret. En 1808, Augustin Thomas fut nommé par Napoléon maire de Saint-Malo. Il conserva ce poste jusqu'après les Cent jours. Il avait alors un Thomazeau pour adjoint.

« Ce sont des négociants (1) fort bien famés ». « L'honorabilité et la solvabilité de ces armateurs sont connus sur la place ». Telles sont les formules de l'administrateur sollicitant pour eux des Lettres de marque (2). Quelques-uns pourtant ont une mention spéciale. Ainsi Lebreton de la Vieuxville est un « marin recommandable » par des traits de bravoure, par des services utiles et par une probité qui n'a jamais connu l'atteinte du plus léger doute (3). Tous sont « pleins de zèle pour les intérêts de leur pays et de dévouement pour le gouvernement ».

(1) En plus de la course, beaucoup d'armateurs s'occupent de commerce. Lemoine vend des salaisons, Dubois et Despeschers des fers, Delastelle et Lachambre font les fournitures générales pour navires, Gaultier et L. Blaize sont marchands de grains, Jallobert artificier, Etheart et Alexis Dubois sont de grands constructeurs de bateaux, etc...

(2) Lettre du commissaire, 10 frim. an XIV, P. j. n° 1.

(3) Lettre du commissaire, 28 octobre 1806, St.-S.

Pourtant le Commissaire de marine blâme à l'occasion l'âpreté au gain de certains d'entre eux. Ils ne sont que trop disposés à majorer leurs commissions et à retarder les Liquidations générales afin de conserver entre leurs mains des sommes importantes. Le Ministre doit agir auprès des tribunaux pour défendre les transactions consenties au détriment de l'équipage et de la caisse des Invalides, faire rayer des Mémoires les frais de voyage formant double emploi avec les commissions régulières [1]. Ils se jalousent mutuellement et ne manquent jamais d'accuser les juges de partialité quand ils examinent trop soigneusement leurs comptes. Ils imputent cette sévérité à des motifs de haine ou de rivalité, assurant qu'on agit avec beaucoup plus d'indulgence envers d'autres [2]. On leur reproche aussi parfois de corrompre les employés de la marine pour frauder plus facilement la douane [3].

D'autres accusations plus graves n'atteignent qu'un petit nombre d'individus. « L'intérêt et la cupidité de ces armateurs — il s'agit de MM. B. et fils de Saint-Malo — leur fait désirer trop fortement une interprétation favorable à leurs vues pour ce qui est du traitement à infliger aux Neutres » écrit le Commissaire le 6 mars 1806, après le décret de Berlin [4]. Et le 10 mars 1810, il s'exprime en ces termes sévères : « Si je ne connaissais depuis longtemps tout ce que l'amour sacrilège de l'or peut inspirer et faire faire à certaines gens, si M. D. (de Granville) ne m'eut donné dans des circonstances antérieures la mesure de sa probité, j'aurais été vivement affecté de son audace ». Une dépêche du 22 messidor an XI recommande à l'administrateur de ne pas céder, en autorisant des campagnes insuffisamment préparées, « au zèle indiscret des armateurs qui ayant à l'avance la précaution de mettre leurs intérêts à couvert ne

(1) Corresp. minist. 12 nivôse an VI, 7 septembre 1806, 21 septembre 1812.
(2) Corresp. minist. 16 févr. 1807, St-S.
(3) Corresp. minist. 12 nivôse an VI.

montrent que plus d'empressement à entreprendre des expéditions » [1]. Enfin, s'il faut en croire les plaintes de quelques prisonniers détenus en Angleterre, certains d'entre eux manqueraient d'humanité et même de justice à l'égard de leurs équipages malheureux [2].

Les multiples attributions de l'armateur exigent de sa part beaucoup d'intelligence, de savoir-faire, d'ordre et de travail. « Il a des travaux d'une nature très compliquée. Ces travaux demandent de nombreuses écritures, une correspondance très étendue, des déplacements fréquents. Ils comprennent tous les détails de bâtisse et d'armement, la composition des équipages, les soins économiques et la surveillance à apporter tant à l'équipement qu'à l'entretien des navires et à la nourriture de l'équipage lors des relâches du corsaire ou de l'arrivée des prises, la mise en magasin des marchandises, leur classement, leur vente, leur livraison, enfin les avances de fonds occasionnés dans tous ces cas ». De plus les aléas sont si grands dans de telles entreprises que la fortune la plus solide d'un particulier peut y sombrer [3].

Aussi presque toujours deux ou plusieurs commerçants s'unissent pour lancer un armement. L'un d'eux s'occupera par exemple de la préparation de la campagne et des règlements de compte. L'autre « soignera » en se déplaçant au besoin toutes les affaires concernant les prises. Régulièrement on trouve associés les noms suivants :

Amiel et Thomazeau.
Duchesne et Pintedevin.
Kermel et Delorme Villedaulé.
Despeschers et Dupuy-Fromy.
Fontan jeune et Thomas l'aîné.
Guibert et Fichet.
Marion frères et Duguen.

(1) Corresp. minist. 7 sept. 1806.

(2) P. j. nº 98, lettre de Joseph Jouan. Pour transactions conclues au détriment des équipages, V. P. j. nºs 67 et 68.

(3) Les tribunaux de commerce eurent à enregistrer plusieurs faillites, surtout durant la période révolutionnaire (V. ch. III, p. 125, et P. j. nº 65).

Presque jamais d'ailleurs les armateurs n'agissent uniquement pour leur compte. Ils sont et veulent être avant tout les mandataires de plusieurs intéressés. « Ils ne travaillent qu'avec les fonds des actionnaires » dont ils reçoivent les capitaux pour les faire fructifier au mieux des intérêts communs. Cependant de riches négociants comme Surcouf ou Blaize son beau-frère, Thomazeau, Gaultier, Augustin Thomas prennent dans les armements dont ils s'occupent la plus grosse part. Parfois même ils s'en réservent à peu près complètement les risques et les avantages.

Des prospectus alléchants indiquent les garanties et les chances de succès du bâtiment sur lequel on veut placer des actions. Le *Duguay-Trouin*, par exemple, aura un revêtement d'acier, une artillerie supérieure, un excellent capitaine, etc.

La législation sur la course règlemente minutieusement les moindres conditions de cette opération commerciale. L'arrêté du 2 prairial an XI (favorable aux armateurs) modifie sur un point la simple commandite jusqu'alors en usage. Il y a désormais obligation pour tous les associés de parfaire leurs versements au cas où les frais d'armement et de relâche dépasseraient la somme primitivement fixée par le *Répartiteur* [1]. Pourtant il n'y a guère de placements plus recherchés que les intérêts sur les corsaires. C'est un acompte fréquemment donné pour compléter la dot des filles d'armateurs malouins ce dont souvent les gendres n'ont qu'à se louer [2].

(1) P. j. n° 6, Prospectus et part d'actionnaire (1.000 fr.) sur le corsaire *Les 4 Amis*, an VII. — Sur les *Sociétés pour la Course*, V. DE PISTOYE, *op. cit.*, I, p. 214 et suiv.

(2) FRAIN, *Vitréenne et Malouine*.

II

Le bâtiment armé.

Le premier soin de l'armateur est d'acheter ou de faire construire un navire capable d'entreprendre la course [1].

Une marche rapide est la qualité essentielle du corsaire. On choisit donc de préférence des bâtiments susceptibles de porter beaucoup de toile. Mais il y en a de toutes les formes et de toutes les dimensions : lougres, bricks, brigantins, goëlettes, cutters, sloops, dogres, un petit nombre de trois mâts, quelques péniches, une tartanne, un côtre [2]. Il faut en second lieu qu'il tienne bien la mer et puisse à l'occasion résister au gros temps, car les campagnes se font ordinairement durant la mauvaise saison.

Quelques-uns de ces bâtiments prennent à dessein pour mieux tromper l'ennemi les apparences d'un bateau de pêche. Une circulaire ministérielle du 14 messidor an V engage le Commissaire à défendre cette ruse qui porte les anglais à inquiéter nos pêcheurs. Mais quelques années plus tard nous voyons Gaude recommander l'armement de la *Sorcière* « qui est, dit-il, très propre à donner le change à l'ennemi parce qu'elle a toutes les apparences d'un bateau de pêche » [3].

Les dimensions varient depuis 6 jusqu'à 400 tonneaux. Le tableau suivant permettra de s'en rendre un compte exact.

(1) Le 30 vendémiaire an VI, le ministre autorise la Marine à mettre à la disposition des particuliers plusieurs bâtiments de l'Etat inutiles pour le service. C'était un usage fréquent sous l'ancien régime. Mais on n'a point d'exemple que cette permission, la seule de toute la période, ait été mise à profit par les armateurs malouins.

(2) V. Tableau des Armements, I, an V.

(3) P. 1. no 23, Lettre du 19 avril 1806.

	1793 an IX	An XI-1813
Au-dessous de 16 tonneaux..........	25	5
De 16 à 50 tonneaux...............	25	39
De 50 à 100 —	40	32
De 100 à 200 —	12	41
Au-dessus de 200 tonneaux..........	11	9

Ainsi sur près de 250 navires sortis du port, une vingtaine à peine dépassent 200 tonneaux. Par contre 30 n'en ont pas 15 [1]. On s'étonne vraiment de la témérité des équipages risquant leur vie sur de pareilles coques de noix, qui d'ailleurs, pour la plupart, devaient tomber au pouvoir de l'ennemi. C'est surtout durant la période révolutionnaire, qu'eurent lieu les armements de cette nature [2]. Sous l'empire on constate un accroissement notable des bâtiments de 100 à 200 tonneaux. Mais la moyenne reste toujours inférieure à ce chiffre. Quelques armateurs ont une prédilection spéciale pour les petits bateaux. Ainsi Duchesne et Pintedevin. Des 9 navires armés par R. Surcouf de 1804 à 1814, 4 dépassent 100 tonneaux. *La Caroline* (130), *La Ville de Caen* (113), *La Revanche* (111) et l'*Auguste* (150). *La Confiance* est de 100, *Le Renard* de 70, *Le Marsouin* de 55, *L'Edouard* de 50. *La Biscayenne* le plus petit corsaire de toute cette période n'a que 12 tonneaux.

A plusieurs reprises, on trouve sur les registres de la marine une mention dans ce genre à la suite de l'enregistrement d'une lettre de marque : « Démoli par vétusté ». « La course n'a pas eu lieu, le bâtiment tenant mal la mer ». Les matelots se plaignent eux-mêmes parfois du mauvais état de leur navire et refusent de continuer la course [3]. Des abus

(1) C'est à peu près la moyenne des grandes bisquines cancalaises.

(2) Bourde de la Rogerie, *op. cit.*, série B, art. IV, p. CXV. « Découragés par les lois révolutionnaires qui prohibaient ou gênaient la course... les armateurs ne mettent plus en mer que de petits corsaires.

(3) Voir deux exemples aux pièces just. nº 3 pour l'*Hirondelle* (1793) et nº 28 pour l'*Aventurier* (an VIII).

regrettables pouvant être ainsi commis par des armateurs plus soucieux d'économie que de la sécurité de leurs hommes, un décret du 23 thermidor an III charge un ingénieur d'examiner le bâtiment. Son certificat doit être joint aux pièces requises pour la délivrance d'une « Lettre de Marque ». Mais trop souvent, malgré de nouvelles prescriptions ministérielles [1], on se contente d'un minimum. Le Commissaire promet par exemple, au nom de l'armateur, qu' « un navire peu fait pour une longue croisière d'hiver ne s'éloignera pas des côtes » [2]. A partir de l'an XI cependant la visite semble avoir été plus sérieuse [3]. L'Administrateur de la marine renseigne toujours l'autorité supérieure sur la solidité et la vitesse des bâtiments qui se préparent à quitter le port [4].

Un grand nombre de ces bateaux sont neufs [5]. Ils sortent des chantiers qui s'étendaient depuis la porte Saint-Vincent jusqu'au milieu du Sillon, à peu près sur l'emplacement du Sillon actuel. Etheart et les frères Gautier s'étaient acquis comme constructeurs une réputation méritée. De même, Charles Basset, que les Morlaisiens eux-mêmes consultent. Il y a aussi des chantiers à Saint-Servan, depuis Trichet, Châles jusqu'au Talard. Ceux du Mont-Marin appartiennent à la famille Dubois [6].

On utilise aussi d'anciens bâtiments du commerce ou des prises ennemies vendues aux enchères. Les procès-verbaux de vente montrent avec quelle ardeur les armateurs se disputaient ces prises à l'époque de la course [7]. Le coût de la coque pour un navire usagé de la sorte est relative-

(1) Corr. min. 11 fruct. an VI, St-S.

(2) Corr. min. 7 brum. an VIII, St-S.

(3) Corr. min. 18 prair. an XI, St-S. V. aux P. j. no 16 le certificat du Dinannais, an XI.

(4) C'est aussi le premier renseignement donné après la sortie par le capitaine à l'armateur (Corr. de Lemaître).

(5) P. j. no 1, Lettre de Gaude, 10 frim. an XIV.

(6) V. *Revue du pays d'Aleth*, 1908, article de L. Esnoul pour le *Spéculateur*.

(7) P. j. no 77. Vente du *William* (an IX).

ment peu élevé. Il n'a en tous cas rien de comparable à celui des bateaux construits de toutes pièces [1]. Le *William* (120 t.), prise du *Bougainville* (an IX), fut vendu 15.100 fr., la *Cléopâtra* (également 120 tonneaux), 15.000 fr. L'*Alerte* dont on fit le *Courrier de la Manche* ne coûtait que 8.000 fr. aux armateurs. Voici d'après les « Liquidations générales » les prix atteints par les corsaires vendus selon la coutume après la campagne avec les restes de leur armement. Quelques-uns servirent à nouveau dans les campagnes suivantes.

Le Passe-Partout,	an V,	15	tonneaux...	1.225 fr. [2]
Le Vengeur,	an IX,	11	— ...	1.800 fr.
Le Malouin,	an IX,	49	— ...	8.500 fr.
Le Dinannais,	an XI,	101	— ...	7.608 fr.
La Sorcière,	an XI,	45	— ...	10.000 fr.
La Confiance,	an XIII,	100	— ...	20.000 fr.
Le Spéculateur,	1808,	50	— ...	16.000 fr.
Le Turbulent,	1810,	15	— ...	1.650 fr.

L'armement du bateau exige des sommes beaucoup plus considérables [3] surtout pour ce qui concerne les articles artillerie, armes pour la campagne.

Fort peu de bâtiments en effet, entreprennent la course sans artillerie [4]. Ils ont presque tous des canons ou caronades de différents calibres depuis 1 jusqu'à 11 livres de balle, montés sur affûts [5]. Le nombre des canons varie

(1) P. j. nº 7. Compte de bâtisse du *Tigre* (101 t.). La coque et le gréement reviennent à plus de 70.000 fr. (1793).

(2) P. j. nº 8. Inventaire du *Passe-Partout* (an IX).

(3) P. j. nº 7. Compte de bâtisse et d'armement du *Tigre*. Le seul doublage en cuivre de ce navire pour une seconde campagne, qui devait avoir lieu en 1793, coûtait 16,551 fr.

(4) On en trouve 2 ou 3 exemples au cours de cette période, par exemple en 1810, *La Biscayenne*, armateur R. Surcouf, a seulement de menues armes.

(5) L'artillerie reste à peu près ce qu'elle était au milieu du XVIIIe siècle. On trouve : 1º Des canons de fer de différents calibres, montés sur affûts très bas, que l'on manœuvrait à l'aide de poulies et palans; 2º Des pierriers de fonte, montés sur chandeliers, se chargeant par la culasse au moyen d'une boîte à cartouche, retenue par une goupille, petites pièces souvent plus

naturellement beaucoup selon l'importance des navires. Les instructions du Ministre en l'an XI menaçant de ne plus accorder de « Lettres de Marque » aux corsaires insuffisamment armés semblent avoir porté quelques fruits. Beaucoup ont de 10 à 14 pièces d'artillerie. Les exceptions sont encore assez nombreuses, mais au moins l'on ne trouve plus guère, comme en 1793, des bâtiments uniquement munis de pierriers. A noter la coutume fréquente d'installer bien en vue sur le pont, afin sans doute d'en imposer à l'ennemi, quelques canons en bois (1).

A l'artillerie il faut ajouter sous le nom de « menues armes » un certain nombre d'espingoles, fusils, pistolets, haches d'armes, lances, piques, sabres, poignards, boîtes à mitraille, grenades. Chaque homme de l'équipage a d'ordinaire au moins deux armes à sa disposition (2).

Les provisions de bouche se composent naturellement de biscuit, de bœuf ou de lard en conserves et de quelques barils de sardines. On y ajoute des légumes secs, un peu d'épicerie et pour boisson du cidre, du vin et surtout de l'eau-de-vie. Les relâches étant fréquentes et les sorties d'assez courte durée, il n'est pas nécessaire de trop bien garnir la cambuse. Durant ces relâches, le pain, la viande et les légumes frais sont les aliments qui semblent manquer le plus aux marins. Ils forment avec les différentes boissons la plus grosse part des mémoires adressés dans ce cas par les commissionnaires aux armateurs (3).

La caisse du chirurgien et le matériel de couchage pour blessés ou malades sont réduits à leur plus simple expression surtout sur les bâtiments de faible tonnage (4). Toujours d'ailleurs, après un engagement meurtrier, le corsaire rallie

nuisibles aux servants qu'à l'ennemi; 3° Un petit nombre de courtes caronades aisément maniables.

(1) P. j. n° 8. Inventaire du *Passe-Partout*.
(2) P. j. n° 9. Tableau des armements d'hiver, 1812.
(3) P. j. n° 62. Compte de relâche du *Tigre* (1793).
(4) P. j. n° 7. Compte d'armement du *Tigre*.

la côte française la plus voisine pour mettre à terre ses blessés.

L'armateur achète tout ce qu'il trouve de mieux comme lunette marine (1). Le sort et les profits du navire en dépendent en effet dans une large mesure. Les autres instruments à l'usage du capitaine sont souvent très défectueux. « Je me trouvai, dit Lemaître, plus ouest que mon navire de 30 lieues, différence qui arrive journellement. Cependant j'attribue cette différence à la mauvaise confection des horloges » (2).

Une carte marine, un tableau des pavillons complètent l'équipement du corsaire. Enfin quelques beaux drapeaux anglais, américains, suédois ne manquent jamais à bord. Ils serviront à l'occasion pour tromper l'ennemi, l'attirer ou lui donner le change (3).

Le lest se compose de sable et de pierres. Une ordonnance de Forfait (an X) sur la police du port et de la rivière de la Rance fixe les conditions dans lesquelles les armateurs pourront gratuitement s'en procurer. On prendra le sable dans la grève en ayant soin de « reboucher les trous ». Les pierres sont déposées en tas après chaque campagne sur le rivage à l'endroit occupé actuellement à Saint-Servan par le quai Trichet et jusque sur les grèves de Chasle. C'est là que les capitaines iront renouveler leurs provisions.

Il est naturellement impossible de fixer une moyenne pour le prix de revient de bâtiments si différents sous tous rapports. En 1793 le répartiteur du *Sans-Culotte*, armateur G. Havart, monte à 6.000 francs; celui du *Duguay-Trouin* à 206.000. En 1811, le *Turbulent* coûte à Delorme-Villedaulé

(1) Compte d'armement de la *Gazelle*. Trib. de Comm. St-M.

(2) Correspondance suivie de Lemaître, n° 10. — Voir aussi AN, BB3, Marine, 244, p. 30. En arrivant à La Martinique, les calculs nautiques des officiers du général Perignon diffèrent de plusieurs degrés. Rapport de l'aspirant Martin.

(3) Correspondance suivie de Lemaître, n° 10.

(4) P. j. nos 7 et 8. Inventaire du *Passe-Partout*. — Compte d'armement du *Tigre*.

SAINT-MALO IL Y A CENT ANS

15.000 et la *Junon* 150.000 à Thomazeau. La valeur totale des bâtiments armés oscille dans les bonnes années aux environs d'un million (1).

Le civisme de quelques armateurs s'affirme jusque dans les noms qu'ils donnent à leurs navires. Durant la période révolutionnaire on trouve une *Républicaine*, un *Sans-Culotte*, un *Patriote*, deux *Liberté*, une *Egalité*. En 1807 une lettre du Ministre de la marine fait remarquer au Commissaire l'inconvenance qu'il y aurait à donner les noms de Leurs Majestés à des bâtiments du commerce. Le *Napoléon* successeur d'un *Bonaparte* (an IV) ne fut pas remplacé. Certains noms semblent considérés comme des porte-bonheur. Les *Furets*, les *Sorcières* abondent. Aussitôt désarmés, d'autres leur succèdent. Aux beaux temps de la *Sorcière*, on vit naître un *Sorcier*, qui d'ailleurs, fut capturé par les Anglais dès sa première sortie. Chaque armateur a naturellement ses préférences. La génération des *Clarisse* appartient à Villehuchet-Lachambre, celle des *Quinola*, des *Coursier* à Duchesne et Pintedevin, les *Malouins* à Thomazeau, les *Confiance* à Gautier ou Surcouf. Le *Comte d'Hunebourg* est un ministre de la guerre. Le *Général Perignon* est un hommage des Malouins à l'avocat de ce nom, défenseur attitré de leurs intérêts devant les tribunaux (2). L'*Amiral Decrès* rappelle le ministre, ami de Robert Surcouf.

Quelques-uns de ces bateaux font plusieurs courses avec le même armement. On en compte après l'an XI :

4 du *Spéculateur*.
4 du *Coursier*.
4 du *Turbulent*.
5 de la *Junon*.
7 du *Général Perignon*.

(1) V. Tableau à la fin du chapitre, p. 41.

(2) Perignon était déjà le conseil de Surcouf et de Benjamin Dubois dès l'an V. — Voir A. N., AD VII-43, divers mémoires en faveur de ces armateurs.

Mais en règle générale et surtout lorsque l'entreprise n'a pas réussi, ils sont vendus après chaque campagne. La société se trouve en effet régulièrement dissoute et l'armateur doit aussitôt rendre ses comptes [1].

III

L'Équipage.

Tout en activant l'équipement du corsaire et avant même de demander une Lettre de Marque qu'il a la certitude morale d'obtenir, le négociant malouin s'occupe de recruter un équipage. Celui-ci comprend l'état-major, la mestrance et l'équipage proprement dit, composé de matelots, volontaires, surnuméraires et mousses.

L'État-major

En premier lieu vient le capitaine. C'est une perle précieuse que l'armateur met tous ses soins à découvrir et sait défendre contre les convoitises des concurrents. Cet officier supérieur a une réelle autorité et sait au besoin se faire respecter. Robert Surcouf mécontent de Potier lui écrit : « Je vous observe que quand vous voudrez être totalement le maître d'un navire, il faudra l'armer pour votre compte ». Celui-ci répond poste pour poste : « Je mène votre corsaire à Mélus et je me rends avec mes papiers à Paimpol. Là j'attendrai mon remplaçant et lui remettrai toutes les indications concernant votre navire ».

(1) De Pistoye, *op. cit.*, I, p. 226.

L'arrêté du 2 prairial an XI, art. 8, déroge encore sur ce point à la coutume antérieure. L'armateur peut forcer ses associés à prendre part au réarmement lorsque la campagne a produit des bénéfices suffisants. Il ne peut d'ailleurs leur refuser cette part.

Voir Esnoul, *Revue d'Aleth*, 1909, p. 5, le procès-verbal de vente du *Spéculateur* (1813). Elle met aux prises Robert Surcouf, Magon, Villehuchet, La Chambre, Thomazeau, Amiel et Cº.

En effet, la réputation et le caractère du capitaine facilitent beaucoup le recrutement de l'équipage et assurent le bon ordre à bord. Durant la campagne, le succès dépend presque toujours de son initiative, de sa prudence, de sa bravoure, de son audace. Une heureuse manœuvre peut décider d'une prise ou sauver le bâtiment. Il connaît les bons parages et dans les circonstances périlleuses, il tient lui-même la barre du gouvernail ou entraîne les hommes à l'abordage.

Presque tous les capitaines ont servi durant les courses précédentes dans l'état-major de quelque bâtiment. D'après le Règlement, ils doivent posséder un diplôme toutes les fois qu'ils ont à commander un navire dépassant 50 tonneaux. D'ordinaire ce sont des certificats d'officiers du commerce : capitaines au long-cours et au cabotage, ou de l'Etat : chefs de timonnerie, enseignes, etc. En l'an VI, plusieurs passent l'examen devant M. Le Cerf assisté de trois délégués du gouvernement (1). Le ministre accorde aussi de temps en temps de courtes permissions, suffisantes pour une campagne, à des officiers de marine en activité, connus pour leur chance et leur capacité : Legué, Pagelet sont de ce nombre. C'est toujours sur la demande de quelque armateur influent et quand les besoins du service le permettent. Mais la seule qualité essentiellement requise est l'expérience. L'arrêté du 2 prairial an XI, art. 18-3, exige seulement les conditions suivantes : « Les capitaines désignés pour commander des corsaires seront tenus de produire des certificats sur leur conduite et leurs talents, de la part des officiers sous les ordres desquels ils auront servi ou des armateurs qui les auront déjà employés ». Plusieurs fois, d'excellents marins

(1) Angenard passa son examen de capitaine au long cours à l'Ile de France, en 1805. Après 1814, on le fait se présenter pour un nouvel examen à Dunkerque. Il échoue. « Je me mis à étudier en 1816 et fus assez heureux pour réussir la seconde fois ». *Annales de Bretagne*, VI-378. — L'ortographe des capitaines, si l'on en juge par leurs rapports, laisse fort à désirer Ils n'en sont pas moins d'excellents marins.

sans diplôme comme Dupont et Godefroy La Truite obtiennent avec une autorisation officielle le commandement de navires importants.

En demandant une Lettre de Marque pour un corsaire, le Commissaire de marine renseigne toujours ses supérieurs sur la moralité et la capacité du capitaine. Il écrit par exemple au Ministre le 10 frimaire an XIV : « Les capitaines proposés sont en général d'excellents marins. Votre Excellence distinguera particulièrement les sieurs :

Dupont, membre de la Légion d'honneur, heureux et bon marin, ayant toujours fait la course avec succès, quelquefois avec gloire ;

Toussaint Quemper, ayant servi comme lieutenant de vaisseau, blessé dans un combat où il força un ennemi très supérieur de l'abandonner, homme dont la sévère probité et l'honneur sont garantis par la voix publique et confirmés par l'opinion prononcée des plus honnêtes gens de ce pays;

Alexandre Legrand, enseigne au service de l'Etat, qui commandant le corsaire *Le Courageux* armé seulement de 4 petits canons et d'une caronade réduisit et amarina après un combat de 2 heures un bâtiment ennemi portant 16 canons;

Le Sr Morin qui, dans la guerre de 78, se distingua dans divers combats et fit beaucoup de prises.

Les autres, quoique n'ayant point en leur faveur des actions d'éclat, sont réputés cependant comme capables de commander des corsaires et l'on peut présumer que l'intérêt des armateurs ne s'est point mépris dans le choix qu'il en a fait » [(1)].

« Ce marin — Brebel — lisons-nous dans une autre lettre du 6 nov. 1807 — n'était pas moins honnête homme que brave. *Il faisait la guerre plutôt en militaire qu'en corsaire* » [(2)].

(1) P. J. n° 1. Lettre du commissaire, 10 frimaire an XIV.
(2) Corr. min., St-Serv.

Les capitaines les plus célèbres de cette période sont, d'après Napoléon Gallois qui leur a consacré une courte notice dans son ouvrage sur la course en France durant les guerres de la République et de l'Empire [1] :

Cochet (J.-M.).	Leroux.
Débon (Jacques).	Proder Niquet.
Garnier.	Pagelet (Michel).
Hénon.	Potier.
Herbert (Jean).	Rosse (René).
Legonidec (Nicolas).	Le Valton (J.-B.).
Lenouvel (Malo).	

On peut y joindre Guillaume-Marie Angenard dont M. Delaunay a publié les Mémoires dans les *Annales de Bretagne*, t. VI et VII. Il sera d'ailleurs facile de voir, en consultant les Tableaux d'armement et les Pièces justificatives, quels furent les marins du pays les mieux partagés par la gloire et la fortune en commandant des corsaires malouins. Il suffit de citer les Gautier, les Guidelou, les Lègué, les Basset, les Verron, les Fromy, les Daguenet, les Rogerie, les Capel, etc. [2].

Plusieurs parmi ces capitaines sont les descendants directs des familles acadiennes déportées par les Anglais en 1755 sur la côte bretonne. Ainsi par exemple, René Rosse, Auguste Blanchard, Th. Leblanc, Pierre Cormier [3]. Les De Bon sont originaires de Saint-Pierre et Miquelon.

Le capitaine a sous ses ordres un nombre relativement considérable d'officiers : seconds capitaines, premiers et seconds lieutenants, enseignes. Cette particularité s'explique

(1) Napoléon GALLOIS, *op. cit.*, p. 306. — Pour l'histoire de J.-M. Cochet et de L. Quoniam, voir E. FABRE, *op. cit.*, p. 225 et suiv.

(2) Il n'est point ici naturellement question des capitaines malouins partis de l'Ile de France pour faire la course aux Indes : Le Même, Bouvet, Robert Surcouf. Ce dernier, ainsi que son frère Auguste, n'a commandé qu'un seul bâtiment sorti de Saint-Malo.

(3) LEMOINE et BOURDE DE LA ROGERIE, *op cit.*, p. 65.

aisément par la nécessité de mettre à bord des prises faites sur l'ennemi un Etat-Major capable de les conduire en lieu sûr. Souvent l'armateur y fait entrer ses parents, amis ou protégés, car pour tous ces postes le nombre des parts est très élevé. Parfois il ne considère pas suffisamment les qualités professionnelles des candidats. Ainsi sur le *Dinannais*, deux enseignes, Jacques Daulant et Louis Letournel se montrent incapables de remplir les fonctions pour lesquelles ils sont engagés (1). Certains lieutenants sont très recherchés des armateurs. Angenard pose les conditions suivantes à Amiel et Thomazeau avant de s'embarquer sur la *Miquelonnaise*, capitaine Prader-Niquet : « Il serait libre de débarquer à son gré, aurait 12 parts pour lui et son fils âgé de 11 ans, plus 1/2 % sur le net des ventes et 1/2 % sur le produit brut de la prise dont il serait conducteur (2).

Il y a aussi d'ordinaire à bord un comptable chargé de représenter l'armateur pour tout ce qui touche à la nourriture, aux réparations, aux avances tant sur le navire que lors des relâches. Il faut également au moins un chirurgien sur tous les bâtiments portant plus de 15 hommes. Il cumule d'ailleurs presque toujours cette fonction avec celle de lieutenant en premier ou en second (3). Le célèbre malouin Broussais servit ainsi quelque temps à bord du *Bougainville*.

Un officier sachant l'anglais sert au besoin d'interprète.

La Mestrance

Constitue l'élite de l'équipage. Elle est aussi très nombreuse. Les inscrits maritimes peuvent y entrer en nombre illimité. Les armateurs en profitent souvent pour tourner

(1) Voir P. j. nº 10. Rôle d'équipage et Règlement de parts du *Dinannais*.

(2) *Annales de Bret.*, VII-197. Le tout, joint aux gratifications des armateurs, donna 34.000 fr., gagnés en 25 jours de mer.

(3) Rôle d'équipage du *Dinannais*, P. j. nº 10. — Sur la *Malouine*, an V, le chirurgien est en même temps écrivain. — Le poste d'écrivain est souvent donné à un jeune fils ou parent du capitaine.

l'une des plus graves difficultés du Règlement qui limite ou même interdit complètement leur présence parmi les simples matelots du corsaire. Le Ministre de la marine intervient plusieurs fois et avec vigueur pour combattre cet abus. Il recommande à ses subordonnés de veiller scrupuleusement à ce qu'aucun marin n'y soit compris s'il ne possède réellement et avec preuves à l'appui la qualité de « maître » sur un bâtiment de l'Etat et s'il n'est désigné comme tel aux rôles de l' « Inscription Maritime » (1).

Les officiers mariniers qui composent la « mestrance » se divisent en maîtres canonniers, voiliers, calfats, maîtres d'équipage et maîtres d'armes. Il n'est pas rare de les voir former 1/3 du total de l'équipage (2).

L'Equipage.

Parmi les membres de l'équipage les Rôles distinguent ordinairement matelots, volontaires, novices, mousses (3) et surnuméraires. Ces derniers sont le cuisinier et si l'importance du bâtiment l'exige le maître-coq.

Des prescriptions rigoureuses fixent, nous l'avons déjà dit, le nombre des inscrits autorisés à prendre du service sur chaque corsaire. Leur proportion ne doit pas dépasser 1/6, selon le Règlement du 31 janvier 1793 et même 1/8, d'après l'arrêté du 2 prairial an XI.

L'autorité supérieure rappelle fréquemment les termes de la loi. « Il ne sera embarqué à bord des corsaires aucun homme classé au-dessous du grade de contre-maître (23 fruct. an VI — Hors de l'Etat-Major et de la Mestrance nul inscrit maritime ne doit être admis à bord des corsaires

(1) Lettre du Ministre au Préfet maritime de Brest, 18 messidor an XI, communiquée au Commissaire de St-S.

(2) P. j. no 10. Rôle d'équipage du *Dinannais*.

(1) La proportion des mousses et novices est considérable, relativement au reste de l'équipage. P. j. no 10, Le *Dinannais*.

(5 et 30 vendém. an VII) ». De son côté le Commissaire écrit. « Il ne sortira ainsi que vous le prescrivez aucun corsaire, sans que l'équipage ait été passé en revue et, s'il s'y trouvait des marins qui ne fissent pas partie de l'Etat-major ou de la Mestrance, ils seraient débarqués et destinés pour les frégates en armement (28 frim. an VIII) ».

Un embargo général du 22 juin 1793 donne pourtant, sur 207 hommes présents à bord et prêts à partir pour la course, 67 officiers et marins. Des mesures analogues furent prises sans beaucoup plus de succès en l'an VI et le 17 brumaire an VIII.

L'embarquement des inscrits devient plus difficile pour ne pas dire impossible depuis 1803 jusqu'au désarmement de la flotille de Boulogne et même plus tard.

Le 13 messidor an XI le Ministre écrit au Préfet maritime de Brest : « Il convient, lorsque vous jugerez que les armements particuliers pourraient nuire à ceux de l'Etat, que vous recommandiez aux administrateurs qui vous sont subordonnés d'écarter sous divers prétextes les demandes de Lettres de Marques ». Des autorisations particulières sont bien données à des armateurs influents; pour le *Duguay-Trouin*, par exemple ou le *Général Perignon;* mais elles sont rares et s'appliquent presque toujours aux expéditions en guerre et marchandises. « J'ai lieu de croire, Monseigneur, écrit le Commissaire, que ces armements (il s'agit de 13 corsaires) n'enlèveront aucun homme utile à ceux de l'Etat, si des précautions analogues à celles que j'ai prises sont observées dans tous les ports où les corsaires relâchent (12 nov. 1806). — Les corsaires ne donneront rien ou presque rien. La sévérité qu'on a mise dans la composition de leur équipage, ne leur a permis d'employer que des hommes hors d'âge ou des novices à leur permière campagne (27 mars 1809) ». Le faible contingent des matelots de la circonscription est en effet insuffisant pour les besoins du service national. L'administrateur de la Marine s'en plaint toutes les fois qu'on arme à Saint-Servan une nouvelle frégate [1].

Les inscrits préfèrent cependant beaucoup les risques de la course au service de l'Etat. Souvent ils se cachent et mettent tout en œuvre pour se soustraire aux levées jusqu'à ce qu'ils aient perdu tout espoir de faire la campagne. Quelques-uns n'hésitent même pas à déserter.

A l'époque du grand départ, on est obligé de consigner à bord les équipages de la flotte pour empêcher ces désertions. « A l'instant même où un corsaire vient de lever l'ancre, le commandant du stationnaire, un officier de la frégate l'*Italienne* et un commis de l'Inscription maritime se rendent à bord, accompagnés de deux gendarmes. On fait l'appel de l'équipage et les gendarmes exécutent les perquisitions que les officiers jugent bon d'ordonner. Si pour une raison quelconque, le départ du corsaire est retardé, il subit une seconde visite » écrit le Commissaire à son chef le 12 novembre 1806. Parfois même, on fait escorter les bâtiments jusqu'à 6 ou 8 lieues en mer pour empêcher l'embarquement des déserteurs le long de la côte depuis le cap Fréhel jusqu'au Grouin. C'était en effet, paraît-il, une manœuvre assez fréquente pour tromper la police [2]. De nombreuses revues sont faites en outre à l'improviste dans les différents ports où les corsaires ont l'habitude de relâcher [3].

Malgré ce luxe de précautions, les désertions ne sont pas rares. L'obligation où se trouve l'autorité de renouveler les

(1) En avril 1784, le relevé des gens de mer fournis par le quartier de Saint-Malo donnait un chiffre de 6.649 inscrits, qui se subdivisait ainsi : 3.146 marins au service de l'Etat, 1.898 au long cours où à la pêche, 96 au cabotage, 664 à terre et non embarqués, 665 absents ou sans nouvelles (CUNAT dans OGÉE, *Dict. hist. de Bret.*, II, 813). — Durant la Révolution et l'Empire, les levées continuelles pour les armées de terre ou de mer diminuent considérablement le nombre des marins de commerce encore disponibles (V. CUNAT, *op. cit.*, p. 819). En 1797, il n'y a plus que 4.764 inscrits, dont 1.295 prisonniers

(2) Corr. min. 22 frim. an VIII, St-S.

(3) P. j. no 12. Précautions contre déserteurs.

défenses et les pénalités contre le délit d'embauchage le prouve suffisamment [1]. Les armateurs, quand ils peuvent le faire sans danger, n'ont aucun scrupule d'attirer sur leurs navires les matelots et les soldats capables. Il arrive assez souvent que sur les rôles présentés par eux, le Commissaire trouve des individus qu'il recherchait depuis longtemps [2]. Les ruses les mieux combinées sont employées pour échapper lors de la visite aux officiers et aux gendarmes. Un invalide par exemple prête son nom et se présente à la place du vrai matelot. Ce dernier reste caché jusqu'à la dernière minute qui précède le départ et trouve toujours le moyen de rejoindre son bord [3]. Aussi les cas de flagrant délit sont-ils rarement constatés. Le capitaine du *Furet* fut en l'an V destitué de son commandement pour un fait de ce genre [4]. Dans ses Mémoires, Angenard mentionne la présence à bord de l'*Aventurier* (an IX) de 12 déserteurs de la frégate la *Didon* embarqués clandestinement à Cancale. Ils se dénoncèrent eux-mêmes pour ne pas être obligés de continuer la course sur un mauvais bâtiment. Il ne fut d'ailleurs pas donné suite au rapport du commandant de la canonnière de Perros qui les avait fait emprisonner [5]. En 1809, le *Harpalos* embarque trois marins de l'Etat auxquels l'armateur et le capitaine avaient fourni de faux papiers [6]. La Lettre de Marque du corsaire fut annulée. En réalité la loi dut être assez souvent violée. D'après une Liquidation générale de 1825, quatre matelots inscrits sur le rôle du *Courageux* (4e course 1812) réclament des parts de prise, alors qu'ils n'auraient fourni que leurs noms à des camarades en quête d'état civil [7].

(1) Corr. min. 22 frim. an VI et Circulaire de *Bruix*.
(2) Corr. min. 15 brum. an XIII, St-S.
(3) P. j. no 13. Découverte d'un déserteur à bord du *Coursier* (1810).
(4) Archives municipales de Saint-Malo, LL. 157, F4.
(5) P. j. no 28. Mutinerie à bord d'un corsaire.
(6) Corr. min. 12 avril 1809, St-S.
(7) Liquid. générale du *Courageux*, 1825.

Pourtant les pénalités portées contre le délit d'embauchage : retrait de la lettre de marque, amende et même emprisonnement pour le coupable et ses complices [1] étaient bien de nature à faire réfléchir les armateurs et les capitaines les moins scrupuleux sous ce rapport. C'est donc ailleurs qu'ils doivent aller chercher les volontaires indispensables pour composer un équipage.

Ils enrôlent tout d'abord les marins non classés, tels que novices à leur première campagne ou invalides rayés des cadres, soit à cause de leur âge, soit pour une infirmité qui ne les empêche cependant pas de naviguer. « Il existe, écrit le Commissaire, une quantité considérable d'hommes de mer non classés, de déportés de Saint-Pierre et Miquelon [2] que la continuation de la guerre force à prendre parti sur les corsaires. Il est même à ma connaissance que plusieurs de ces individus se rendent dans les ports où il existe des corsaires en armement » (15 brumaire an XIII) [3]. « Les matricules de Dinan, Granville, Saint-Malo présentent plus de 2.500 individus qui ne sont plus susceptibles d'être appelés au service, soit à raison de blessures soit comme étant hors d'âge. Dans ce nombre 1/3 au moins peut encore naviguer et s'empressera de se jeter sur les corsaires » (10 frimaire an XIV). Ils s'embarquent en effet en grand nombre et par quartiers comme on peut le constater en consultant les rôles d'équipage [4].

Cette source n'est pas intarissable. Elle ne suffit pas au recrutement d'équipages relativement très nombreux. La force numérique est en effet pour le corsaire une des

(1) Arrêtés du 3 germinal et 1er floréal an XII. — Une décision du 12 avril 1812 porte l'amende infligée pour chaque déserteur à 3.000 fr. — 1.000 fr. sont réclamés pour tout homme embarqué sous un faux nom ou sans être présenté à l'Inscription maritime.

(2) Ces malheureux avaient subi le même sort que les Acadiens en 1755.

(3) A. Corre. *Un Corsaire brestois* (Bulletin de la Société archéolog. du Finistère, t. XXII, 1895, p. 353) mentionne également le succès des racoleurs brestois à Saint-Malo.

(4) Rôle d'équipage du *Dinannais*. P. j. no 10.

conditions essentielles du succès. Les armateurs se trouvent fréquemment dans l'embarras surtout à mesure que les guerres continuelles de Napoléon font une consommation d'hommes de plus en plus considérable. « Presque tous les hommes valides de nos quartiers sont depuis longtemps au service à Boulogne, à Anvers, dans les armées; la plupart ont été enrégimentés. On ne nous renvoie que des malades ou des hommes hors service » écrit le Commissaire avec tristesse, le 27 mars 1809. Il faut donc avoir recours soit aux étrangers neutres, soit même aux prisonniers de guerre.

D'après le règlement du 21 septembre 1793, art. 2, l'Etat-major tout entier et les 3/4 au moins de l'équipage doivent être de nationalité française. Mais l'arrêté du 2 prairial an XI permet d'élever la proportion des étrangers jusqu'aux 2/5 de la totalité de l'équipage. Ce chiffre est d'ailleurs rarement atteint (1).

Parmi les étrangers neutres, les uns ont été déposés à Saint-Malo par des bâtiments du commerce. C'est l'amour des aventures et l'espoir des parts de prise qui les attirent sur les corsaires. D'autres proviennent de bâtiments arrêtés en mer en prévention de fraude contre la loi. Abandonnés sur le port dans le plus grand dénuement après le terrissage, ils ne peuvent guère attendre dans l'oisiveté la fin du procès qui règlera le sort de leur navire. Dans l'incertitude du résultat final de la procédure engagée devant les tribunaux, ni leurs propres armateurs ni le propriétaire du bâtiment capteur ne veulent prendre à leur charge l'entretien de ces marins (2). Une lettre du ministre de Danemark, communiquée au Commissaire le 25 Messidor an VI déplore la triste situation dans laquelle gémissent plusieurs de ses malheureux concitoyens arrêtés de la sorte. Le 4 juillet 1808, par ordre supérieur, le capitaine du navire américain la

(1) P. j. nº 9. Tableau de la course d'hiver, 1812.

(2) Corr. min. 9 mai 1808, St-S. — Voir égal. A. N., BB3 190, avril 1811, réclamation en faveur d'Américains dont le bâtiment a été repris par les Anglais.

Catherine est autorisé à vendre une partie de la cargaison pour nourrir son équipage.

Aussi la plupart de ces étrangers acceptent-ils volontiers, afin d'échapper à la misère, les propositions des armateurs malouins. Le 10 frimaire an XIV, Gaude écrit à son chef : « Quelques-uns d'entre eux ont à leur disposition des étrangers. MM. Surcouf et La Vieuxville sont particulièrement dans ce cas. Le premier a engagé des hommes du Nord, le second dispose d'un assez grand nombre de matelots espagnols ».

Dix-neuf marins portugais frappés par l'embargo du 21 octobre 1807, sur les 27 présents à Saint-Malo, s'embarquent ainsi pour la course [1].

A plus forte raison les neutres arrêtés sur les navires anglais et qu'une décision du 20 germinal an XII autorise à traiter comme prisonniers de guerre, n'hésitent-ils guère à prendre du service sur les corsaires. A chaque instant l'on rencontre dans la correspondance du Commissaire des notes dans le genre de celle-ci : « Outre les 35 prisonniers anglais conduits dans les dépôts de l'intérieur, le *Saratu* et le *San Joseph* ont débarqué dans ce port des neutres de diverses nations, des italiens et un juif se disant sujet du roi du Maroc. Les individus neutres sur lesquels il n'y avait aucun doute à élever ayant demandé à prendre parti sur les corsaires français ont été répartis d'après leur choix et le consentement des agents de leur nation sur le *Saratu*, le *San Joseph* et le *Spéculateur*. Les armateurs ont souscrit l'obligation de représenter ces individus une fois la course terminée. Quant au juif se disant marocain et qui en effet paraît être de cette nation, ne connaissant pas l'état actuel des relations entre le Maroc et la France, j'ai pris le parti de le conserver ici jusqu'à nouvel ordre » (2 février 1809).

Les neutres ne suffisent pas toujours pour combler les

(1) Corr. min. décembre 1807.

vides des équipages. Les armateurs demandent alors et obtiennent l'autorisation de prendre parmi les prisonniers de guerre, dans les dépôts de l'intérieur, les hommes dont ils peuvent avoir besoin. Pour la campagne 1808-1809 un grand nombre d'étrangers viennent du dépôt de Rennes [1]. En 1812 Thomazeau engage 60 marins portugais ou espagnols, tirés pour la plupart d'Auxerre. Potier en embarque 10 sur le *Furet* [2]. L'année suivante Harembert en choisit 23 du même dépôt pour le *Revenant;* Lachambre 25 pour l'*Inconnu*. Le dernier corsaire armé, le *Renard*, armateur Robert Surcouf, en compte 24 à bord [3].

Le Préfet Maritime défend d'enrôler directement sur les corsaires les marins capturés sur les vaisseaux ennemis. Il faut régulièrement s'adresser aux dépôts [4]. Cependant les portugais du *Renard* se battent admirablement pour l'armateur du bâtiment qui les a capturés [5]. Les mieux disposés pour les Anglais parmi ces étrangers ne se font d'ailleurs aucun scrupule d'accepter un engagement sur les corsaires : ils ont toujours la ressource de déserter à la première occasion favorable. Des 28 espagnols embarqués sur le *Rôdeur* en 1813, neuf quittent ce navire dans la rade même de Saint-Malo, la nuit du 13 au 14 décembre; quatre autres ainsi que deux portugais disparaissent à Dielette. Les répartitions de parts de prise comprennent toujours un certain nombre d'absents en majeure partie étrangers [6]. Dans une circulaire du 14 septembre 1813 le Ministre de la marine doit défendre certains abus dans le choix de ces prisonniers de guerre. Il signale en particulier l'enrôlement comme simples matelots d'officiers du commerce qui profitent de la première relâche pour s'enfuir.

(1) Corr. min. 30 oct. 1808, St-S.
(2) Corr. min. 11 août et 13 juillet 1812.
(3) Pour le *Dinannais* et armements d'hiver, 1812. V. P. j. nos 9 et 10.
(4) Correspondance du sous-commissaire de Lannion, 29 oct. 1810.
(5) SURCOUF. *Histoire de R. Surcouf*, p. 439.
(6) P. j. no 10. Rôle d'équipage, etc., du *Dinannais*

Avant d'introduire des étrangers sur son corsaire, l'armateur doit présenter au Commissaire un engagement volontaire signé par eux et visé par la police. Il s'engage personnellement à les entretenir, à les faire observer toutes les lois sur la course et à les remettre une fois la campagne terminée entre les mains de la force publique, au lieu que le gouvernement aura désigné. On trouve aux Archives de la Marine à Saint-Servan, pour une assez courte période, le registre d'engagement de ces marins étrangers. Il comprend surtout des Américains, des Portugais, des Espagnols et des gens du Nord.

Le capitaine profite au besoin de ses relâches dans les ports neutres pour remplacer les hommes qui lui manquent surtout quand il a fait des prises. Le 25 messidor an V, Fouché se plaint vivement des abus de l'embauchage pratiqué sans aucun discernement en territoire étranger (1). En effet avec un certificat de service à bord d'un corsaire, un règlement de parts de prises, les consuls donnent toujours un sauf-conduit pour rentrer en France. Ce sont là des procédés dangereux pour la paix intérieure du pays et que les agents du gouvernement devront désormais sévèrement interdire. A partir du consulat, la police se montre moins exigeante. Le *Dinannais* (an XI) embarque 11 remplaçants à La Corogne, 4 à Vigo (2).

L'engagement de l'équipage pour les marins français se fait ordinairement devant notaire. Sauf exceptions il est toujours de 60 jours pleins (3).

Bertrand Robidou décrit en ces termes l'uniforme des volontaires corsaires partis de Saint-Malo les 1er et 2 février

(1) Pratiquement, pour les corsaires malouins, il ne s'agit guère que des ports espagnols (Voir ch. II, p. 46, au paragraphe : Parages fréquentés par les corsaires).

(2) P. j. n° 10. Rôle d'équipage du *Dinannais*.

(3) P. j. n° 15. Certificat d'engagement devant notaire. — Pour un engagement de 20 jours, Voir FABRE, *op. cit.*, p. 257, l'*Audacieuse*, an V. L'engagement part du moment où le navire passe le cap Fréhel. *Glaneur*, p. 382.

1789 à l'appel des délégués de Rennes pour « aider leurs frères à faire rentrer dans le devoir les maîtres et les valets ». — « Ces auxiliaires étaient au nombre de 250, vêtus en uniforme de volontaires corsaires, chapeau rond, veste et longue culotte bleues, hache d'abordage en bandoulière, mousquets au bras et pistolets à la ceinture » [1]. En réalité, s'ils sont toujours bien armés, un grand nombre de ces marins s'embarquent dans le plus grand dénuement. L'armateur est souvent obligé de leur avancer, en plus de la « conduite » jusqu'au lieu du départ, les sommes nécessaires pour acheter les effets les plus indispensables. Il doit aussi payer leurs derniers jours de pension à terre quand ils n'ont pu obtenir crédit de leur hôtesse en spéculant sur les parts de prises [2]. Rien de plus fruste que le coffre d'un de ces marins si l'on en juge par l'inventaire des effets de deux d'entre eux, décédés au cours de la campagne [3]. La vente des hardes d'Yves Lemanchot mort an X à bord de l'*Heureuse Espérance* produisit tout juste la somme de 6 fr. 15.

Les avances faites par l'armateur au moment du départ sont en effet — si l'on excepte le capitaine et son Etat-major — des plus minimes. Elles n'atteignent certainement pas 100 francs en moyenne et restent souvent au-dessous de ce chiffre [4]. L'équipage du *Patriote* (an IV) reçoit en tout 500 francs. Pour le *Général Pérignon* 3e course (1806) les 94 hommes ont à se partager 4.000 francs [5]. Souvent d'ailleurs les sommes avancées de la sorte sont employées tout autrement qu'à la préparation d'une campagne dont nul ne peut prévoir l'issue.

(1) Bertrand ROBIDOU, *op. cit.*, p. 264.

(2) P. j. no 86. Billet souscrit par un marin à sa logeuse.

(3) P. j. no 14. Inventaire des effets de deux marins décédés. — V. aussi no 10. Rôle d'équipage, etc., du *Dinannais*.

(4) P. j. no 10. Rôle d'équipage, etc., du *Dinannais*.

(5) Pour le montant des Avances, V. Tableau des armements, I, an VII.

Comme il est assez difficile de recruter un bon équipage, les armateurs ne s'en séparent pas volontiers. Ils le nourrissent parfois d'une croisière à l'autre afin de l'avoir toujours sous la main.

Le tableau suivant permettra de se faire une idée du nombre d'hommes généralement employés à bord des corsaires malouins. Sur 295 armements contrôlés on trouve

	1793 an IX	An XI-1814
Jusqu'à 20 hommes d'équipage......	29	5
De 20 à 50 hommes	47	73
De 50 à 100 —	35	79
Au dessus de 100......................	12	21

A partir de l'an XI, on le voit, conformément aux prescriptions ministérielles, les équipages deviennent plus nombreux. Mais durant toute cette période, la moyenne des présences à bord oscille entre 40 et 70 marins ou combattants.

IV

La Lettre de Marque.

Tout en activant les préparatifs du départ, parfois même avant de rien entreprendre, l'armateur sollicite du Gouvernement l'envoi d'une « Lettre de Marque ». C'est l'autorisation officielle de courir sus à tous les ennemis de l'Etat et de les capturer. Elle fait en réalité du corsaire selon l'expression anglaise un « private ship of war ». Cette pièce est naturellement indispensable pour établir la validité d'une prise(1). C'est grâce à elle aussi que les hommes de l'équipage, au cas trop fréquent où ils ont le malheur de tomber au pouvoir de l'ennemi, ne sont pas traités comme pirates ou

(1) Les prises faites sans lettre de marque par Surcouf sur l'*Emilie* furent confisquées par le gouvernement français et restituées plus tard par un décret du Directoire. — Voir A. N., AD^{VII} 43, 2 mémoires très intéressants à cet égard.

forbans, c'est-à-dire pendus haut et court, sans autre forme de procès, aux vergues de leur navire.

En 1793, l'Angleterre ne reconnaissant pas la Convention comme gouvernement légitime, émit la prétention de juger comme nulles et non avenues toutes « Lettres de Marques » accordées par ses représentants. Mais cette menace ne fut jamais exécutée (1).

Parmi les autorisations de faire la guerre qui sont accordées à de simples particuliers, il faut tout d'abord distinguer deux catégories : les « expéditions en guerre et marchandises » et les « armements en course ».

L'*Aventurier* ou « Lettre de Marque » est un bâtiment armé en « guerre et marchandises » qui s'expose sans escorte aux hasards d'un voyage de spéculations commerciales, en se réservant de profiter de toutes les occasions pour augmenter ses bénéfices par le produit des prises qu'il pourra faire.

De pareils voyages exigent naturellement des bâtiments d'un assez fort tonnage. Mais un équipage relativement faible suffit, car la lutte avec l'ennemi n'est que le but secondaire de l'entreprise.

A plusieurs reprises (2) sous le Consulat et l'Empire le gouvernement essaya de favoriser les expéditions de ce genre vers nos colonies, surtout vers les Antilles. On y ressentait alors, en effet, le plus urgent besoin d'objets de première nécessité tels que produits alimentaires.

Mais la condition précaire de nos possessions d'outre-mer (3), les dangers d'un aussi long voyage au milieu des

(1) De Pistoye, *op. cit.*, p. 161.

(2) Le 11 fructidor an VI, le Ministre de la Marine demande déjà au Commissaire des renseignements confidentiels sur la vitesse et la solidité des bâtiments. Il veut savoir s'il est possible de les armer pour les colonies, d'y mettre des passagers et des soldats.

(3) Haïti est enlevé à la France à la suite de la Révolte des Noirs (1790). La Guadeloupe et La Martinique bloquées ou prises par les Anglais. L'île de France et l'île Bourbon définitivement occupées depuis 1810.

flottes ennemies [4], les sommes considérables à risquer empêchent la plupart des négociants malouins de se livrer à ce genre de spéculation. Une lettre du Commissaire Bleschamps au Ministre de la marine (29 pluviôse an VIII) résume assez bien leurs principales objections : « Il n'existe point ou du moins très peu de bâtiments à Port-Malo qui soient convenables pour de telles entreprises. Les marchandises essentiellement propres aux besoins actuels de nos colonies, comme farines, vins, salaisons, ne se tirent pas de ces contrées » [1]. Les avantages consentis dans la suite par l'administration impériale aux « expéditions en guerre et marchandises » : Lettres de Marque d'une plus longue durée, intérêts pris par les « Parisiens » sur quelques bâtiments comme le *Charles*, ne produisent qu'un médiocre effet. Les armateurs de nouveau consultés répondent le 23 mai 1808 que pour ces sortes d'armement il faut beaucoup de réserve. On doit essayer d'abord avec quelques petits bâtiments, ne point imposer de transports forcés en hommes ou marchandises mais laisser aux négociants pleine liberté sur le choix du fret. De plus il est indispensable de permettre l'embarquement des marins inscrits et de supprimer les droits de douane et la saisie des marchandises prohibées [2].

A plusieurs reprises, le Ministre en accordant une autorisation de ce genre envoie au capitaine des paquets de lettres et de journaux destinés aux autorités coloniales. Mais au dernier moment il y a contre-ordre de l'armateur. Le Commissaire doit retourner à Paris lettres et journaux et solliciter une « Lettre de course » pure et simple. C'est à peine si, durant ces vingt années de guerre, l'on trouve une quinzaine d' « aventuriers » réellement sortis du port, l'un

(1) Voir A. N., lettres de Decrès, 12 janvier 1807-26 mai 1807. — AF^IV, 1197. *marque*, 4 therm. an V). — Voir A. N., AD^VII 43, loi du 23 therm. an III.

(2) P. j. nº 21. Lettre de Bleschamps au Ministre, 29 pluv. an VIII.

(3) Réponse de la Chambre de Commerce de Saint-Malo transmise au Ministre, le 23 mai 1808, St-S.

en l'an VII, les autres de 1804 à 1810. Le résultat souvent funeste des expéditions en « guerre et marchandises » permet d'ailleurs d'affirmer que les hésitations des commerçants malouins n'étaient pas sans fondement [1]. Cinq de ces bâtiments tombent aux mains des anglais, deux ne parviennent pas au but de leur voyage. Le *Duguay-Trouin* fait naufrage auprès d'Audierne et le *Charles* dans le port même de Saint-Malo. Les autres ne produisent que de médiocres bénéfices [2].

Les armateurs préfèrent de beaucoup les Lettres de Marque autorisant simplement la course, sans astreindre leurs navires à de lointains voyages. C'est une sorte de jeu où ils risquent assez peu, plusieurs fois, s'il le faut, avec chance de gagner beaucoup. Une seule prise heureuse peut en effet les indemniser largement de deux ou trois armements désastreux.

On peut affirmer que toutes les demandes adressées au Ministre furent favorablement accueillies. Sans doute le 29 pluviôse an VIII Bleschamps écrit à ses chefs : « Au lieu d'autoriser comme par le passé toutes les expéditions, il convient de n'accorder de « licences » qu'aux bâtiments qui par la quantité de vivres qu'ils prendraient, la force de leur artillerie, la vitesse de leur marche pourront être employés à des expéditions éloignées, résister à l'ennemi ou échapper à sa poursuite ». Forfait n'en expédie pas moins, dès le 13 prairial an XI, aussitôt après la déclaration de guerre, des Lettres de Marque dans tous les ports où il était possible qu'il se fit des armements [3]. Peut-être exige-t-on de la part des armateurs des garanties plus sérieuses que durant la période révolutionnaire. Le Commissaire indique toujours leurs états de service et le Ministre lui-même en tient

(1) P. j. III. Tableau des armements en guerre et marchandises.
(2) Voir P. j. n° 22. La cargaison de la *Gazelle* à son retour de l'Ile de France
(3) P. j. n° 4. Lettre de Forfait au Commissaire, 13 prairial an XI.

compte. « Par l'audace et le succès de ses entreprises durant la dernière guerre, écrit-il par exemple à propos de Robert Surcouf, il a mérité des faveurs et des encouragements particuliers. Sur sa seule réputation j'ai dû lui accorder la Lettre de Marque qu'il a sollicitée » (1). Mais il n'existe pas un seul exemple qu'une demande de ce genre ait été rejetée. Le 9 juillet 1810 le Commissaire renvoie même à Paris sept licences dont il n'a pu trouver le placement. Delorme-Villédaulé en reçoit deux pour sa part (2).

Parfois cependant l'on trouve dans les Liquidations générales certaines sommes destinées à couvrir les frais d'un voyage à Paris pour « appuyer la demande d'une lettre de marque ou hâter son envoi ». Duchesne et Pintedevin y envoient un officier de l'*Ambitieux*, les courriers étant souvent arrêtés par les chouans. En l'an XIII Thomazeau séjourne aussi quelque temps dans la capitale aux frais des intéressés à l'armement du *Malouin*.

Toutes les demandes doivent être transmises par le Commissaire de marine « juge le plus compétent de la solvabilité des cautions » (3). Le Préfet maritime de Brest centralise de son côté toutes celles qui viennent des différents ports de l'arrondissement (4). Pourtant le 7 septembre 1807, plusieurs prolongations sont expédiées directement de Paris (5).

Les Lettres de Marque sont accordées selon les époques au nom du Conseil exécutif provisoire, du Gouvernement de la République, de Napoléon Ier empereur, par le Ministre de la marine et des colonies. Celles de 1793 portent en outre la signature des Administrateurs Syndics du district de Saint-Malo (6).

(1) P. j. nº 5. Lettre du Ministre au Commissaire, 22 messidor an XI.
(2) Corresp. min., 1810, St-S.
(3) Arrêtés du 23 therm. an III et du 2 prair. an XI.
(4) Corresp. min., an XI, St-S.
(5) Registre d'enregistrement des Lettres de marque.
(6) P. j. nº 17. Lettre de marque de la *Républicaine*, 1793.

Le capitaine en est le seul titulaire. Son remplacement au cours de la campagne par un officier étranger à l'équipage est une circonstance qui peut faire annuler les prises. C'est l'un des motifs invoqués contre les capteurs par les armateurs du *Salomon et Betty* (an VII) (1). Il y a un nouvel enregistrement pour le *Téméraire* (11 prairial an V) lorsque Etienne Ladure embarque à la place de Nicolas L'Hôtellier. Par contre, si l'armateur cède son navire à un autre, la Lettre de marque conserve toute sa valeur. C'est le cas pour l'*Espérance* (an V), la *Surprise* (an VI), l'*Ajax* (an VIII).

La Lettre de Marque rappelle les lois les plus importantes sur la course : 31 janvier 1793, 23 thermidor an III, 2 prairial an XI et en particulier celle qui oblige le capitaine, seul responsable, à fournir une caution en argent ou garanties pour couvrir au besoin les amendes provenant des infractions à la police maritime et des torts injustement causés aux neutres.

Durant la période révolutionnaire cette caution est ordinairement (2) fixée à 15.000 livres et doit être fournie par les armateurs. Cette somme était le plus souvent insuffisante pour réparer les préjudices causés aux étrangers par les corsaires français. Les américains surtout eurent à s'en plaindre de 1793 jusqu'à l'an VIII et usèrent souvent de représailles. Sans être en état de guerre déclarée les deux nations pouvaient être considérées comme dans un état constant d'hostilités réciproques (3). Pour mettre fin à cette situation anormale, une convention passée entre les Etats-Unis et le Gouvernement de la République française, le 5 vendémiaire an IX, déclare : « Tous les capitaines de corsaires devront s'engager, avant de recevoir leur commission,

(1) Jugement du tribunal de Port-Brieuc. P. j. n° 70.

(2) J.-B. Renou cautionne pourtant Aimable Clérault, armateur du *Vengeur*, pour une somme de 50.000 livres. (*Registre d'enregistrement des Lettres de marque*, 4 therm. an V).

(3) Ce sont les termes mêmes employés par les plénipotentiaires choisis pour négocier la convention

à donner une garantie au moins par deux cautions responsables, lesquelles n'auront aucun intérêt sur le dit corsaire et dont chacune s'engagera particulièrement et solidairement, ainsi que le capitaine, pour la somme de 7.000 dollars ou 36.820 francs qui serviront à réparer les torts ou dommages que les dits corsaires, leurs officiers, équipages ou quelqu'un d'eux auraient faits ou commis pendant leur croisière (1). En exécution de ce traité, Duchesne et Pintedevin fournirent les premiers ce cautionnement pour leur corsaire le *Petit Quinola*, le 28 brumaire an IX. Cette clause fut maintenue par l'arrêté du 2 prairial an XI. Ainsi durant toute l'époque impériale la garantie reste fixée à 36.820 francs, sauf les cas très rares où l'équipage dépassant 150 hommes elle doit être doublée.

Les armateurs se servent réciproquement de cautions. Un manuscrit consacré à l'enregistrement de cette formalité existe à Saint-Servan et reproduit presque toujours les mêmes noms : Robert Surcouf pour Blaize, Lachambre pour Cudenec, Duchesne pour Thomazeau, Magon-Vieuxville pour Magon-Villehuchet, Fontan pour Kermel ou Coste, etc., et vice-versa.

Les Lettres de Marque sont ordinairement valables pour trois ou six mois, rarement davantage. Le ministre n'en donne de plus longues qu'à des armateurs influents comme Robert Surcouf ou pour les expéditions en « guerre et marchandises ». Pourtant en 1806 et 1807 il accorde par exception une prolongation générale à toutes celles qui se trouvaient sur le point d'expirer (2).

En les remettant aux capitaines, le Commissaire y joint un exemplaire des principaux règlements sur la course et plusieurs commissions de « conducteurs de prises ». C'est la copie de la Lettre de Marque, destinée aux officiers du

(1) Traité du 5 vendémiaire an IX.
(2) P. j. nº 23. Lettre de Gaude au Ministre, 11 avril 1806.

corsaire qui pourront être chargés du terrisage des bâtiments capturés au cours de la croisière.

Toute transaction est rigoureusement interdite par la loi entre armateurs et capitaines d'une part et les propriétaires des navires amarinés de l'autre [1]. Il peut cependant se présenter des circonstances où la prise faite est trop insignifiante ou trop difficile à terrir. Dans ce cas les corsaires sont autorisés à « rançonner ». Mais ils ont besoin pour cela d'une autorisation spéciale et préalable que l'on désigne sous le nom de « Billet de rançon ». Avant son départ le capitaine en reçoit toujours plusieurs exemplaires. Cette formalité se continue même après l'an XI, alors que les tribunaux anglais ne reconnaissent plus la validité de ces transactions et punissent ceux de leurs nationaux qui les ont acceptées [2].

La Lettre de Marque et les autres pièces officielles ne sont remises aux armateurs qu'au moment où les préparatifs de la course sont à peu près terminés. Il reste une dernière formalité à remplir : celle de l'enregistrement de ces pièces au Commissariat de marine [3]. Le capitaine fournit à cette occasion un double de son rôle d'équipage et s'engage à déposer à son retour au bureau de l'Inscription maritime un rapport où seront consignés tous les événements du voyage. C'est alors seulement que le bâtiment peut quitter le port et commencer sa campagne.

(1) Voir pourtant P. j. nos 67 et 68 deux exemples de transactions de ce genre au détriment de l'équipage et des intéressés.

(2) Le 6 janvier 1812, Blaize en demande 6 pour la *Gazelle*. Voir aux P. j. no 20, Modèle des billets de rançon. Un registre de billets ainsi remis aux capitaines existe à St-S.

(3) St-S. Registre d'enregistrement des Lettres de marque et P. j. no 18 un modèle pour le *Duguay-Trouin*, 1710.

V

La Sortie.

Pendant que ces dernières formalités s'accomplissent, on transporte à bord du corsaire l'eau et les vivres frais. Bon nombre de marins font à la terre un dernier et bruyant adieu. Il y a des rixes nombreuses au sortir des cabarets et souvent l'armateur doit payer des frais de geôle pour la nuit qui précède l'embarquement. Personne n'est sûr de revenir au pays natal et si jamais l'on revient ce sera sans doute avec des parts de prises !

Enfin les canons du bâtiment se font entendre. Le tambour bat le rassemblement dans les rues de la ville. Jusqu'au dernier moment les officiers cherchent leurs hommes. Presque toujours plus d'un manque à l'appel ! La revue en présence du Commissaire et des gendarmes demande à peine quelques heures.

« Le corsaire porte à ses mâts le signal du départ. Les amarres du port le retiennent toujours aux corps-morts de la rade. La proue est évitée au large. Il raidit ses grelins sous la puissance des rafales. Les matelots montent sur les vergues et les voiles tombent au commandement de l'officier de manœuvre. Lorsqu'elles sont bien établies, le pilote fait filer les aussières. Aussitôt le navire prend son aire. Les bonnettes sous la force du vent font ployer les espars (1) ».

Parfois aussi une brise de l'ouest ou la présence de croiseurs ennémis au large de Cézembre arrêtent plusieurs jours la sortie du navire.

Il y a chaque année deux grands départs de corsaires, l'un pour la campagne d'hiver, l'autre pour celle d'été.

Pour la première, les armements sont d'ordinaire achevés durant les deux derniers mois de l'année. Les sorties

(1) *Vigie de l'Ouest*, 27 août 1838

s'échelonnent pendant toute la mauvaise saison et jusqu'en avril. C'est de beaucoup la plus importante par le nombre et par la force des bâtiments [1]. C'est aussi presque toujours la plus féconde en résultats. Le mauvais temps, la grosse mer, les nuits longues et obscures sont en effet les meilleurs auxiliaires d'un capitaine hardi et courageux, prêt à tout risquer pour faire de riches captures et ne pas tomber lui-même au pouvoir de l'ennemi.

La course d'été commence avec la belle saison. Elle comprend surtout des navires d'un faible tonnage qui ne s'écartent guère des côtes françaises. Les îles anglo-normandes sont les parages préférés pour ce genre de croisière dont les marins redoutent fort les dangers. L'équipage du *Furet* refuse en 1812 de continuer la course en cette saison [2]. La Manche est alors couverte de croiseurs ennemis. La longue durée des jours rend la fuite bien difficile. La plupart des prises faites retombent elles-mêmes avant le terrissage entre les mains des Anglais. Le Commissaire de marine ne s'illusionne guère sur les chances de succès de ces sorties d'été. Pourtant il ne croit pas pouvoir refuser de temps en temps sa recommandation pour quelques petits bâtiments destinés presque toujours à réparer les pertes subies durant une campagne d'hiver [3].

L'importance des armements varie chaque année d'une manière assez sensible. Le tableau suivant permettra d'établir une comparaison entre le nombre, la valeur et l'équipage des corsaires sortis du port pendant ces vingt années de guerres presque ininterrompues. Quelques erreurs de détail ont pu s'y glisser car les chiffres manquent sur les Etats pour certains bâtiments. Il a fallu les rétablir par comparaison. De 1806 à 1814, ils ont été copiés sur les

(1) Sur les 149 armements contrôlés de 1793 à l'an IX, 125 sont enregistrés d'octobre à avril. Les 26 autres se partagent ainsi : an IV, 4; an V, 18; an VIII, 4.

(2) P. j. nº 28. Mutinerie à bord de l'*Aventurier*.

(3) P. j. nº 53. Lettre du Commissaire, 15 janv. 1808.

Rapports exigés chaque année par Napoléon et fournis par tous les ports de l'empire [1]. Ce tableau suffira pour donner une idée assez exacte de l'activité des négociants malouins durant la période qui s'étend de 1793 à la Restauration.

	Corsaires armés.	Valeur des armements.	Effectif des équipages.
1793	22	1.100.000	1.200
An IV	5	100.000	110
An V	31	600.000	1.108
An VI	28	1.200.000	1.500
An VII	19	1.200.000	1.070
An VIII	24	[2]	1.100
An IX	20		935
	149		7.023
An XI	10		381
An XII	5		553
An XIII	4		357
An XIV (3 mois)	5		263
1806	18	1.101.000	1.294
1807	25	1.200.000	1.568
1808	21	635.000 [3]	1.167
1809	20	[4]	1.054
1810	23	1.690.000	1.255
1811	17	1.394.000	1.027
1812	16	1.143.000	985
1813	13	1.015.000	726
1814	1		71
	178		10.701

(1) Ces documents officiels sont eux-mêmes parfois incomplets. Ainsi, trois armements, de 1807-1808, dont les Liquidations se trouvent aux Archives, manquent sur le Tableau correspondant. (Le *Spéculateur*, la *Confiance* et la *Clarisse*.)

(2) Les chiffres manquent sur les Tableaux à partir de l'an VIII pour fixer la valeur de l'armement.

(3) Ce chiffre est certainement au-dessous de la réalité. Plusieurs corsaires armés manquent sur le Tableau adressé au Ministre.

(4) Le Tableau manque pour l'année 1809.

Comme on le voit, les armements font absolument défaut en l'an III. Sur une proposition de Barrère à la Convention un embargo général avait été mis le 22 juin 1793 sur tous les navires français. Cet embargo destiné à favoriser le recrutement des marins de l'Etat ne fut levé que le 23 thermidor an III (11 juillet 1794) grâce à l'intervention du député de Rennes, Defermon.

Cinq petits bâtiments seulement quittent le port durant les six premiers mois de 1795 (an IV). La Terreur avait causé à Saint-Malo comme partout ailleurs d'effrayants ravages. Les armateurs fortunés se cachent encore. L'assignat jette le trouble dans les spéculations commerciales. En attribuant à certains équipages des parts de prises trop fortes, Le Carpentier décourage les armateurs. Enfin plusieurs navires ont été confisqués par l'Etat (1).

Après l'établissement du Directoire, sous l'administration bienfaisante et réparatrice de Boursault, le calme renaît peu à peu dans la cité malouine. Les armements en course prennent un nouvel essor. Mais on risque le moins possible. L'an V (1796-1797) est par excellence la période des faibles tonnages et des croisières d'été. Un nouvel embargo du 8 ventôse an VI ne fut maintenu que pendant une décade. Le résultat plutôt médiocre des campagnes suivantes (ans VII et VIII — 1799-1800) ralentit un peu le zèle des négociants, mais la moyenne des bâtiments sortis du port reste toujours aux environs de 20. Le dernier enregistrement de cette période est celui de la *Laure* à la date du 29 ventôse an IX (mars 1801). Napoléon ayant engagé des pourparlers avec l'Angleterre dès le mois de juillet de cette même année, il n'y eut point d'armement à Saint-Malo, l'hiver suivant (an X).

(1) L'Etat confisque plusieurs corsaires. — Voir A. N., BB^3, Marine, 92, p. 40 et suiv. : Il est de notoriété publique que les citoyens Mennais-Robert frères, pour se soustraire au sort d'un grand nombre de leurs malheureux concitoyens morts sur l'échafaud, furent obligés de donner leur bâtiment à l'Etat. — La plupart de ces navires sont rendus an V.

La paix d'Amiens dura fort peu (25 mars 1802-8 mai 1803). Mais les préparatifs réels ou feints d'une descente en Angleterre exigeaient tous les marins disponibles. De plus Napoléon semble au début médiocrement disposé pour la course [1]. Le 22 messidor an XI, le Ministre de la marine écrit au Commissaire : « Chaque armement contribue à diminuer le nombre des marins sans espoir de remplacement, car je sais que jusqu'à présent la plupart des corsaires sortis des ports de la République et particulièrement de Saint-Malo ont été capturés sans qu'il soit entré aucune des prises qu'ils peuvent avoir faites » [2]. Des conditions plus sévères sont imposées aux armateurs relativement au tonnage des bâtiments, à la force des équipages et de l'artillerie [3]. Aussi durant les années XII et XIII (1804-1805), neuf corsaires seulement quittent la rade. Mais à partir de 1806 et surtout après le désarmement de la flottille de Boulogne et la proclamation du Blocus continental on revit les beaux jours de la course. Une vingtaine de navires sont encore expédiés chaque année contre l'anglais. Leur équipage dépasse ordinairement un millier d'hommes. Napoléon se désintéressant de plus en plus des choses de la marine, on retrouve quelques bateaux nains avec un effectif de matelots vraiment dérisoire. A partir de 1810 où la course d'été fut particulièrement désastreuse, le nombre des armements diminue continuellement. Il n'y en eut que 12 en 1813.

Le dernier corsaire malouin sorti du port fut le *Renard*, armateur Robert Surcouf. Son capitaine Jean Michel, relâchant à Bréhat le 14 avril 1814, reçut l'ordre d'amener le pavillon tricolore et de le remplacer par les fleurs de lys [4].

(1) Voir SURCOUF, *op. cit.*, p. 280, le récit d'une conversation de l'Empereur avec R. Surcouf.
(2) P. j. n° 5.
(3) P. j. n° 4.
(4) Rapports des capitaines, St-S., 24 avril 1814.

CHAPITRE II

La Campagne.

I

**Les parages fréquentés par les Corsaires.
Le point de Croisière.**

Une fois sorti du port, le corsaire n'a plus qu'une seule préoccupation : faire des prises nombreuses et productives tout en échappant lui-même aux vaisseaux qu'il jugera d'une force par trop supérieure à la sienne.

L'immense majorité des armements malouins sont destinés aux mers d'Europe. On peut même dire que, sauf d'assez rares exceptions, durant toute cette période les capitaines ne quittent guère la Manche et la partie de l'Océan Atlantique immédiatement voisine.

Pourtant, quelques Malouins se rendirent célèbres vers cette époque par la hardiesse et le succès presque fabuleux de leurs courses dans l'Océan Indien.

C'est tout d'abord Robert Surcouf, « le roi des corsaires », qui selon l'expression de Ch. Cunat, l'un de ses biographes, « gagna aux bouches du Gange durant les années VI et VII tant de lauriers et une si belle fortune » (1). Ses campagnes sur l'*Emilie*, la *Clarisse*, la *Confiance* (armée à Nantes), les combats du *Triton* et du *Kent* sont bien connus. Le récit qui en a été fait abonde en traits de beau courage et d'heureuse témérité.

(1) CUNAT dans OGÉE. *Dictionnaire de Bretagne*, p. 818.

C'est aussi Thomas Le Même, capitaine de l'*Hirondelle*, petit brig portant 12 canons de 4 et 110 hommes d'équipage. Il prend d'abord à l'abordage dans le détroit de la Sonde la corvette *Batave*, armée de 8 pièces de 9. Ainsi renforcé par sa prise, il enlève en 40 minutes le vaisseau hollandais *Le William-Thesied*, percé pour 60 canons et en portant 40, malgré la vigoureuse résistance de son commandant John Thomson. Plus tard, sur *La Ville-de-Bordeaux*, il s'empare du bateau portugais *Le Saint-Sacrement*, et de sa cargaison évaluée 10 millions. Il mourut le 30 mars 1805, prisonnier des Anglais, après un combat disproportionné contre la frégate *La Concorde* (1).

On peut encore citer les belles campagnes de Bouvet, le futur amiral, qui, au début de la guerre de l'an XI, fit subir aux Anglais des pertes considérables.

Mais aucun de ces armements n'est sorti de Saint-Malo. Ils ont pour centre l'Ile de France. Il n'entre nullement dans le cadre de cette étude de refaire un récit déjà plusieurs fois abordé (2).

Trois navires seulement, tous armés d'ailleurs par Robert Surcouf ou Blaize, son beau-frère, partirent de la Grand Rade pour aller faire la course aux Indes. En 1804 la *Caroline*, sous les ordres de Nicolas Surcouf, le frère et l'ancien compagnon de Robert, prit aussi l'Ile de France comme base d'opérations. Il fit d'abord d'heureuses campagnes, mais tomba à sa troisième sortie au pouvoir des Anglais. En 1806 le *Napoléon*, capitaine Malo Lenouvel, fit côte à Hood-Bay, près du cap de Bonne-Espérance, sous le feu des frégates ennemies. Il réussit seulement à sauver l'équipage et les objets précieux. Les trois prises qu'il avait faites

(1) C. Cunat, *op. cit.*, p. 819.

(2) C. Cunat. *Saint-Malo illustré par ses Marins. Histoire de Robert Surcouf.*
Surcouf. *Un Corsaire malouin : Robert Surcouf.*
Napoléon Gallois. *Les Corsaires français.*
E. Fabre. *Voyages et Combats*, 2e série : *Le contre-amiral Bouvet.*
Prentout. *L'Ile de France sous Decaen*, p. 503 et suiv.

précédemment ne suffirent point à couvrir les frais d'armement [1]. Enfin, le 28 février 1807, Robert Surcouf prit lui-même le commandement du *Revenant* et, pourvu d'une Lettre de Marque valable pour deux années, il le conduisit à l'Ile de France. Son heureuse fortune le servit durant cette course comme dans les précédentes. Mais après une seconde campagne aussi productive que la première, le navire fut *prehendé* par le général Decaen pour les besoins de la colonie. Robert Surcouf revint à Saint-Malo sur la frégate *Le Charles*. A partir de cette époque nul corsaire malouin ne devait plus reprendre le chemin de l'Océan Indien [2].

Durant quelques années l'Espagne sortie de la coalition entretint avec le gouvernement français les relations les plus cordiales [3]. Le roi permit d'abord le transbordement sur navires neutres dans les ports de la péninsule ibérique des marchandises capturées par nos corsaires [4], puis leur vente dans ces mêmes ports, à charge de réexportation [5]. Plusieurs capitaines en profitèrent pour étendre le cercle de leurs opérations jusque dans ces parages si fréquentés par les voiliers anglais. Ils réussirent ainsi à terrir et à solder quelques-unes de leurs prises dans les ports de la Galicie, Vigo ou La Corogne [6]. Mais les rapports diplomatiques entre les deux pays ne tardèrent point à se tendre. Toutes les autorisations antérieures furent retirées par un décret royal en date du 23 mars 1804. Un corsaire malouin *Le Général Pérignon* (6e course) forcé d'aborder à Ribadao, fut saisi par le gouvernement espagnol en 1808 et relâché seulement après un assez long procès.

Le 8 mars 1809, M. Kermel reçut pour son navire *Le Saratu* une licence de 12 mois l'autorisant à partir pour les

(1) *Vigie de l'Ouest*, 7 mai 1839.
(2) Les Anglais s'emparent de l'Ile de France en 1810.
(3) Corresp. minist., 19 pluviôse an V.
(4) Corresp. minist., 7 mess. an V, St-S.
(5) 28 fructidor an VII, Corr. min. La décision date du 14 juillet 1799.
(6) Voir *infra*, p. 70.

Antilles. Forcé par la situation précaire de nos colonies d'Amérique à renoncer à cette expédition, il voulut cependant profiter des dépenses considérables faites pour cet armement. Il demanda et obtint du Ministre une Lettre de Marque pour aller faire la course sur le Grand-Banc à Terre-Neuve, afin d'y surprendre les nombreux navires ennemis qui chaque année faisaient la pêche en ces parages. La même autorisation fut accordée à Robert Surcouf pour l'*Auguste*. Mais les deux bâtiments tombèrent au pouvoir des anglais avant même d'atteindre le but de leur voyage et l'on ne songea plus dès lors à ce genre d'expédition [1].

Les corsaires malouins préfèrent de beaucoup rester dans le voisinage des côtes bretonnes. Presque toutes leurs sorties se font de Brehat, de Batz ou de l'Aberwrach. Ils gagnent de là soit les baies de Plymouth, soit l'entrée de la Manche. Sauf nécessité de relâche ou poursuite de l'ennemi, ils ne dépassent guère à l'est le cap de La Hague. Quelques-uns seulement des plus grands s'écartent à l'ouest jusqu'au 15 ou 16e degré de longitude, afin de saisir au passage les navires venant d'Amérique pour la côte occidentale anglaise. Au Nord ils vont jusqu'à la hauteur de Cork en Irlande et à l'entrée du canal de Bristol. Au Sud ils atteignent rarement le 47° degré de latitude et restent beaucoup plus volontiers dans le voisinage des côtes, de Belle-Ile jusqu'à Brest.

Les prises forcées de rejoindre la terre au plus vite en profitant du premier vent favorable s'éloignent parfois davantage de cette base d'opérations depuis Le Havre jusqu'à Bordeaux. Mais pour l'immense majorité les grands ports d'atterrissage sont aussi Saint-Malo, Paimpol, Perros, Morlaix, Roscoff et Brest [2].

Les noms les plus fréquemment relevés dans les rapports des capitaines sont sur la côte anglaise :

(1) Corresp. min., 8 mars 1809, St-S.
(2) Voir *infra*, p. 79, Tableau des ports d'atterrissage.

Start Point, Cap Lezard, Cap Land's End, Sorlingues, baie de Plymouth, baie de Talcombe, baie de Bristol, mer d'Irlande.

Et sur la côte bretonne :

Plainville, Dielette, les Ebihens, cap Frehel, Brehat, Tréguier, Perros, les Sept-Iles, Morlaix, Roscoff, île de Batz, île Thomé, fort Cezon, pointe de Pontusval, l'Aberwrach, Ouessant, Molène, le Conquet, Brest, l'Iroise, Benodet, Belle-Ile.

Les îles anglo-normandes Jersey, Guernesey, Serq, Aurigny sont surtout fréquentées durant l'été par de petits bâtiments. Cachés grâce à leur faible tonnage dans des criques inhabitées, ils peuvent de là épier les navires anglais du commerce, les surprendre et s'en emparer en évitant d'être aperçus par les croiseurs anglais et surtout de laisser deviner leur retraite (1).

Chaque capitaine a son « point de croisière » préféré. Les qualités et la force du bateau, l'expérience personnelle de son chef et sa connaissance parfaite des lieux l'indiquent le plus souvent. Les renseignements transmis par les prisonniers ennemis et les désirs de l'armateur en déterminent aussi parfois le choix. Tel corsaire ira jusque sous la côte anglaise dans la baie de Plymouth surprendre les caboteurs et les courriers anglais. Tel autre attendra non loin de l'île de Batz les grands voiliers qui « emmanchent » entre Ouessant et les Sorlingues.

Mais ordinairement le corsaire ne se rend pas en quittant Saint-Malo directement au lieu choisi pour ses futurs exploits. Il gagne tout d'abord un point plus rapproché de la côte anglaise ou de la route suivie par les bâtiments du commerce, afin de pouvoir, au moment favorable, s'élancer sur sa proie et l'atteindre en quelques heures. Ce voyage

(1) P. j. nº 25. Lettre du Commissaire, 10 mai 1807.

préliminaire dure parfois des semaines, de relâches en relâches et d'abris en abris, avant d'atteindre la rivière de Morlaix ou l'Aberwrach. C'est souvent la partie la plus dangereuse et la plus pénible de toute la campagne : La discipline est dure à bord et rien n'est plus terrible qu'une tempête en Manche sur la côte bretonne.

II

La vie à Bord.

L'équipage du corsaire est naturellement soumis à une discipline des plus sévères. Il eut été impossible de maintenir autrement dans l'ordre et dans l'obéissance un pareil assemblage d'éléments disparates, d'hommes pour la plupart sans éducation, sans fortune, entassés sur un étroit bâtiment. Presque toujours (1) ils n'ont entre eux d'autre lien que l'intérêt immédiat et l'espoir des parts de prises. De plus, ils risquent à chaque instant sinon leur vie, du moins leur liberté.

L'énergie et l'autorité font donc partie des qualités essentielles requises de tout bon capitaine. On l'accuse même parfois de brutalité (2). Mais c'est une exception sans doute bien rare, car il a tout avantage à se faire aimer de ses hommes afin de pouvoir compter sur eux au moment décisif.

La nourriture des matelots laisse souvent à désirer. Les plaintes à cet égard sont fréquentes et parfois justifiées. Si la chaleur fait avarier les barils de sardines il faut manger

(1) Ordinairement les marins s'embarquent cependant par quartiers sur le même bâtiment. V. P. j. n° 10. Rôle d'équipage du *Dinannais*.

(2) P. j. n° 3. Lettre du citoyen Thomas, 30 août 1793.

son biscuit sec [1]. L'équipage envie surtout la table ordinairement mieux servie des officiers. Témoin le trait suivant emprunté à l'un des récits du combat soutenu par le *Revenant* contre *La Conception*. Le chef de pièce surnommé Grand-Gosier, voit tout à coup tomber le cuisinier du bord frappé d'un biscaïen. Sans perdre un instant, il se met à genoux, le fouille et lui dérobe la clef du buffet dont il rapporte sous sa blouse un magnifique poulet tout cuit. Puis il reprend son poste après avoir mis sa trouvaille en lieu sûr [2].

Les soins de propreté sont nécessairement réduits au minimum parmi des hommes, embarqués presque sans linge et sans effets de rechange. Aussi la gale est-elle une maladie fréquente sur les navires armés en course [3].

Surtout au début de la campagne, le travail quotidien à bord du bâtiment réclame beaucoup d'énergie et d'endurance. Plusieurs volontaires ignorent à peu près complètement leur métier. Le capitaine profite des premiers jours du voyage et des relâches sur la côte française pour les exercer au maniement du canon et aux feux de mousqueterie. Le maître d'armes leur apprend à se servir du sabre et de la hache d'abordage. Toujours quelques novices à leur première sortie ont besoin d'être familiarisés avec la manœuvre et le service intérieur du navire.

L'hiver est évidemment la saison favorable pour la course. Les longues nuits sans lune, les grains fréquents, la mer presque toujours mauvaise séparent les voiliers anglais de leurs convois, rendent plus difficile la surveillance des stationnaires et des croiseurs ennemis et permettent souvent au corsaire lui-même d'échapper aux dangereuses rencontres. Mais c'est aussi l'époque des tempêtes et les bateaux malouins sont les premiers à en souffrir.

(1) Correspondance de Lemaitre, capitaine du *Duguay-Trouin*. Il fait distribuer ces sardines aux soldats qu'il transporte comme passagers.
(2) *Vigie de l'Ouest*, 19 mars 1839.
(3) Correspondance du capitaine Le Maitre, nos 7 et 10.

Les descriptions les plus tragiques des ravages ainsi causés par le mauvais temps abondent presque à chaque page des Rapports de capitaines : « Le brick fuit devant l'ouragan sous son seul mât de misaine, avec une vitesse de 10 milles 1/2 à l'heure. Il bondit sur des vagues monstrueuses, descend avec la rapidité de la flèche au fond de l'abîme. Tantôt incliné sur le flanc tantôt à pic sur sa poupe, il retombait bientôt sur sa proue submergée à son tour. L'eau entre par toutes les coutures du navire, forçant l'équipage à travailler sans cesse aux pompes. Des cordages et des lambeaux de voiles déchirées frappent avec un sifflement sinistre les mâts qui ploient sous l'effort du vent. Tout à coup un craquement se fait entendre. Vite on largue le filin qui sert de bosse à l'embarcation. Des palans sont frappés sur la chaloupe et le canot pour les lancer à la mer avant que la mâture ne vienne les écraser dans sa chute » (1).

Aussi, sans parler des nombreux matelots dont il est fait mention lors des liquidations générales sous cette rubrique : « Tombé à la mer et noyé en accomplissant par mauvais temps une manœuvre difficile et très utile pour le salut commun » plusieurs bâtiments reçoivent chaque année des avaries plus ou moins graves : câbles rompus, voiles emportées, mâts abattus, etc. D'autres, forcés de naviguer au milieu des écueils qui protègent la côte bretonne où d'aller chercher leurs prises jusque dans les eaux territoriales anglaises, se perdent corps et biens lorsqu'ils ont le malheur d'être surpris par un coup de vent inattendu. C'est ainsi que le 19 février 1807 la *Clarisse*, fuyant une frégate anglaise, vint s'ouvrir sur un rocher des « Ebihens ». Des 36 hommes qui composaient l'équipage, 16 périrent et plu-

(1) *Passim*, dans les Rapports de capitaines.
Voir *Revue d'Aleth*, 1907, p. 210, le récit du sauvetage de François Gallais, capitaine de *La Laure* (an VI), par René Rosse, second à bord du même corsaire, durant une terrible tempête.

sieurs furent grièvement blessés [1]. Les tableaux d'armement pour la période 1793-1815 mentionnent une douzaine au moins de sinistres du même genre [2].

Parfois, au contraire, ce sont de longs jours d'une navigation ennuyeuse et maussade. L'imagination finit par s'attrister d'une attente continuellement déçue. Le moral de l'équipage s'ébranle par suite du désappointement.

Aussi les désertions sont-elles nombreuses presque à toutes les relâches, non seulement parmi les étrangers, mais encore parmi les marins du pays. Les Liquidations générales en donnent la preuve. Les parts de prise des déserteurs sont en effet partagées entre la caisse des Invalides et le reste de l'équipage et rarement ce chapitre fait défaut [3].

La loi punit sévèrement la désertion. Elle condamne les coupables à la « bouline » [4] et, s'ils sont inscrits, à huit jours de prison et à un service supplémentaire de six mois ou d'un an sur un vaisseau de l'Etat. Mais une fois qu'ils ont touché leurs avances, rien ne les arrête surtout si la campagne s'annonce mal [5]. L'agent du gouvernement qui s'empare d'un déserteur a toujours droit à une prime versée par l'armateur ou ses représentants [6]. Ces derniers règlent également les frais de geôle [7] et de conduite.

Les cas de rébellion sont rares à bord des corsaires malouins. La Liquidation du *Jeune Bougainville* (an VIII) accorde 1.000 fr. aux héritiers de René Forestier, tué dans une révolte de l'équipage dont il était capitaine conducteur [8]. Les mémoires d'Angenard citent un autre cas

(1) P. j. n° 27. Lettre de Gaude à Decrès, 22 fév. 1807.

(2) Voir Tableaux d'armement, I-II.

(3) En l'an IX *Le Malouin* a 8 déserteurs, *Le Bougainville* 5, *Le Jeune Malouin* 12. Voir aux Liquidations générales.

(4) Punition corporelle maintenue dans la marine jusqu'en 1848.

(5) Copie de lettres du sous-commissaire de Lannion, 13 févr. 1809, et Rôle d'équipage du *Dinannais*. Plusieurs désertions à l'Aberwrach, P. j. n° 10.

(6) Copie de lettres du sous-commissaire de Lannion, oct. 1809. Le lieutenant des douanes de Granville ayant arrêté le sieur Morissot, déserteur du *San Joseph*, réclame sa prime.

(7) Le tarif pour la prison de Lannion est de 0.75 par jour.

(8) Liquidation du 13 prairial an IX.

d'insubordination fomentée à bord de l'*Aventurier* (an VIII) par quelques soldats de marine [1]. Enfin, Jean Le Voyeu fut débarqué du *Dinannais* pour un acte semblable à La Corogne [2]. Ce sont d'ailleurs les seuls faits de ce genre qu'il ait été possible de constater au cours de la période étudiée.

Mais si l'équipage se soumet sans trop murmurer à une discipline de fer, s'il accepte courageusement les fatigues et les risques d'une entreprise toujours hasardeuse, il sait aussi à l'occasion faire valoir ses droits. Dans plusieurs circonstances, il refuse formellement de continuer la course, quand il croit à tort ou à raison que son engagement est expiré ou qu'il redoute les dangers d'une croisière mal préparée [3].

Parfois quelques marins obtiennent du capitaine l'autorisation de débarquer au cours de la campagne. Dans ce cas ils renoncent évidemment à toute part de prises. Ils ne manquent presque jamais d'ailleurs de réclamer plus tard — toujours en vain — directement ou par quelqu'un de leur famille auprès de l'Inscription maritime [4].

III

La visite d'un Neutre.

Enfin le bâtiment a réussi à franchir heureusement ses premières étapes. Il se trouve au relâche d'où il doit directement rejoindre son « point de croisière ». Tout est paré à bord. Quelques vivres frais ont été de nouveau déposés sur le pont par les soins du commissionnaire de l'armateur. Il fait selon l'expression consacrée « beau temps, belle mer

(1) P. j. n° 28.
(2) P. j. n° 10. Rôle d'équipage du *Dinannais*.
(3) Rapports des capitaines St-S. pour *La Biscayenne*, p. 10; pour *Le Brestois*, p. 26 ; pour l'*Édouard*, p. 31. Voir aussi P. j. n° 29, Procès-verbal du capitaine du *Furet*.
(4) Corresp. minist. Lettre de Gaude, 15 juin 1811.

et jolie brise ». Il reste encore à tromper les croiseurs ennemis qui surveillent continuellement les côtes françaises, surtout à l'époque de la grande sortie (1). Puis le hardi corsaire, toutes voiles dehors, s'en va tenter la fortune des mers. De terribles dangers le menacent. Mais peut-être aussi reviendra-t-il bientôt traînant à sa suite quelque riche capture. Cet espoir fait oublier à tous les périls de l'heure présente (2).

Quelquefois l'attente n'est pas longue. Tout à coup la vigie placée en permanence jusqu'au sommet du mât de misaine s'écrie : « Navire par bossoir de bâbord » ou bien encore « voile par la hanche du vent ». Ce mot produit dans l'équipage une émotion indescriptible. Il n'est pas de sommeil qu'il ne dissipe. On l'entend à la fois sur tous les points du bâtiment.

Armé de sa longue-vue, le capitaine essaie de distinguer la force et la nationalité du navire aperçu. Pour mieux voir, un officier rejoint les meilleurs gabiers dans la hune du grand mât. Les hommes sont à leur poste, attendant anxieusement un ordre, car on ne sait pas encore s'il faudra fuir ou combattre. Cependant tous les yeux sont fixés sur le point qui grossit rapidement, car le bateau vient à contre-bord.

Bientôt toute hésitation disparaît. Les avis sont unanimes parmi les officiers d'état-major : c'est un bâtiment du commerce; il porte le pavillon d'un pays neutre. Dès lors tout en restant sur ses gardes (3), le corsaires manœuvre de manière à s'en approcher sans tarder.

(1) Voir P. j. n° 26, Campagne du *Duguay-Trouin*, et P. j. n° 44, Campagne de *La Junon*. L'île de Batz est l'un des points les plus surveillés par les Anglais.

(2) Les corsaires malouins naviguent rarement de conserve. En cas de prise, les bénéfices seraient trop sensiblement diminués. P. j. n° 42, Course de *La Junon* : *Le San Joseph* laisse filer l'ennemi.

(3) Correspondance suivie de Le Maitre, n° 9. « De loin comme ce bâtiment (un négrier américain) avait une certaine apparence, j'avais fait mettre chacun à son poste. Mon équipage était encouragé par la fermeté de ses chefs et officiers de bord. Mais, hélas, il n'en était pas de même parmi les soldats de la troupe. Plusieurs montrèrent de la faiblesse en disant qu'ils auraient

Le Neutre doit s'arrêter à la première sommation. C'est aussi ce qu'il fait d'ordinaire, car la fuite en cette circonstance serait considérée comme une grave présomption de fraude. Elle pourrait amener la confiscation du bâtiment. Au coup de semonce, il met donc le vent sur ses voiles, amène ses bonnettes et se prépare à répondre aux questions que le capitaine du navire de guerre dicte à son interprète.

D'où est-il ?

D'où vient-il ?

Quelle est sa cargaison [(1)].

Presque toujours aussi il lui faut subir une visite.

L'article XVIII de la convention du 8 vendémiaire an IX avec les Etats-Unis fixe pour cette visite les règles suivantes déjà établies par l'art. 23 du traité entre Hambourg et la France : Afin d'éviter tout désordre, le corsaire doit rester hors de portée de canon et envoyer son canot à bord du navire marchand qu'il aura rencontré. Deux ou trois hommes seulement seront admis sur le pont du bâtiment visité. Ils demanderont au capitaine ou au patron communication du passeport et des certificats concernant les propriétaires du navire et de sa cargaison. Il est expressément convenu que le neutre ne pourra être forcé d'aller à bord du corsaire pour y faire l'exhibition de ses papiers ou pour quelque autre motif [(2)].

Mais en pratique les choses se passent tout autrement : « La saisie des papiers à bord du Neutre n'est pas suivie dans la pratique. Elle offre des dangers pour la liberté de l'équipage des vaisseaux français et donne aux ennemis les moyens de se soustraire à la poursuite des vaisseaux armés » [(3)].

tort de se faire tuer pour l'armateur. De tout l'état-major, M. Vial fut le seul qui montra du courage. »

(1) Rapports des capitaines, p. 5, St-S.

(2) P. j. n° 36. Convention du 8 vend. an IX.

(3) P. j. n° 70. — Voir aussi A. N., FF², cart. 8, n° 1360. Il est dit dans le rapport de Pilvene, capitaine du *Jean-Bart* (1809) : « *N'ayant pas d'embarcation*, je hélai le capitaine de l'*Elisa* de venir à mon bord avec ses papiers. »

Ordinairement un officier et plusieurs hommes bien armés se rendent à bord du Neutre. Ils y font toutes les perquisitions jugées utiles sans que personne puisse s'y opposer. Pendant ce temps le capitaine de ce navire doit s'embarquer de son côté pour aller faire examiner ses papiers sur le corsaire. Il prend notamment avec lui son Rôle d'équipage, son Permis de naviguer, tous les connaissements relatifs à la cargaison et son Journal de bord. L'interprète lui pose au besoin des questions auxquelles il doit répondre et tous ses certificats sont soigneusement vérifiés [1].

On comprend aisément la mauvaise humeur des neutres devant ces formalités qu'ils ont fréquemment à subir quatre ou cinq fois au cours d'une traversée. Quelques-uns ne se laissent pas faire sans résistance. Le *Rodolphe Frederick* répond à la semonce de *La Laure* par une bordée de coups de canon [2]. Dans sa correspondance le capitaine Lemaître parle d'un « américain toujours entêté à se faire chasser, portant tout haut dans les grains, menaçant de chavirer plusieurs fois » [3]. Deux marins du brick (également américain) *The Factor* s'enferrent « eux-mêmes » sur les poignards des hommes du *Marsouin* chargés de perquisitionner à leur bord. Le capitaine refuse en « jurant en anglais » de venir sur le corsaire. Il ne cède qu'à la force et se montre « extrêmement insolent » [4].

Mais ordinairement la résistance est impossible ou trop dangereuse. Les vrais neutres ne s'y hasardent guère surtout quand leurs papiers sont parfaitement en règle. Ce n'est d'ailleurs pas toujours le cas et beaucoup de visites sont suivies de captures. Il est facile en effet de se mettre en contravention avec les lois et décrets sur la police maritime

(1) Les mêmes formalités s'appliquent évidemment aux navires ennemis naviguant sous licence du Gouvernement français.

(2) P. j. n° 71.

(3) Corresp. suiv. du capit. Le Maître, n° 7.

(4) P. j. n° 38.

française. D'autre part certains neutres pratiquent couramment la simulation et sont de véritables anglais déguisés.

Jusqu'en 1806 la législation en vigueur relativement aux navires des puissances neutres reste celle de 1778. Sauf la contrebande de guerre et il faut entendre par ce terme non seulement les armes et les munitions, mais encore « tout ce qui peut servir directement ou indirectement à la construction et à l'équipement des vaisseaux »[1], les neutres peuvent librement transporter d'un port dans un autre toutes sortes de marchandises même pour le compte ennemi[2].

Durant la période révolutionnaire cette législation fut pourtant assez fréquemment modifiée dans un sens restrictif. De nouvelles ordonnances donnèrent lieu de part et d'autre à des abus regrettables qui, selon l'expression du Ministre Truguet, firent trop souvent dégénérer la course en brigandage politique, en véritable piraterie[3].

Ainsi la loi du 9 mai 1793 autorise les corsaires français à arrêter tous les bâtiments qui se trouveront en tout ou partie chargés de marchandises appartenant aux ennemis. Un arrêté du 29 juillet suivant étend les mêmes dispositions aux navires américains qui en avaient été d'abord exceptés. Ces marchandises seront confisquées et le bâtiment relâché après avoir reçu une indemnité de fret et de détention[4].

Un arrêté du Directoire exécutif (20 frimaire an V) aggrave encore cette mesure. « Les bâtiments français pourront capturer à bord des neutres toutes les marchandises expédiées à destination et pour compte ennemi. Ils pourront saisir également toutes celles dont les connaissements n'exprimeraient point une propriété vraiment neutre.

(1) De Pistoye, *op. cit.*, I, 401. Loi du 12 ventôse an V.
(2) De Pistoye, *op. cit.*, I, 337 et suiv.
(3) Corr. min. 20 février an V, St-S.
(4) Voir Liquidation du *Tigre*, 29 prair. an II. Ce bâtiment confisque une partie de la cargaison du navire américain *Le Georges*. Il est condamné à payer 6.000 francs pour fret et retard occasionné par l'arrestation.

Les frais restent à la charge des neutres si la cargaison n'est pas confisquée en totalité »[1].

Enfin la loi du 29 nivôse an VI déclare art. 1er, en étendant la confiscation au bâtiment lui-même. « L'état des navires en ce qui concerne leur qualité de neutres ou d'ennemis sera déterminée par la cargaison. En conséquence tout bâtiment trouvé en mer, chargé en tout ou en partie de marchandises provenant d'Angleterre ou de ses possessions sera déclaré de bonne prise, quel que soit le propriétaire de ces denrées ou marchandises[2].

De telles mesures sont évidemment tout à fait du goût des corsaires. Il fallut leur défendre par un arrêté du 25 prairial, même année, de saisir sur ces pauvres neutres les marchandises anglaises déjà confisquées une première fois et soumises à la réexportation. Quelques capitaines vont jusqu'à visiter dans le port même de Saint-Malo, en présence des bateaux de l'Etat, les étrangers qu'ils soupçonnent de ne pas être parfaitement en règle !

Les effets de cette « loi désastreuse » se firent bientôt sentir. « Le commerce anglais attaqué dans celui de toutes les puissances neutres n'en a reçu aucune atteinte, écrit le Ministre Forfait le 3 nivôse an VIII, et nos ports abandonnés ont été depuis ce moment dépourvus de tous moyens d'importation et d'exportation »[3]. Aussi l'une des premières mesures de Bonaparte fut, par une décision en date du 29 frimaire an VIII, de rappeler tous les corsaires aux dispositions du règlement de 1778 sur la navigation des Neutres comme à la seule règle à suivre en cette matière[4].

(1) P. j. no 31. (2) P. j. no 33. (3) P. j. no 35.

(4) P. j. no 35. Voir *Revue du Pays d'Aleth* (mars-avril 1910) les plaintes des équipages et armateurs malouins relativement à l'application sévère de cette nouvelle législation (*infra*, p. 104), même pour des captures antérieures à la promulgation.

On trouvera dans *Collection de Documents inédits sur l'histoire de la Révolution française : Le Commerce* (Paris, Leroux, 1912), à peu près tous les textes législatifs relatifs à la Course depuis 1793 jusqu'à l'an XI. La législation change souvent. Une table chronologique des lois et arrêtés sur la Course, A. N., ADVII 43, contient près de cinquante numéros de 1793 à l'an VII.

L'article 53 de la loi du 2 prairial an XI n'apporte aucun changement à cette législation dont les étrangers bénéficièrent durant les premières années de l'empire.

A partir de 1806, les sévérités du Blocus continental font malheureusement revivre les plus mauvais jours de l'époque révolutionnaire. D'après le décret de Berlin (21 novembre 1806) : « Tout bâtiment ayant seulement touché aux colonies anglaises ou à l'un des ports des trois royaumes avait défense d'aborder dans un port français ou soumis à la France. S'il faisait une fausse déclaration à ce sujet il était reconnu de bonne prise ». Le décret de Milan (17 décembre 1807) aggrave encore cette législation : « Tout bâtiment, de quelque nature qu'il soit, qui aura souffert la visite d'un vaisseau anglais, se sera soumis à un voyage en Angleterre ou aura payé une imposition quelconque au gouvernement anglais a perdu la garantie de son pavillon et est devenu propriété anglaise. Les dits bâtiments sont déclarés de bonne prise. Une prime est assurée à la délation pour tout membre de l'équipage ou passager ».

Il existe aux Archives de la Marine à Saint-Servan une preuve curieuse des espérances que ces mesures draconiennes firent naître chez certains armateurs malouins. C'est une lettre de Gaude au Ministre, datée du 6 mars 1807. « Ils se flattaient, dit-il, que dans peu un décret extensif leur livrerait tous les navires porteurs de marchandises anglaises quels qu'en fussent les propriétaires... Vainement je leur avais fait observer, et particulièrement à MM. B..., qu'une pareille extension était trop contraire au droit des nations pour qu'il fut permis d'en prêter l'intention au gouvernement français et que ledit décret (celui de Berlin) n'imposait aux Neutres ayant touché les possessions anglaises d'autre peine que d'être rejetés des ports de France et de ceux occupés par les armées françaises, et qu'il n'ordonnait point l'arrestation desdits bâtiments ni celle de leurs chargements sauf le cas d'une fausse déclaration de la part des capitaines » (1).

Non seulement le navire arrêté peut se trouver en contravention avec la loi française, mais parfois aussi le corsaire arrive à découvrir sous un pavillon neutre un anglais déguisé.

Le 3 frimaire an IV, le Ministre de la Marine avertit les armateurs malouins que plusieurs bâtiments de cette nation naviguent avec de faux papiers américains (2). Un arrêté du 13 ventôse an V appelle la sévérité des tribunaux sur les manœuvres frauduleuses de tout armateur se disant neutre et dont le navire sera trouvé porteur, comme on l'a vu plusieurs fois, soit de « papiers de mer en blanc, quoique signés et scellés, soit de papiers en forme de lettres contenant des signatures de particuliers, soit de doubles passeports ou Lettres de mer qui indiquent différentes destinations du bâtiment, soit de doubles factures, connaissements ou papiers de mer quelconques assignant à tout ou partie de la même marchandise des propriétaires différents ou différentes destinations » (3). « Ne connaît-on pas l'audacieuse supériorité des Anglais en faux et en altérations de pièces » dit l'avocat chargé de défendre une prise de la *Junon*, et il cite un « message récent du Président des Etats-Unis annonçant que malgré l'état de guerre les Américains favorisent le commerce ennemi en employant des navires sous un masque étranger » (4). Le capitaine de la *Mary-Anna* semble bien être un simulateur de ce genre, naviguant sur un bateau anglais avec le pavillon de la Hollande. Il a dit à son armateur à Charlestown selon la déclaration de ce dernier lui-même : « Je suis hollandais et je dois vous tenir ce langage parce que je navigue sous le pavillon de cette

(1) P. j. n° 37. Lettre de Gaude, 6 mars 1807.
(2) Corr. minist., St-S.
(3) P. j. n° 31.
(4) P. j. n° 72.

puissance ». Ces paroles en argo de simulateur signifient tout simplement — c'est la conclusion du capteur : « J'ai des papiers hollandais avec lesquels vous pourrez tromper les autorités de votre pays » [1]. Un navire ainsi pourvu de faux certificats a toujours quelques chances d'éviter la capture s'il a le temps de faire disparaître les pièces compromettantes.

Mais il est bien difficile d'échapper à l'enquête du corsaire pour qui les moindres indices sont des raisons suffisantes de défiance. Quelques pages disparues du Journal de bord, des factures anglaises trouvées à la mer dans le voisinage du bâtiment visité suffisent parfois pour motiver l'arrestation [2]. On pourra voir aux pièces justificatives quelques extraits d'une brochure intitulée : « Conduite à tenir par les capitaines de navires armés en course ». On y donne, à l'usage des corsaires auquel cet ouvrage est recommandé comme « indispensable », tous les renseignements utiles pour permettre de découvrir une fraude et justifier l'amarinage d'un neutre qui ne serait pas en règle. C'est également une garantie pour l'armateur au cas d'une prise illégale. Aussi ne manque-t-il pas d'en remettre un exemplaire à chacun de ses capitaines et d'en exiger reçu [3].

On ne saurait nier que certaines injustices furent parfois commises à l'égard des neutres. La tentation est bien grande pour un capitaine, même hésitant sur la valeur des certificats présentés, d'arrêter un bâtiment dont la cargaison semble valoir les risques d'un procès ! La parole de

(1) P. j. nº 72. Mémoire pour *La Mary-Anna.*

(2) Voir *Archives de Morlaix,* liasse 52, an VI. *La Johanna Margareta* est arrêté par *Le Milan* et *Le Courageux* parce qu'il est armé de 4 canons et parce que le Rôle d'équipage et la Lettre de protection contre les Turcs sont au nom d'un autre capitaine. Ce navire fut d'ailleurs relâché après jugement.

(3) L'exemplaire cité P. j. nº 34 porte à sa dernière page la mention suivante : Je soussigné déclare avoir reçu des citoyens Fontan jeune et Thomas aîné un modèle semblable à celui-ci, pour me servir de conduite et règlement pendant ma croisière, auquel je m'engage de me conformer exactement. Port-Malo, 13 vendémiaire an VIII. A. Basset.

Ed. Corbière : « L'histoire des corsaires ne s'écrit pas sur du papier jonquille avec de l'encre vaporisée de jasmin et de tubéreuse » (1), s'applique aux malouins comme aux autres. Pourtant les abus relevés au cours de cette période sont assez rares.

Le Ministre américain Morris se plaint le 21 septembre 1793 que des marchandises appartenant à plusieurs de ses nationaux, et notamment quatre barriques d'indigo, aient été confisquées sur *Le Commerce* par les marins du *Tigre*. Dalbarade écrit à ce sujet à l'Ordonnateur civil de la marine à Saint-Malo : « Il est question dans cette affaire de donner à ce ministre d'une nation avec laquelle la République conserve les rapports de la plus étroite amitié une satisfaction éclatante » (2).

Quelques pillages de peu d'importance furent réglés à l'amiable. On trouve aux archives de Morlaix (3) une quittance par laquelle les marins américains du navire *La Maria* reconnaissent avoir reçu de Larrant, correspondant de MM. Duchesne et Pintedevin, armateurs du corsaire *Le Petit Quinola*, la valeur des effets et objets qui leur avaient été enlevés par les marins français. Les armateurs de la *Clarisse* doivent également payer une indemnité au consul portugais pour le pillage du *Triton*, quoique le préjudice causé n'ait pas été bien grand : un quintal de morue, quelques vêtements, médaillons et épingles en simili-or (4).

D'autres accusations plus graves sont formulées contre certains capitaines, sans qu'il soit possible d'en contrôler la valeur. Ainsi les propriétaires hambourgeois du *Salomon et Betty* se plaignent que les officiers de *La Laure* aient supprimé le Journal du bord de ce navire. C'est « une affirmation gratuite, répond l'avocat du corsaire. Un crime

(1) *Vigie de l'Ouest*, 1838. Exergue d'un récit de Ch. Cunat.
(2) Corr. min., 16 oct. 1793, St-S. Voir pour un Espagnol molesté, P. j. no 32.
(3) Morlaix, Trib. Comm., liasse 53 (an VII).
(4) Corresp. min., 17 août 1808, et A. N., FF2, cart. 4, no 611

se prouve toujours »[1]. Le sieur Young, subrecargue de la *Mary-Anna*, dans un Mémoire destiné au Tribunal des Prises, reproche à ses capteurs d'être « des gens abominables qui ont commis de punissables excès, déchiré et brûlé son Journal et bien d'autres pièces de bord et qui dès le principe ont mérité la réprobation de l'autorité ». A la suite du débarquement, les représentants de l'armateur auraient fait à dessein disparaître le capitaine et l'équipage. Thomazeau affirme de son côté que le Journal de bord n'a jamais existé ou qu'il a été détruit avant la prise du bâtiment. L'équipage a déclaré lors d'un premier interrogatoire qu'il n'avait qu'à se louer de la conduite des français à son égard. Il est d'ailleurs toujours prisonnier au dépôt de Longwy[2].

Les neutres laissent parfois à terre la plupart des pièces concernant le navire et sa cargaison quoique ces papiers dits « hors bord » soient difficilement admis dans la suite par les tribunaux français[3]. C'est une preuve qu'ils se défient singulièrement de la visite. Le contrôle est souvent bien difficile malgré tous les efforts du Commissaire lorsque le bâtiment capteur rentre au port. Quelquefois les prisonniers dont il doit toujours conserver un certain nombre à bord se sont « enfuis à terre » ou ont « été renvoyés sur un autre navire neutre » rencontré au cours de la campagne. Le capitaine ne peut produire les papiers concernant la cargaison « parce que l'officier qui les rapportait en montant sur le corsaire laissa tomber à la mer la boîte où ils se trouvaient »[4]. Parfois il se contente de déclarer qu' « il n'est saisi d'aucun papier de bord des bâtiments pris ou coulés et qu'il les a laissés entre les mains des capitaines en les renvoyant en Angleterre »[5].

(1) Procès de *La Laure* contre *Le Saloman* et *Betty*, P. j. nº 70.
(2) P. j. nº 72. Mémoire de la *Mary-Anna*.
(3) Corr. minist. 27 brum. an XIV.
(4) P. j. nº 45. Course du *Grand-Jean-Bart*.
(5) P. j. nº 46. Course de la *Miquelonaise*. — Voir P. j. nº 72 *bis*, les pénalités appliquées dans ce cas : Le produit des prises est versé aux Invalides.

Entre tous les neutres visités par les corsaires malouins, les américains tiennent de beaucoup la première place. De temps en temps le Ministre de la Marine rappelle et précise les traités qui règlent les rapports de la France et des Etats-Unis (loi du 13 nivôse an III, arrêté du 3 frimaire an IV). Mais ceux-ci ayant signé le 17 novembre 1794 une convention avec l'Angleterre, autorisant cette nation à saisir sur leurs navires les marchandises françaises et étendant la contrebande de guerre aux matériaux de construction pour la flotte, le Gouvernement de la République décrète, le 12 novembre an V, que les mêmes mesures seront appliquées aux marchandises anglaises trouvées sur des navires américains. Les relations ne cessent de se tendre entre les deux pays, malgré une nouvelle décision du 28 ventôse an VII défendant d'exiger pour leurs rôles d'équipage d'autres formalités que celles généralement imposées aux neutres.

La convention du 8 vendémiaire an IX, en augmentant la caution exigée des corsaires, semble avoir porté d'heureux fruits. Plusieurs jugements du Tribunal des prises nouvellement institué condamnent les armateurs à de fortes indemnités [1] au profit des neutres injustement arrêtés. Les capitaines agissent en conséquence avec beaucoup plus de prudence. De 1803 à 1814 douze américains seulement furent capturés par des corsaires malouins [2].

(1) Par suite de la décision du Conseil des Prises (19 mess. an VIII), ordonnant main-levée de la *Bona Fides* (*Revue d'Aleth*, avril 1910), la campagne de la *Providence* se solda par un déficit de 86.025 l. Les actionnaires perdirent 1.228 l. 19 s. 10 d. par 1.000 livres (Liquidation du 19 fruct. an X).

(2) D'après les Etats qui se trouvent aux Archives de la Marine, à Saint-Servan, il y en avait eu 4 en 1793, 4 en l'an V, 6 en l'an VI et 6 en l'an VII. Les indications précises manquent pour les années suivantes.

Tous les dossiers relatifs aux navires américains capturés en vertu des décrets se trouvent A. N., BB^3, 190-196. La guerre anglo-américaine, 1812-1815, améliore considérablement les rapports des Etats-Unis et de la France.

IV

Rencontre avec un navire de commerce ennemi.

La rencontre d'un vrai neutre est pour le corsaire une amère désillusion. En lisant la correspondance suivie de Le Maître on sent avec évidence la mauvaise humeur du capitaine en pareille occurrence : « Il est incompréhensible que la mer ne soit couverte que de bâtiments sous couleur américaine (n° 14). — Il paraît qu'il n'y a plus de bâtiments anglais à la mer ou du moins qu'ils se servent des expéditions américaines pour faire leur commerce avec plus de certitude (n° 15. — Vu un navire à 3 mâts au vent à nous, courant à contre-bord. Nous avons mis pavillon anglais et le dit bâtiment a mis couleur américaine. On ne voit plus que cette couleur sur la mer » (n° 19). Le regret s'augmente alors de l'espoir disparu.

Aussi quelle joie, lorsque le doute n'est pas possible en vue du navire aperçu, lorsque la forme de sa coque, la disposition de ses voiles et de son gréement, enfin ces mille détails auxquels l'œil exercé d'un marin ne se trompe guère, trahissent en lui un ennemi !

Les bâtiments de bonne prise sont en premier lieu tous ceux qui portent pavillon anglais. Il faut y joindre, selon l'état des relations diplomatiques, ceux des autres nations maritimes en guerre avec la France : suédois, danois, prussiens, hanséatiques surtout durant la période révolutionnaire, russes, espagnols et portugais pendant l'époque impériale.

Le Ministre fait régulièrement connaître par une circulaire adressée au Commissaire de marine, quels pays doivent être considérés comme en état d'hostilité avec le gouvernement français. Les armateurs des corsaires en sont immédiatement informés et transmettent eux-mêmes les renseignements aux capitaines. Ainsi le 1er mars 1793, on leur communique la déclaration de guerre à l'Espagne, le 7 ventôse an VII, la mise au ban des barbaresques d'Alger, Tunis et Tripoli. Le 25 vendémiaire an XIV, ils reçoivent l'autorisation de capturer les vaisseaux russes ou autres appartenant à la coalition. Le 6 novembre 1807 c'est le tour des portugais (1).

Au mois d'avril 1793, une décision du Conseil exécutif approuvée par le Comité du Salut public permet à « tous bâtiments de la République, corsaires ou autres, de traiter en ennemis les bateaux pêcheurs des puissances avec lesquelles nous sommes en guerre... afin de porter l'alarme sur leurs côtes » (2). Mais cette mesure inhumaine et sans profit sérieux pour les capteurs ne semble avoir jamais reçu d'exécution sauf peut-être en certains cas particuliers où les circonstances l'exigeaient. Ainsi dans une lettre du 16 mai 1807, le Commissaire Gaude demande au Ministre pour les corsaires malouins cachés dans les criques de Jersey ou Guernesey l'autorisation d'arrêter les pêcheurs de ces îles. Autrement ils seraient bientôt dénoncés et découverts par les stationnaires ennemis (3). Les anglais saisissent eux-mêmes nos bateaux de pêche quand ils ont l'espoir d'en tirer des renseignements utiles (4). Mais d'un côté comme de l'autre c'est une exception heureusement très rare.

Presque toujours le navire aperçu cherche son salut dans la fuite. A moins qu'il ne soit d'une force bien supérieure, il évite jusqu'au dernier moment un combat où le paisible commerçant à tout à perdre et fort peu à gagner sinon

(1) Corresp. minist. St-S. aux dates indiquées.
(2) P. j. nº 39. Lettre du Ministre, 21 avril 1793.
(3) Corr. min., 16 mai 1807, St-S.
Pour les expéditions malheureuses du *Sarata* et de l'*Auguste* sur le Grand-Banc, v. *supra*, p. 47.
(4) Corr. minist., 23 prairial an VI, pour arrestation de pêcheurs cancalais et P. j. nº 52 pour un pilote de Tréguier.

l'honneur d'une courageuse défense. Une chasse ardente commence.

C'est alors que le corsaire fait merveille et révèle ses qualités de fin voilier. Il profite sous son grand appareil du moindre souffle de la brise car tous les bras disponibles sont prêts pour la manœuvre. Serrant au plus près quand il n'a pas l'avantage du vent il tient tête à la lame même par le plus gros temps. Souvent il dépasse une vitesse de dix nœuds. L'ennemi perd son avance de minute en minute. Une dernière bordée va le mettre à portée de canon.

Sur le pont tout est déjà préparé pour l'attaque lorsque l'adversaire semble en valoir la peine. Les hamacs roulés et arrimés dans les bastingages serviront d'abri pendant la lutte. Canonniers et servants sont à leurs pièces [1]. Du coffre d'armes ouvert on a retiré pistolets, haches et sabres pour les distribuer à l'équipage. Les meilleurs tireurs sont postés aux endroits favorables à l'arrière, sur les passavants et jusque dans la hune d'artimon à côté des gabiers prêts à lancer leurs grenades. Un groupe de volontaires serrés autour du maître d'armes préparent les grapins d'abordage. On ferme parfois les panneaux pour empêcher la fuite des lâches en ne laissant d'ouvert que le capot qui donne accès dans la chambre des blessés. Le capitaine armé du porte-voix donne ses ordres. Souvent, au moment décisif, il tient lui-même la barre du gouvernail.

Quel que soit le pavillon sous lequel le corsaire ait jusqu'à la dernière minute poursuivi sa proie [2], il doit hisser le drapeau tricolore avant qu'un seul coup de feu soit parti de son bord. Le Commissaire de marine en interro-

(1) Ordinairement les mousses et les surnuméraires sont chargés du transport des munitions et des blessés.

Tous les termes de marine employés sont empruntés aux Rapports des capitaines.

(2) Durant la poursuite, les bâtiments armés en course arborent d'ordinaire soit le pavillon anglais soit celui d'un pays neutre. Cette ruse est d'ailleurs éventée dès la première manœuvre et ne trompe personne.

geant les prisonniers qui lui sont remis s'informe toujours si le capteur n'a point omis cette formalité essentielle de la *semonce* (1).

Assez fréquemment le branle-bas est inutile. Les deux tiers au moins des bâtiments ennemis rencontrés sont de paisibles marchands qui se rendent sans combat. On a même supposé que dans certains cas il pouvait y avoir eu trahison des capitaines anglais au détriment de l'armateur (2). Ainsi le *Duc d'York*, pris en 1803 par le *Dinannais*, amène son pavillon dès avant le coup de semonce, alors qu'il se trouvait encore à plus d'un mille du corsaire français. Le *Packet de Falmouth*, plusieurs fois capturé au cours de cette période, n'offre jamais la moindre résistance. Il leur serait d'ailleurs bien difficile de se défendre quand bien même ils en auraient le désir. Malgré le tonnage supérieur de ces navires, leur équipage ne peut se comparer à celui de l'assaillant. La moyenne faite sur les tableaux annuels des prises de 1806 à 1813 ne donne pas quinze matelots par bâtiment. Leur armement quand il existe se réduit à quelques menues armes. Aussi dès la première décharge ils amènent leur pavillon. Parfois un coup de fusil suffit.

Il peut arriver cependant que le corsaire se trouve en présence d'un navire beaucoup mieux armé qu'il ne l'avait d'abord supposé. Ainsi le *Spéculateur* chasse et atteint le 31 octobre 1810 « un grand trois-mâts que le capitaine P. C. Martin ne jugea pas à propos d'attaquer, le croyant d'une force supérieure à la sienne » (3). La capture de ces bâtiments n'est pas toujours facile. Ce sont des Lettres de Marque anglaises capables de se défendre en cas de mauvaise rencontre. Leur équipage ne dépasse guère trente

(1) P. j. n° 91. Interrogatoire d'un prisonnier du *Doura*.
(2) Bourde de la Rogerie, *op cit.*, p. 117. — Voir A. N., FF², 13, n° 2087, un exemple typique à cet égard.
(3) P. j. n° 43. Course du *Spéculateur*, 1810.

hommes en moyenne, mais beaucoup possèdent une artillerie égale sinon supérieure à celle des corsaires qui les recherchent pourtant de préférence à cause de leur riche cargaison.

Lorsqu'il faut ainsi combattre, l'engagement commence à distance par un échange de coups de canon. Chaque adversaire fait tous ses efforts pour causer à l'autre dans sa coque ou dans sa mâture le plus de dégâts possibles [1]. Un boulet rond bien dirigé peut dès les premières minutes décider du résultat final, empêcher la poursuite du corsaire ou mettre le bâtiment du commerce à son entière discrétion. C'est alors que l'audace et l'expérience du capitaine font merveille. Il lofe sous la bordée de l'ennemi, le serre par sa hanche du vent afin d'annuler l'effet des canons dont les boulets portent trop haut. Il tâche lui-même d'envoyer sa décharge bien en poupe. Les projectiles balayant le pont dans toute sa longueur causent alors beaucoup plus de ravages. Aussitôt que la distance le permet un feu violent de mousqueterie commence. Les meilleurs tireurs visent à travers les sabords les canonniers anglais ou bien encore les officiers dont la chute peut démoraliser l'équipage. Les bras dont le corsaire dispose pour la manœuvre lui donnent presque toujours l'avantage dans ce combat préliminaire.

« Canonniers, s'écrie Potier au moment décisif, lors du combat contre la *Conception*, chargez toutes vos pièces à deux paquets de mitraille, capitaine d'armes, distribuez les grenades, volontaires apprêtez vos fusils et ajustez dans les sabords. Evente le perroquet de fougue, borde la brigantine, choque l'écoute du grand foc, lofe un peu, timonnier. — Aussitôt le navire prend de l'aire et se trouve par le travers de l'ennemi à demi-portée de pistolet » [2].

(1) Après la manœuvre, les gabiers du corsaire deviennent souvent chefs de pièces.

(2) *Vigie de l'Ouest*, 19 mars 1889.

Parfois la canonnade ne suffit pas. Il faut avoir recours à l'abordage. C'est le procédé favori des corsaires qui profitent alors surtout de la supériorité numérique de leur équipage. L'ennemi met tous ses soins à éviter le corps à corps en coupant les grapins d'abordage. Il faut revenir plusieurs fois à la charge. L'état de la mer augmente souvent les difficultés de la manœuvre. On s'étonne de la hardiesse et du sang-froid nécessaires pour continuer la lutte dans des circonstances aussi difficiles que le firent par exemple *L'Incomparable* ou la *Miquelonnaise* [1]. Mais une hésitation chez l'ennemi, un ordre mal exécuté, un coup de barre donné trop tard et le corsaire est maître de la situation. Les deux navires serrés bord à bord, enlacés parfois jusque dans leur mâture ne pourront plus se séparer. Les vergues abaissées servent de pont. Une meute hurlante se précipite à la fois sur tous les points où peut s'organiser la résistance.

En règle générale, tout bâtiment abordé est un bâtiment pris. Les matelots anglais ne sont pas comme les corsaires des gens « du métier ». De plus ce n'est pas d'ordinaire leur bien qu'ils défendent. Environnés d'ennemis qui surgissent de tous les coins du pont, décimés par le feu de la mousqueterie ou les grenades que d'adroits gabiers, passant de vergues en vergues, leur lancent du haut de leur propre navire, ils finissent toujours par amener le pavillon. Quelquefois cinq minutes suffisent malgré les filets d'abordage en mailles d'acier dont plusieurs navires de commerce sont munis pour arrêter le premier élan des corsaires [2]. Dans d'autres circonstances, la lutte à l'arme blanche est plus longue. Ainsi l'*Incomparable* combat 1 heure 1/4 avec le *Saint-François de Paule* avant d'être amariné [3].

(1) P. j. nº 46 et nº 58.
(2) P. j. nº 44. Combat de la *Junon* contre l'*Ann.* de Londres.
(3) Rapports des capitaines, p. 3, St-S.

Les Malouins enlèvent ainsi, grâce à leur équipage, des bâtiments bien supérieurs aux leurs comme tonnage et comme artillerie. Pierre-Claude Martin, capitaine du *Spéculateur* (50 tonneaux, 63 hommes, 4 canons) rend compte en ces termes d'un engagement qu'il eut le mercredi 31 octobre 1810 (1) : « A 10 heures ayant visité un navire papembourgeois allant sur son lest de Londres aux Etats-Unis d'Amérique, il le quitta pour courir sur un bateau qu'il reconnut pour être une Lettre de Marque à trois mâts de 12 à 14 canons. A 11 heures, ce navire lui ayant assuré d'un coup de canon son pavillon anglais, l'engagement avait eu lieu à portée de pistolet. S'apercevant que la canonnade et la mousqueterie ne suffisaient pas pour s'en rendre maître, il avait ordonné l'abordage que l'ennemi sut éviter, mais étant revenu à la charge, il parvint à le joindre et à l'enlever. Dans cet engagement il a perdu un matelot américain nommé Georges Taylor de New-York, âgé de 22 ans et deux hommes ont été blessés. Le temps était mauvais, la mer grosse. Il n'a pu retirer de cette prise que 17 anglais dont 12 matelots, un charpentier, un cambusier, un coq et un passager, lesquels ont été mis à la disposition du sous-Commissaire à Morlaix. Par eux il a su que le capitaine, le second, le premier lieutenant ont été tués et six autres blessés, que le navire se nomme *Le Leander*, de 400 tonneaux, armé de 14 caronades de 12 et équipé de trente hommes (2) sortant de Londres et allant aux colonies anglaises, chargé à la cueillette (3).

A la suite d'engagements de ce genre avec des navires du commerce, le nombre des morts et des blessés semble avoir été beaucoup moindre du côté des corsaires. Il est très rare que les « Liquidations générales » citent plus de

(1) P. j. nº 43. Course du *Spéculateur*, 1810.

(2) Que sont devenus les autres, puisque 17 anglais seulement ont été faits prisonniers ?

(3) C'est-à-dire de marchandises de toutes sortes

deux ou trois hommes dont les parts de prises soient versées aux héritiers avec la mention : « Tués pendant le combat » (1). La bataille la plus sanglante de toute cette période fut peut-être celle que la *Minerve* (3e course) eut à soutenir le 16 frimaire an VII contre un anglais du même nom. Les sommes suivantes furent distribuées aux familles des marins décédés au cours de la lutte.

2.193 fr.	aux héritiers	de François Lenoble, 2e lieutenant.
1.462 fr.	—	de Jean Saint-Lô, enseigne.
731 fr.	—	de Pierre Galhen, quartier-maître.
731 fr.	—	de J.-B. Maillard, quartier-maître.
731 fr.	—	de Esprit Cottrel, quartier maître.
365 fr.	—	de Jean Bridel, matelot.
548 fr.	—	de Jean-Louis Provost, matelot.
182 fr.	—	de Joseph Gaillot (2), matelot.

Quel est le sort des bâtiments tombés au pouvoir des corsaires ? Quelques-uns sont rançonnés; d'autres détruits ou renvoyés en Angleterre avec des prisonniers de guerre échangés; le plus grand nombre enfin sont amarinés et dirigés vers le premier port de France.

Le capitaine qui part en course emporte, nous l'avons déjà dit, un certain nombre de « billets de rançon ». Il peut arriver en effet que capteurs et capturés trouvent leur avantage dans une convention de ce genre. Le commandant du navire arrêté signe alors, tant en son nom personnel qu'en celui de ses armateurs, l'obligation de verser une

(1) Parmi les combats les plus sérieux de cette période contre des navires marchands il faut pourtant citer, d'après les Rapports des capitaines ou autres documents :
Celui de la *Laure* (4e course, an VIII) contre la *Minerve*.
Celui de la *Confiance* contre *Les 7 Frères* (1806).
Celui du *Général Pérignon* contre un ennemi bien supérieur (1809).
Celui de la *Junon* contre la *Callixta* (1810).
Celui du *Brestois* contre la *Vedra* (12 canons, 20 h. tous blessés). Le *Brestois* eut 1 tué, 14 blessés.

(2) La liquidation générale de cette course est du 25 brumaire an XI

somme débattue et convenue aux propriétaires du corsaire. Il donne comme otages, pour garantir l'exécution de ce traité, un certain nombre d'officiers et d'hommes de son équipage [1]. Il peut alors librement continuer sa route, à moins qu'il ne soit rencontré de nouveau par un autre bâtiment de guerre dont sa rançon antérieure ne le préserve pas. Ainsi le 3 brumaire an XII, le brick de Jersey *La Cleopâtra*, capitaine Thomas Fillieul, armateurs MM. Fall et Durrel, doit souscrire une obligation de 34.200 francs au profit du corsaire *Le Vaillant* de Bordeaux. Il fut de nouveau capturé le 17 frimaire par *La Sorcière*, conduit à Saint-Malo et jugé de bonne prise [2]. Cette incertitude d'arriver au but de leur voyage fait souvent hésiter les capitaines des bâtiments auxquels on propose une convention de ce genre. Celui de la goélette espagnole *Les deux Amis*, prise du *Spéculateur*, après avoir accepté une rançon de 10.000 francs, refuse obstinément de signer le billet déjà préparé et préfère laisser couler son navire sous ses yeux [3]. Rien d'ailleurs n'est moins sûr pour les armateurs du corsaire que le recouvrement de pareilles créances. A partir de l'an XI, non seulement le gouvernement anglais ne reconnaît pas la valeur des obligations souscrites en ce cas par ses nationaux, mais il punit ceux qui s'y soumettent [4]. Sur une douzaine de rançons mentionnées depuis cette époque, une seule fut en partie payée (150 guinées sur 200). Il s'agit de la *Peggy* capturée par le *Marsouin* (1re course an XIV). Les parents de l'otage transigèrent avec l'armateur R. Surcouf, fatigué lui-même de nourrir depuis deux ans une bouche inutile à la Tour Solidor. Le traité de 1815 annula purement et simplement toutes les conven-

(1) Circulaire du 26 vendémiaire an IV signée Redon, St-S.
(2) P. j. no 20, Billet de Rançon, et no 69, Un jugement de bonne prise.
(3) P. j. no 43. Course du *Spéculateur*.
(4) Voir P. j. no 40 *bis*. Corr. de Le Maitre.

tions de ce genre conclues antérieurement [1]. Les rançons souscrites par des bâtiments portant un autre pavillon que celui de l'Angleterre sont très rares. On n'en trouve guère qu'un seul exemple pour Saint-Malo. En 1808 les propriétaires suédois du *Christian Elizabeth* versent les 20.000 francs convenus aux armateurs de la *Valeur* [2]. En somme, le corsaire rançonne uniquement quand il ne peut faire autrement et peut-être aussi quand il éprouve quelque scrupule à couler le bâtiment ennemi.

Pourtant d'ordinaire, lorsque la prise n'a pas une valeur suffisante, quand elle serait trop difficile à terrir ou bien encore lorsque l'équipage du capteur n'est plus suffisant pour fournir les hommes nécessaires à son occupation, le corsaire la coule sans hésiter. Une circulaire ministérielle en date du 24 floréal an IV le recommande expressément à tous les vaisseaux de guerre français : « Le but des armements en course étant de harceler, d'anéantir même s'il était possible le commerce de nos ennemis... les corsaires doivent faire tous leurs efforts pour lui porter des coups sûrs. Je vous invite en conséquence à recommander aux capitaines de tous ceux qui sont armés, dans l'étendue de votre arrondissement, de s'occuper pendant leur croisière de détruire tous les bâtiments qu'ils n'auraient pas la certitude de pouvoir faire arriver en France. Cette marche préviendra la reprise d'une infinité de navires en même temps que la diminution des équipages de nos corsaires, la captivité d'un assez grand nombre de Français et la perte d'objets précieux qu'il importe d'extraire des bâtiments qui se trouvent dans ce cas » [3]. Le 4 mai 1809, le Commissaire Gaude écrit de son côté au Ministre de la marine : « En

(1) Arrêté du 16 janvier 1815.

(2) On trouve au Magasin central de la Marine, 64, quai Debilly, à Paris, dans le document « Etat des Corsaires dans le 3e arrondissement », une liste complète des rançons souscrites durant cette période.

(3) Corr. min., 24 floréal an IV, St-S.

observant, Monseigneur, le peu de chances favorables que présente actuellement la course et particulièrement la difficulté de faire arriver les prises dans nos ports, j'ai pensé que le moyen le plus certain de faire du mal à nos ennemis serait peut-être d'accorder une prime aux armateurs et aux équipages des corsaires pour chaque bâtiment qu'ils couleraient en mer. Cette prime pourrait être calculée sur le tonnage des bâtiments coulés dont on rapporterait les papiers de bord ou sur toute autre base qu'on jugerait convenable. Cette mesure aurait l'avantage de dispenser d'amariner des bâtiments sur lest et de peu de valeur sur lesquels on expose des équipages qui presque toujours vont grossir le nombre des prisonniers en Angleterre. Les armateurs sont en général d'avis que, dans les circonstances actuelles, ce projet leur semble le seul moyen d'utiliser les armements du commerce français et de nuire au commerce ennemi avec le moins de dangers pour nous »[1]. La prime ne fut pas accordée, mais il suffit de lire quelques rapports de capitaines pour voir qu'à chaque campagne plusieurs navires ennemis sont détruits. Les tableaux fournis à l'empereur portent également cette mention :

1811-1812. — Un million pour 13 bâtiments anglais coulés, brûlés, jetés à la côte.

1812-1813. — Valeur approximative de quatre anglais coulés 400.000 francs.

Le corsaire enlève de ces prises tout ce qu'il trouve à sa convenance, fait passer à son bord l'équipage prisonnier, puis coule ou brûle le bâtiment. Souvent aussi il profite de l'une ou l'autre de ces prises sans grande valeur pour se débarrasser des marins ennemis qui l'encombrent et les renvoyer en Angleterre[2]. Dans ce cas, il désarme

(1) Corr. min., 4 mai 1809, St-S.
(2) Ces renvois ont aussi lieu sur des bâtiments neutres

le bâtiment en jetant ses canons à la mer. Il ne lui laisse que la quantité de vivres suffisante pour atteindre la côte la plus rapprochée. Puis il transporte à bord les prisonniers qu'il a pu faire antérieurement et qui consentent à signer un certificat d'échange contre un nombre égal de français détenus en Angleterre. Ces renvois de prisonniers sont surtout fréquents lorsque le navire capturé porte beaucoup de passagers et en particulier des femmes. La plupart ont lieu à la fin des croisières parce que l'équipage du corsaire diminue et que l'eau et les vivres frais sont en grande partie consommés. Cependant le capitaine doit toujours conserver un nombre de prisonniers suffisant pour témoigner au retour devant les autorités françaises.

La plus grande partie des navires capturés sont immédiatement amarinés. Un officier français et quelques hommes remplacent l'équipage retenu prisonnier sur le corsaire. On ne laisse à bord que deux ou trois matelots ennemis tout au plus afin de faciliter dès l'arrivée à terre l'instruction judiciaire (1). Une commission de « Conducteur de prise » est remise au nouveau capitaine qui fait voile aussitôt vers le port de France le plus voisin. Si le bâtiment capturé a beaucoup de valeur, le corsaire lui-même l'accompagne pour le protéger contre les mauvaises rencontres.

En effet un grand nombre de ces prises — au moins la moitié — retombent chaque année au pouvoir des anglais. Les navires enlevés n'ont point les qualités de marche suffisantes pour fuir, ni un équipage assez nombreux pour les défendre. Ils sont à la merci du premier vaisseau de guerre qu'ils trouveront sur la route. L'ennemi dispose

(1) C'est d'ailleurs une sage précaution, si l'on en juge par un trait cité par Angenard dans ses Mémoires. Le lieutenant chargé de terrir la *Nayade* (cargaison de rhum) s'ennivre avec ses hommes. Les trois Anglais restés à bord reprennent le bâtiment en braquant les canons sur l'équipage français.

d'ailleurs ordinairement à l'entrée des ports où ils ont l'habitude de terrir une chaîne de bâtiments légers destinés à les intercepter (1). Le Commissaire de marine ne cesse de s'en plaindre au Ministre (2). D'après les tableaux de 1806 à 1814, une douzaine en moyenne sont ainsi repris tous les ans à la grande joie des équipages anglais qui profitent de la Rescousse. Parfois les Français réussissent à se sauver à terre au moment de la reprise. Ainsi le 4 avril 1810, le capitaine conducteur Courson et cinq marins débarquent à Perros dans le canot de l'*Eléonore*, capturée par la *Junon*, mais retombée au pouvoir de l'ennemi (3).

Lorsque la prise semble en valoir la peine, les armateurs prennent les précautions les plus minutieuses pour la préserver du pillage avant le terrissage. Le Commissaire de marine met volontiers à leur disposition tous les agents de l'autorité (4).

Il est bien difficile d'établir d'une manière rigoureuse le compte exact des bâtiments capturés et conduits dans un port français par les corsaires de Saint-Malo au cours de ces vingt années. Les deux tableaux suivants permettront cependant de s'en faire une idée. Les Etats fournis par la marine donnent un total de 173 prises pour la période 1793 à l'an IX. De son côté M. Benaerts en a publié une liste de 163 à partir de 1803 (5). Les indications manquent assez

(1) Voir A. N., AF^{IV}, 1195 à 1200, l'état des croisières ennemies d'après le relevé des signaux parvenus à Paris chaque semaine. Il y a toujours une ou plusieurs frégates ou corvettes en vue de Saint-Malo, Bréhat ou Batz. Brest est presque continuellement bloqué.

Voir aussi CLOWES, *op. cit.*, IV, p. 546 et suiv.

(2) P. j. nº 51 (29 pluv. an VIII), nº 5 (22 mess. an XI), nºs 23-24 (11 avril 1806) (12 avril 1809). Voir aussi, St-S., Rapports des capitaines pour le *Coursier*, p. 36, et *infra*, p. 137, Liste des français capturés sur des reprises.

(3) Copie de lettres du sous-commissaire de Lannion, 21 avril 1810, et Tableaux de Napoléon, 1810-11, pour deux prises de la *Junon* reprises sous Ouessant. — A. N., BB^3, 113, p. 38, pour une prise de Pichegru, an V.

(4) Copie de lettres du sous-commissaire de Lannion, P. j. nº 49.

(5) Un petit nombre de prises, pour la plupart sans importance, sont certainement omises sur ces listes.

fréquemment pour les ports d'atterrissage. On pourra compléter ces tableaux en consultant plusieurs comptes fixant les gratifications accordées par le Gouvernement pour tout canon ou prisonnier capturé sur l'ennemi[1].

Nombre de Prises terries par les navires armés à Saint-Malo durant les années :

1793	23
An IV	—
An V	29
An VI	38
An VII	30
An VIII	29
An IX	24
	173
An XI [2]	4
An XII	15
An XIII	12
An XIV	11
1806	21
1807	22
1808	12
1809	8
1810	15
1811	18
1812	16
1813	9
1814	—
	163

(1) P. j. n° 90.
(2) Chiffres empruntés au Tableau de Benaerts.

Pavillon des Prises (1).

	1793	An V	An VI	An XI-1814
Anglais	10	23	22	120
Américain	4	4	6	12
Hambourgeois	3	—	2	—
Danois	2	1	2	1
Suédois	—	1	1	1
Prussien	—	—	2	1
Hollandais	1	—	—	1
Portugais	—	—	—	9
Espagnol	—	—	—	3
Français (recourses)	—	—	—	10

Ports de terrissage pour les Prises.

	1793-An IX (2)		1803-1813 (3)	
Saint-Valéry-en-Caux	—	prises.	3	prises.
Le Havre	1	—	—	—
Cherbourg	7	—	5	—
Granville	—	—	4	—
Saint-Malo	24	—	24	—
Saint-Brieuc	—	—	1	—
Bréhat-Paimpol	22	—	32	—
Perros-Lannion	13	—	15	—
Morlaix-Roscoff	20	—	38	—
Brest	16	—	19	—
Concarneau-Audierne	4	—	3	—
Lorient	6	—	9	—
A reporter	113	prises.	153	prises.

(1) Pour quelques prises le pavillon n'est pas indiqué sur les pièces officielles. — Voir A. N., AF^VI, 1197, lettre du 6 avril 1808, le relevé général des prises, 1808-9.

(2) On trouvera pour cette période au Tableau d'armement une liste de 173 prises. Les renseignements sur le lieu d'atterrissage manquent pour 43. Il y a aux Archives de Morlaix 22 dépôts de procédure ou jugements de bonne prise relatives à des corsaires malouins de 1793 à l'an IX.

(3) Chiffres empruntés à Benaerts, *op. cit.*, p. 378.

	1793-An IX	1803-1813
Report...........	113 prises.	153 prises.
Nantes............................	— —	3 —
Ile de Ré.........................	2 —	2 —
La Rochelle	2 —	1 —
Bordeaux	6 —	1 —
Bayonne	1 —	— —
Espagne. Santander............	1 —	
Espagne. La Corogne.........	3 —	4 —
Espagne. Vigo..................	2 —	
	130 prises.	164 prises.

Quelques campagnes méritent une mention spéciale : En trois sorties, de l'an XII à 1806, la *Sorcière*, capitaine Debon, s'empare de 15 navires ennemis (5 reprises avant le terrissage, 1 coulée) formant un total de 2.602 tonneaux avec 77 prisonniers (1). Dans une croisière de 15 jours, la *Miquelonnaise*, sous le commandement de Joseph Prader-Niquet, fait 8 prises dont 4 coulées, 1 expédiée en Angleterre avec les prisonniers échangés et 3 conduites à Benodet : en tout 1.820 tonneaux, 87 hommes et 62 pièces de canon ou caronades (2).

V

Les Navires de guerre anglais.

Le corsaire se rit des fureurs de la tempête. Il les connaît depuis longtemps et sait au besoin se défendre contre elles. Il ne craint pas d'attaquer un navire de commerce d'une force égale à la sienne. Ce qu'il redoute par dessus tout,

(1) P. j. nº 50. *La Sorcière* (canons et prisonniers).
(2) P. j. nº 46. *La Miquelonnaise*.

c'est la rencontre d'un navire de guerre, d'un « marchand de boulets » comme il les appelle. Or si la mer est grande, les vaisseaux ennemis n'en fourmillent pas moins sur tous les points de la Manche.

Les Anglais sont en effet les maîtres incontestables de la mer. A l'époque des grandes sorties, ils couvrent les côtes bretonnes d'une chaîne de petites corvettes ou de bricks canonniers qui croisent des semaines entières à l'entrée des ports les plus fréquentés et font une chasse acharnée aux bâtiments français (1). Le Commissaire, rendant compte au Ministre de l'enlèvement du bateau pilote le *Saint-Louis* de Saint-Jacut, présume qu'ils ont voulu se procurer des renseignements sur les corsaires de Saint-Malo (2). Des navires de guerre accompagnent les navires du commerce plus richement chargés ou surveillent les parages favorables aux surprises. Ils embusquent des péniches bien armées jusque dans les rochers du cap Fréhel. C'est ainsi que le chasse-marée le *Joubert* fut, en 1807, capturé en cet endroit avec 10 hommes de son équipage qui n'avaient pu se sauver assez vite dans les sentiers à pic de la falaise (3). Il est bien rare qu'à un moment ou l'autre de sa campagne, mais surtout au départ et au retour, le corsaire n'ait pas à subir la chasse d'un ou de plusieurs vaisseaux de guerre.

Il n'est pas toujours facile de reconnaître à distance la nature et la force du bâtiment rencontré : le pavillon ne signifie rien. D'un côté comme de l'autre, jusqu'au coup de semonce, l'emploi de couleurs étrangères est un procédé parfaitement admis et dont on use couramment (4). Les Anglais excellent tout particulièrement dans l'art de

(1) Voir P. j. nos 5, 23, 24, 51. — On trouve A. N., BB4, 335, no 13, un très intéressant rapport sur l'espionnage maritime anglais.

(2) Lettre du Commissaire, 2 janv. 1806, St-S.

(3) Lettre du Commiss., 5 mai 1807, St-S.

(4) Rapports des Capitaines, St-S., p. 28 : Anglais sous pavillon russe. Voir aussi plusieurs exemples aux P. j., Campagnes de *La Junon* et de *La Miquelonnaise*, etc.

8

déguiser leurs vaisseaux armés. Le 15 janvier 1808 Gaude écrit au Ministre Décrès : « Ils ont imaginé, pour tromper nos corsaires, une ruse dont il était bien difficile que ceux-ci ne fussent pas dupes dans le premier instant. Ils ont armé et mis en mer des bâtiments portant 20 et 24 caronades, les batteries sont soigneusement masquées, des balles de coton ou d'autres marchandises sont suspendues le long du bord et aux haubans; des voiles déchirées, un gréement en désordre, une carène sale, un très petit nombre d'hommes sur le pont ou dans les manœuvres : tout annonce un bâtiment du commerce fatigué par une longue traversée. Si l'un de nos corsaires trompé par ces apparences court dessus, on le laisse arriver le long du bord. Alors le pont se couvre d'hommes, les balles et les ballots tombent à la mer, la batterie se démasque et un feu terrible écrase le trop confiant ennemi. Aujourd'hui que cette manœuvre est connue, il est probable qu'elle n'aura plus le succès qu'elle a eu d'abord (1).

Il est rare qu'un corsaire attaque un navire de guerre d'une force sensiblement égale à la sienne.

> « Et le proverbe dit : Corsaires à Corsaires
> L'un l'autre s'attaquant, ne font pas leurs affaires. »
> (Lafontaine, Fables, IV, 62, citant Regnier, satire XII.)

Les capitaines qui font la course en « militaires » sont rares et le Commissaire leur réserve un éloge tout spécial (2). « Nous ne sommes point en mer, dit Leroux à l'équipage du *Renard*, pour combattre les navires de guerre. Mais si le cas échéait d'avoir à nous défendre contre un bâtiment de notre force, seriez-vous disposés à me seconder (3) ? » Presque toujours, lorsqu'il fait une mauvaise rencontre, le corsaire cherche d'abord son salut dans la fuite.

(1) Lettre du Commiss., 15 janv. 1808, P. j. n° 53.
(2) Voir *suprà*, p. 18, et pièces just. nos 40 et 56.
(3) SURCOUF. *Histoire de Robert Surcouf.* — Voir ci-dessus P. j. 46. *La Mique-*

Elle réussit d'ailleurs souvent. Construit de manière à fournir une vitesse supérieure, disposant de tous les bras nécessaires pour la manœuvre, le petit bâtiment semble se jouer de la poursuite de l'ennemi quand il n'est pas retardé par quelque accident imprévu. On en voit enlever à l'abordage des navires de commerce en vue même des croiseurs anglais, tant ils sont sûrs d'avoir le temps de s'échapper (1).

Au premier commandement la barre est amenée au vent. Les vergues se couvrent de gabiers et de matelots. Basses voiles, huniers et perroquets se déployent en secouant la mâture. Un second coup de sifflet et toutes les voiles sont

lonnaise attaque une frégate anglaise, mais c'est pour défendre ses prises.
Voici la « Chanson des marins de Surcouf » :

LA CHANSON DES MARINS DE SURCOUF (*)

I

Le trente et un du mois d'Août } *bis*.
Nous aperçum's sous l'vent à nous }
Une frégate d'Angleterre
Qui fendait la mer et les flots,
C'était pour aller à Breslau.

II

Le capitaine au même instant } *bis*
Fait appeler son lieutenant }
Lieutenant, te sens-tu capable
Dis-moi, te sens-tu-z'assez fort
Pour aller accoster son bord ?

III

Le lieutenant fier z'et hardi } *bis*.
Lui répondit : Capitaine, oui ! }
Faites monter votre équipage,
Braves soldats et matelots
Faites-les tous monter en haut.

IV

Le Maître donne un coup d'sifflet } *bis*.
En haut larguez les perroquets, }
Largue les ris, et vent arrière,
Laisse porter jusqu'à son bord,
Pour voir qu'est-ce qui s'ra l'plus fort.

V

Vir' lof pour lof en arrivant } *bis*.
Nous l'avons pris par son avant, }
A coups de haches d'abordage,
De piques et de mousqueton
Nous l'avons mis à la raison.

VI

Que va-t-on dire de lui bientôt } *bis*.
En Angleterre et à Breslau }
D'avoir laissé prendr' sa frégate
Par un corsaire de six canons,
Lui qu'en avait trente si bons !

VII

Buvons un coup, buvons-en deux } *bis*
A la santé des amoureux ! }
A la santé des fill's de France.
M..., pour le roi d'Angleterre
Qui nous a déclaré la guerre.

(*) Eug. Herpin, *Annales de la Société histor. et archéol. de Saint-Malo*, 1906, p. 102.
(1) P. j. n° 58. *L'Incomparable*.

amarées, bordées, hissées. Le navire atteint toute l'inclinaison qu'il peut supporter sans chavirer au point que la gueule des canons va parfois jusqu'à tracer un sillon dans la mer. L'ennemi distancé cesse bientôt la poursuite.

Dans certains cas pourtant la chasse est longue et dangereuse. Le *Milan* fut ainsi suivi deux jours durant par la frégate l'*Endymion* et finit par se rendre étant pour la troisième fois à portée de mitraille [1]. La *Junon* lutte de vitesse pendant 14 heures avec une autre frégate anglaise [2]. Tout en essayant par un boulet bien dirigé d'atteindre l'ennemi dans sa mâture, le commandant du corsaire n'hésite pas à jeter à la mer tout ce qui peut alourdir sa marche : canons, ancres, canots, drome, batterie de cuisine [3]. Quelquefois, par calme plat, on met les embarcations à l'eau. Les meilleurs matelots essaient en nageant de toutes leurs forces d'imprimer quelque impulsion au bâtiment. Le reste de l'équipage réparti sur les avirons de galère, réunis ensemble par une aussière, leur vient en aide. La vitesse obtenue de la sorte permet à l'occasion de résister à la force de la marée ou d'accomplir une manœuvre urgente pour le salut commun.

Il est rare qu'une ruse, si bien combinée soit-elle, réussisse à tromper un ennemi toujours sur ses gardes. La *Miquelonnaise* pourtant sauve un jour ses prises, menacées par une frégate, en déposant dans un mauvais canot 19 prisonniers anglais tirés de l'entrepont. Le retard occasionné par leur sauvetage permit aux conducteurs de prendre une avance suffisante [4].

(1) P. j. nº 57. Le *Milan*.

(2) P. j. nº 42. La *Junon*.

(3) Rapports des capitaines, St-S. L'*Eléonore*, p. 2, le *Spéculateur*, p. 17, et *Archives de Morlaix*, liasse 40, pour la *Gazelle*, 1809, et SURCOUF, *op. cit.*, p. 432, pour l'*Edouard*. — On va jusqu'à décoincer les mâts pour augmenter le jeu de la voilure. V. P. j. nº 40 *ter*.

(4) P. j. nº 46. La *Miquelonnaise*. — Même ruse de la *Junon*. Rapport du 22 nov. 1811, A. N., BB³, Marine, 358, p. 49.

C'est le mauvais temps, un brusque changement de direction pendant la nuit qui le plus souvent favorisent la fuite du corsaire. Parfois aussi il se retire dans une anse de la côte où son faible tirant d'eau et la protection des forts lui assurent au moins un abri provisoire. En 1811 une frégate anglaise poursuit l'*Edouard* jusqu'à Cézembre (1).

Souvent aussi la retraite est impossible. Le corsaire s'est trop aventuré. Un vent défavorable, une fausse manœuvre, un accident dans la mâture, un boulet dans le gouvernail ne lui permettent plus de s'éloigner à temps. Après une poursuite plus ou moins longue il se trouve à la discrétion de l'ennemi. Alors il faut ou bien se résigner au combat ou bien amener le pavillon.

Les rencontres d'ailleurs assez rares avec les corsaires anglais (2) offrent naturellement des alternatives de revers et de succès. Le *Général Pérignon* s'empare de la *Revanche*, armé à Plymouth; mais en 1808 le *Rovers*, corsaire de Guernesey, capture à son tour le *Zéphyr*. Surchargé de prisonniers et craignant une révolte à bord il renvoie directement à terre sous condition d'échange les quatre officiers français Pilvesse, Allègre, Peltier, Henri (3).

Il y eut quelques rudes combats avec les cutters et les corvettes anglaises. Citons seulement les principaux (4).

Le 17 prairial an XII le *Courrier de Terre-Neuve* soutient un engagement terrible avec un navire de guerre bien supérieur en forces. Son commandant Luc Gilles Le Valton saute le premier à l'abordage et reçoit une grave blessure. Le

(1) Surcouf *Histoire de Robert Surcouf*, p. 432.

(2) Les Anglais arment également des corsaires. Selon un rapport de prisonniers (St-S., corr. min., 1793) il y en avait 16 à Jersey en 1793, dès le début de la campagne. Trois d'entre eux sont mentionnés aux Archives de Morlaix, Registre 9 et liasse 46 : L'*Alligator*, le *Conway*, l'*Entreprise*. — Le *Dinannais* rançonne, an XI, pour 3.000 francs le corsaire *Joseph et Grâce*.

(3) Tableaux de Napoléon, 1807-1808.

(4) Les Rapports de capitaines manquent pour plusieurs années (1793-1809).

Ministre de la Marine lui fait remettre une hache d'honneur en récompense de ce brillant fait d'armes [1].

Le 18 avril 1806, près des Sorlingues, l'*Intrépide* n'amène son pavillon qu'après une lutte acharnée de 4 heures. Le capitaine fut tué ainsi que deux des principaux maîtres. Il ne restait à bord que 20 hommes valides dont 6 mousses. Le corsaire ne pouvait plus gouverner ayant son grand mât de hune rompu, sa vergue de civadière cassée, plusieurs haubans coupés et des boulets au-dessous de la ligne de flottaison. Le pont était surchargé de débris et la mitraille manquait [2].

Le capitaine Brebel, se trouvant le 28 septembre 1807 par le travers de Cork en Irlande, chassa et atteignit vers les 4 heures de l'après-midi un grand brick qu'il jugea être un bâtiment du commerce. Il prit aussitôt ses dispositions pour l'attaquer. A 4 heures 1/2, étant à portée de pistolet, il le héla et le somma d'amener. Pour réponse l'anglais arbora la flamme royale et démasquant sa batterie couvrit de mitraille le corsaire français et fit sur lui un feu de mousqueterie extrêmement vif et soutenu : ce bâtiment portait des troupes. Brebel, qui dès la première décharge avait été frappé au genou par une balle, se décida à allonger l'ennemi par le côté de bâbord dans l'intention de l'aborder. Mais l'anglais mettant tous ses soins à l'éviter continua un feu terrible que sa grande élévation sur l'eau rendit très meurtrier. Malgré le désavantage de sa position, le capitaine français maintint le combat avec la plus grande bravoure. Il ne désespérait pas de forcer l'ennemi à souffrir l'abordage et de l'enlever de vive force quand, atteint d'une seconde balle qui lui traversa la poitrine et lui fracassa l'omoplate, il dut abandonner le commandement. Cédant la place à l'un de ses seconds lieutenants, il lui recommanda de laisser arriver afin de s'écarter d'un ennemi qu'il n'y

(1) Corr. min., 6 vend. an XII, St-S.
(2) P. J. nº 54, Procès-verbal des officiers de l'*Intrépide*.

Le Renard, corsaire français, de St-Malo, de 14 canons et 54 hommes d'équipage, capitaine Herbert, attaqué par la goélette de guerre anglaise *Alphéa*, de 16 canons, 60 hommes d'équipage, à la hauteur de Starpoint, du 9 au 10 septembre 1813. (A. Roux, à Marseille, 1813).

Cutter *Le Renard*, corsaire français, capitaine Durochette-Le Roux de St-Malo, abordant la goélette de S. M. Britannique *Alphea*. Le capitaine français ayant été blessé mortellement, le capitaine en second, M. Herbert, le remplaça et, à la suite de l'action, la goélette eut le feu à bord et sauta le 10 septembre 1813 à 11 heures du soir. Antoine Roux, à Marseille 1813).

(Aquarelles appartenant à Mlle Herbert, fille du capitaine).

avait plus espoir de vaincre. La manœuvre réussit et le *Marsouin* rallia la côte de France mais Brebel mourut des suites de ses blessures (1).

Au mois de janvier 1808, la *Glaneuse* résiste courageusement à la corvette le *Scorpion*. Son commandant, le brave Quoniam, tombe à son poste dès la première décharge et n'a pas la douleur de voir le navire capturé (2).

En 1810 la *Pauline* n'amène son pavillon qu'après avoir, dans un combat acharné contre une frégate anglaise, perdu son capitaine Lesnard et 12 hommes sur les 32 qui formaient l'équipage.

Le 18 juin 1812, l'*Incomparable* amarina un grand brick chargé de fer, en vue du cutter le *Wind* qu'il espérait distancer facilement. Mais il fut obligé de céder l'avantage du vent à son adversaire pour sauver quelques-uns de ses hommes en danger. La première bordée de l'anglais lui tua cinq matelots, en blessa plusieurs et démâta complètement le corsaire qui ne tarda pas à couler. Neuf hommes seulement purent se réfugier à bord du *Wind* où ils furent reçus à coups d'anspect (3).

Mais l'engagement le plus meurtrier de toute cette période fut peut-être celui du *Renard* contre la goélette de guerre anglaise l'*Alphea* dans la baie de Plymouth, le 9 septembre 1813. On se battit longtemps bord à bord. Le capitaine Leroux eut un bras emporté, la plupart des officiers et les deux tiers de l'équipage furent mis hors de combat. L'ennemi réussissait toujours à repousser l'abordage. Les lieutenants Herbert et Lavergne continuaient cependant la lutte lorsque deux coups de canon partant en même temps du corsaire atteignirent un baril de poudre sur l'*Alphea* qui sauta. Pas un seul homme ne put être sauvé. Herbert, avec les 13 matelots valides qui lui restaient, par-

(1) P. j. nº 55. Corresp. min., 5 nov. 1807.
(2) Corr. min., 15 janv. 1808, St-S., et FABRE, *op. cit.*, p. 406.
(3) P. j. nº 58. Compagne de l'*Incomparable*.

vint à rallier la côte normande et reçut de l'empereur la croix de la Légion d'honneur. Le capitaine Leroux mourut presque aussitôt de ses blessures [1].

Si les combats ne furent pas plus nombreux c'est que souvent tout essai de résistance eut été pure folie. Que faire contre un vaisseau de ligne portant 50 ou 60 pièces et 400 hommes d'équipage ? Alors la rage au cœur, sous la gueule des canons, le capitaine doit se résigner et fait amener le pavillon tricolore. Elle est longue la liste des navires malouins ainsi tombés chaque année au pouvoir de l'ennemi ! On y trouve à peu près la moitié des bâtiments sortis du port. On s'en rendra compte aisément si l'on veut bien consulter la liste suivante empruntée aux registres officiels de la Marine à Saint-Servan.

Corsaires malouins capturés par les Anglais.

1797, an IX.			An XI, 1813.		
1793.....	11	corsaires pris.	An XI..	7	corsaires pris.
An IV..	5	—	An XII.	1	—
An V...	15	—	An XIII	1	—
An VI..	9	—	An XIV	1	—
An VII	8	—	1806....	5	—
An VIII	7	—	1807....	13	—
An IX..	12	—	1808....	6	—
	67		1809....	13	—
			1810....	12	—
			1811....	5	—
			1812....	10	—
			1813...	3	—
				77	

(1) Un émouvant récit de ce combat, rédigé sur des notes communiquées par M. l'abbé Herbert, fils du lieutenant du *Renard*, a été publié par Ch. CUNAT dans *Saint-Malo illustré par ses Marins*, p. 420. — Voir aussi SURCOUF, *Histoire de Robert Surcouf*, p. 229, *op. cit.*, page 435 et suiv., et P. j. nos 59 et 60 : Corresp. minist., 27 sept. 1893, St-S.

Chaque capture de corsaire excite chez les Anglais une joie bien naturelle. Les journaux la racontent et la commentent, amplifiant à l'occasion l'importance et l'équipage du bateau capturé [1].

VI

Relâches. — Désarmement.

Chaque sortie des corsaires dure ordinairement fort peu. On est inquiet sur leur sort quand ils restent plus d'un mois en mer sans donner de leurs nouvelles. La tempête, la poursuite de l'ennemi, le manque de vivres ou la diminution de l'équipage les forcent à relâcher fréquemment dans un port ou dans l'autre [2].

Ils y attendent, en réparant leurs avaries, une occasion et un temps favorables pour une nouvelle croisière. La construction d'un « tambour » au pied du grand mât fatigué par une chasse mouvementée peut suffire pour tenir la mer durant quelques jours [3]. Mais il serait souverainement imprudent de s'y fier trop longtemps. Les navires malouins portent à bord ou trouvent lors des relâches toutes les pièces de rechange les plus indispensables. Tous les jours le correspondant de l'armateur fait transporter à bord des vivres frais : pain, viande, légumes et boissons. Il se charge également à l'occasion de la correspondance des officiers et des matelots (. Les conducteurs et les marins des prises heureusement terries rejoignent leur poste. Le capitaine

(1) Corresp. min., 16 fr. an XII. Les journaux anglais donnent à l'*Espoir* 152 hommes au lieu de 62. Voir aussi Mémoires d'Angenard, *Annales de Bret.*, VII, 186.

(2) Les ports choisis pour les relâches sont à peu près les mêmes que ceux du terrissage des prises.

(3) P. j. nº 41. Campagne de *La Confiance*.

(4) P. j. nº 62. Comptes de relâche du *Tigre*.

enrôle au besoin de nouvelles recrues pour combler les vides de l'équipage (1).

Des renseignements précieux sont parfois donnés au cours de ces relâches, soit par les prisonniers français revenant d'Angleterre, soit par les étrangers embauchés dès leur sortie des prises. Le corsaire informé de la présence de bâtiments du commerce ou de navires de guerre sur tel ou tel point de la côte en tire toujours quelque profit. Les sémaphores lui transmettent les dernières instructions de l'armateur et de nouveau le capitaine donne à ses hommes le signal du départ avec l'espoir d'une croisière plus productive encore sans doute que la première.

La durée des relâches est souvent égale sinon supérieure à celle du temps réellement consacré à la course. Il n'est pas rare d'en trouver trois et quatre durant la même campagne. Les armateurs ne les aiment guère et font naturellement tous leurs efforts pour les réduire au minimum.

Quelquefois, après une riche capture heureusement terrie, les marins du corsaire reçoivent de légers acomptes sur les parts de prises auxquelles ils ont désormais un droit strict. Le plus souvent ces acomptes sont directement versés à leurs familles (2). Les matelots eux-mêmes n'ont pas besoin d'argent car le capitaine ne se hasarde guère à les laisser débarquer pour faire la fête à terre avant que la campagne ne soit terminée.

Enfin l'engagement de l'équipage touche à son terme. Les plus heureux ont hâte de jouir d'une richesse si promptement acquise. Les autres découragés par plusieurs sorties inutiles et toujours dangereuses renoncent à tenter de nouveau la fortune. D'ailleurs la saison favorable pour la course est finie et le bâtiment fatigué réclame d'urgentes et longues réparations. Dès lors il faut songer à désarmer.

(1) Les autorités profitent souvent des relâches pour rechercher les déserteurs à bord des corsaires. P. j. nº 11 et nº 12.

(2) P. j. nº 10. Etat de Répartition du *Dinannais*.

L'immense majorité des corsaires malouins rejoignent après chaque campagne leur port d'armement. Quelques-uns cependant restent là où ils se trouvent au moment où la course finit [1]. La surveillance des croiseurs ennemis rend en effet le retour à Saint-Malo tout particulièrement difficile.

Durant toute la période révolutionnaire et même au début de l'empire, les bâtiments qui reviennent dans un port de France doivent subir une visite. Cette mesure principalement destinée à empêcher la rentrée clandestine des émigrés est naturellement appliquée aux corsaires [2]. Ensuite des employés de la douane s'assurent qu'il ne possède à bord aucune marchandise prohibée.

Ces formalités sont vite accomplies et le navire est amené soit en Belle Grève, soit en Solidor où les marins le halent sur le sable. Les poudres restant à bord doivent être déposées à la Cité ou au Talard. La plupart des matelots se dispersent en attendant le règlement définitif des parts de prises s'il y a lieu. Les plus nécessiteux ou les plus exigeants touchent encore une avance et l'armateur paie une conduite à ceux qui sont originaires d'un quartier éloigné. Un petit nombre d'hommes seulement reste à bord pour garder le bâtiment et le dégréer [3].

Il n'y a plus guère, comme aux siècles précédents, de ces fêtes où l'argent coule à flots et où tous les excès sont excusés après une course heureuse. Sauf quelques rares exceptions les sommes à partager ne permettent pas de telles bombances. Tout au plus, avant d'aller déposer son rapport au Commissariat de marine, le capitaine du corsaire régale-t-il parfois à sa table les officiers ennemis capturés durant la campagne. On en trouve un curieux

(1) Le *Bougainville*, an VI, et le *Juste*, 3 c., an VIII, désarment à Lorient; l'*Alliance*, an VIII, à Santander (Espagne).
(2) Arrêté de Fouché, P. j. n° 102; et Loi du 22 niv. an XIII.
(3) Compte de désarmement du *Tigre*. P. j. n° 63.

exemple dans la correspondance ministérielle à la date du 24 frimaire an XIII. Un irlandais ayant porté un toast à Bonaparte, le « libérateur de son pays » il fallut aussitôt par crainte de représailles le séparer de ses compagnons de captivité, tous bons et loyaux anglais [1]. A l'occasion pourtant, après une heureuse prise, on célèbre joyeusement la Saint-Servais (13 mai). C'est chez Proder-Niquet, le capitaine du *Spéculateur*, que les joyeux convives font frire des pièces de cinq francs et les jettent ensuite par la fenêtre pour rire des gamins qui se brûlent les doigts en les ramassant [2].

(1) Corr. min., 24 fr. an XIII, St-S.
(2) FABRE, *op. cit.*, p. 449.

CHAPITRE III

Les Règlements de Comptes.

I

Tribunaux chargés du Règlement.

La course même en tant qu'opération commerciale est soumise au contrôle officiel de l'Etat, défenseur naturel des intérêts de l'équipage et de la Caisse des Invalides.

Il y eut au début de la période révolutionnaire conflit de juridiction entre le juge de paix et le Tribunal de commerce. Il s'agissait en effet de savoir laquelle de ces deux autorités devait procéder à l'examen et à l'épuration des comptes d'armement et au règlement des liquidations. Durant plusieurs années elles agirent conjointement, tantôt l'une, tantôt l'autre, au gré de chaque armateur. Ainsi nous voyons en l'an VI le juge de paix de Port-Malo, Cudenet, et son greffier Lamarre signer les liquidations de l'*Espérance*, du *Jean-Bart*, de l'*Audacieux*, du *Castor*, de la *Jeune-Emilie*, du *Vengeur*, de la *Minerve* et du *Pichegru*. Les autres sont confiées au Tribunal de commerce. Enfin, par la loi du 25 ventôse an VII, ce dernier reçut seule et complète juridiction sur tous les règlements de comptes concernant la course. La validité des opérations faites antérieurement par l'officier de paix demeurait d'ailleurs pleinement reconnue. Le Commissaire des relations commerciales en Galicie procède aux liquidations particulières du petit nombre de prises vendues dans les ports d'Espagne au cours de cette période (1).

A différentes reprises, on formula des plaintes sur la lenteur et la mauvaise volonté de ces commerçants non rétribués pour un travail long et pénible. Souvent ils sont forcés « de prendre sur leurs propres affaires le temps nécessaire pour régler celles des autres ». Un décret impérial du 6 octobre 1809 dut même fixer les audiences du Tribunal de commerce de Saint-Malo au mercredi de chaque semaine (2).

Cependant on ne pouvait guère trouver de meilleurs juges. Ils sont eux-mêmes intéressés pour la plupart dans les entreprises de course. S'ils se montrent parfois trop favorables aux armateurs, ils finissent toujours par suivre les instructions du Ministre de la Justice dont ils dépendent et dont ils reçoivent les ordres quand il y a conflit d'opinions ou d'intérêts. Ils accordent ainsi sans trop de peine les 10 % réclamés pendant deux années par le Gouvernement au profit de la Caisse des Invalides (3).

L'ordonnance du 24 juin 1778 règle de la manière suivante la procédure à suivre pour obtenir une prompte liquidation des courses :

Art. 17. — Les comptes d'armement doivent être déposés dans le mois qui suit le départ du corsaire.

Art. 54. — Quinze jours après les ventes, il faut déposer les comptes nécessaires pour procéder à la liquidation particulière de chaque campagne.

Art. 55. — Dans le mois suivant, il sera procédé à cette Liquidation particulière, les articles non réglés étant laissés pour mémoire et devant prendre place dans la Liquidation générale.

(1) P. j. n° 76. Liquidation du *Duc d'York*.
(2) Cunat dans Ogée, *op. cit.*, p. 821.
(3) Voir *infra*, p. 128.

Art. 57. — Dans le mois qui suit la course ou la prise du corsaire, aura lieu le dépôt des comptes de relâche et de désarmement. La Liquidation générale elle-même suivra immédiatement et devra être terminée au plus tard 60 jours après la remise des dernières pièces.

L'arrêté du 2 prairial an XI ne modifia guère cette législation qui resta en vigueur jusqu'à la fin de l'empire. Les rappels à l'ordre et à la promptitude sont du reste fréquents et tiennent durant toute cette période une large place dans la correspondance ministérielle. Presque un tiers des lettres officielles y ont trait. Un tableau du 24 floréal an X donne la liste des prises faites au cours de la dernière guerre et qui ne sont point encore liquidées. On y trouve dix noms de corsaires dont les armateurs sont en retard pour une cause ou pour une autre (1). Ce retard s'explique souvent surtout durant l'époque révolutionnaire par l'intérêt des propriétaires du bâtiment capteur : ils sont naturellement peu pressés de se démunir de sommes importantes (2). Il peut venir aussi des circonstances étrangères à leur volonté. Les prises donnent lieu parfois à de longs procès. MM. Duchesne et Pintedevin attendent aussi pendant trois années les comptes de leur représentant à Lorient, M. Cudeville, emprisonné sous la Terreur. Ils ne parviennent pas malgré tous leurs efforts à faire liquider une prise faite en commun par leur navire l'*Ambitieux* et le *Patriote* de Brest dont les propriétaires ont disparu (3). De plus, jusqu'en l'an VII, les armateurs restent chargés de l'entretien en Angleterre des prisonniers provenant des corsaires. Plusieurs s'autorisent de ce fait pour reculer la remise de leurs comptes. A partir du Consulat, les choses marchèrent beaucoup plus régulièrement et l'autorité se chargea d'appliquer

(1) P. j. n° 66. Tableau des Liquidations en retard.
(2) C'était le club Jacobin de Brest.
(3) P. j. n° 64. Une Liquidation sous la Terreur.

les sanctions pour tout retard non justifié. Ainsi les négociants qui avaient différé leurs règlements depuis l'an VII furent condamnés à payer aux Invalides de la marine 10 %, même pour les courses antérieures à la loi qui fixait ce versement. Les articles non liquidés, redressements, erreurs ou omissions prirent place dans les Liquidations supplémentaires dont plusieurs eurent lieu longtemps après la chute de l'empire. On trouve la dernière en 1825 [1].

L'ensemble des opérations qui constituent le règlement d'une course se divise en deux parties. Les unes rentrent dans la Liquidation particulière et donnent le produit net des ventes pour chaque prise terrie. Les autres appartiennent à la Liquidation générale qui résume et balance tous les comptes antérieurs. Elle fixe de plus la proportion dans laquelle le bénéfice d'une campagne entière doit être partagé entre les différents intéressés. Nous étudierons successivement ces deux points.

II

Liquidations particulières.

Lorsqu'un corsaire a fait une prise, le capitaine profite de toutes les occasions pour renseigner son armateur sur la valeur du navire et de sa cargaison [2]. Si le conducteur parvient à la terrir, les intéressés sont naturellement les premiers avertis. Quand le bâtiment capturé entre à Saint-Malo un pilote ou un autre voilier rapide s'élance à sa ren-

(1) P. j. n° 68. Liquidation du *Courageux*, 4e c. — L' « Etat » conservé aux Archives du Magasin central de la Marine, 64, quai Debilly, à Paris, mentionne depuis l'an XI, 28 armements dont les Liquidations ne sont pas encore terminées le 1er octobre 1813. Les raisons alléguées sont toujours : rançons, procès en cours, prehendés non payés.

(2) Corresp. de Lemaitre avec Aug. Thomas, n° 17.

contre aussitôt qu'il apparaît au large de Cézembre[1] et ne tarde pas à rapporter des détails[2]. Quand il aborde dans un autre port de France, la nouvelle en est vite transmise par les sémaphores établis le long des côtes[3] ou par un messager spécial des correspondants de l'armateur.

Chaque prise doit faire l'objet d'une Liquidation particulière qui comprend quatre opérations principales : l'Instruction, — le Jugement, — la Vente du navire et de sa cargaison[4], — le Règlement des parts de prise.

L'Instruction

Elle doit commencer dans les 24 heures qui suivent le terrissage. D'après la loi du 14 juillet 1793 c'est le Juge de paix qui en est chargé. Un conflit s'étant élevé entre celui de Port-Malo et celui de Port-Solidor, un décret ministériel du 1er Sans-Culottide an II décida que chacun aurait connaissance des affaires concernant sa circonscription[5]. L'arrêté du 6 germinal an VIII établit une procédure nouvelle en décrétant, article 8 : « L'officier d'administration de la marine du port dans lequel les prises maritimes seront amenées... sera chargé : 1° de l'apposition des scellés à bord des bâtiments capturés par les corsaires; 2° de la réception et de l'affirmation des rapports et déclarations, de l'audition des témoins, de l'inventaire des pièces de bord et de l'instruction. Il sera assisté pour tous ces actes du principal préposé des douanes et appellera en outre un fondé de

(1) Les armateurs malouins avaient, dit-on, coutume d'attendre l'arrivée des prises sur le côté ouest des Remparts au lieu dit : Tour de la Découvrance (Porte des Beys).

(2) P. j. n° 74. Compte de désarmement du *William* : 24 francs à celui qui a annoncé l'arrivée de la prise.

(3) Parfois « le brouillard empêche la transmission des dépêches ».

(4) On trouve aux Archives du Tribunal de Commerce de Morlaix une vingtaine de pièces concernant l'instruction (liasse 42) et le jugement (Registres 9, 10, 11, 12, 13, 14) de prises terries par des Malouins.

(5) Corr. minist., 1er Sans-Culott., an II, St-S.

pouvoirs des équipages capteurs ». Dans les pays étrangers le commissaire des relations commerciales est seul chargé de l'instruction.

Le juge de paix ou le Commissaire de marine se font donc transporter immédiatement à bord de la prise. Là, en présence des intéressés, il est procédé à la vérification des scellés ou à leur apposition, si elle n'a pas été faite précédemment, sur toutes les écoutilles et fermetures du bâtiment (1). On nomme un gardien qui a pour mission d'empêcher le pillage (2). Malgré ces précautions, des « déplacements et dilapidations d'effets ou deniers » appartenant aux prises furent constatées plusieurs fois durant les années VI et VII dans le port même de Saint-Malo. Une enquête prescrite par le Ministre de la marine ne donna aucun résultat (3).

L'instruction comporte ensuite la réception du rapport fait par le capitaine conducteur. Il est en effet tenu d'en déposer un au commissariat le plus voisin aussitôt qu'il touche terre. Il y indique toutes les circonstances de la capture, le lieu où elle s'est produite, le nombre des prisonniers, etc. Quelques marins de l'équipage affirment la véracité de ce rapport et le signent.

Le conducteur remet alors au Commissaire tous les papiers trouvés à bord du bâtiment capturé (4). Souvent durant la période révolutionnaire le vaisseau capteur conservait lui-même ces documents. Dans plusieurs cir-

(1) Les corsaires avaient un cachet spécial. Il représentait le bâtiment lui-même, entouré d'une légende donnant son nom et son port d'attache (DE LA NICOLLIÈRE. *Les Corsaires de Nantes*, p. 366). — Le cachet du *Revenant* se trouve encore dans la famille Surcouf (SURCOUF. *Un Corsaire malouin*, p. 384).

(2) Pour tous les détails relatifs à l'instruction et au jugement des prises voir, P. j. n° 69, *La Cléopâtra*.

(3) Corresp. minist., 12 niv. an VI, St-S.

(4) La police impériale fait à l'occasion son profit des correspondances trouvées sur les prises. P. j. n° 80, Copie de lettres du sous-commissaire de Lannion. — Voir aussi Arch. nat., F7, 8048, un rapport de police sur un paquet de lettres et traites anglaises saisies en 1807 par la *Clarisse* sur un américain relâché. Il a si grand hâte de s'en aller qu'il oublie son paquet.

constances, l'expérience démontra les inconvénients et le danger d'un tel procédé. Certains corsaires ne rentraient que longtemps après le terrissage des prises. D'autres tombaient au pouvoir de l'ennemi. A partir du Consulat, les décisions ministérielles ordonnent formellement de laisser à bord des navires amarinés au moins les pièces indispensables pour éclairer la religion des juges. Le Commissaire les classe avec le plus grand soin. Ce sont ordinairement le Journal de bord, les connaissements, acquits de douanes, permis de naviguer, etc. Lorsque ces documents sont rédigés dans une langue étrangère, un interprète juré est chargé de les traduire. Thomas Caruel remplit cette fonction à Saint-Malo durant plusieurs années.

Pour clore l'instruction, il ne reste plus qu'à interroger les prisonniers. Le capitaine conducteur, nous l'avons déjà vu, doit toujours en conserver quelques-uns sur la prise. Après les questions ordinaires d'identité, le Commissaire enregistre leur témoignage sur le pavillon et les propriétaires du bâtiment capturé. Il se fait donner tous les détails possibles sur les circonstances de la capture et du combat, s'il y en a eu un, sur la force et le sort de l'équipage, sur la conduite des Français à l'égard des captifs (1).

Tous les procès-verbaux et documents recueillis sont ensuite transmis au sous-inspecteur de marine. Ce fonctionnaire doit examiner le dossier ainsi constitué et donner par écrit son avis motivé sur la validité de la prise (2).

Jugement

Sauf les rançons, seules transactions prévues par la loi, tout accord direct entre capteurs et capturés est formellement interdit. Cette défense a pour but de sauvegarder les intérêts de l'équipage et de la Caisse des Invalides.

(1) P. j. nº 91. Procès-verbal de l'interrogatore d'un prisonnier du *Douro*.
(2) En 1809, Jurien était sous-inspecteur de la Marine à Brest.

On trouve cependant quelques exemples curieux d'arrangements à l'amiable, surtout durant les guerres de la Révolution. Ainsi les armateurs du *Courageux* s'engagent à payer aux propriétaires hambourgeois de la *Latona*, sans attendre l'issue du procès alors pendant devant le Tribunal civil de Rennes, un million de livres tournois. Si les ventes produisaient davantage le bénéfice reviendrait aux capteurs. Le Ministre de la justice finit par consentir à l'exécution de ce traité. La cargaison du navire allemand ne donna point du reste la somme attendue. Duchesne et Pintedevin obtinrent alors de la partie adverse une nouvelle convention par laquelle ils n'étaient plus tenus que de verser le produit net des ventes, déduction faite de tous les frais [1]. Le bateau suédois la *Caren Maria* fut relâché après une transaction conclue entre ses armateurs et le capitaine du corsaire capteur *La Zélie*. Le tribunal de commerce de Paimpol homologua cet arrangement le 9 frimaire an VI.

Mais ordinairement les intéressés se gardent bien de publier ces accords à l'amiable dont ils réservent les profits pour eux et pour leurs actionnaires. Ainsi la prise américaine l'*Entreprise* du corsaire le *Quinola* donna lieu an VII à de longs et coûteux procès. En dernier ressort, il fut décidé que l'on procéderait par experts à la vérification de l'origine des marchandises. Pour ne point courir les chances d'une opération aussi douteuse, les propriétaires du bâtiment capturé consentirent à payer 248.000 francs aux capteurs et ne réclamèrent point, quoique dans la suite les experts eussent déclaré le chargement de provenance française. Les armateurs du *Quinola* encaissèrent cette somme sans rien dire. Le traité ne fut connu de l'autorité que dix-huit ans plus tard sur la dénonciation du sieur Servel, l'un des intéressés, et considéré alors comme produit de prise donnant lieu aux parts de l'équipage et à la perception du

(1) P. j. nº 68, Liquidation du *Courageux*.

droit des Invalides [1]. Dans une supplique au général Bonaparte, 1er Consul (Revue du Pays d'Aleth, avril 1910) une partie de l'équipage de la *Providence* parle de « manœuvres frauduleuses concertées pour sa perte entre les armateurs et les propriétaires d'un navire prétendu danois, nommé *Bona Fides*, que le corsaire avait arrêté le 2 pluviôse an VII ». Les propriétaires de la *Mary-Anna* auraient également offert secrètement 300.000 francs aux armateurs de la *Junon* pour faire cesser les poursuites [2].

Mais les transactions de ce genre furent assez rares. Les Règlements sont en effet formels : « Toutes les fois qu'il y a capture il faut un jugement pour fixer le sort du navire et de sa cargaison » [3].

Pendant deux années, (18 brumaire an II-3 brumaire an IV), le Comité du Salut public s'attribua le droit de juger en première et dernière instance toutes les contestations relatives aux prises maritimes. Il fit preuve d'ailleurs dans plusieurs décisions d'une ignorance et d'une désinvolture extraordinaires [4]. Cette période mise à part, il faut distinguer dans la législation en vigueur deux façons différentes de procéder au jugement des prises.

Au début de 1793 et durant les années 3 brumaire an IV-6 germinal an VIII, le droit de prononcer en première instance appartient aux Tribunaux de commerce. Les appels sont portés devant les tribunaux civils des districts ou des départements [5].

(1) P. j. n° 68. Extrait de la liquidation du *Courageux*.

(2) P. j. n° 72. Mémoire déposé au Conseil des prises en faveur des armateurs de la *Junon*.

(3) Il faut un décret impérial (Voir A. N., AFIV, plaq. 1500, 25 oct. 1806, n° 37) pour homologuer la remise de 50 guinées faite par Surcouf, armateur du *Marsouin*, sur la rançon de la *Peggy*.

(4) P. j. n° 64. Une liquidation sous la Terreur. V. aussi DE PISTOYE, II, 150.

(5) P. j. n° 70. Il s'agit d'un procès jugé en 1re instance par le Tribunal de commerce de Paimpol et renvoyé devant le Tribunal civil de Port-Brieuc.

On devine aisément les graves inconvénients d'une telle procédure. Ces tribunaux ne tiennent aucun compte dans leurs jugements sur les neutres des relations politiques de la France avec les puissances étrangères. Leur impartialité est parfois sujette à caution [1]. Les capturés même les plus sûrs de leurs droits préfèrent aux procès des transactions ruineuses. Le passage par tous les degrés : première instance, appel, cassation, renvoi, rend la procédure très longue et très coûteuse [2]. Les choses en vinrent à ce point, que selon Cambacérès, ministre de la Justice : « La course était devenue un brigandage parce que les lois qui lui étaient appliquées étaient insuffisantes ou mauvaises. On avait entendu s'élever de toutes parts les plaintes des négociants et des ministres étrangers et cependant le Gouvernement, pénétré de la justice de ces plaintes, avait toujours été sans pouvoir pour y faire droit » [3].

Dès le début du Consulat, l'arrêté du 6 germinal an VIII [4] modifia de la façon la plus heureuse la législation antérieure. Par la création de la Commission des ports et du Conseil des Prises il rend à l'autorité administrative la connaissance de toutes les affaires relatives aux prises maritimes.

La « Commission des ports » se compose de l'officier d'administration, du Contrôleur de la marine et du Commis-

(1) Les armateurs ne reculent pas devant un pot-de-vin pour obtenir une déposition favorable. P. j. n° 62, Compte de relâche du *Tigre* : 300 francs au second capitaine et officiers du navire américain pour leur déclaration. Voir aussi P. j. n° 73, Frais d'avocat.

(2) On trouve aux *Archives de Morlaix*, Trib. de comm., Registre 20, les documents très intéressants pour deux prises de 1793 faites par la *Républicaine* (Gorissen de Brême contre Robert Mennais) et la *Malouine* (Canneva et Leyritz contre Colas-Guertin et Lorette, négociants à Nantes).

Le procès du *John*, prise de l'*Amitié*, an V, dure 2 ans et passe par toutes les instances : Morlaix, Quimper, Cassation, Saint-Brieuc.

(3) CARETTE. *Collection de lois annotées*, p. 354, note 3.

(4) Un décret du 26 ventôse précédent portait déjà : Art. 1er. A compter de la publication de la présente loi, tous les tribunaux saisis de contestations relatives aux prises maritimes et antérieures au 4 nivôse, époque de la promulgation de la Constitution, cesseront d'en connaître.

saire de l'Inscription maritime (1). Elle statue sur la validité des prises faites sous pavillon ennemi et sur celles dont l'instruction montre avec évidence le caractère ennemi. Une expédition de ses jugements doit être transmise au secrétariat du « Conseil des Prises ».

Le Conseil des Prises siège à Paris. Il comprend un président, huit membres, un commissaire du Gouvernement, un secrétaire et deux huissiers. Il est exclusivement chargé de toutes les contestations dans les trois cas suivants :

1° Lorsque l'instruction n'a pas démontré avec évidence le caractère ennemi du bâtiment ;

2° Lorsqu'il y a réclamation de l'une des parties dans la décade qui suit l'instruction ;

3° Lorsque la Commission des Ports ne prononce pas la validité de la capture.

Alors toutes les pièces trouvées à bord et les procès-verbaux recueillis à la suite du terrissage lui sont immédiatement communiqués.

L'instruction se fait devant le Conseil des Prises sur simples mémoires respectivement communiqués par le Secrétariat aux intéressés ou à leurs défenseurs (2). Pérignon est l'avocat généralement choisi par les armateurs malouins pour défendre leurs intérêts devant ce tribunal. Il touche ainsi 3.000 francs pour ses soins dans une instance du *Spéculateur* (2° course) (3). Les délais pour cette instruction sont fixés à deux mois pour les navires conduits dans les ports de la Manche et de l'Océan. Mais la procédure complète demande beaucoup plus de temps. Ainsi le *Reward*, terri à Perros le 10 janvier 1808 par le *Tillsit*, n'était pas

(1) Dans les ports étrangers, la Commission se compose du commissaire des relations commerciales, assisté de deux assesseurs choisis, si possible, parmi les citoyens français. Leurs jugements sont conformés par le Conseil des Prises.

(2) P. j. n° 72. Mémoire de la *Junon* contre la *Mary-Anna*.

(3) Liquidation du 8 décembre 1813. — Le Ministre de la Justice s'oppose d'ailleurs au paiement de cette somme qu'il trouve exagérée. — Voir Etat des Archives de la Marine, quai Debilly.

encore jugé le 24 mai 1810. Le bâtiment se trouvait alors dans un état de délabrement déplorable (1).

Un décret du 11 juin 1806 attribua au Conseil d'Etat la connaissance par appel des décisions du Conseil des Prises qui devinrent plus fréquentes à la suite du Blocus continental. Mais, à partir de 1810, Napoléon se réserva personnellement ce genre d'affaires. C'est ainsi qu'il accorda directement mainlevée au navire américain *Two Brothers* capturé par le *Brestois* (1810).

Les neutres eurent certainement à subir un certain nombre d'injustices de la part des armateurs de corsaires peu soucieux de laisser échapper une belle prise(2) et des tribunaux trop favorables pour leurs concitoyens. Presque tous les faits constatés remontent à l'époque révolutionnaire. Tel neutre a si peu confiance dans la justice française qu'il néglige de réclamer le prix alloué pour le transport de marchandises captées (3). Les propriétaires de l'*Entreprise* paient une somme de 248.000 francs plutôt que de s'exposer aux risques d'un procès et pourtant, au dire des experts, la cargaison était bien d'origine française(4). La procédure nouvelle introduite par le Consulat devait donner aux étrangers des garanties bien supérieures.

Presque tous les jugements ordonnant mainlevée des navires saisis ou de leur cargaison datent de cette époque. Dans le but de réagir contre les abus antérieurs et peut-être aussi pour faciliter les relations diplomatiques de la France avec les nations maritimes étrangères, Bonaparte fait donner au Tribunal des Prises les instructions les plus sévères. Les captures faites antérieurement et encore en litige doivent être jugées conformément à la nouvelle législation sur les neutres (5). Ainsi le 2 pluviôse an VII, le corsaire

(1) Copie de lettres du sous-commissaire de Lannion, 24 mai 1810.
(2) Les prises neutres sont de beaucoup celles qui rapportent le plus.
(3) Liquidation du *Tigre*, 29 prairial an II
(4) Voir *supra*, p. 99.
(5) Voir *suprà*, p. 101.

La Providence s'était emparé du bâtiment de commerce *La Bona Fides*, portant sous pavillon danois des marchandises appartenant à des sujets du duc de Toscane. Ce pays était alors en guerre avec la République. La cargaison semblait donc devoir être confisquée. Cependant le Conseil des Prises, par un arrêt du 19 messidor an VIII, fait restituer aux propriétaires le navire et le fret. Dans deux pétitions adressées au Premier Consul les armateurs et les équipages des corsaires malouins protestent avec énergie contre l'effet rétroactif ainsi donné à la loi : « Une telle procédure, écrivent-ils, ne peut que décourager toutes les bonnes volontés » (1).

Bonaparte ne se laissa point émouvoir par ces arguments. Le Conseil des Prises continua de fonctionner jusqu'à la fin de l'empire et il ne semble pas que les neutres aient eu jamais à s'en plaindre. Sans doute le sieur Joung de la *Mary-Anna* reproche en vain aux armateurs de la *Junon* (1813) d'avoir influencé, peut-être même suborné le capitaine auquel il avait confié ses marchandises et de l'avoir fait ensuite disparaître avec tout l'équipage. Mais ces accusations ne semblent pas suffisamment fondées (2).

Voici la liste, peut-être incomplète (3), des prises jugées mauvaises par les tribunaux de 1793 à 1814. Il y en a 14 sur 40 neutres environ dont la capture fut suivie de procès.

1793 — AN XI

1793 :

Le Hope, amér. ; prise de........... *L'Imprenable*.

An VI :

Le Hamonia, hamb. ; prise du...... *Bougainville*.
L'Union, amér. ; prise du........... *Tartare*.

(1) *Revue d'Aleth*, mars et avril 1910, publie ces deux documents qui sont très intéressants et montrent bien la mentalité des corsaires et le traitement qu'ils voudraient infliger aux neutres.

(2) P. j. no 72. Mémoire de la *Mary-Anna* (1813) et *supra*, p. 60.

(3) Voir P. j. no 72 *bis*, pour les jugements du Conseil des Prises de l'an VIII à 1816.

An VII :

L'Eléonora, prise de....................	*La Laure*, 3e c.
Le Salomon et Betty, hamb., prise de....................................	*La Laure*, 3e c. (1).
Le William, prise du.................	*Juste*, 2e c.
La Johanna-Margarita, prise du...	*Courageux*, 4e c.
La Bona-Fides, danois; prise de.	*La Providence*.
L'Economie, suédois, prise de.....	*L'Avantageux*.

An VIII :

Le Graf-Berenstorf, prise de.......	*L'Heureuse Espérance*.
La Minerva, prise du..................	*Rusé*.
L'Adrienne, amér.; prise de.......	*La Laure*, 5e c.

AN XI — 1814

1806 :

Le John et Joseph, amér., prise du	*Courrier de la Manche*.

1810 :

Le Two Brothers, amér., prise du.	*Brestois*.

Déchargement et vente des Marchandises

Parmi les marchandises composant la cargaison des prises, une certaine quantité est régulièrement « préhendée » pour les besoins du service national. En 1793 le Gouvernement réquisitionne surtout des denrées alimentaires destinées à l'entretien des troupes de terre et de mer. En l'an VII tous les produits manufacturés sont saisis et, vu la pénurie du trésor, on en tient rarement compte aux capteurs. L'année suivante le général Quentin, bloqué à Belle-Ile par les Anglais, s'empare des sucres, tabacs et canons provenant de la *Columbia*, prise du *Juste*. Les armateurs réclamèrent longtemps en vain de l'Etat le règlement

(1) Un décret impérial du 8 juillet 1807, no 77, Arch. nat., AFIV, plaq. 1811, accorde un sursis pour l'exécution du jugement.

de leur note qui se montait à 15.170 francs. En 1809 le bœuf salé de l'*Ellen*, prise du *San Joseph*, fut également réquisitionné pour la troupe. Enfin la marine impériale réclama pour son service tout le chargement en mâture et bois de construction du *Lynx* (terri à Fécamp par l'*Amélie* 2e course) (1813) et de la *Royal Princess* capturée par le *Coursier* (1813).

D'autres marchandises sont prohibées en France et comme telles immédiatement brûlées ou soumises à la réexportation. Cependant pour favoriser la course Napoléon, par un décret du 24 juin 1808, autorisa l'introduction par certains ports sur le territoire de l'empire des marchandises anglaises même manufacturées qui proviendraient des prises. Seuls certains articles comme le tabac restent absolument proscrits (1).

Sauf ces exceptions d'ailleurs assez rares la cargaison des bâtiments capturés est vendue aux enchères par l'armateur et ses représentants au lieu même du terrissage ou sur un marché voisin.

Les négociants de Saint-Malo ont des consignataires dans la plupart des ports où les corsaires ont l'habitude de conduire leurs prises. Ceux d'Augustin Thomas par exemple sont Mathurin Le Pommelec à Paimpol, Mège à Roscoff, Jacques Diot, etc... Ristiou est le mandataire d'Amiel, Tanquerey celui de Dubois à Lannion. Le citoyen Rateau représente Fontan à l'île de Ré.

Très souvent les capteurs n'attendent pas la décision des tribunaux pour faire procéder au déchargement et à l'inventaire des marchandises supposées de bonne prise (2). Sous prétexte que la cargaison pourrait souffrir d'un séjour prolongé dans la cale du bâtiment, ils demandent et obtiennent

(1) Cet article formait la majeure partie des cargaisons du *Lively*, prise du *Malouin*, et de la *Mary-Ann*, prise du *Coursier* (1811).

(2) La loi les y autorise expressément : Arrêté du VI Germinal an VIII, art. XV, rappelant la législation antérieure.

fréquemment du Commissaire l'autorisation d'agir immédiatement[1]. Ils n'y gagnent d'ailleurs pas toujours. Le chargement de l'*Union* ne produisit à la vente que 252.000 francs et les propriétaires du corsaire capteur *Le Tartare* durent en verser 380.000 après le jugement ordonnant restitution du navire et de sa cargaison (an VI). Toutes les sommes provenant de ces ventes sont versées provisoirement à la Caisse des Invalides.

L'un des armateurs s'occupe d'ordinaire plus spécialement des ventes. Il se déplace volontiers quand la capture en vaut la peine. Quelques gratifications habilement distribuées facilitent et accélèrent la marche des affaires. Les frais de voyage sont d'ailleurs presque toujours admis dans les liquidations.

Après avoir déchargé les marchandises, on en dresse un inventaire détaillé et on les met en magasin[2]. Toutes les précautions sont prises par les autorités pour que ni la douane, ni les équipages, ni la Caisse des Invalides n'aient à souffrir dans leurs intérêts. Les armateurs essayèrent en vain de s'opposer à l'ingérence des officiers de marine dans ces diverses opérations : Le ministre insista et le commissaire au moins y assiste toujours[3].

Une constatation frappante c'est l'écart qui existe entre l'évaluation primitive des cargaisons saisies par les corsaires et la somme réellement produite par leur vente. Ainsi Lemaitre, capitaine du *Duguay-Trouin*, estime sa prise l'*Amitié* à 89 ou 90.000 francs. Elle n'en donna en réalité que 9.000. Pour le *Packet de Plymouth*, il écrit à son armateur Augustin Thomas : « Le capitaine anglais m'a assuré que le tout pouvait valoir de 90 à 100.000 livres ». Or la liquidation enregistre seulement 19.700 francs. La même

(1) P. j. nº 69, La *Cleopâtra*, et nº 80, Le *Todos Santos y Animas*.
(2) P. j. nº 74. Déchargement d'une prise : Le *William*, an IX.
(3) P. j. nº 75. Liquidation de l'*Ann*. Le Commissaire reçoit 12 fr. par jour.

différence se retrouve fréquemment dans les Tableaux de Napoléon. Il suffit pour s'en convaincre de consulter les chiffres suivants :

	Evaluation du Commissaire.	Sommes réellement produites.
1806. *Le Paxtown*..........	450.000	160.000 (1)
L'Entreprise...........	430.000	164.000
L'Esther................	600.000	119.000
1807. *Le Saint-Antoine*.....	380.000	265.000
1810. *Le Hearn*..............	190.000	79.800
The Faith..............	500.000	340.000
1811. *La Marie-Anne*........	100.000	30.300
L'Industry.............	70.000	21.000

L'écart est encore beaucoup plus grand si l'on prend pour base l'évaluation donnée par le commissaire de la valeur des marchandises en Angleterre (2).

1810. *Four Brothers*........	1.500.000	411.800
Lord Collingwood...	1.000.000	177.900
Le Leander...........	800.000	143.000

Durant plusieurs années la dépréciation des assignats devait rendre les affaires particulièrement difficiles (3). L'accumulation sur une seule place d'une grande quantité de marchandises de même nature présente aussi de graves inconvénients. Pour y remédier, la loi ordonne une grande publicité. Le ministre Truguet demande ainsi l'envoi de 50 affiches destinées à être placardées à Paris. D'autres le sont à Nantes, Brest, Lorient, Rennes et Granville (4). Il fait effacer sur les prospectus de vente les mots « payables en monnaie ayant cours et au comptant ». L'acheteur n'a

(1) Ces chiffres sont empruntés aux tableaux de Benaerts.
(2) Tableaux de Napoléon (1810).
(3) Voir Liquidation de la *Républicaine*, an X. On peut y suivre très clairement les fluctuations dans la valeur du papier monnaie pendant la Révolution.
(4) Corr. minist., 7 germ. an IV, St-S.

pas toujours en effet sur lui, surtout en ces temps troublés, une grosse somme d'argent, quand il n'est pas sûr, en se déplaçant, de conclure un marché [1]. Il prie enfin le Commissaire de l'avertir promptement lorsqu'une prise sera terrie à Saint-Malo, afin d'être en mesure de répondre aux commerçants qui se présentent chaque jour dans ses bureaux pour avoir des renseignements. Mais le plus grave obstacle à ce que les marchandises atteignent leur prix normal, c'est la connivence et l'association des acheteurs. Ils s'arrangent souvent pour ne point pousser aux enchères. Le Ministre ayant reçu des plaintes à cet égard recommande instamment aux officiers de la marine de veiller à ce qu'un tel abus ne se reproduise plus. Il faut punir sévèrement les employés qui s'y prêteraient [2]. Quelquefois, pour soutenir les prix, l'Etat-major et l'armateur du corsaire capteur s'unissent et achètent pour leur compte une portion notable de la cargaison [3].

L'administration impériale diminua dans une certaine mesure ces sources de pertes considérables tant pour les équipages que pour la Caisse des Invalides, mais elle ne réussit jamais à les supprimer complètement.

Les armateurs sont souvent eux-mêmes les principaux acheteurs et font de la sorte des bénéfices qui augmentent sensiblement ceux de la course. A Saint-Malo les ventes se font au Ravelin ou bourse du commerce [4]. Les intéressés paient un droit toutes les fois qu'ils ont besoin de ce local. Les armateurs et les négociants présents discutent tout d'abord les conditions de la vente, la quotité des lots, les délais de paiement. D'ordinaire les billets ne doivent pas

(1) Corr. minist., 7 germ. an IV, St-S.

(2) Corr. minist., 12 niv. an VI, St-S., et A. N., BB⁸, 189, plaintes de commerçants anonymes.

(3) P. j. nº 83. Corr. min., 29 juin 1810.

(4) Etablie à Saint-Malo par arrêté des Consuls le 25 août 1801, ouverte le 13 décembre suivant et transportée quelques jours après sur la plate-forme appelée Raveline, en avant de la Grand'Porte. C'est au même endroit que les ventes se faisaient antérieurement.

dépasser deux mois. Il est rare que les marchandises ne soient pas toutes vendues de suite[1]. Sous l'empire les denrées coloniales atteignent souvent des prix fort rémunérateurs.

Lorsque la cargaison est vendue et livrée, c'est le tour du navire. L'opération a lieu également au Ravelin à « éteinte de bougie ». Les commerçants malouins se disputent parfois âprement les bateaux susceptibles de servir pour une nouvelle campagne[2].

Toutes les pièces comptables concernant le Règlement de la prise sont alors remises au juge de paix ou au Tribunal de Commerce qui procèdent à la Liquidation particulière en fixant le bénéfice net revenant à l'équipage et aux associés du corsaire. Les dépenses dont on ne connaît pas encore le détail, par exemple celles des relâches, sont réservées. Elles prendront part sous le titre Dépenses communes des intéressés dans la Liquidation générale. Pour les prises terries et vendues dans un autre port le consignataire reçoit 2 % et l'armateur 1/2 % pour négociation des traites. Les 2 % reviennent naturellement à ce dernier lorsque la vente a été faite à Saint-Malo par ses soins[3].

Le Commissaire de marine surveille avec le plus grand soin toutes ces opérations afin de sauvegarder les droits des matelots et de l'Etat. On peut s'en convaincre en examinant aux Pièces justificatives les renseignements transmis par celui de Lannion à M. Pennelé, fonctionnaire chargé de l'Inscription maritime à Saint-Malo[4] et sa longue correspondance relativement à la prise du *Spéculateur*, *Los Todos Santos y animas*[5].

(1) P. j. nos 75 et 76. L'*Ann. Le Duc d'York*, et aussi 67, *La Latona*.
(2) P. j. no 77.
(3) Il y a aux Archives du Tribunal de commerce de Saint-Malo 35 minutes de liquidations particulières toutes faites sur le même modèle. On en trouve également une vingtaine à Morlaix pour la période 1793, an IX.
(4) P. j. no 79. Lettre du 11 avril 1809.
(5) P. j. no 80.

Règlement des parts de Prise

Chaque prise doit faire l'objet d'un Règlement de parts spécial. Le nombre des marins peut en effet varier d'une course à l'autre.

C'est l'Etat-major du corsaire qui fixe le nombre de parts revenant à chacun. A cet effet, le capitaine et deux ou trois officiers se réunissent lors des relâches ou plus souvent à la fin de la campagne devant le juge de paix, en présence d'un représentant du Commissaire de marine. Après avoir prêté serment, ils procèdent au partage. Si le corsaire a été capturé par les Anglais après avoir terri des prises, le Chef de l'Inscription maritime procède d'office à cette opération, en s'aidant des renseignements fournis par les armateurs ou les membres de l'Etat-major qui auraient pu revenir d'Angleterre.

La législation et l'usage fixent le nombre de parts attribuées à chacun. La loi du 2 prairial an XI consacrant d'ailleurs ce qui avait lieu jusqu'alors déclare (art. 101) : Il ne pourra être accordé plus de :

1° Au capitaine.. 12 parts.
2° Au capitaine en second.......................... 10 —
3° Aux deux premiers lieutenants.................. 8 —
4° Au premier maître, à l'écrivain ou commis aux revues et aux autres lieutenants......... 6 —
5° Aux enseignes, au maître chirurgien et au second maître.. 4 —
6° Aux conducteurs de prises, pilotes, contre-maîtres, capitaines d'armes, maître canonniers, charpentiers.............................. 3 —
7° Aux seconds canonniers, charpentiers, calfats, maîtres de chaloupe, voiliers, armuriers, quartiers-maîtres et seconds chirurgiens.. 2 —

8° Aux volontaires une part ou deux au plus.
9° Aux matelots une part ou part et demie.
10° Aux soldats une demi-part ou une part.
11° Aux novices une demi-part ou trois quarts de part.
12° Aux mousses un quart de part ou demi-part, suivant leurs services respectifs et leurs forces.

Les raisons alléguées d'ordinaire pour augmenter ou diminuer dans la limite permise le nombre des parts affectées à chaque grade ou office sont les services rendus, pendant la campagne, surtout la belle conduite, quand il y a eu combat, ou l'incapacité à remplir le poste pour lequel on s'est embarqué. Les surnuméraires reçoivent en général double part : le maître-coq est toujours un personnage important à bord d'un navire (1).

On se rendra compte aisément en consultant les tableaux d'armement que la grosse part revient à l'Etat-major (2). Ainsi pour la *Malouine* qui a 57 hommes d'équipage les 11 officiers reçoivent 73 parts sur 133 1/2. Il en est de même pour tous les armements.

Les parts des déserteurs ayant participé aux prises sont partagées entre les équipages et l'armateur.

Des acomptes parfois assez importants sont distribués sans plus tarder soit aux intéressés à l'armement, soit aux membres de l'équipage ou aux familles munies de procurations à cet effet.

(1) P. j. n° 10. Règlement des parts de prise du *Dinannais*.
(2) P. j. Tableaux d'avancement ans VI et VII.

III

Liquidations générales. (1)

Tous les armements ne sont pas nécessairement l'objet d'une Liquidation générale. Quelques-uns, en effet, n'ont rien produit ou du moins les frais dépassent de beaucoup les sommes réalisées par la vente des prises. Dans ce cas, il y a simplement Règlement de compte entre l'armateur et ses actionnaires. D'ordinaire (2) ces derniers sont tenus de participer aux dépenses supplémentaires d'armement et de relâches non prévues par le *Répartiteur*. Ainsi pour le *Triton* an V ils doivent rapporter 29 livres 6 sous par action de 100 livres (3).

D'après la loi, chaque campagne heureuse d'un corsaire donne lieu à une Liquidation spéciale. Les armateurs auraient bien préféré agir autrement et faire ainsi retomber sur une croisière fructueuse les pertes subies dans une autre. Mais l'autorité s'opposa toujours à cette procédure afin de sauvegarder les intérêts des équipages et de la Caisse des Invalides. Parfois pourtant, les Tribunaux de commerce acceptent de légères modifications à la règle commune quand il est possible de considérer la seconde campagne comme la suite naturelle de la première (4). Dans ce but l'armateur demande à l'occasion une prolongation de sa Lettre de Marque plutôt qu'une nouvelle autorisation.

(1) Il y a aux Archives du Tribunal de commerce de Saint-Malo 177 minutes de Liquidations générales de corsaires entre 1793-1814. Les 2/3 appartiennent à la période an XI-1814. Dans ce nombre une douzaine de supplémentaires. On trouve aux Archives de la Marine à Saint-Servan, un grand nombre d'imprimés donnant parfois en plusieurs exemplaires le résultat de ces liquidations et qui font connaître de plus les 13 faites avant l'an VIII par les soins du juge de paix (8 en an V, 5 en an VI).

(2) Ce cas est prévu par l'arrêté du 2 prairial an XI.

(3) P. j. nº 88. Compte des intéressés du *Triton*, an V.

(4) Par exemple pour le *Coursier*, 3e course.

Dès le début de la campagne, tandis que le corsaire s'en va de relâche en relâche rejoindre son point de croisière, l'armateur s'occupe de réunir les « bons » des différents fournisseurs. Ce sont autant de pièces comptables qui lui serviront pour fixer le montant des frais d'armement, du Répartiteur comme on l'appelle (1). Il arrive parfois que les Tribunaux de commerce rejettent les dépenses non justifiées ou extraordinaires. Ainsi pour le *Général Pérignon* 3e course (1806), Augustin Thomas se voit débouter sur différents chapitres d'une somme de 10.857 fr. 18 (2).

Lorsque le désarmement du corsaire est achevé et que l'armateur a reçu de ses correspondants tous les comptes de relâches et les produits des Liquidations particulières, le Tribunal de commerce de Saint-Malo doit aussitôt procéder à la Liquidation Générale de la campagne. Comme nous l'avons déjà dit, les juges de paix de Port-Malo et de Port-Solidor étaient également à l'origine qualifiés pour cette opération. Ils en firent une quinzaine en tout jusqu'en l'an VII.

Toutes ces Liquidations sont établies sur le même modèle ou à peu près. Elles comprennent cinq chapitres.

1° Produit des Liquidations particulières.

2° Dépenses communes.

3° Décompte de l'équipage.

4° Décompte des intéressés.

5° Décompte des Invalides de la marine.

Elles fournissent des renseignements précis sur les résultats de la course au point de vue économique, car il

(1) On trouve aux Archives du Tribunal de commerce, à Saint-Malo, 64 liasses contenant des comptes d'armement très détaillés avec pièces à l'appui. Ils sont très intéressants pour fixer le prix des denrées et de la main-d'œuvre pendant la Révolution et au début du XIXe siècle. — Ces comptes se rapportent pour la plupart à des corsaires dont la Liquidation générale n'a pas eu lieu.

(2) Voir Liquidation générale, 22 décembre 1806.

est souvent facile de contrôler les chiffres les uns par les autres.

Produit des Liquidations particulières

C'est le résumé des différentes Liquidations particulières qui rentrent dans la même course. Les rançons non payées, les prises encore en procès, les gratifications pour canons et prisonniers de guerre entrent pour mémoire seulement dans ce chapitre et donneront lieu, si leur produit en vaut la peine, à des Liquidations supplémentaires. Le chiffre des ventes ainsi obtenu est intéressant, car il montre mieux que tout autre le tort causé par la course au commerce ennemi (1).

De 1793 à la paix d'Amiens le total s'élève à plus de 22 *millions* de livres; de l'an VI à la fin de l'empire il atteint également à peu près la même somme. Le tableau suivant montre comment les ventes se répartissent par années :

Produit par années des ventes de Prises.

	Nombre de Liquidations générales.	Sommes réalisées.
1793	9	10.718.787 (2)
An IV	—	—
An V	12	1.558.993
An VI	12	3.921.767
An VII	11	2.731.810
An VIII	9	1.933.338
An IX	7	1.488.533
	60	22.353.228

(1) Il faudrait pouvoir y joindre les bâtiments coulés, désarmés ou mis dans l'impossibilité de poursuivre leur route. Mais on ne saurait sur ce point établir une statistique exacte. — Voir P. J. nº 89. Tableau des Ventes ayant dépassé 200.000 francs.

(2) Dans cette somme on a fait entrer le *Duguay-Trouin* pour 4.500.000 francs. Les chiffres exacts manquent, mais il a payé à la caisse des Invalides, pour le sou du franc, 218.078 francs.

	Nombre de Liquidations générales.	Sommes réalisées.
An XI	2	402.856
An XII	4	1.154.995
An XIII	2	1.501.267
An XIV	5	813.571
1806	12	2.781.279
1807	12	2.775.670
1808	8	1.589.611
1809	10	3.410.378
1810	9	2.330.802
1811	13	1.756.087
1812	8	2.942.714
1813	3	1.105.928
	88	22.565.158

Dépenses communes

Ce chapitre comprend en premier lieu les parts des morts pendant ou après la prise, soit durant le combat, soit par suite d'accidents dans le service. Ces parts sont naturellement payées à leurs ayants droit. D'ordinaire aussi le Tribunal accorde des gratifications aux blessés.

Puis viennent tous les frais relatifs à la prise et qui n'ont pu entrer dans les Liquidations particulières; par exemple le fret des neutres dont une partie seulement de la cargaison a été confisquée comme propriété ennemie, les honoraires d'avocats qui ont soutenu devant les tribunaux les intérêts des capteurs, la nourriture des otages (1), le salaire du juge de paix et de son greffier et surtout les commissions accordées aux armateurs et capitaines du corsaire.

(1) Liquidation de la *Minerve* (21 brumaire an VI). 913 francs pour William Allisan, ôtage de la *Jumina*, pour frais d'entretien jusqu'au jour où il s'évada de Dinan.

La loi accorde aux armateurs 2 % sur le produit brut des prises administrées par leurs soins et 1/2 % pour frais de traites et avances d'argent. A différentes reprises ils essayèrent d'augmenter le taux de cette commission [1]. Mais le Ministre tout en déclarant que les intéressés peuvent faire entre eux toutes les stipulations jugées convenables défend d'augmenter le tarif dans les Liquidations. Il ne peut cependant empêcher dans bien des cas l'introduction de frais supplémentaires, voyages, perte sur traites, etc... que les Tribunaux acceptent assez souvent [2].

Jusqu'au milieu du XVIIIe siècle le capitaine et l'équipage du corsaire avaient, d'après la coutume, le droit de s'emparer des coffres des officiers et marins du navire capturé. Valin raconte que de son temps ils allaient jusqu'à changer de vêtements avec les prisonniers, prenant leurs bons habits pour les remplacer par des haillons [3]. Un journal anglais relatant la prise du *Kent* affirme que des faits semblables eurent lieu pendant le pillage d'une heure promis et autorisé par Robert Surcouf après l'action [4]. Pour remplacer ces coffres, la législation actuellement en vigueur (loi de 1778 art. 29 et arrêté du 2 prairial an XI art. 23) accorde aux capitaines des corsaires 2 % sur le produit brut des prises. Mais les matelots n'ont rien et se partagent encore à l'occasion de part et d'autre la garde-robe des prisonniers [5].

Les conducteurs de prises reçoivent également 1/2 % sur les ventes ou des gratifications proportionnées à l'importance des bâtiments capturés et confiés à leurs soins.

Enfin il faut ajouter à toutes ces dépenses les frais d'en-

(1) P. j. n° 6. Les armateurs des *Quatre-Amis* réclament 5 % sur l'armement, 3 % sur les ventes de prises et leurs frais de voyage. Voir aussi St-S., Corr. min. (7 sept. 1806) à propos de Thomas qui, pour la Liquidation du *Général Pérignon*, demande 1/2 % d'augmentation. Le Commissaire serait d'avis qu'on laisse faire.

(2) P. j. n° 82. Corr. min., 21 sept. 1812.

(3) De Pistoye, *op. cit.*, II, 388.

(4) Surcouf, *op. cit.*, p. 243.

(5) *Mémoires d'Angenard*, Annales de Bretagne. P. j. n° 103.

registrement et de dépôt aux greffes des différentes pièces comptables, et les indemnités auxquelles les capteurs sont parfois condamnés quand l'une des prises n'a pas été jugée bonne par les Tribunaux. L'impression du texte de la Liquidation Générale se fait ordinairement chez Hovius et coûte elle-même de 20 à 30 francs.

En déduisant les dépenses communes du produit brut des prises on obtient la somme à partager entre l'équipage et les actionnaires du bâtiment.

Décompte de l'Equipage

Le tiers du produit net des prises revient à l'équipage du corsaire [1]. Ce tiers, déduction faite de quelques frais accessoires et du sou ou décime par franc prélevé au profit de la Caisse des Invalides, doit être distribué aux ayants droit dans la proportion fixée par le Règlement des parts de prises.

Sur 327 armements [2] ayant donné lieu à 147 Liquidations générales le montant de chaque part s'établit de la façon suivante dans les 110 cas où il est supérieur à 100 francs [3] :

	1793 à an IX.	An XI à 1814.
3.000 et au-dessus	3	1
2.000 à 3.000	4	1
1.500 à 2.000	1	1
1.000 à 1.500	5	7
500 à 1.000	12	26
300 à 500	12	5
200 à 300	10	7
100 à 200	2	13
	49	61

(1) Le 1/5e seulement dans les expéditions guerre et marchandises (Règlement du 2 prairial an XI). — Voir Arch. nat. FF², cart. 7, n° 1160, un jugement intéressant du Conseil des Prises à cet égard.

(2) Voir *supra*, p. 41.

(3) Voir les Tableaux d'armement I et II.

Pour toutes les autres courses, c'est-à-dire plus de 200 [1] les parts sont nulles ou ne couvrent pas les avances faites par l'armateur au moment du départ.

Comme on le voit par ce tableau, les deux tiers des armements ne donnent rien ou presque rien à l'équipage. Sauf un petit nombre d'heureuses chances, les profits qu'il retire des autres ne sont pas comparables aux dangers de ces expéditions hasardeuses. Les beaux jours de la course semblent donc finis pour le marin avant même qu'elle ne soit officiellement abolie. Mais il reste un aléa de gain qui toujours a tenté les gens de la côte. Que feraient-ils d'ailleurs durant ces guerres interminables à moins de s'embarquer sur les corsaires ?

Grâce au nombre de parts qui lui sont accordées (12), le capitaine peut cependant réaliser des bénéfices assez considérables surtout si l'on y joint son 2 % sur le produit brut des prises. Cette commission est même souvent augmentée par l'usage jusqu'à 5 et 6 % [2]. Une soixantaine de campagnes donnent au commandant du corsaire des sommes voisines de 10.000 francs ou supérieures à ce chiffre.

Les officiers de l'Etat-major ont aussi parfois d'heureuses aubaines. Le chirurgien Broussais aurait ainsi touché pour une seule course du *Bougainville* 14.000 francs, ce qui lui permit de continuer ses études [3]. Angenard, lieutenant à bord de la *Miquelonnaise*, gagna 34.000 francs en 25 jours de mer [4]. Souvent l'Etat-major charge l'armateur d'acquérir avec ses parts de prises un lot plus ou moins considérable de marchandises capturées. Cette opération

(1) Le montant de la part n'a pu être fixé dans trois ou quatre cas où il devait atteindre une somme assez élevée, par exemple le *Duguay-Trouin* (1793), le *Jean-Bart* (an IV).

(2) Corresp. min., 7 sept. 1806, St-S. Dans ce cas, le capitaine fait lui-même quelques remises à ses officiers supérieurs.

(3) *Vigie de l'Ouest* (7 mai 1839).

(4) Voir *supra*, p. 33.

a le double avantage de maintenir les prix de vente et d'augmenter les bénéfices du corps des officiers (1).

Tout ce qui n'a point été versé à l'équipage, soit comme avances, soit comme acomptes, doit être déposé entre les mains du Commissaire de marine qui se charge lui-même de la Répartition. Elle a lieu dans les jours qui suivent la Liquidation générale. Mais ordinairement il reste fort peu à toucher. Ainsi pour le *Furet* dont la part se monte à 338 fr. 39 le reliquat total n'est que de 823 fr. 28 (2). Les prisonniers d'Angleterre qui réclament un secours reçoivent presque toujours la même réponse : « L'armateur ne vous doit plus rien ».

Après un délai de quelques années, les sommes non réclamées sont définitivement versées à la Caisse des Invalides. Le cas arrive fréquemment, étant donnée la proportion d'étrangers qui s'embarquent sur les corsaires et disparaissent avant le Règlement définitif.

L'agiotage sur les parts de prises se rencontre encore de temps en temps au cours de cette période (3). Après tout, il suffit d'une chance heureuse pour que le matelot paie ses dettes intérêt et capital ! Aussi le Ministre de la marine recommande à ses subordonnés l'observation rigoureuse de la loi sur ce point : Tous les versements seront faits à l'intéressé lui-même ou à un membre de sa famille en présence du Commissaire de l'Inscription maritime. Il est défendu d'admettre les billets et procurations des fournisseurs.

(1) P. j. n° 83. Lettre du Commissaire, 29 juin 1810.
(2) Liquidation générale (9 ventôse an X). Voir aussi P. j. n° 10, le *Dinannais*.
(3) P. j. n° 86. Billet souscrit par Boisivon à sa logeuse.

IV

Décompte des Intéressés.

Les deux tiers du bénéfice net de la course restent aux actionnaires du bâtiment. Il est impossible de donner le chiffre exact des gains réalisés durant ces 20 années par les armateurs malouins. Une impression se dégage pourtant très nette des documents consultés : C'est que les frais d'armement, relâches, désarmement, procès, etc., en absorbent la plus grande partie. On pourra d'ailleurs le constater en examinant le tableau suivant.

Sur 64 campagnes dont les ventes dépassent 200.000 francs on trouve :

	1793 an IX.	An XI-1814.
Ventes au-dessus de 1.000.000......	4	2
— de 500.000 à 1.000.000......	5	15
— de 300.000 à 500.000......	11	12
— de 200.000 à 300.000......	6	9

Les bénéfices des intéressés se répartissent ainsi (1) :

Au-dessus de 500.000..................	4	3
De 400.000 à 500.000..................	—	3
De 300.000 à 400.000..................	3	4
De 200.000 à 300.000..................	5	7
De 100.000 à 200.000..................	7	6
De 50.000 à 100.000..................	4	10
Au-dessous de 50.000..................	1	3
Perte..................................	2	—
Résultats inconnus.....................	—	2

(1) P. j. nº 89. Tableau des Ventes ayant dépassé 200.000 francs.

Robert Surcouf fut sans doute plus heureux comme capitaine ou actionnaire que comme armateur de corsaires. Durant la période an XII-1814, il équipa 15 navires pour la course. Les résultats furent les suivants :

ANNÉES	CORSAIRES	TOTAL DES VENTES	RÉSULTAT DE L'ENTREPRISE		PARTS
			Bénéfice	Perte	
An XII.	*La Caroline*........	Course à l'île de France	—	—	—
An XIII.	*La Confiance*......	70.742	—	68.046	107
An XIV.	*Le Marsouin*, 1re	73.364	—	18.583	151
1806.	*Le Marsouin*, 2e.	545.498	280.384	—	872
1807.	*Le Marsouin*, 3e..	Pris sans avoir fait de prises.	—	—	—
1809.	*Le Fantôme*, † ...	55.736	40.116	—	62
»	*La Revanche*.....	Pris sans avoir fait de prises.	—	—	—
1810.	*La Biscayenne*..	Id.	—	—	—
»	*La Dorade*	Id.	—	—	—
»	*L'Auguste*.........	Id.	—	—	—
1811.	*L'Edouard*, 1re....	2.908	—	63.000	—
1812.	*La Ville de Caen*,†	283.525	66.431	—	505
»	*L'Edouard*, 2e....	136.407	—	15.885	338
1813.	*Le Renard*, 1re....	Désarmé s. avoir fait de prises	—	100.000	—
1814.	*Le Renard*, 2e.....	Id.	—	19.201	—

Les renseignements empruntés aux statistiques officielles et les tableaux publiés aux pièces justificatives permettent d'évaluer d'une manière encore plus exacte les gains réalisés par les négociants malouins durant les guerres de la Révolution et de l'Empire :

L'année 1793 est de beaucoup la meilleure. Le bénéfice net des actionnaires dans sept armements liquidés — sans parler du *Duguay-Trouin* le plus heureux de tous (4.500.000 francs de ventes) — atteint la jolie somme de 2.760.085 francs. On ne devait plus revoir de chiffres semblables dans la suite.

En l'an IV les cinq petits corsaires armés furent tous capturés avant d'avoir terri une seule prise (1).

(1) Pourtant C. CUNAT dans OGÉE, *Dictionnaire hist. de Bretagne*, II, 818, écrit « qu'ils se signalèrent par leur audace et leur succès ».

Une lettre du commissaire Bleschamps au Ministre de la marine en date du 29 pluviôse an VIII nous renseigne sur les résultats généraux des quatre années suivantes. « La course, écrit-il, a rempli les espérances des armateurs dans les années V et VI; mais le peu de fruits qu'ils en ont retiré depuis deux ans les a sensiblement refroidis... L'ennemi est parvenu à enlever en peu de temps la plus grande partie de nos faibles corsaires et ceux qui lui ont échappé sont rentrés sans avoir fait aucune capture ou les prises qu'ils ont amené ont été si peu conséquentes, qu'à peine ont-elles couvert les frais d'armement » (1). La campagne de l'an IX devait être plus désastreuse encore. Durant les trois années qui précédèrent la paix d'Amiens on trouve seulement sept bâtiments ayant rapporté aux actionnaires un bénéfice net supérieur à 100.000 francs.

Les guerres de l'an XI commencent très mal pour les Malouins. Le 22 messidor le Ministre écrit au Commissaire : « Je sais que jusqu'à présent la plupart des corsaires sortis des ports de la République et particulièrement de Saint-Malo ont été capturés, sans qu'il soit entré aucune des prises qu'ils peuvent avoir faites » (2). Deux bâtiments pourtant se distinguent avant 1806 : *La Sorcière* qui dans quatre campagnes rapporte aux intéressés (Le Même et Gaultier armateurs) 799.667 francs et le *Général Pérignon* d'Augustin Thomas dont trois liquidations successives donnent en bénéfice net la somme de 1.044.331 francs.

A partir de 1806, Napoléon veut se rendre compte personnellement des résultats généraux de la course. Il se fait donc adresser chaque année de tous les ports où les armements ont lieu un Tableau indiquant la balance des gains et pertes en argent et en hommes (3). L'original de ces

(1) P. j. nº 21. Lettre du Commissaire, 29 pluviôse an VIII.
(2) P. j. nº 5.
(3) P. j. nº 87

tableaux existe aux archives de la marine à Saint-Servan, sauf pour l'année 1809-1810. Malheureusement ils sont incomplets [1] et faits avec le désir évident d'augmenter le bénéfice de la place [2]. La balance repose d'ailleurs sur des données fort différentes de la réalité [3] et une partie des frais (relâches, désarmement) n'a pu entrer en ligne de compte. Malgré tout ces tableaux fournissent un élément précieux pour juger des bénéfices réalisés durant les dernières années de l'empire par les négociants de Saint-Malo.

Tableaux demandés par Napoléon.

	VALEUR		BÉNÉFICE de la Place
	des Prises	des Corsaires capturés	
1er oct. 1806—1er mai 1807	2.639.000	295.000	2.334.000
1er oct. 1807—1er mai 1808 [4]	2.335.000	285.000	2.049.000
1er juin 1808—1er mai 1809	1.369.819	112.000	1.257.819
1809-10 manque	—	—	—
1er mai 1810—1er mai 1811	5.735.000 [5]	1.690.000 [6]	4.045.000
1er mai 1811—1er mai 1812	2.466.946 [7]	480.000	1.986.946
1er mai 1812—1er mai 1813	3.689.666	210.000	3.479.666
1er mai 1813—1er mai 1814	1.099.750	963.000 [8]	136.750

(1) Plusieurs armements sont omis chaque année.

(2) Les estimations des marchandises non vendues sont presque toujours supérieures au produit réel des Liquidations particulières.

(3) On le constate en consultant les Liquidations.

(4) Gaude écrit au Ministre de la Marine, le 8 septembre 1808 : « La Balance des valeurs présente à notre avantage un excédent de 2.706.132 fr. 84. Elle serait moins forte si au prix des corsaires capturés on avait ajouté celui des relâches qui ne sont pas encore fixés. »

Selon Ch. CUNAT dans OGÉE, *Dict. hist. de Bret.*, p. 823 : Le 1er juin 1808 fut dressé l'état des prises faites depuis le 1er juin 1807 par les corsaires de Saint-Malo. 25 prises avaient donné 3.509.566 francs. Les 26 armements sortis du port pendant cette période avaient coûté 1.434.234 francs. Les Malouins avaient donc réalisé un bénéfice net de 2.075.332 francs.

(5) Ce chiffre indique la valeur présumée des prises en Angleterre.

(6) Ce chiffre indique la valeur de l'armement complet.

(7) Le tableau de cette même année évalue la perte des ennemis à 3.165.000 fr.

(8) Valeur de l'armement complet moins les corsaires existants. — Voir aux Arch. nat., AF^IV, 1197, un rapport donnant la balance pour tout l'empire, du 1er mai 1808 au 1er mai 1809. — Le bénéfice total est estimé à 15.294.628 francs.

D'après les Liquidations générales les campagnes les plus productives pour les armateurs furent, durant cette période (1806-1814), celles :

	Bénéfice net.
Du *Marsouin*, armateur Robert Surcouf........	280.384 fr.
De l'*Incomparable*, armat. Coste et Fontan...	1.032.211 fr.
Du *San Joseph*, armat. Augustin Thomas.....	1.120.219 fr.
De *La Confiance*, armat. J. Gautier et fils......	526.164 fr.
Du *Jean-Bart*, armat. Delorme-Villedaulé.....	563.778 fr.
De l'*Auguste*, armateur Godfroy................	831.856 fr.
De la *Junon*, armat. Amiel et Thomazeau......	678.491 fr.
De la *Miquelonnaise*, armat. Fauchon-Amiel.	532.374 fr.

Il semble qu'en estimant le bénéfice total des commerçants malouins durant ces vingt années à la somme de 15 à 20 millions, on ne s'éloignerait pas beaucoup de la réalité.

Le profit des armateurs est sensiblement augmenté par le bénéfice qu'ils font sur les fournitures d'armement et sur les achats de marchandises de prises (1). Ils ont d'ailleurs des intérêts dans plusieurs bâtiments à la fois. On aurait donc tort de juger des profits réalisés par telle ou telle maison uniquement sur le résultat donné par les navires plus spécialement confiés à ses soins.

Pourtant les risques sont si grands dans les campagnes de course, que les fortunes les mieux assises peuvent y sombrer. C'est ce que fait remarquer à chaque instant la marine chargée de recouvrer la taxe due aux Invalides et d'assurer le paiement intégral des marins. Les faillites furent nombreuses, surtout durant la période révolutionnaire (2). Les héritiers de B. Dubois, l'armateur du *Bougainville*, hésitent longtemps avant d'accepter sa succession.

(1) P. j. nº 6. Les actionnaires ont le droit de faire des achats au prorata de leurs mises.

(2) Corr. min., 6 flor. an VII, St-S.

En l'an XIII Sainton écrit : « Les pertes énormes que j'ai éprouvées durant les derniers armements ne me permettent pas de me libérer en argent liquide vis-à-vis de la Caisse des Invalides ». Le 26 août 1806, le Commissaire est obligé de tranquilliser le Ministre relativement à la solvabilité de Duchesne et Pintedevin, les heureux armateurs de l'*Ambitieux*, du *Courageux* et des *Quinola* durant les années VI et VII. « Ils ont de très grands biens fonds, mais depuis quelques années ils ont fait des pertes considérables dans leur commerce maritime et en particulier dans leurs armements en course. Ils peuvent être momentanément très gênés ». En 1813 l'Administration prend d'importantes inscriptions hypothécaires sur leurs propriétés foncières et sur celles de Lesnard, Duhamel, Le Même et Fortin.

Parmi les armateurs les plus favorisés de la fortune on peut citer : Augustin Thomas, Gaultier, Gautier jeune et Fontan. Mais il faut faire une place à part semble-t-il à Thomazeau et à Robert Surcouf, quoique ce dernier ait fait, nous l'avons déjà dit, dans les mers de l'Inde et comme capitaine ses plus beaux bénéfices.

On raconte à ce sujet l'anecdote suivante : Thomazeau causant un jour avec Surcouf lui demanda à brûle-pourpoint :

— Combien la course t'a-t-elle rapportée ?

— De six à sept millions.

— Ah ! Mes armements à moi m'en ont donné jusqu'ici plus de dix.

— Alors, répliqua Surcouf, je vais reprendre la mer et ne reviendrai que le jour où ma fortune égalera au moins la tienne.

C'est à la suite de cette conversation qu'il aurait fait construire le *Revenant* (1).

(1) Napoléon GALLOIS, *op. cit.*, p. 380.

Une curieuse légende montre bien l'idée que les vieilles gens se faisaient encore il y a quelques années des richesses fabuleuses amassées par le « roi des corsaires». Ne sachant plus que faire de son or, il eut l'idée de paver en napoléons le grand salon de son hôtel. L'empereur averti lui fit dire : « Tu ne marcheras pas sur ma figure. Mais je t'autorise à mettre les pièces sur le côté ». La somme était tout de même trop forte et Surcouf renonça à une fantaisie aussi coûteuse (1).

Décompte des Invalides

Sous l'Ancien Régime, pour alimenter la Caisse des Invalides, on retenait six deniers pour livre sur le produit net des prises.

Les lois du 13 mars 1791 et 9 messidor an III portent cette retenue à un sou par livre autrement dit 5 %. Elle est perçue.

1° Sur la commission des armateurs pour toutes les prises administrées directement ou par commissionnaires.

2° Sur les gratifications accordées aux capitaines des corsaires et conducteurs de prises.

3° Sur la somme nette revenant à l'équipage et aux actionnaires.

Elle porte ainsi en réalité sur le bénéfice total résultant de chaque course et s'élève à la somme de 900.920 francs pour la période 1793-an IX (2) et à 804.624 francs pour celle de an XI-1814 (3).

Un arrêté du 14 brumaire an VIII établit de plus une autre retenue de 10 % destinée à la nourriture et à l'entre-

(1) Cette histoire m'a été contée à Plerguer il y a une vingtaine d'années.

(2) Calcul fait sur un état des Archives de la Marine, St-S., intitulé : Produit de la course pendant la Révolution et divers compléments.

(3) Cette somme est un peu inférieure à la réalité, car elle ne comprend pas en général la retenue faite sur les avances données à l'équipage.

tien des prisonniers de guerre français détenus en Angleterre. Elle devait avoir dans certains cas un effet rétroactif et porter sur les prises antérieures à la loi mais dont la Liquidation n'était pas encore faite par la faute de l'armateur.

Les intéressés se refusèrent tout d'abord avec opiniâtreté à la perception de ce droit. Quelques tribunaux de commerce trouvèrent ce refus fondé en droit et plusieurs liquidations furent ainsi retardées (1). Mais le Ministre insista et fit engager des poursuites. Les armateurs finirent par se soumettre.

La loi du 2 prairial an XI supprima d'ailleurs le décime pour franc, chacun des états belligérants ayant pris à son compte l'entretien des prisonniers ennemis.

Liquidations supplémentaires

On en trouve une quinzaine pour la période an XI-1814 (1). Toutes portent sur des sommes assez peu importantes. D'autres ont pour but de répartir entre l'Etat-major et l'équipage les gratifications accordées pour les prisonniers et canons capturés par les corsaires.

L'arrêté du 2 prairial an XI déclare en effet art. 26 : Les gratifications suivantes seront payées pour les prises faites par les corsaires particuliers, savoir :

a) Navires de commerce chargés de marchandises :
40 fr. pour chaque prisonnier amené dans les ports.

b) Bâtiments dits Lettres de marque armés en guerre et marchandises.
110 fr. par chaque canon du calibre de 4 et au-dessus jusqu'à 12.
160 fr. pour celui de 12 et au-dessus.
45 fr. pour chaque prisonnier amené dans les ports.

(1) Il n'y en a que 5 pour la période 1793-an XI.

c) Corsaires particuliers armés en guerre seulement et petits bâtiments de l'Etat tels que bricks, cutters, lougres, etc. :

160 fr. pour chaque canon du calibre 4 à 12.
240 fr. pour celui de 12 et au-dessus.
50 fr. par prisonnier amené dans les ports.

Quatre états nous renseignent exactement sur les primes versées aux corsaires de Saint-Malo en exécution de cet arrêté. Ils sont de 1808-1809-1815-1818 et donnent un total de 108.885 francs pour 59 campagnes [1]. Le montant de chaque part dépasse rarement 10 francs. Ces gratifications sont prélevées sur la caisse des Invalides de la marine.

En joignant au produit des ventes de prises les sommes déboursées chaque année pour l'armement des corsaires, on arrive au total d'environ 60 millions pour la période 1793 à 1814. La plus grande partie de cet argent reste évidemment dans le pays malouin et constitue de beaucoup la principale source de prospérité pour le commerce local surtout à cette époque où toute autre transaction avec l'étranger est à peu près impossible [2].

(1) P. j. nº 90.

(2) Tout le commerce maritime de Saint-Malo en dehors de la course se réduit à quelques caboteurs et aux licences données par le Gouvernement impérial de porter des grains en Angleterre. Il y en eut 3 en 1810, 2 en 1811 (Cunat dans Ogée, *op. cit.*, 84-822).

MM. Le Fer de la Sauldre et La Chambre profitent souvent de ces licences. Voir aux A. N., F7, 8048, tout un dossier de police les concernant. — Le Préfet de Police leur recommande de rapatrier les Français évadés des cautionnements (A. N., F7, 3643, mai 1812) et d'apporter des journaux anglais.

LA TOUR SOLIDOR

CHAPITRE IV

Les Prisonniers.

Tous les règlements de compte ne se firent point, hélas, en argent.

D'un côté comme de l'autre il y eut des morts. Les combats réellement meurtriers, nous l'avons vu, furent assez rares. On peut cependant estimer, semble-t-il, à trois ou quatre cents le nombre des marins tant anglais que français tombés au cours même de l'action.

Il y eut aussi des blessés. « Me voici arrivé, écrit Angenard, à la fin de cette guerre de 20 ans, à laquelle j'ai pris une part si active et au bout de laquelle je ne rapportais chez moi qu'une tête mutilée, souvenir cruel de la lâcheté des soldats du ponton *Le Bristol*, une mâchoire dégarnie de toutes ses dents du côté gauche, par suite du traitement auquel j'avais été soumis, la jambe percée d'une balle, le côté droit déchiré par un éclat de bois et l'épaule gauche traversée par un biscaïen de 18 lignes de diamètre que je garde avec soin pour le renvoyer moi-même à ceux qui l'ont fabriqué, si jamais une nouvelle guerre éclate avec l'Angleterre et que je sois en état de la faire [1].

Il y eut surtout de part et d'autre beaucoup de prisonniers. C'est en effet par une longue et souvent cruelle captivité que les équipages anglais expient le malheur d'avoir trouvé sur leur route un corsaire. Plusieurs cen-

(1) Cité par J. POULAIN. *Duguay-Trouin et la Cité corsaire*.

taines de matelots du pays malouin achètent également chaque année leurs parts de prises par un séjour sur les pontons de sinistre mémoire.

I

Prisonniers anglais.

Tous les marins ou passagers de nationalité anglaise trouvés sur un bâtiment capturé sont naturellement considérés comme prisonniers de guerre. Il faut en excepter seulement ceux qui par leur âge ou leurs infirmités ne peuvent plus à aucun titre appartenir à l'armée.

La législation permet également de traiter comme prisonniers les matelots des puissances neutres embarqués sur des navires de commerce anglais (1). En pratique, on les autorise, nous l'avons déjà dit, à prendre du service sur les corsaires. Ils n'entrent pas en ligne de compte dans le calcul des gains et pertes en hommes pour les deux nations. Une lettre du Commissaire au Ministre, en date du 8 septembre 1808 spécifie de plus : « La balance des hommes est établie seulement sur les prisonniers anglais introduits dans les ports. On n'y a point fait figurer les équipages des navires portugais, espagnols et américains arrêtés en vertu des décrets sur le Blocus des Iles britanniques d'après lesquels on ne peut les considérer comme prisonniers ».

A différentes reprises, l'autorité supérieure dut intervenir pour obliger les capitaines à observer le Règlement qui ordonne de garder les prisonniers, sinon sur le bâtiment capturé, du moins sur le corsaire et à ne les renvoyer que dans des circonstances déterminées et toujours après leur avoir fait signer un billet d'échange. Dès l'an V le

(1) Corresp minist., 8 brum. an VII, St-S., et Règlement du 2 prairial an XI.

citoyen Charretié, commissaire français à Londres, observe que leur négligence sous ce rapport est une générosité mal placée et produit à notre préjudice une diminution sensible dans la balance des échanges (1). Deux ans plus tard le Ministre Bruix revient sur le même sujet. Il prescrit aux commissaires d'exiger des corsaires à leur rentrée au port, soit le nombre effectif d'hommes portés au rôle du bâtiment capturé, soit leur équivalent constitué par des certificats d'échanges autant que possible garantis par des pièces officielles. Ces échanges ne doivent avoir lieu que dans certains cas prévus d'avance, à savoir : Lorsque le nombre des prisonniers dépasse le tiers de l'équipage du corsaire et quand les vivres ou l'eau ne sont plus à bord en quantité suffisante. Dans ce cas, il faut garder au moins le capitaine et les principaux officiers du bâtiment capturé. Les contraventions seront punies d'une amende de 100 francs pour chaque prisonnier indûment relâché (2). Le Règlement du 2 prairial an XI maintient cette obligation et fixe la teneur et les conditions des billets d'échange. Pour encourager les capitaines à l'observer fidèlement il accorde de plus une gratification de 40 francs par prisonnier anglais remis entre les mains de l'autorité compétente dans un port français (3).

Malgré ces avantages, les corsaires préfèrent de beaucoup se débarrasser, quand ils le peuvent, de ces bouches inutiles. La présence d'ennemis à bord peut aussi présenter de graves inconvénients au moment d'un combat, à mesure surtout que l'équipage français diminue par suite de la nécessité de garnir les prises. Afin de ne point arrêter la croisière, les capitaines profitent donc de toutes les occasions qui se présentent pour les renvoyer en Angleterre

(1) St-S., Corr. min., 24 ventôse an V.

(2) St-S., Corr. min., 23 frimaire an VII.

(3) Voir les art. 36, 37, 38 et *supra*, p. 128. — Cf. Pièces justif. no 90. Etats pour gratifications, canons et prisonniers de guerre.

après leur avoir fait signer le Billet d'échange exigé par l'autorité militaire, formalité que les marins capturés acceptent naturellement très volontiers. On les dépose ordinairement de gré ou de force sur des bâtiments neutres rencontrés ou sur une prise de peu de valeur qu'on a préalablement désarmée et mise dans l'impossibilité de faire une longue croisière. Souvent même on ne laisse à bord que l'eau et les vivres strictement indispensables jusqu'au port le plus voisin de la côte anglaise.

Les capitaines profitent de toutes leurs relâches pour remettre aux mains des Commissaires les prisonniers faits durant la sortie précédente. Bréhat, Perros, Roscoff, Morlaix, Brest sont les ports le plus souvent choisis pour cette opération. Il n'arrive donc qu'un assez petit nombre de marins anglais à Saint-Malo, principalement sur les corsaires qui viennent y désarmer à la fin de la croisière.

Le Commissaire de marine les interroge immédiatement et leur demande toujours s'ils ont été bien traités par les Français [1]. Sauf de très rares exceptions [2] ils rendent un témoignage favorable à l'humanité des officiers malouins. Gaude, parlant au Ministre du capitaine Botterel, déclare : « Dans les années précédentes, les nombreux prisonniers qu'il a introduits en France ont tous rendu témoignage des bons procédés et des égards dont ils lui étaient redevables » [3]. Nous avons déjà vu que parfois, à la fin d'une campagne, un banquet réunit les Etats-majors du corsaire et des bâtiments capturés [4].

Quelques-uns des prisonniers anglais obtiennent le cautionnement. Ce sont les capitaines et officiers des navires

(1) P. j. nº 91. Procès-verbal de l'Interrogatoire d'un prisonnier du *Douro*.

(2) St-S., Corr. min., 17 août 1793. Plaintes du gouverneur de Guernesey pour brutalités qui auraient été commises par quelques marins français et aussi Corr. min., 17 mess. an VI, et P. j. nº 72, Mémoire pour défense de la prise de la *Junon*, la *Mary-Anna*.

(3) P. j. Corr. min., 5 nov. 1807.

(4) Voir *supra*, p. 115.

ayant un tonnage suffisant [1]. Ceux de Jersey trouvent à l'occasion des amis dans la région malouine. A bord du *Conway*, capturé le 17 mai 1793 par le *Républicain* de Morlaix, on découvrit des lettres de l'armateur Ahier à ses correspondants Bertin, négociant et Jenouf, employé de la douane, tous deux de Saint-Malo, pour leur demander d'avancer chacun 600 livres au capitaine Limpson au cas où son navire « aurait le malheur d'être pris » [2].

Mais la plupart sont enfermés à la Tour Solidor à Saint-Servan. Il y en a 80 en janvier 1809, 4 seulement en août, 5 en septembre, 6 en octobre et novembre, 13 en décembre. Ils sont 20 en janvier 1811, 36 en février [3].

Le geôlier réclame pour eux 0 fr. 10 de gîte par jour et une ration. Cette ration est fixée par un Règlement [4] et semble très suffisante. A partir de l'an VIII, les réclamations du Commissaire britannique et l'assurance que les officiers français jouissent de ce traitement en Angleterre déterminent le Ministre à faire payer une solde de 1 fr. 80 ou 1 fr. 70 selon le grade à tous les officiers et employés brevetés anglais enfermés dans la Tour [5]. Mais alors ils ne touchent pas la ration.

Durant les premières années de la guerre, ce sont les gouvernements respectifs des prisonniers qui supportent les frais d'entretien de leurs nationaux [6]. A partir du 1er nivôse an VIII la France et l'Angleterre s'engagent à prendre à

(1) Voir Copie de Lettre du sous-commissaire de Lannion, 19 oct. 1810. « Un capitaine anglais commandant un navire de 82 tonneaux a droit au cautionnement. »

(2) Archives de Morlaix, Tribunal de commerce, liasse 45, et P. j. nº 93. Une évasion de cinq anglais : L'opinion publique parle de connivence.

(3) St-S., Registre d'écrou du geôlier de la Tour Solidor et A. N., BB3, 338. Etablissement par Gaude d'un poste de 12 gardiens payés 2 francs par jour pour remplacer les soldats de la marine rappelés à Brest, lettre de Gaude (15 juillet 1810).

(4) P. j. nº 92. Ration quotidienne des prisonniers anglais.

(5) St-S., Corr. min., 13 pluv. an VIII.

(6) St-S., Corr. min., 29 mars 1793. 20 francs par mois sont donnés à tous les prisonniers anglais, officiers ou matelots, et sans doute remboursés par le gouvernement anglais.

leur charge la nourriture des captifs faits par leurs marins. Toutefois les ôtages provenant des navires rançonnés doivent être entretenus par les armateurs (1).

Les évasions sont bien rares. Une curieuse lettre du Commissaire raconte cependant en détail la fuite de six anglais restés sur le donjon de la Tour après la promenade quotidienne. Ils réussirent à descendre par l'un des créneaux et à s'emparer du bateau de la douane qui les transporta sans doute à Jersey (2).

D'ailleurs les prisonniers ne restent pas longtemps à Solidor. On les expédie aussi vite que possible vers les dépôts de l'intérieur, d'abord Dinan (3) et Rennes, puis Saumur, Valenciennes, Gisors, Cambrai, Mézières, Arras et Lille. L'équipage de la *Mary-Anna* fut envoyé jusqu'à Longwy (3). Quelques hommes essaient de s'évader durant le transfert, mais ils sont toujours repris à la côte. Trois réussirent ainsi à tromper leur escorte à Saint-Pierre-de-Plesguen en l'an VII. Deux furent arrêtés par la police aux environs de Dinan, le troisième par le passeur du bac de Dinard à Saint-Malo (4).

Assez fréquemment des cartels d'échange permettent aux prisonniers anglais de retourner dans leur pays. Dès le 8 juillet 1893, Dalbarade pense à en renvoyer ainsi un certain nombre, mais il juge finalement cette mesure prématurée, le gouvernement de la République n'étant pas encore reconnu par les Belligérants (5). En l'an V, le parlementaire l'*Actif* transporte plusieurs anglais à Guernesey (6). Il eut, paraît-il, beaucoup à se plaindre de ses

(1) Voir *supra*, p. 73.

(2) P. j. nº 93, Evasion de cinq anglais.

(3) Voir A. N., F², 72, un très intéressant rapport sur le traitement des Anglais prisonniers aux tours et château de Dinan au XIIIe siècle.

(4) St-S., Corr. min., 17 prair. an VII.

(5) Stt-S., Comm. min., 8 juill. 1793. Les premiers échanges se font uniquement par Morlaix.

(6) St-S., Lettre de Dobrée, commissaire des prisonniers à Guernesey, en réponse aux plaintes du capitaine de l'*Actif*, St-S. — En 1811, c'est le sloop l'*Adèle*, cap. Hulot, qui part de Morlaix pour Darmouth avec les Anglais échangés. (A. N., BB³, 358, p. 132.)

passagers. Le citoyen Charretié, Commissaire français à Londres, raconte en effet que fréquemment les Anglais s'insurgent dès qu'ils découvrent la côte d'Angleterre. Ils s'emparent alors des chaloupes et canots avec leurs agrès et apparaux, pillent les vivres, maltraitent l'équipage français et débarquent dans les criques, le long des côtes pour échapper à la presse qui les enrôlerait de force à leur arrivée dans les ports (1). Or le service est très dur dans la marine anglaise. Un déserteur trouvé aux îles Minquiers, déclare qu'on ne lui avait pas permis une seule fois d'aller à terre depuis trois ans qu'il était embarqué.

II

Prisonniers français.

Une constatation s'impose tout d'abord : Le nombre des prisonniers provenant des corsaires malouins dépasse presque toujours et parfois d'une façon très sensible celui des anglais introduits dans les ports de France. Il ne faut d'ailleurs pas s'en étonner. L'équipage d'un seul corsaire représente l'équivalent de plusieurs prises. D'autre part, beaucoup d'anglais rentrent directement chez eux après avoir signé des billets d'échange tandis que tous les français capturés sont transportés en Angleterre.

Le tableau suivant permettra de se faire une idée du nombre de malouins tombés chaque année au pouvoir de l'ennemi. On verra de plus, à partir de 1806, que la balance est généralement en faveur des anglais (2).

(1) St-S., Corr. min., 17 fruct. an V.

(2) Cette disproportion n'affaiblit guère le contingent militaire français, car, parmi les marins des corsaires, il y a beaucoup d'invalides et d'étrangers, mais relativement peu d'inscrits.

Selon CUNAT dans OGÉE, *Dict. de Bret.*, II, 821, il y avait à Saint-Malo 6.479 marins en 1784. Il n'en reste plus que 3.000 en 1798. Les autres sont morts ou prisonniers. — Cette diminution n'est imputable aux corsaires que dans une faible proportion.

Etat comparatif des prisonniers anglais et français.

ANNÉES	Nombre de Corsaires pris	NOMBRE DE PRISONNIERS			
		FRANÇAIS			ANGLAIS
		Sur les Corsaires	Sur les Reprises	Totaux	
1793	11	—	—	490 (1)	(2)
An V	5	—	—	110	—
An IV	15	—	—	568	—
An VI	9	—	—	697	—
An VII	8	—	—	462	—
An VIII	7	—	—	400	—
An IX	12	—	—	760	—
				3.487	
An XI	7	—	—	263	—
An XII	1	—	—	137	—
An XIII	1	—	—	146	—
An XIV	1	—	—	60	—
1806 (3)	5	453	84	537	288
1807	13	791	55	846	139
1808	6	223	58	281	200
1809 (4)	13	—	—	675	—
1810	12	739	33	772	269
1811	5	411	72	483	523 (5)
1812	10	587	113	700	287
1813	3	324	14	338	112
				5.238	

Ces prisonniers ont été faits, comme on le voit, sur le corsaire lui-même ou sur les bâtiments ennemis capturés mais repris avant d'avoir pu terrir.

(1) Chiffres obtenus en additionnant les équipages des corsaires pris. Il faudrait en retrancher les équipages des prises terries.

(2) Les documents ne parlent pas du nombre de prisonniers anglais.

(3) Chiffres donnés par les tableaux de Napoléon, augmentés des équipages des corsaires pris et omis dans ces tableaux.

(4) Etat manque pour 1809.

(5) Dans ce chiffre entrent les prisonniers anglais renvoyés avec des billets d'échange.

Conduits en Angleterre ils restent détenus dans plusieurs dépôts situés sur la côte ou dans l'intérieur du pays. Voici les noms cités le plus souvent dans la correspondance des malouins avec le Commissaire et leurs familles : Plymouth, Portsmouth, Waltham, Stapleton, Chatam, Falmouth, Dartmoor, Harlesford, Tawistock sur le Taff dans le Devonshire, à 16 lieues environ au sud-est d'Exeter. Norman-Cross est également un dépôt de terre. Quelques-uns sont envoyés jusqu'à Perth en Ecosse. Une liste de français internés à Portsmouth en date du 6 nivôse an V comprend 75 noms. Soixante proviennent de corsaires armés à Saint-Malo surtout du *Guidelou* (1793). Huit sont cautionnés à Waltham, sept se trouvent à la prison de fortune [1], les autres sont parqués à bord des pontons.

Le cautionnement est accordé de droit à tous les officiers commandant sur un corsaire qui possède un nombre de canons suffisant. Mais ils sont tenus de faire la preuve de leur grade, ce qui n'est pas toujours facile [2]. Ils jouissent d'une liberté relative, se nourrissent à leurs frais et sont régulièrement logés deux par deux dans des maisons spécialement surveillées par la police. Ils doivent se rendre tous les jours à l'appel.

Ordinairement les prisonniers cautionnés ne restent pas longtemps en Angleterre. Ils sont les premiers échangés lorsqu'il y a un « cartel » entre les deux nations et parfois même renvoyés sur parole avec promesse d'échange [3]. Les armateurs recommandent au Ministre les officiers qui leur sont utiles pour leurs corsaires quand ils ont eu le malheur d'être capturés et presque toujours ces

(1) Je n'ai trouvé aucun renseignement sur la Prison de fortune, situation probablement intermédiaire entre le ponton et le cautionnement. Peût-être est-ce à Plymouth Mill-Prisons, sur la rivière Tamer. Il en est plusieurs fois question dans les *Mémoires d'Angenard*.

(2) *Mémoires d'Angenard*. P. j. n° 103.

(3) Corr. min., 17 prairial an VII, St-S. — Voir P. j. n° 94. Modèles de Certificats d'échange sur parole.

demandes sont prises en considération [1]. Les capitaines s'aident aussi les uns les autres pour obtenir un tour de faveur [2].

En quittant l'Angleterre, les officiers renvoyés sur parole promettent de ne pas servir dans les armées françaises jusqu'à ce qu'ils aient été régulièrement échangés. Ils s'engagent à se constituer de nouveau prisonniers, dans le cas où l'échange ne serait pas ratifié. Une lettre ministérielle du 13 nivôse an VIII défend de les admettre même dans la milice municipale [3]. Plus tard, cependant, nous voyons le Commissaire se plaindre que des capitaines reprennent du service avant que leur échange ait eu lieu. On lui répond de Paris : « C'est leur affaire, ils savent à quoi ils s'exposent en agissant de la sorte » [4].

L'immense majorité des marins capturés par les navires de guerre anglais reste sur les « pontons ». Ce sont d'anciens vaisseaux aménagés pour servir de prisons flottantes. Plymouth est la ville où les Malouins sont internés en plus grand nombre. Les pontons s'y rangent le long de la rivière de Chatam, la Moodway au milieu de vases dont « l'aspect seul fait frémir ». Les noms de ces tristes bâtiments, le *Gange*, le *Vigilant*, le *Saint-Nicolas*, la *Princess-Crown*, le *Saint-Isidore*, le *Commerce*, le *Généreux*, le *Guildford*, le *Bristol*, l'*Europe*, la *Panther*, le *Rochester* reviennent à chaque page dans la correspondance des prisonniers.

La vie des détenus semble avoir été des plus misérables [5]. Au début de la guerre, nous l'avons déjà dit, les belligérants sont chargés de la nourriture et de l'entretien de tous leurs nationaux [6]. Les armateurs s'engagent formellement, avant

(1) Presque tous les capitaines des corsaires pris commandent à nouveau dans les campagnes suivantes. Voir Tableaux I-II.

(2) Voir, P. j. n° 58, le post-scriptum de A. Leduc à ses amis Verron et Gauthier.

(3) Corresp. min., 13 niv. an VIII, St-S.

(4) Corresp. min., nov. 1814, St-S.

(5) Le livre de Garneray, *Mes Pontons*, est un roman historique.

(6) A cet effet la France possède à Londres deux commissaires, MM. Charretié et Nion.

chaque campagne, à payer les sommes réclamées de ce chef pour leurs matelots tombés au pouvoir de l'ennemi [1]. Mais c'était une cause de retard pour les Liquidations générales. Aussi le gouvernement français décida de prélever un décime pour franc sur les bénéfices de la course et de prendre à sa charge l'entretien de tous les prisonniers de guerre. Cet arrangement dura d'ailleurs fort peu. La convention de l'an VIII impose à chaque nation l'entretien des prisonniers qu'elle a faits. La France y trouvait son avantage, puisqu'en 1799 on compte 25.646 prisonniers français pour 1.470 anglais.

A cette époque de transition il y eut un moment terrible à passer. Un marin, nommé Masseau, fit en revenant des pontons un si effrayant récit des misères auxquelles étaient soumis les détenus, que le Ministre de la marine crut nécessaire d'atténuer l'impression fâcheuse produite sur les parents par ses révélations. Il obtint dans ce but une rétractation qui fut aussitôt affichée dans tous les ports de Bretagne [2]. Quatre familles de Saint-Servan s'unissent pour envoyer 150 livres de biscuit à leurs enfants. Mais le Ministre refuse l'autorisation d'embarquer ces provisions sur le parlementaire qui va partir « étant presque assuré que cette générosité tournerait complètement au profit de nos ennemis et que nos malheureux compatriotes n'en retireraient aucun soulagement ». Il indique la marche à suivre pour faire parvenir des secours en argent. La somme déposée entre les mains du directeur de la poste aux lettres à Saint-Servan est adressée directement à Paris. L'Administration générale des Postes a fait établir dans ses bureaux une caisse destinée à centraliser tous les envois faits aux prisonniers de guerre en Angleterre. Ces sommes sont

(1) Corresp. min., 26 ventôse an VI, et P. j. nº 95, Modèle de soumission.

(2) Corresp. min., 28 ventôse an VIII, St-S. — Clowes lui-même avoue, *The Royal Navy*, IV, 185 : The prisoners in Great Britain suffered great hard schip. — La mortalité devint effrayante.

ensuite versées par décades dans les caisses du citoyen Perregaux banquier qui, à son tour, les fait passer par des remises à ses correspondants de Londres, en leur envoyant l'état nominatif des prisonniers intéressés. Le commissaire français à Londres, muni d'un état semblable, s'entend avec ces banquiers pour la distribution des secours aux ayants droit (1).

Plusieurs prisonniers croyant avoir des parts de prise à toucher chez l'armateur écrivent au Commissaire de l'Inscription maritime, M. Pennelé, pour le prier de prendre en mains leurs intérêts et de leur faire parvenir quelque argent. Ils lui envoient pour celà un blanc-seing confectionné sur un modèle donné. Cette pièce doit-être signée par des camarades ayant dans la région malouine des parents susceptibles de reconnaître leur écriture (2).

Les prisonniers indiquent parfois les moyens les plus sûrs et les plus rapides pour leur faire parvenir les secours. Les uns choisissent Laffite et C°, banquier, rue du Moulin-Blanc, à Paris, les autres M. Blaize, négociant à Morlaix, dont tous vantent la bonté et la générosité. Plusieurs ont mis leur confiance dans la Révérende, sans doute femme d'un pasteur bienfaisant qui fait à différentes reprises le voyage de Saint-Malo pour recueillir les subsides et les offrandes. Cette femme n'est d'ailleurs pas riche et ses protégés recommandent bien au Commissaire de lui donner 20 francs pour ses frais de déplacement.

Malheureusement les parents des détenus sont presque toujours dans la misère, les parts de prises à peu près nulles ou déjà touchées par les familles. Cependant l'argent leur serait d'un grand secours pour se procurer des vêtements et quelques suppléments à l'ordinaire du bord. Ils ne gagnent en effet presque rien aux menus métiers que l'in-

(1) P. J. n° 96. Corr. min., 28 ventôse an VIII.
(2) P. J. nos 97-98. Lettres de Vigier, Garel, Jouan, Garnier.

dustrie et le besoin leur suggèrent. Aussi comprend-on la joie d'un certain Vigier auquel M. Pennelé a fait parvenir 500 francs ! [1].

Les plus malades sont soignés sur un ponton hôpital. A Plymouth c'est le *Caton* qui les reçoit. Un chirurgien anglais assisté d'un ou plusieurs médecins français prisonniers, fait de plus tous les jours une visite à bord des autres bâtiments. Certains abus et actes de cruauté vraiment trop manifestes sont parfois dénoncés aux autorités anglaises qui les punissent sévèrement. Ces autorités sont l'amiral de Plymouth et les membres de la « Commission pour prendre soin des malades, blessés et prisonniers de guerre ». Le capitaine et le chirurgien du *Saint-Nicolas* auraient été destitués sur une plainte d'Angenard [2].

Tous les quinze jours le Commissaire à Saint-Servan adresse, au Ministre de la marine, la correspondance destinée aux prisonniers d'Angleterre. La voie la plus rapide à l'aller comme au retour demande toujours beaucoup de temps. Une lettre partie de Plymouth le 30 juillet 1813, ne parvient à Pennelé que le 8 octobre.

Les corsaires malouins redoutent beaucoup les misères qui les attendent dans les prisons anglaises. Ils préfèrent subir un combat meurtrier quand ils ont des chances d'échapper, plutôt que de tomber dans cette odieuse captivité. « Etes-vous décidés à vous battre pour éviter les affreux pontons, la honte de l'Angleterre », demande Leroux, capitaine du *Renard*, au moment d'engager la lutte contre l'*Alphea* ? « Plutôt la mort que de nous rendre », s'écrie avec enthousiasme tout l'équipage [3]. Aussi ne faut-il pas s'étonner si beaucoup de prisonniers essayent de fuir.

Mais les évasions réussissent rarement à moins qu'elles ne soient entreprises par des officiers en cautionnement ou

(1) P. j. nº 98.
(2) P. j. nº 103.
(3) SURCOUF. *Histoire de Robert Surcouf*, p. 437.

dans la prison de fortune. La délation dont tous sont unanimes à se plaindre fait souvent échouer les tentatives les mieux combinées. De plus, impossible de rien entreprendre sans argent et les prisonniers n'en ont guère. Enfin l'ignorance de la langue anglaise expose les fugitifs aux plus fâcheuses rencontres s'ils ne parviennent pas à s'embarquer immédiatement.

Nous voyons pourtant le capitaine Le Peltier du *Milan*, pris en 1811 par la frégate l'*Endymion*, s'embarquer à bord d'un américain, passer aux Etats-Unis d'où il put revenir à Saint-Malo [1]. Deux officiers malouins surtout se rendirent célèbres par l'audace et le bonheur avec lesquels ils surent à plusieurs reprises conquérir leur liberté : Angenard et Jacques Debon. Le premier, dont on peut lire les mémoires aux pièces justificatives, fut cinq fois prisonnier et réussit toujours à s'enfuir. Les aventures du second ne sont pas moins intéressantes.

Debon fut capturé une première fois sur une prise de la *Républicaine* en 1793. Interné à Plymouth, il s'arrangea avec cinq camarades pour percer une muraille avec des clous. Après avoir erré toute une nuit dans les champs, ils s'emparèrent au matin d'une petite embarcation. Au bout de 40 heures de voyage ils arrivèrent enfin à Cherbourg exténués de faim, de froid et de fatigue. Le canot fut vendu 100 francs et on les autorisa à se partager cette somme [2]. En 1796, deux frégates anglaises s'emparèrent de la *Providence* où Jacques Debon servait comme lieutenant. On l'enferma dans une prison située à trois milles d'Harlesford. Quelques grenadiers français promirent de le suivre dans une nouvelle tentative d'évasion. Ils réussirent tous

(1) P. j. n° 103. — Voir A. N., AD^{VII}, 45, le récit des évasions de Michel Garnier, du *Bonaparte*.

(2) Les Règlements maritimes n'autorisent pas cette générosité, Les prises appartiennent à l'Etat (Voir P. j. n° 100) qui donne seulement une gratification plus ou moins forte aux capteurs.

ensemble à franchir la muraille, passèrent plusieurs jours cachés dans les taillis, ne marchant que la nuit. Ils parvinrent enfin sur le rivage et s'embarquèrent sur un bateau pêcheur. Ils n'avaient pour toutes provisions que des galettes de biscuit, un compas et une hache trouvés à la dernière minute sur un canot abandonné. Des cavaliers qui les poursuivaient depuis leur sortie de prison arrivèrent trop tard et leurs balles n'atteignirent pas les fugitifs. Un bâtiment de commerce anglais se trouva sur leur route. Ils s'en emparèrent à l'abordage et arrivèrent enfin à Paimpol après avoir échappé à une foule d'autres dangers. En 1797 Debon fut encore pris sur l'*Audacieux* et interné à Bristol. Le général Rook qui avait entendu parler de ses bons procédés vis-à-vis des pêcheurs du pays lors d'une campagne précédente le traita avec bonté et lui assura le cautionnement. Pourtant l'intrépide malouin voulut tenter une nouvelle évasion. Dénoncé par un espion, il fut traité avec beaucoup de rigueur durant plusieurs mois, au bout desquels il obtint enfin son échange. Retombé une dernière fois en 1806 aux mains des anglais avec le *Jeune Bougainville*, Debon rencontra à Mill-Prisons Angenard et Gautier, de Saint-Malo. Une tentative de fuite échoua par suite de la trahison d'un soldat anglais qu'il croyait avoir séduit. Mis au cachot, il tomba malade et fut admis à l'hôpital. Il acheta d'un camarade son tour d'échange, mais dénoncé une fois de plus il fut transféré à Dartmouth, puis sur un ponton à Plymouth, après une autre tentative d'évasion désespérée et qui faillit bien réussir. Enfin le parlementaire l'*Union* le débarqua à Morlaix, le 19 juin 1812. Il était en prison depuis près de six ans [1].

Si les officiers eux-mêmes ont tant de peine à rentrer en France dans des conditions relativement favorables, on devine aisément les difficultés d'une telle entreprise pour

(1) CUNAT. *Les Malouins célèbres*, p. 451 et suiv.

de simples matelots. Elles donnent de plus toujours lieu quand elles échouent à un redoublement de rigueur : cachot, demi-ration, etc. Les officiers perdent leur droit à l'échange et au cautionnement : Debon reste en Angleterre de 1806 à 1812, Angenard de 1810 à 1814.

Les renvois de simples matelots sur parole sont très rares. En février 1806, les habitants de Guernesey ayant plusieurs parents détenus en France, débarquèrent à Cézembre l'équipage d'une reprise du *Courrier de la Manche*, demandant seulement en échange la liberté des leurs. On ignore la suite que les autorités françaises donnèrent à cette pieuse initiative [1].

Par contre, des cartels plus ou moins importants ont lieu de temps en temps entre la France et l'Angleterre. Il y en eut à trois reprises an IV, le 26 fructidor an VI, et an VII pour les marins du quartier de Saint-Malo. La capitulation d'Alkmar an VIII délivra d'un seul coup 6.500 détenus français, parmi lesquels beaucoup provenaient des corsaires de Saint-Malo.

L'ordre des échanges est réglé par la loi. Les équipages appartenant à des particuliers ne prennent rang qu'après les marins de l'Etat [2]. Mais il faut aussi tenir compte des recommandations. Souvent aussi les prisonniers achètent un tour de faveur en prenant le nom et la qualité d'un compagnon moins fortuné. Quand cette fraude est découverte par les autorités elle est sévèrement punie [3].

La police exerce une surveillance rigoureuse sur tous ceux qui reviennent ainsi d'Angleterre, quand ils n'ont pas un certificat du Commissaire français des prisonniers à Londres. Ils sont maintenus en état d'arrestation jusqu'à

(1) P. j. nº 99. Interrogatoire de six prisonniers français.

(2) Circulaire du 26 ventôse an VI et Corresp. minist. 7 prairial an VII, St-S.

(3) P. j. nº 102. Circulaire de Fouché, pluviôse an VIII, et Corresp. minist. 27 niv. an VI, 3 ventôse an VII, 17 et 21 niv. an VIII, 26 frim. an VIII.

ce qu'on ait reçu de leur domicile des renseignements satisfaisants.

Enfin, deux ou trois fois chaque année, des « navires parlementaires » débarquent sur la côte bretonne les incurables jugés incapables de servir désormais dans l'armée française. Une liste des archives de la marine St-S. donne ainsi les noms des incurables renvoyés de Chatam le 24 décembre 1812. On y trouve au milieu d'une foule de marins détenus depuis la bataille de Trafalgar un certain nombre de corsaires :

Charles Lefèvre, du *Sans-Souci*, pris en 1810, ankylose de l'avant-bras.
Olivier Roulais, du *Brestois*, pris en 1811, poitrinaire.
Jean Rouault, du *Milan*, pris en 1809, vieillesse.
Marcel Granger, du *Tilsitt*, pris en 1808, poitrinaire.
Jean Seigneur, du *Milan*, pris en 1809, vieillesse.

Six autres de ces malheureux sont morts durant la traversée.

La plupart des marins capturés restent longtemps sur les pontons anglais. Le batelier du bac de Dinard, Pierre Dupont, arrête en l'an VII un prisonnier anglais qui s'était évadé à Saint-Pierre-de-Plesguen pendant son transfert sur un dépôt de l'intérieur. Il demande comme récompense l'échange de son frère Thomas Dupont pris sur le *Laborieux* en 1793 et détenu à Stapleton près de Bristol (1). Plusieurs marins du *Duguay-Trouin* + 1793, Julien Gérard, du Vivier, matelot du *Guidelou* + 1793, Laurent Lefèvre de la *Zélie* + an VI ne sont relâchés qu'à la paix d'Amiens. Une vingtaine de marins du *Brave* + 1803, de la *Sorcière* + 1804 et détenus à Portsmouth, sont rapatriés le 6 mai 1814, sur le parlementaire *Le Rambler* avec quelques autres prove-

(1) St-S., Corr. min., 17 prair. an VII.

L'artiste indique lui-même par une légende la signification des chiffres et lettres du dessin.

1...... Escalier pour les officiers anglais et autres gens de cette importance.
2...... Petit escalier pour les prisonniers.
AA.... Endroit du faux-pont haut de 5 pieds où sont enfermés 450 prisonniers.
BB.... Batterie haute de 5 pieds 5 pouces sous barrot où sont également entassés 6 à 700 prisonniers.
CC.... Batterie de 18 qui s'étend à peu près ...? ...? ... où il faut tenir tous pendant que l'on compte.
D...... Branlebas où l'on met tous les hamacs pendant le jour.
E...... Logement très spacieux pour l'équipage anglais, officiers subalternes, employés, coqs et autres figures hideuses formant à peu près 60 animaux vivants.
F...... Logement du capitaine, du second et du commis en chef.
G...... Logements tribord-babord du chirurgien anglais et de l'officier de troupes.
H...... Latrines dites bargons, cachot, cuisine et logement de 2 matelots anglais.
I...... Gaillard d'arrière avec une porte d'entrée et un factionnaire.
J...... Dunettes où plusieurs ouvriers français travaillent.
K...... Guérites pour les factionnaires.
L...... Branlebas pour les hamacs des anglais.
M...... Cabane des prisonniers français.
N...... Meurtrière où il y a des créneaux pour passer ... de la batterie ou du faux-pont en cas de nécessité...
O...... Rambarde où ...
P...... Prisonniers habillés avec les hardes dites de king.
Q...... Dallots où passent les ordures des prisonniers qui ne servent que lorsqu'on est enfermé.
R...... Espèce de radeau ou plate-forme pour aller aux escaliers.
S...... Latrine ou bouteille des officiers très subalternes.
T...... Cabane du charpentier pour fourrer le bois et autres.
U...... Latrine de l'équipage.
V...... Palan pour hisser les vivres.
X...... Latrines dites bargons lorsque les prisonniers montent le matin.
Y...... Linge et hardes des prisonniers au sec.
Z...... Mantelets de sabords qui se ferment la nuit par dessus les grilles.
&a&a.. Soldats miliciens relevés par d'autres au nombre de 25 dont 8 factionnaires jour et nuit.
(1)..... Logement de l'interprète français.
W..... Cabane dite coquerie où sont les vivres journaliers.
aaaa. Logement du vieux calfat (dit L'enfonçeur) et du maître canonnier (dit Vuide-Bouteille)
bb..... Cuisine des anglais.
cc..... Cuisine des français.
dd..... Couleur différente affectée à chaque ponton.

PONTON ANGLAIS

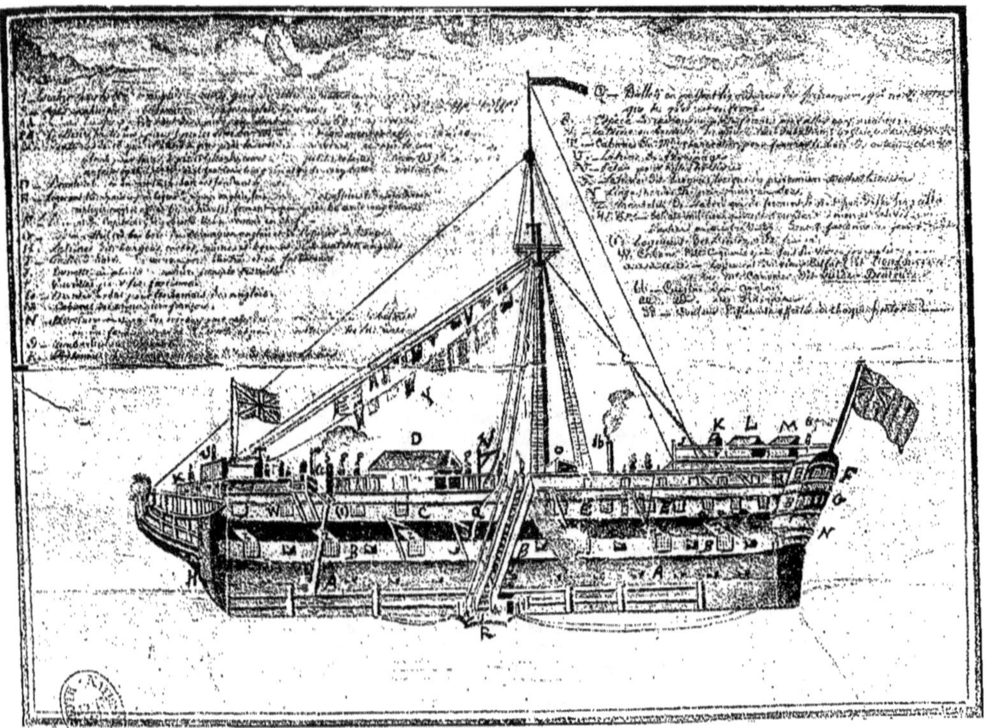

PONTON ou VAISSEAU ou SÉPULCRE FLOTTANT LE « FIRME »

Ce dessin porte au verso l'inscription suivante :

MADEMOISELLE FRANÇOISE SIRE,

St-Servan.

Je te fais passer le ponton où gémit ton malheureux frère, afin qu'il soit toujours présent à ta mémoire.

Ton frère,

Bin SIRE.

Le 18 août 1813.

Voir CLOWES : *The royal Navy*, V, 484, une belle gravure représentant le ponton *York*, à Portsmouth.

nant du *Duguay-Trouin* + 1805. Gilles Marie Lemesle de la *Clarisse* + 1806 ne rentre à Saint-Malo que le 15 mai 1814.

Les trois quarts des corsaires prisonniers doivent attendre la paix pour revoir le sol natal. Des registres (1) de l'an X et de 1814 en contiennent des centaines débarqués à Morlaix, Cherbourg, Dunkerque, Saint-Malo, presque toujours dans un état de santé déplorable. Une lettre du Commissaire de marine au Ministre, 9 janvier 1811, déclare que les prisonniers qui reviennent ainsi des pontons sont pour de longs mois dans l'incapacité absolue de prendre du service (2).

Une fois débarqués ils reçoivent quelques effets et une conduite pour regagner leurs foyers. La somme est fixée par l'usage et varie naturellement selon les distances à parcourir.

De Saint-Malo	à Nantes............	8 fr. 80
—	à Lorient............	9 fr. »
—	à Granville..........	4 fr. 20
—	à Cherbourg.........	7 fr. 05

Le Commissaire y ajoute 0 fr. 75 pour frais de séjour à l'arrivée et des billets de logement dans les différentes localités que les prisonniers auront à traverser.

Tous hélas ne reviennent pas. En 1816 une liste de marins du quartier sur lesquels l'Inscription maritime demande des renseignements porte entre autres les indications suivantes :

Dominique Quémerais, du *Friedland*, mort à Portsmouth, 1808.

Jean Gouallot, de l'*Hirondelle*, mort à Plymouth, 1810.

(1) St-S., Registre des prisonniers revenus d'Angleterre.

(2) St-S., Corr. min., 9 janv. 1811. — Voir aussi Fabre, *op. cit.*, p. 413. Une lettre de M. Rivière, chef de division au Ministère de la Marine, adressée au Transport Office (1810). « Sur 468 prisonniers amenés par les derniers cartels, 30 sont morts en route et 260 ont été mis à l'hôpital en descendant à terre Depuis le début de la guerre, 4.000 invalides ont été débarqués à Morlaix.

Charles Rouillé, du *Friedland*, mort à Plymouth, 1808.

Jean Picaudais, du *Friedland*, se trouvait à Plymouth en 1809. N'est porté sur aucune liste des morts.

Mais combien d'autres dorment de leur dernier sommeil dans les cimetières anglais ! Combien furent ensevelis, un boulet au pied, sous les flots de la Manche en présence de leurs compagnons attristés et se demandant si un sort pareil ne leur serait pas bientôt réservé !

CONCLUSIONS

Jusqu'à la fin des guerres de la République et de l'Empire, la ville de Saint-Malo est restée ce qu'elle était aux siècles précédents une « cité corsaire » par excellence.

De 1793 à 1814 une soixantaine d'armateurs de la région y ont équipé pour la course 327 navires de toutes les dimensions, mais dont la moyenne reste au-dessous de 100 tonneaux. L'équipage de ces navires, triple au moins de celui des bâtiments du commerce, atteint le chiffre de 17.724 marins dont 1/4 environ d'inscrits maritimes et presque autant d'étrangers. Leur armement a pu coûter de 15 à 20 millions. Ils partent à peu près chaque année de la rade, la plupart au début de l'hiver pour courir sus aux anglais et autres ennemis du pays. Une douzaine seulement d'aventuriers quittent les mers d'Europe et s'en vont chercher fortune aux colonies, surtout à l'Ile de France.

Les corsaires malouins s'emparent d'environ 40 bateaux neutres richement chargés. Les tribunaux en déclarent les 2/3 comme étant en contravention avec les Règlements sur la Police maritime. Plus de 300 navires marchands ennemis les 9/10 anglais, sont aussi amarinés, parfois après de rudes combats et terris dans les ports voisins, depuis Cherbourg jusqu'à Bordeaux. Un nombre à peu près équivalent de prises faites au cours de la campagne retombe immédiatement au pouvoir des navires de guerre anglais qui surveillent attentivement les abords du littoral français. Cent quarante-quatre corsaires sont également capturés et d'ordinaire, lorsqu'ils ne parviennent pas à s'enfuir, la disproportion écrasante des forces ne leur permet pas même un essai de résistance. Les autres désarment pour la plupart à Saint-Malo, au début de la belle saison.

Les Règlements de compte établis par les Tribunaux de commerce indiquent pour le produit net des ventes un total de 45 millions et l'on peut estimer au double, la perte subie par l'ennemi. Cette somme se partage en deux portions à peu près égales pour chacune des périodes 1793 an IX — 1803-1814. Elle porte sur 110 campagnes particulièrement heureuses, les 200 autres n'ayant produit aucun bénéfice. Les équipages en reçoivent un tiers dont la plus grosse part revient à l'Etat-major. Sauf quelques rares aubaines, la moyenne des gains réalisés par les simples matelots ne dépasse guère 6 à 700 francs. Les deux autres tiers reviennent aux intéressés. Mais les frais d'armement, de relâches, etc., absorbent une grande partie des bénéfices. Le profit réel des commerçants malouins ou plutôt d'un petit nombre de privilégiés atteint au maximum 15 à 18 millions très inégalement répartis sur vingt années de guerres continuelles. Les Invalides de la marine encaissent de leur côté environ deux millions pour le sou du franc qui leur est attribué.

Ces médiocres bénéfices furent d'ailleurs bien chèrement payés ! Sans compter plusieurs centaines de morts et de blessés, près de 8.000 captifs eurent à subir durant de longs mois, parfois même durant des années, la vie terrible des prisons anglaises ou des pontons de sinistre mémoire. Beaucoup d'entre eux, sans doute, ne revirent jamais le sol natal.

De tous ces résultats se dégage nettement la conclusion suivante : Malgré la persévérance et les efforts des armateurs malouins, la course est certainement en décadence à l'époque où l'expérience en fut faite en notre pays pour la dernière fois.

On ne saurait la comparer sous aucun rapport à ce qu'elle fut en particulier sous le règne de Louis XIV. Quelques-uns des corsaires du temps de Duguay-Trouin, étaient de véritables vaisseaux de guerre, capables de lutter même avec une frégate anglaise. Ils avaient comme artillerie, tonnage, équipage, une supériorité incontestable sur les bâtiments les mieux armés de la période que nous venons d'étudier. Ils pouvaient à l'occasion coopérer à l'action des flottes royales et rendre à la nation entière de réels services. Les profits étaient aussi bien supérieurs. En 1704, il serait entré à Saint-Malo seulement 81 prises, dont la vente produisit 2.442.050 livres 2 deniers. Un nombre encore plus grand de navires ennemis furent terris dans d'autres ports (1). Les magnifiques hôtels qui s'échelonnent depuis la porte Saint-Thomas jusqu'au bastion Saint-Philippe, rappellent encore à l'heure actuelle l'opulence des armateurs malouins à cette époque où les directeurs de la Compagnie des Indes orientales s'adressaient officiellement à « Messieurs de Saint-Malo comme étant les plus considérables négociants du royaume (1708) » (2).

L'absence de monographies ne nous permet pas de préciser les dommages subis par les Anglais, durant les règnes de Louis XV et de Louis XVI. On peut cependant affirmer que le caractère purement com-

(1) CUNAT dans OGÉE, II, p. 82.

(2) DAHLGREN. *Les Relations commerciales entre la France et les côtes de l'Océan Pacifique*, p. 208. — L'histoire des 30 millions prêtés en 1709 à Louis XIV par les bourgeois de Saint-Malo ne serait qu'une légende historique (même ouvrage, p. 479). — C'est à Saint-Malo que Louis XV établit après la guerre de 1741 la Commission chargée de traiter de la restitution des prises faites illégalement. A. N., F², 72 (9 nov. 1748).

mercial des armements en guerre s'accentue de plus en plus. En même temps les bénéfices diminuent dans des proportions considérables. Ils restent encore pourtant, semble-t-il, bien supérieurs aux chiffres atteints de 1793 à 1814. La course n'est plus alors qu'un véritable jeu de hasard. La réussite reste toujours problématique. On risque peu, mais on n'est jamais sûr de gagner. En réalité, sauf la première année, les maigres profits des négociants malouins sont beaucoup trop chèrement payés.

Plusieurs causes expliquent cette décadence qui semble irrémédiable et n'eût fait probablement que s'accentuer si des événements similaires à ceux d'autrefois s'étaient reproduits dans la suite.

La première c'est la perte de nos colonies. Les opérations les plus fructueuses des corsaires malouins aux XVIIe et XVIIIe siècles ont eu pour théâtre les mers d'Amérique et l'Océan Indien. Ils trouvaient dans nos possessions du Canada, des Antilles et de l'Inde des points d'appui pour leurs croisières, des asiles sûrs en cas de relâche et en même temps des ports de terrissage accessibles à leurs prises. Mais le honteux traité de Paris (1763) vint enlever à la France presque tout son empire colonial. Elle n'en recouvra qu'une faible partie après les luttes glorieuses de la guerre d'Amérique (traité de Versailles 1783). A partir du moment où de nouvelles hostilités s'engagent, l'état précaire de nos derniers établissements à l'étranger s'aggrave. Les Antilles ne sont pas sûres. L'Ile de France elle-même et la Réunion, plusieurs fois bloquées, tombent en 1810 aux mains des Anglais. Les Malouins sont dès lors obligés de resteindre leurs opérations uniquement aux mers d'Europe. Souvent même le faible tonnage et l'approvisionnement insuffisant de leurs navires les forcent à rester dans le voisinage immédiat de la côte. Sauf quelques neutres imprudents, la plupart des bâtiments capturés n'ont qu'une assez faible valeur. Les anglais richement chargés évitent avec le plus grand soin les parages dangereux ou bien instruits par l'expérience, ils se font escorter par des navires de guerre.

Il devient en second lieu très difficile à des particuliers de lutter désormais contre les géants de la mer équipés par une nation puissante et qui veut à tout prix s'assurer la prépondérance maritime. Les progrès de l'artillerie, l'accroissement constant du tonnage et de la vitesse des vaisseaux de guerre anglais montés par un équipage d'élite rendent cette disproportion de plus en plus sensible. A quoi bon risquer, quand bien même on le pourrait, plusieurs centaines de mille francs sur un bâtiment isolé qui fatalement tombera un jour ou l'autre au pouvoir de l'ennemi ?

Les Anglais sont en effet les maîtres incontestables de la mer. Après les désastres d'Aboukir (1798) et de Trafalgar (1805), les débris des flottes françaises n'essaient même plus de lutter. Que de précautions l'on prend pour faire sortir la *Piémontaise* du hâvre de Solidor (1806) ! Le corsaire n'a plus qu'une ressource. C'est de se glisser à travers les mailles du filet tendu le long des côtes. Il fuit aussitôt qu'il aperçoit l'ennemi et profite d'un heureux hasard pour faire et terrir quelques prises. Mais cette nouvelle tactique diminue évidemment beaucoup ses chances de profit.

La course ne devait plus revoir dans la suite les beaux jours d'autrefois. Faut-il s'en affliger outre mesure ?

Tout d'abord, il est certain que de telles entreprises favorisent singulièrement de part et d'autre les injustices et les cruautés. Elles augmentent l'animosité entre les deux nations en guerre. Nos corsaires ont expié trop durement les pertes subies par le commerce anglais. Le désir du gain, l'anxiété et les désillusions d'une longue attente, parfois le souvenir d'une récente captivité sur les pontons les exposent eux-mêmes à des tentations dangereuses. Toutes exagérations mises à part, le mot de Corbière déjà cité au cours de ce travail exprime une idée juste : « L'histoire des corsaires ne s'écrit pas sur du papier jonquille avec l'encre vaporisée de jasmin et de tubéreuse » (1). N'y a-t-il pas d'ailleurs quelque chose d'un peu odieux à la guerre ainsi faite, uniquement pour enrichir quelques particuliers, surtout quand il s'agit de neutres capturés pour de simples infractions aux Règlements sur la police maritime ? Ne peut-on souhaiter qu'un jour la propriété privée de l'ennemi soit elle-même, dans la mesure du possible, respectée sur la mer comme elle doit l'être dans les guerres continentales ?

Au point de vue national, la course est une excellente école de marins et l'on peut sur ce point ne pas partager l'opinion sévère de l'amiral Jurien de la Gravière : « Les habitudes de pillage que les matelots contractent à ce métier, le butin qu'ils s'occupent d'amasser, le soin d'éviter la rencontre des bâtiments de guerre et de ne rechercher que celle des bâtiments de commerce, les disposent mal à des luttes honorables. Tout corsaire devient à la longue un pirate. Or rien ne se bat moins bien qu'un forban » (2). Les forbans ont montré à l'occasion qu'ils savaient être aussi de rudes et vaillants soldats. Il n'en reste pas moins que le but même de la course est de ruiner le commerce ennemi. Ce résultat pouvait-il être atteint ? Vauban l'avait cru deux cents ans plus tôt. L'expérience des vingt dernières années semble bien y contredire.

Reste le point de vue de la prospérité du pays malouin. Il ne faut pas oublier que les armateurs sont des commerçants soucieux sans doute de l'intérêt de l'Etat, goûtant les beaux faits de guerre, mais ayant aussi le souci de leurs

(1) La lecture des Décisions du Conseil des Prises (A. N., FF[2], 1-15) est fort instructive à cet égard. Voir en particulier les dossiers 736, 1425, 1857, 2043. Aucun des corsaires mentionnés dans ces jugements n'est d'ailleurs de St-Malo.

(2) JURIEN DE LA GRAVIÈRE. *Souvenirs d'un Amiral*, 1860, cité par BOURDE DE LA ROGERIE, *op. cit.*, p. 84.

intérêts pécuniers et de ceux de leurs actionnaires. L'espoir raisonné du gain doit dicter leurs sacrifices. L'armement en course est au premier titre une opération commerciale (1).

Or il arrive qu'un jour cette opération commerciale cesse d'être suffisamment rémunératrice. C'est bien le cas, semble-t-il, pour les Malouins durant la dernière expérience dont nous avons essayé de retracer ici les principaux épisodes. Une telle constatation pourra peut-être adoucir les regrets de ceux qui déplorent trop vivement l'article du traité de Paris (1856) interdisant la course : malgré l'intérêt qui s'attache aux choses du passé, malgré le souvenir d'une prospérité sans doute à jamais disparue, il ne faut point oublier les réalités de l'heure présente.

Triste expédient d'un temps de détresse, la course a d'ailleurs été remplacée par d'autres entreprises beaucoup moins hasardeuses et tout aussi productives. Aussitôt après la chute de l'empire, les armements du commerce prennent un nouvel essor. Sans parler du long-cours ni du cabotage, les Malouins, corsaires pendant la guerre, deviennent pêcheurs pendant la paix (2). L'exportation des fruits du sol remplace avec avantage le commerce des toiles de Bretagne, car elle enrichit la région tout entière.

(1) Ce sont les conclusions de :
H. Malo. *Les Corsaires*, p. 12.
A. Corre. *Un Corsaire brestois sous Louis XV*.
L. Esnoul. *Quelques Corsaires de la République et de l'Empire*, Bourde de la Rogerie, Vignols, etc.
Voir aussi Clowes, *The royal Navy*, VI, 73, pour jugement sur les avantages et les inconvénients de la Course pendant la guerre anglo-américaine, 1812-1815.

(2) C. Cunat dans Ogée, *Dict. de Bretagne*, p. 822 et suiv., a dressé des armements malouins pour Terre-Neuve la statistique suivante :

1815. — 19
1817. — 54 (Ordonnance du 8 février 1816 réorganisant les Primes établies pour la première fois en 1785).
1818. — 63
1819. — 64

D'après le journal *Le Salut*, 8 mai 1901, Saint-Malo-Saint-Servan auraient armé pour la pêche :
1900. — 92 navires montés par 6.109 hommes.
1901. — 88 bâtiments avec 6.362 marins.

Enfin, en 1913, le produit des ventes des 141 morutiers de la région atteindrait le chiffre total de 9.323.000 francs. (Note communiquée par M. Tuloup.)

Enfin, par un curieux renversement des choses, l'antique cité malouine, si longtemps abhorrée des Anglais, est devenue pour beaucoup d'entre eux un séjour de prédilection durant la belle saison. Sans doute, son riant aspect dans la ceinture de rochers qui lui sert de parure après avoir été sa défense la prédestinait à cē rôle. Mais pourtant en passant au pied de la Tour Solidor, plusieurs pourraient se dire qu'un de leurs aïeux peut-être y fut jadis enfermé prisonnier des corsaires !

APPENDICE

I. — Tableau des Armements en Course, 1793 — an X (1802).

CORSAIRES	TONNAGE	ÉQUIPAGE	VALEUR de l'armement	ARMATEURS	CAPITAINES	NOMS DES PRISES	PAVILLON des prises	MONTANT de chaque part	SORT du bâtiment
1793.									
La Républicaine	60	51	60.000	Mennais Robert frères.	R. Rafly.	*La Peggy* Une prise non terric.	Angl.	388	Désarmé.
Le Sans-Culotte	15	20	6.000	G. Havart.	F. Eudes.	—	—	—	Pris.
La Jeune-Emilie	80	69	55.307	Dupuy-Fromy.	J. Fromy.	*La Vryheid* *Le Columbus* *La Pethion* (reprise). *La Providence*	Holl. Angl. Franç. Angl.	2.666	Désarmé.
L'Aimable-Liberté	6	19	7.825	Lebrun et Lejeune.	L. Rassine.	—	—	—	Pris.
Le Malouin	10	24	18.000	Canneva et Leyritz	P. Duruble.	*L'Elizabeth*	Brêm.	2.469	Pris.
Le Custines	9	23	13.500	Loriot, Lemoine et Cᵉ.	S. Kerpoisson.	—	—	—	Démoli.
Le Furet	—	—	—	Marion fils et Duguen.	B. Giron.	*La Dame-Elizabeth* *L'Amitié* *Le Félix*	Hamb. Hamb. Brêm.	3.243	Désarmé.
L'Epervier	9	16	—	F. Dubois.	J. Lemasson.	—	—	—	Pris.
Le Duguay-Trouin	450	222	206.540	Perrée, Guillemaut et Cᵉ.	N. Legué.	*La Bonne-Espérance* *L'Hélène-et-Marie* *Le Walter* *L'Albemarle*	Hamb. Angl. Angl. Angl.	?	Désarmé.
La Liberté	60	50	61.569	Pontrève et Cᵉ.	L. Le Redde.	—	—	—	Pris.
L'Ambitieux	70	70	64.550	Duchesne et Pintedevin.	J. Pintedevin.	*L'Industrie* *L'Union* *L'Active* Une prise avec *Patriote*, de Brest.	Angl. Dan. Angl. Angl.	3.681	Pris.
Le Coureur	6	12	6.500	A. Clairault.	A. Clairault.	—	—	—	Désarmé.
L'Hirondelle	25	30	27.547	Gautier J. et fils.	L. Guillou.	*La Mary-Ann*	Angl.	1.832	Désarmé.
L'Egalité	60	48	62.521	Pontrève et Cᵉ.	J. Chevalier.	—	—	—	Pris.
Le Laborieux	20	26	22.500	Héron et Lepelier.	P. Lecornu.	—	—	—	Pris.
L'Auguste	—	46	45.000	Croqueville-Lemoine.	N. Coupard.	—	—	—	Pris.
Le Suprême	25	29	22.355	P. Héron.	G. Rouillard.	—	—	—	Pris.
La Malouine	45	49	31.632	Canneva et Leyritz.	J. Hervy.	*Le Ruby*	Amér.	411	Désarmé.
Le Hardy	20	35	—	Guillemaut et Bodinier.	J.-B. Le Valton.	—	—	—	Désarmé.
Le Guidelou	250	142	—	Dubois et Fichet.	N. Guidelou.	—	—	—	Pris.

CORSAIRES	TONNAGE	ÉQUIPAGE	VALEUR de l'armement	ARMATEURS	CAPITAINES	NOMS DES PRISES	PAVILLON des prises	MONTANT de chaque part	SORT du bâtiment
1793 *(suite).*									
Le Tigre	285	161	169.836	M. Delastelle.	M. Dugué.	*Le Neptune* *Le Georges* *Le Commerce*	Dan. Amér. Amér.	601	Désarmé.
L'Imprenable	—	16	—	Lemoine, Autier et Ce.	P. Croquèville.	*Le Hope*	Amér.	—	Démoli.
An IV (1795-1796).									
Le Coureur	85	67	72.362	J. Fichet.	F. Gallais.	—	—	—	Pris.
Le Patriote	12	12	7.200	Martin.	P. Dupont.	—	—	—	Pris.
La Fine	10	10	8.012	B. Le Même.	J. Zépert.	—	—	—	Pris.
L'Entreprise	11	11	9.500	Lauriot et Lemoine.	T. Lauriot.	—	—	—	Pris.
La Jeune-Caroline	10	10	11.000	Tollemer.	A. Langlois.	—	—	—	Pris.
An V (1796-1797).									
La Providence (Lougre.)	30	30	15.000	Fichet et Guibert fils.	M. Dugué.	—	—		
La Jeune-Emilie (Brigantin.)	—	60	24.169	Dupuy-Fromy et fils.	A. Le Bedel.	*Le Bataillon* *La Comète*	Angl. Angl.	218	Pris. Pris.
La Favorite (Brigantin.)	97	97	40.000	Duchesne et Pintedevin.	G. Le Gué.	—	—	—	Pris.
L'Espérance (Cutter.)	22	22	10.000	Sainton.	J. Capel.	*L'Argo* *La Flora* *La Venus*	Angl. Angl. Angl.	867	Désarmé.
La Malouine (Brick-goëlette.)	70	70	26.965	Santerre et Autier.	J. Quemper.	—	—	—	Désarmé.
L'Amitié (Goëlette.)	60	60	29.000	Delpoux frères.	J. Zepert.	*Le John*	Amér.	329	Pris.
Le Jean-Bart (Lougre.)	—	10	17.000	Dauchy, par Fontan.	F. Leconte.	*Le Cephas* *Le D.*	Angl. Amér.	?	Désarmé.
La Minerve (Trois-mâts.)	260	125	100.000	Fontan et Thomas.	N. Le Gué.	*La Louisa* *La Junon* *La Comtesse de Sbyne* *La Jumina* *L'Elizabeth*	Angl Angl. Angl. Angl. Amér.	827	Désarmé.
Les Bons-Amis (Cutter.)	35	25	20.722	Despeschers et Dupuy-Fromy.	M. Bossinot.	*La Marie*	Angl.	—	Pris.
La Marie (Cutter.)	29	29	18.857	M. Delastelle.	P. Dupont.	*L'Enthedan*	Dan.	—	Désarmé.
Le Buonaparte (Cutter.)	32	32	21.530	Ravaleux et Ce.	F. Roussel.	—	—	—	Pris.
Le Téméraire	6	18	5.000	B. Dubois.	N. Lhôteillier.	—	—	—	Naufragé.
L'Espérance (2e c.)	—	—	—	Fontan et Thomas.	A. Basset.	*La Juliana*	Amér.	2.176	Pris.
Le Flibustier (Brick.)	50	40	38.282	Le Même et Gaultier.	J.-M. Capel.	—	—		Pris.

CORSAIRES	TONNAGE	ÉQUIPAGE	VALEUR de l'armement	ARMATEURS	CAPITAINES	NOMS DES PRISES	PAVILLON des prises	MONTANT des parts	SORT du bâtiment
An V (1796-1797).									
L'Audacieux (Lougre.)	86	48	26.000	Duchesne et Pintedevin.	A. Lavergne.	*Le John-Marie*	Angl.	98	Pris.
Le Pichegru	100	35	—	Corvell, par Duchesne et P.	L. Branzon.	*La Sarah*	Angl.	125	Pris.
La Surprise (Lougre.)	8	15	6.469	Guislard et Lemoine.	Gonidec jeune.	*Le Thomas-et-Nancy* *L'Apollon* *La Caroline*	Angl. Angl. Angl.		Désarmé.
Le Téméraire	—	—	—	B. Dubois.	E. Ladure.	—	Angl.		Désarmé.
Le Castor (Lougre.)	68	49	34.170	Guillemaut et Bodinier.	L. Le Raide.	*La Résolution*	Angl.	27	Pris.
Le Passe-Partout	15	22	18.959	Peltier et Girodroux.	C. Rosse.	*La Maria.*	Suéd.	78	Désarmé.
Le Jean-Bart	—	—	—	Dauchy, par Fontan.	P. Dupont.	*l-Hançon*	Angl.		Désarmé.
La Laure (Goëlette.)	85	85	45.000	Canneva, Santerre, Martin.	T. Quemper.	*L'Elisa-Jeanne* *La Thomson*	Angl. Angl.	579	Désarmé.
Le Hazard (Sloop.)	12	21	7.200	Leroux et Taton.	M. Quemper.	—	Angl.		Désarmé.
L'Incroyable	15	26	14.579	Beresolle et Torrée, par Blaize.	T. Roger.	—	Angl.		Pris.
Le Vengeur	12	22	10.960	Clairaut-Minet.	A. Clairault.	*La Héros*	Angl.	204	Désarmé.
Le Furet (Lougre.)	12	16	6.500	T. Dubois.	J. Vianson.	—			Désarmé.
Le Courageux	53	44	26.000	Duchesne et Pintedevin.	M. Mequel.	*Le Hope* *Le-Vengeur*	Angl. Angl.	48	Désarmé.
L'Audacieux	8	11	8.500	Lemoine et Ce.	T. Lauriot.	—			Pris.
L'Incroyable	21	23	18.000	L. Thomazeau.	Lemarquand.	—			Pris.
L'Aventurier (Tartanne.)	—	13	16.000	J. Capel.	M. Gouazon.	—			Désarmé.
Le Jean-Bart	—	—	—	Dauchy, par Fontan.	Lemaître.	—			Pris.

CORSAIRES	TONNAGE	ÉQUIPAGE	VALEUR de l'armement	ARMATEURS	CAPITAINES	NOMS DES PRISES	PAVILLON des prises	NOMBRE et MONTANT des parts	SORT du bâtiment
An VI (1797-1798).									
La Surprise	—	—	—	Duchesne et Pintedevin.	C. Rogerie.	*The friend increase*	Angl.	38— 119	Désarmé.
Le Bougainville	120	60	55.000	B. Dubois.	J. Guilbeau.	*Le Frederic* *Le Hope* *Le Hamonia*	Pruss. Angl. Hamb.	162—2.034	Désarmé.
La Minerve (2e c.)	260	117	100.000	Fontan jeune et Thomas.	J. Daguenet.	*Le Squid*	Angl.		Désarmé.
Le Courageux (2e c.)	53	44	—	Duchesne et Pintedevin.	A. Blanchard.	*La Nancy* *L'Emilia* *La Latona* *La Fanny-et-Betsy* *La Betsy* *Le Lindewood* *L'Experiment*	Angl. Dan. Hamb. Amér. Angl. Angl. Amér.	94—1.483	Désarmé.
L'Expédition	30	24	14.000	Guibert fils et Fichet.	F. Dujardin.	—			Non sorti.
La Zélie	50	52	33.500	Guislard et Gautier.	J. Gonidec.	*La Caren-Maria* *L'Amitié* *Le Content* *Le Dolphen* *L'Atlas* *La Sophie-Albertine*	Dan. Angl. Angl. Angl. Angl. Angl.	112— 204	Pris.
Le Triton	130	82	72.000	Guibert fils et Fichet.	J. Legué.	*La Julie-Hélène*	Angl.		Pris.
La Marie	29	23	5.013	M. Delastelle.	F. Renard.	—			Pris.
Le Duguay-Trouin	360	172	137.223	Guillemaut.	N. Legué.	—			Pris.
Le Mercure	200	97	—	M. Delastelle.	C. Delastelle.	—			Pris.
L'Audacieux	8	10	—	Lemoine et Cie.	P. Anthouard.	—			Désarmé.
La Delphine	86	—	22.000	Amiel et Lemoine.	G. Colin-Boishamon	*L'Actif* *Le Balcaras*	Angl. Angl.	95— 98	Pris.
Le Quinola	72	—	40.000	Duchesne et Pintedevin.	M. Pagelet.	*Le Samaritain* *Le Slamp-et-Goo* *La Providence* *L'Endeavour* *L'Entreprise*	Angl. Angl. Angl. Angl. Angl.	110— 639	Désarmé.
La Providence	50	64	68.508	Sainton.	J. Capel.	*L'Engel-Elizabeth*	Pruss.		Désarmé.
Le César	153	79	55.684	Dupuy-Fromy et fils.	A. Lebedel.	*Le Saint-Georges* *Le Honckum-Sinby*	Angl. ?	166— 4	Pris.
La Belliqueuse	280	132	127.134	Marion frères et Duguen.	B. Giron.	*La Princesse-Anne*	Angl.		Pris.
La Laure (2e c.)	85	74	45.000	Canneva, Santerre Martin.	F. Gallais.	*Le Superbe*	Amér.	— 413	Désarmé.
Le Juste	95	67	60.000	Fortin aîné.	J. Guillemin.	*La Dame-Gertrude* *Le Wilding*	? ?	140— 592	Désarmé.
Le Vengeur	12	16	8.500	Cosson.	I. Dulemple.	—			Désarmé.
Le Milan	86	59	34.000	Gautier-Guislard et Cie.	J. Michel.	*Johanna-Margareta*, avec *Courageux*	Suéd.		Désarmé.
Le Mutin	6	13	8.000	B. Le Même.	J. Leroux.	—			Désarmé.
Le Baalgade	166	89	100.000	Nicol aîné et Lesnard.	P. Kerpoisson.	—			Embargo.
Le Courageux	53	39	26.000	Duchesne et Pintedevin.	J. Beaumont.	*Johanna-Margareta*	Suéd.		
La Sophie	35	19	24.000	Duchesne et Pintedevin.	C. Rogerie.	—			Embargo.

CORSAIRES	TONNAGE	ÉQUIPAGE	VALEUR de l'armement	ARMATEURS	CAPITAINES	NOMS DES PRISES	PAVILLON des prises	NOMBRE et MONTANT des parts	SORT du bâtiment
An VI (1797-1798).									
Le Tartare	96	50	55.000	B. Dubois.	F. Leconte.	*Le Jersey* *La Sally-Butler* *L'Union*	Amér. Amér. Amér.	132— 236	Pris.
La Surprise	8	15	6.000	Duchesne et Pintedevin.	A. Langlois.	—			Embargo.
La Revanche	15	—	9.500	J. Lejeune.	P. Kerpoisson.	—			Embargo.
Le Mutin	6	14	8.000	Lecouturier.	J. Roux.	—			Embargo.
Le Bougainville (2e c.)	—	—	—	B. Dubois.	P. Dupont.	*La Favorite*	Angl.	111—1.424	Désarmé.
An VII (1798-1799).									
Le Furet	—	—	—	Marion frères et Duguen.	J. Lecornu.	*Le Williams*	Amér.	73— 338	Désarmé à St-Domingue.
Le Bougainville (3e c.)	128	75	70.000	B. Dubois.	L. Leroux.	*L'A-Propos* *Le Peggy* *Le Ruby*	 Angl. Angl.	181— 290	Désarmé.
La Laure (3e c.)	85	85	70.000	Thomas aîné et Martin.	F. Gallais.	*L'Eclipse* *La Paty* *Le Rédempteur* *L'Amitié* *The Maker* *L'Eleonora* *Le Salomon-et-Betty*	Angl. Angl. Pruss. Angl. Angl. Angl. Angl.	124— 323	Désarmé.
Le Baalgade	166	—	120.000	Nicol aîné et Lesnard.	P. Kerpoisson.				Désarmé.
La Minerve (3e c.)	260	91	90.000	Fontan et Thomas aîné.	J. Daguenet.	*Le Martinus* *La Minerve*	 Angl.	232— 591	Pris.
Le Courageux (4e c.)	58	40	26.000	Duchesne et Pintedevin.	A. Legrand.	*L'Entreprise* *La Johanna-Margarita*	Angl.	97— 705	Désarmé.
Le Petit Quinola	—	28	32.000	Duchesne et Pintedevin.	J. Pinel.	*L'Oliva* *La Marie*	Angl. Amér.	81 885	Désarmé.
Le Hazard	50	40	60.000	Erussard et Maucron.	J. Dutemple.	*La Nostra-Signora* *La Statira*	Esp. Amér.	94— 505	Pris.
Le Juste (2e c.)	95	70	78.000	Fortin aîné.	J. Guillemin.	*L'Aventure* *Le William*	Angl. Angl.	138— 364	Désarmé.
L'Hirondelle	150	—	75.000	Le Même et Fortin.	J. Postel.	*La Marie*	Amér.		Pris.
La Providence	50	—	80.000	Sainton.	J. Pinon.	*La Johanna-Wilhelmina* *Le Neptune* *La Dona-Fidès*	Pruss. Esp. Dan.		Désarmé.
Le Grand-Quinola	—	—	40.000	Duchesne et Pintedevin.	T. Leblanc.	*Le John-Elizabeth* *Le Thomas*	Angl. Amér.	— 960	Pris.
L'Avantageux	—	—	34.000	Duchesne et Pintedevin.	P. Laroche.	—			Pris.
Le Milan	86	46	86.000	Gautier jeune et fils.	C. Roger.	—			Pris.
Le Mercure (2e c.)	260	108	180.000	M. Delastelle.	J. Fromy.	*Le Hall* *Le Thomas-Hélène*	Angl. Angl.	190— 55	Pris.
La Parisienne	280	—	172.000	Deslandes.	J. Michel.	—			Désarmé.
Le Marsouin	31	20	27.000	Ethéart.	L. Maltier.	—			Naufragé.
Le Courageux (5e c.)	53	41	—	Duchesne et Pintedevin.	A. Lerloux.	*La Caroline*		95—1.352	Désarmé.
Le Résolu	52	62	100.000	B. Le Même.	N. Coupard.	—			Désarmé.

CORSAIRES	TONNAGE	ÉQUIPAGE	AVANCES à l'équipage	ARMATEURS	CAPITAINES	NOMS DES PRISES	MONTANT des parts	SORT du bâtiment
An VIII (1799-1800).								
L'Heureuse-Espérance	49	34	6.580	Fontan jeune et Thomas aîné.	A. Basset.	*The Kealy* *L'Industrie* *L'Espérance* *La Marie* *Graf Bernstorf*	1.153	Pris.
Le Jeune-Bougainville	256	123	20.587	Lesnard et Duhamel.	P. Dupont.	*La Venus-Pool* *La William-Betsy* *La Charlotte* *L'Eleonore* *L'Ocean*	860	Pris.
Le Rusé	—	14	4.012	Bourdas et Boutruche.	E. Boutruche.	*La Cynthia* *La Minerva*	460	Désarmé.
Le Décidé	12	17	—	Havart et Cᵒ.	G. Guilbeau.	—		
La Laure (4ᵉ c.)	85	—	15.847	Thomas-Martin-Santerre.	F. Gallais.	*La Martha* *L'Amitié*	230	Désarmé.
La Providence	50	—	—	Fontan jeune et Thomas aîné.	R. Rosse.	*La Marie*		
Le Juste (3ᵉ c.)	93	—	15.212	Le Même et Fortin.	J. Guillemin.	*L'Abigail* *La Colombia*	751	Désarmé.
Le Malouin	49	64	—	Thomazeau et Robinot.	F. Blanchard.	—		
Le Furet	85	64	1.585	Moulin et Cᵒ.	P. Bouvet.	*La Favorite*	10	Pris.
L'Aventurier	60	41	—	Brussard et Maucron.	P. Laroche.	—		Désarmé.
Le Courageux	53	44	—	Duchesne et Pintedevin.	A. Legrand.	—		Désarmé.
Le Grand-Quinola	72	43	—	Duchesne et Pintedevin.	T. Leblanc.	*Le Beaurack* *La Sally*		Désarmé.
Le Petit-Quinola	40	28	—	Duchesne et Pintedevin.	N. Alix.	—		Désarmé.
L'Avantageux	39	39	—	Duchesne et Pintedevin.	J. Gonidec.	*L'Economic*		Désarmé.
L'Alliance	350	140	33.145	Servet, par Le Même.	T. Quemper.	*La Jersey* *L'Elisa* *Le Palladium* *L'Ajax*	372	Désarmé à Santander.
La Furie	25	25	—	Thomazeau et Cᵒ.	L. Le Redde.	—		Désarmé.
La Laure (5ᵉ c.)	—	—	11.548	Thomas et Martin.	M. Pagelet.	*La Minerve* *L'Adrienne*	368	Désarmé.
La Baalgade	166	115	—	Lesnard et Duhamel.	F. Leconte.	—		Pris.
Le Télégraphe	136	91	—	Le Même et Lecouturier.	N. Guillemin.	—		Pris.
Le Chasseur	30	30	—	T. Roussel.	G. Julien.	—		Désarmé.
Les Bons-Amis	12	17	—	P. Havart.	J. Perière.	—		Désarmé.
Les Quatre-Amis	50	74	7.254	Fontan et Thomas.	J. Le Bon.	*L'Ann*	288	Désarmé.
L'Ajax	14	18	—	Duchesne et Pintedevin, puis Thomazeau.	J. Boutruche.	—		Désarmé.
Les Bons-Amis (2ᵉ c.)	—	—	—	P. Havart.	J. Bilhau.	—		Pris.

CORSAIRES	TONNAGE	ÉQUIPAGE	AVANCES à l'équipage	ARMATEURS	CAPITAINES	NOMS DES PRISES	MONTANT des parts	SORT du bâtiment
An IX (1800-1801).								
Le Malouin	49	—	12.084	L. Thomazeau.	A. Blanchard.	*L'Edouard-et-Marie* *Le Jersey* *Le Brulow* *L'Albion*	689	Désarmé.
Le Bougainville (4e c.)	128	75	32.714	Dubois fils.	P. Dupont.	*L'Hebé* *Le May-flower* *Le Richmond* *Le Willam* *Le Duc-de-Clarence* *La Rebecca*	1.382	Pris. Pris.
L'Aventurier	119	67		Erussard et Maucron.	J. Delarve.	—		
Le Vengeur	11	14	131	Carouge et Chênet.	M. Peltier.	*La Betsy*	43	Désarmé.
Le Renard	46	34		Etheart, par Legué.	A. Marestier.	—		Désarmé.
Le Jeune-Malouin	60	59	4.768	Neel et Despeschers frères.	G. Neel.	*Le Burin* *Le San Antonio (J-almas)* *Le Mercury*	347	Désarmé.
Le Petit-Quinola	40	30		Duchesne et Pintedevin.	R. Guillemin.	—		Désarmé.
Le Quinola	49	42		Duchesne et Pintedevin.	T. Leblanc.	—		Pris.
Le Héros	49	67	2.458	Martin et Douchin.	R. Rosse fils.	*Les-Trois-Sœurs* *Le Delphin* *Le James-Georges* *L'Harmonie*	224	Pris.
Le Vengeur	11	15		Roussel-Bordage, par Carouge.	P. Leroy.	—		Pris.
L'Espoir n° 1	19	44		Lauriot frères.	L. Petit.	—		Pris.
Le Premier-Consul	376	146		J. Lesnard.	J. Pinson.	—		Pris.
La Providence	50	66		Guibert et Fichet.	M. Pagelet.	—		Pris.
Le Malouin (2e c.)	49	43		L. Thomazeau.	F. Blanchard.	—		Désarmé.
L'Espoir n° 2	49	65		J. Fichet.	A. Basset.	—		Désarmé.
Le Courageux	18	17		F. Beauchef.	M. Peltier.	—		Pris.
Le Renard-2	—	45	561	Etheart, par Guillemaut.	J. Prader Niquet.	*Le Swift* *Le William*	95	Pris.
Le Malouin (3e c.)	—	—	5.084	L. Thomazeau.	F. Blanchard.	*La Charlotte* *La Grâce* *Le Ramber* *L'Ann-et-Marie*	295	Désarmé.
L'Heureux	148	—		Dubois et Rahier.	B. Giron.	—		Pris.
La Laure	85	76		Martin et Thomas.	P. Lemaître.	—		Pris.

II. — Guerres de l'An XI (1803-1814) (1)

CORSAIRES	ARMATEURS	CAPITAINES	SORT du bâtiment (2)	BÉNÉFICE de l'armement	MONTANT de chaque part
		AN XI			
L'Espiègle	Gilbert frères.	Dutemple.	+		
L'Eléonore	Lecouturier.	Postel.	+		
Le Courrier de Terre-Neuve	Guibert fils.	Legué.	+		
La Magdeleine	Martin et Dauchin.	Angenard.	+		
Le Malouin	Thomazeau.	Loriot.	+		
L'Espoir	Le Même et Gaultier.	Rogerie.	+		
Le Dinannais	Ravaleux et Cᵒ.	Cochet.	—	37.824	353
La Fantaisie	Pagelet.	Bourges.	—		
La Fanny	Kerpoisson.	Thegomain.	+		
La Sorcière	Le Même et Gaultier.	Dupont.	—	84.054	565
		AN XII (1803-1804)			
Le Brave	Marion frères.	Pagelet.	+	5.063	58
La Caroline (3)	R. Surcouf.	A. Surcouf.	—		
Le Général-Pérignon	A. Thomas.	Le Conte.	—	83.407	695
Le Duguay-Trouin (4)	A. Thomas.	Le Maître.	nauf.	143.848 (5)	43
La Sorcière (Prol.) (5)	Le Même et Gaultier.	Dupont.	—	231.659	1.048

(1) Ce tableau a été composé sur les documents suivants :
a) Registre des armements en course durant les guerres de l'an XI.
b) Enregistrement des lettres de marque.
c) Tableaux fournis par la Marine à Napoléon.
d) Liquidations générales.
e) Rapports des capitaines.
f) Correspondance ministérielle. Journal de Le Maitre, A. N., etc.
L'ordre suivi est celui de l'enregistrement des Lettres de marque.
Ce tableau doit être complété pour la nomenclature des prises, le tonnage et l'équipage des corsaires, par celui de Benaerts (*Annales de Bretagne*, XIV, 386), dont il ne diffère que par quelques détails toujours appuyés sur des pièces officielles. Il y ajoute quelques renseignements inédits sur les résultats économiques de la course et sur la campagne de plusieurs bâtiments. Il était indispensable de le publier afin de permettre au lecteur de contrôler facilement les chiffres donnés au cours des différents chapitres.

(2) Le signe + indique les corsaires pris, le signe — les bâtiments rentrés au port.

3) Parti faire la course à l'*Ile de France* où la liquidation eut lieu.

(4) Le Journal historique an XII, ou Correspondance du capitaine Le Maitre avec A. Thomas, raconte en détail la course de ce bâtiment qui transportait des troupes à La Martinique. Au retour il capture *La Betsy* (repris), *L'Amitié*, *Le Packet de Plymouth*, coule *La Providence* (87 t.). La campagne se termine par un naufrage près d'Audierne.

5) Durant cette seule campagne *La Sorcière* a pour 39.000 francs de frais de relâches à Saint-Malo, Bréhat, Ile de Batz, Port-Blanc, Lorient et Belem (Portugal).

CORSAIRES	ARMATEURS	CAPITAINES	SORT du bâtiment	BÉNÉFICE de l'armement	MONTANT de chaque part
		AN XIII (1804-1805)			
La Sorcière...............	Le Même et Gaultier.	J. Debon.	—	361.698	1 869
Le Napoléon (1)...........	Blaize et fils.	Le Nouvel.	+		
La Confiance...........	R. Surcouf.	Pottier.	—	68.046 (2)	107
Le Gal-Perignon (Prol.)	A. Thomas.	Rosse.	—	475.504	956
		AN XIV (fin 1805)			
La Constance...........	A. Thomas.	Blanchard.	—	99.447	589
Le Marsouin (3)..........	R. Surcouf.	Leblanc.	—	18.588 (5)	151
Le Courrier de la Manche (4).............	J. Caneva.	Leroy.	—	4.909	240
Le Sorcier................	Fontan.	Neel.	+		
La Sorcière (Prol.).....	Le Même et Gaultier.	Debon.	—	122.256	587
		ANNÉE 1806			
Le Voltigeur.............	Gaulier jeune.	Le Grand.	+		
Le Bougainville (5).....	Dubois.	Debon.	—	97.322	75
La Charlotte.............	Lebreton et Autier.	Quemper.	—	99.646	40
L'Intrépide (6)...........	—	—	+	10.168	69
La Bohémienne.........	Protêt.	Daguenet.	—		
Le Courrier de la Manche................	Canneva.	Leroy.	+		
La Constance...........	A. Thomas.	Blanchard.	—	198.805	769
La Bohémienne.........	Protêt.	Daguenet.	—	10 168	69
Le Glaneur (7).............	Magon-Vieuxville.	Quoniam.	—	172.590	668
Le Favori................	Roger.	Boutruche.	+		
La Confiance...........	Gaulier jeune.	Verron.	—	25.881	96

(1) Destiné aux mers de l'Inde. Avec un équipage de 180 hommes, il prend *L'Experiment*, *L'Hercule*, *Le Diamant*, relâche durant plusieurs mois à l'Ile de France. En 1806 — sa lettre de marque avait une durée de deux ans — il fait côte à Hood Bay, près du Cap de Bonne-Espérance, sous le feu des frégates anglaises, mais sauve l'équipage et les objets précieux (*Vigie de l'Ouest*, 7 mai 1839).

(2) Le trait soulignant les chiffres de cette colonne indique une perte pour l'armement.

(3) Avait rançonné *La Peggy*, 200 guinées — 150 sont recouvrées par suite de transaction avec les parents de l'otage.

(4) Deux prises, *Le Lord Middleton* (repris) et *Le John et Mary* (déclaré de mauvaise prise), diminuent beaucoup les bénéfices de cette course.

(5) Prend *The Mary et Anna* vendue 61.434.

(6) Enregistré février 1806 : 72 t., 55 h., 12 canons

(7) Cette campagne donne aux actionnaires un bénéfice de 348 francs pour 100. FABRE, *op. cit.*, p. 391.

CORSAIRES	ARMATEURS	CAPITAINES	BATIMENTS capturés	BÉNÉFICE de l'armement	MONTANT de chaque part
		ANNÉE 1806 (*Suite*)			
La Clarisse	La Chambre.	Geffroy.	nauf.	2.312	137
Le Spéculateur	Dubois.	Prader-Niquet.	—	18.029	71
L'Eliza (1)	Godfroy.		—		
		PROLONGATIONS			
Le Général-Pérignon.	A. Thomas.	Dupuy-Fromy.	—	485.420	1.119
Le Général-Pérignon.	A. Thomas.	Dupuy-Fromy.	—	65.930	254
Le Marsouin	R. Surcouf.	Brebel.	—	280.384	872
La Sorcière (2)	Le Même et Gaultier.	Debon.	+		
		ANNÉE 1807			
Le Magicien (3)	Gilbert frères.		—		
La Magicienne	Gilbert frères.	B. Gautier.	—	29.145	
Le Revenant (4)	Blaize et fils.	R. Surcouf.	—		
L'Incomparable	Coste et Cᵒ.	Geffroy.	+	245.644	2.120
Le Friedland	Guillemaut.	Herpin.	+	8.596	94
L'Aquilon	Dubois.	Leconte.	+		
L'Amiral-Decrès	Ethéart.	Michel.	+		
La Glaneuse	Magon-Vieuxville.	Quoniam.	+	47.554	292
Le Général-Junot	Ethéart.	Rogerie.	—		
L'Incomparable	Fontan.	Rosse.	—	610.479	1.648
Le San-Joseph	A. Thomas.	Blanchard.	—	241.062	845
Le Lézard	Jallobert frères.	Lesnard.	—	53.965	99
Le Tilsitt	Amiel et Cᵒ.	Leblanc.	—	55.472	180
La Bohémienne	Protêt.	J. Gautier.	—	2.413	86
		PROLONGATIONS			
Le Magicien (5)	Gilbert frères.		+		
Le Général-Pérignon.	A. Thomas.	Papin.	saisi en Espagne		9

(1) Enregistré décembre 1806 : 71 t., 66 h., 9 canons.

(2) Fut prise lors d'une cinquième sortie en 1806 (Liquid. g. 9 mai 1807).

(3) Lettre de marque janvier 1807 : lougre de 45 t., 46 h., 2 c. Valeur selon Tab. N, 38.000. Voir P. j. lettre de Gaude, 15 j. 08.

(4) La famille Surcouf possède le journal de bord de cette course faite dans les mers des Indes. Une copie se trouve également aux Arch. nat., BB⁴, 259.

(5) Lettre de marque retirée parce qu'on trouve à bord plusieurs déserteurs de l'Etat (P. j.).

CORSAIRES	ARMATEURS	CAPITAINES	SORT du BATIMENTS	BÉNÉFICE de l'armement	MONTANT de chaque part
		ANNÉE 1807 (*Suite*)			
La Constance (3)	A. Thomas.	Blanchard.	+		
Le Marsouin (3)	R. Surcouf.	Brebel, puis Botterel.	+		
Le Bougainville (3)	Dubois.	Debon.	+	72.000	112
Le Glaneur (4)	Magon-Vieuxville.		+		
La Confiance	Gautier et fils.	Verron.	—	25.694	239
La Clarisse	La Chambre.	Dupuy.	—	224.486	604
Le Spéculateur	Dubois.	Prader-Niquet.	—	50.814	259
L'Eliza (3)	Godfroy.		+		
La Bohémienne	Protêt.	J. Gautier.	+	37.843	
La Magicienne (3)	Gilbert.	B. Gautier.	+		
		ANNÉE 1808			
Le Harpalos (1)	Gast.	Hérouet.	—		
L'Espérance	Delorme-Villedaulé.	Poquené.	—		
Le Zéphyr (2)	Protêt.	Pilvesse.	+	1.490	
Les Deux-Frères	Fontan jeune.	Nicolle.	nauf.		
L'Actif	Villehuchet et Lachambre.	Prader-Niquet.	+		
L'Auguste	Magon-Vieuxville.	Feillet.	—		
Le Foudroyant	Coste.	Ermenier.	+		
L'Audacieux	Guillemaut.	Dibarbourc.	—		
Le Jean-Bart	Delorme-Villedaulé.	Gauvain.	—		
La Confiance (3) g. et m.	Gautier.	Verron.	—		
Le Tilsitt	Amiel et C°.	Gautier.	—	42.214	550
Le San-Joseph	A. Thomas.	A. Blanchard.	+	25.543	444
Le Lézard	Jallobert.	La Truitte.	—	45.000	
La Gazelle	Blaize et fils.	Giron.	—		
La Clarisse (4)	Villehuchet et Lachambre.	Dupuy.	+		

(1) Lettre de marque retirée parce qu'on trouve à bord plusieurs déserteurs de l'Etat.
(2) Pris par un corsaire anglais qui débarque à Perros le capitaine et les 3 officiers français.
(3) Lettre de marque enregistrée octobre 1808 : goélette de 70 t., 24 h., 2 canons.
(3) Prolongations de 6 mois en janvier et septembre 1807.
(4) Voir P. j. lettre de Gaude, 15 janvier 1808.
(4) Lettre de marque enregistrée le 17 nov. 1808. (Voir aussi tableau de Napoléon, 1808-9.)

CORSAIRES	ARMATEURS	CAPITAINES	SORT du BATIMENT	BÉNÉFICE de l'armement	MONTANT de chaque part
		ANNÉE 1808 (*Suite*)			
Le Spéculateur [1] g. et m.	Dubois.		+		
Le Spéculateur	Dubois.	Guillebeau.	—	32.247	137
Le Saratu	Rermel.	Rosse.	—		
La Valeur	Dupuy-Fromy.	Daguenet.	—	132.000	
		PROLONGATIONS			
L'Espérance	Delorme-Villedaulé.	Huon.	nauf.		
L'Incomparable	Fontan jeune.	Rosse.	—		
		ANNÉE 1809			
Le Général-Junot [2] g. et m.	Blaize.	Morestier.	+		
L'Incomparable	Fontan.	Tribalau.	—	36.602	229
L'Auguste [3]	Magon-Vieuxville.	Huon.	+		
L'Agile [3]	Lebreton de Blessin.	Ollivier.	+		
La Confiance	Gautier jeune et fils.	Verron.	—		
Le Jean-Bart	Delorme-Villedaulé.	Pilvesse.	+	563.578	4.789
La Confiance [4]	Gautier jeune et fils.	Bruère.	—	230.626	867
L'Hirondelle [5]	Gautier jeune et fils.	Gautier.	+		
Le San-Joseph	A. Thomas.	Ollivier.	—	315.779	864
Le Milan	Lebreton de Blessin.	Peltier.	—		
Le Harpalos	Duchesne et Pintedevin.	Rogerie.	+		
Le Fantôme g. et m.	Blaize et R. Surcouf.	La Truitte.	+	40.116	62
Le Lézard [6]	Jallobert frères.	Le Landais.	+		
Le Cte-d'Hunebourg	A. Thomas.	Guillebeau.	—	29.897	159
La Revanche	R. Surcouf.	Laurent.	+		
Le Spéculateur	Amiel et Co.	Black.		144.626	837

(1) Goélette de 214 t., 24 h., 4 c., pour la Martinique.

(2) Le Capitaine a l'autorisation du Ministre pour un voyage à la Guadeloupe (50 t., 18 h., 1 c.) enregistrée le 9 janvier.

(3) Lettres de marque enregistrées les 8 et 20 févr. : *L'Auguste*, 47 t., 24 h.; *L'Agile*, 204 t., 27 h., 4 c.

(4) Enregistré le 28 août. Prend *The Boston*, *The Calpé*.

(5) Avait reçu le 10 janvier une Lettre de marque guerre et marchandise pour la Martinique. Le voyage n'eut pas lieu, le navire étant rentré avec des avaries.

(6) Lettre de marque enregistrée le 2 octobre 1812.

CORSAIRES	ARMATEURS	CAPITAINES	SORT du BATIMENT	BÉNÉFICE de l'armement	MONTANT de chaque part
		ANNÉE 1809 (*Suite*)			
		PROLONGATIONS			
Le Saratu................	Kermel.	Rosse.	+	54 678	550
Le Tilsitt................	Amiel et Cº.	Gautier.	+	6.486	168
L'Incomparable (1)....	Fontan.	Tribalau.	+		
Le Général-Pérignon.	Thomas.	Papin.	+		
		ANNÉE 1810			
Le Téméraire...........	Labbé.	Mahé.	+		
Le Charles (2)...........	Bousquet.	Abeillé.	nauf.		
La Biscayenne.........	R. Surcouf.	Botrelle.	—		
La Gazelle (3)............ g. et m.	Blaize et fils.	Le Blanc.	—		
La Pauline..............	Kermel.	Lesnard.	+		
La Dorade..............	R. Surcouf.	Leroux.	+		
Le Petit-Charles........	Le Tellier.	Le Benn.	—	30.000	
Le Turbulent............	Kermel.	Léger.	—	27.000	
Le Maître-de-Danse...	Gautier.	Le Verger.	+	32.500	
Le Brocanteur.........	Magon-Vieuxville.	Giron.	+		
L'Alexandre..........	Protêt.	Pointel.	+		
L'Auguste..............	R. Surcouf.	Laurent.	+		1.119
La Junon................	Amiel et Cº.	Prader-Niquet.	naufr. (4)	313.859	1.094
La Confiance...........	Gautier jeune et fils.	Verron.	+	295 538	126
Le Coursier.............	Delorme-Villedaulé.	Le Gonidec.	—	66.318	222
Le Spéculateur........	Amiel et Cº.	Martin.	—	25.789	
L'Amélie.................	Godfroy.	Le Nouvel.	—		937
Le Furet.................	Pottier et Harembert.	Gautier.	+	?	
Le Milan.................	Lebreton de Blessin.	Le Peltier.	+		

(1) Au retour de son expédition en guerre et marchandises pour le Sénégal, où il ne peut aborder, augmente de moitié son équipage et arme en course (15 sept. 1809).

(2) Armé par des négociants de l'Ile de France. Les « Parisiens » sont intéressés dans cette affaire. Le bâtiment fait naufrage sous Solidor. L'accusation de baraterie est portée contre le capitaine, mais sans preuve.
Voir à ce sujet longue correspondance de Gaude avec le Ministre, mars 1810.

(3) Armée en guerre et marchandise. Brick de 172 t., 22 h., 4 canons ayant Lettre de marque de 18 mois.

(4) Pour le naufrage de la *Junon*, sur la Cité, voir lettre de Gaude à Decrès, 12 nov. 1810, aux Arch.

N. B. — *La Junon* 1re course avait armé à Lorient (P. j. 42), et A. Nat., BB^{IV}, 294, nº 53-4.

CORSAIRES	ARMATEURS	CAPITAINES	SORT du BATIMENT	BÉNÉFICE de l'armement	MONTANT de chaque part
		ANNÉE 1810 (*Suite*)			
La Glaneuse	Magon-Vieuxville.	Bourdé.	+		
Le Brestois (1).........	Lamartinière et Floch.	Sauveur.	—	133.414	85
Le Grand-Jean-Bart...	Fontan jeune.	Dupuis.	—	56.000	56
		PROLONGATIONS			
Le San-Joseph (2).......		Ollivier.	+		
		ANNÉE 1811			
Le Petit-Charles........	A. Thomas.	Dibarboure.	—	30.000	
Le Turbulent...........	Delorme-Villedaulé.	Le Bouec.	—	5.779	152
Le Malouin.............	Thomazeau.	Cormier.	—	20 600	
Le Courageux..........	Duchesne et Pintedevin.	Sauveur.	—	41.628	501
Le Coursier.............	Delorme-Villedaulé. Kermel.	Leroux.	—	412	
La Gazelle..............	Blaize et fils.	Morin.	—		
La Junon...............	Thomazeau et Amiel.	Prader-Niquet.	—	253.807	611
L'Amélie................	Godfroy.	Le Guen.	+	62.085	235
Le Brestois (3)...........	Floch et Lamartinière.	Gallais.	—	50.351	526
L'Incomparable........	Coste.	Neel.	+	106.200	
Le Grand-Jean-Bart..	Beauchef.	Dupont.	+	29.260	345
Le Furet................	Pottier et Harembert.	Le Gonidec.	—	65.296	244
La Confiance...........	Gautier jeune et fils.	Le Maire.	+		
Le Spéculateur.........	Thomazeau et Amiel.	Cormier.	—	19.141	117
L'Edouard..............	R. Surcouf.	Longrais.	—	68.000	
Le Courageux..........	Duchesne et Pintedevin.	Basset.	+		
		PROLONGATIONS			
Le Petit-Charles (4)....		Dibarboure.	—		

(1) Le Gouvernement fait directement relâcher une prise américaine de ce navire, le *Two Brothers*.

(2) Prolongation de 6 mois, août 1810.

(3) Dans un violent combat avec *La Vedra* (14 canons), *Le Brestois* a un homme tué et 14 blessés. Tous les Anglais sont blessés.

(4) Prolongation de 6 mois, 4 juillet 1811.

CORSAIRES	ARMATEURS	CAPITAINES	SORT du BATIMENT	BÉNÉFICE de l'armement	MONTANT de chaque part
		ANNÉE 1812			
La Ville-de-Caen.......	R. Surcouf.	Cochet.	+	66 431	505
Le Petit-Charles........	Fontan frères.	Henri.	+		
Le Courageux......	Duchesne et Pintedevin.	Sauveur.	+		
L'Edouard..............	R. Surcouf.	Dibarbourg.	+	15 835	338
Le Furet.................	Pottier et Harembert.	Gautier.	+		
Le Sans-Souci.........	Beauchef.	Rosse.	+	137.000	
Le Brestois..............	La Martinière et Floch.	Gallais.	+	94.237	
La Junon.	Thomazeau.	Debon.		110.825	499
La Miquelonnaise......	Fauchon et Amiel.	Prader-Niquet.	+	552.374	1.059
L'Auguste................	Godfroy.	J. Peltier.		465.410	1.298
		PROLONGATIONS			
La Gazelle (1)............	Blaize et fils.	Marin.	+		
Le Coursier (2)..........	Delorme-Villedaulé.	Leroux.		84.907	524
L'Incomparable (3).....	Coste et Cudenec.	Neel.			
Le Turbulent...........	Delorme-Villedaulé,	Le Bouec.		12.483	
L'Incomparable (3).....	Coste.	A. Leduc.	+		
Le Coursier (2)..........	Delorme-Villedaulé.	Leroux.			
		ANNÉE 1813			
L'Actif.....................	La Chambre.	Herpin.			
Le Renard.	R. Surcouf.	Sauveur.		90.000	
Le Coureur..............	Halot-Baratte et Cᵒ.	Duchinard.			
Le Revenant...........	Harembert.	Martin.	+	88.664	541
Le Coursier.............	Delorme-Villedaulé.	Poirier.		24.101	178
L'Auguste...............	Godefroy.	Lepeltier.	nauf.	366.446	998
Le Rôdeur...............	Fontan.	Dupont.		24.396	
La Junon.................	Thomazeau.	Debon.			
Le Spéculateur........	Thomazeau.	Angenard.	+		
L'Inconnu...............	La Chambre.	Geffroy.	+		

(1) Enregistrement du 6 janvier 1812. Les armateurs réclament des traités de rançon.
(2) Deux prolongations de 6 mois, les 12 mars et 6 septembre 1812.
(3) Deux prolongations de 6 mois, les 11 avril et 5 juin 1812; 16 armements au lieu de 13.

CORSAIRES	ARMATEURS	CAPITAINES	SORT du BATIMENT	BÉNÉFICE de l'armement	MONTANT de chaque part
		ANNÉE 1812 (*Suite*)			
		PROLONGATIONS			
Le Turbulent............	Delorme-Villedaulé.	Moisan.		21.229	
Le Coursier (1)..........	Delorme-Villedaulé.	—			
		ANNÉE 1814			
Le Renard (2)............	R. Surcouf.	J. Michel.		19 221	

(1) Lettre de marque enregistrée pour une prolongation de 6 mois le 1er mars 1813. La campagne n'ayant rien produit, les armateurs obtiennent une seconde lettre de marque le 25 septembre. 12 armements au lieu de 11.

(2) La Lettre de marque du *Renard* est enregistrée le 3 janvier 1814.

III. — Armements en guerre et marchandises (1793-1814)

CORSAIRES	ARMATEURS	SORT DU BATIMENT
An VII.		
Le Furet	Marion frères et Duguen.	Désarmé à Saint-Domingue.
An XIII.		
Le Duguay-Trouin (1)	A. Thomas.	Naufragé près d'Audierne.
1808.		
La Confiance	Gautier jeune et fils.	Désarmé retour de la Martinique.
La Gazelle (2)	L. Blaize et fils.	» » de l'Ile de France.
Le Spéculateur	J.-B. Dubois.	Pris par les Anglais (Ile de France).
1809.		
L'Hirondelle	Gautier jeune et fils.	Rentré avec avaries et désarmé.
Le Général-Junot	L. Blaize et fils.	Pris par les Anglais.
L'Agile	Lebreton de Blessin.	Pris par les Anglais.
L'Incomparable	Fontan jeune.	Ne peut aborder au Sénégal.
Le Fantôme	Blaize et Surcouf.	Pris par les Anglais.
1810.		
Le Charles (3)	Bousquet.	Naufragé à Saint-Servan.
La Gazelle (4)	L. Blaize et fils.	?
Le Brocanteur	Magon-Vieuxville.	Pris par les Anglais.

(1) La correspondance suivie du capitaine Le Maitre avec A. Thomas raconte en détail une partie de la croisière de ce navire qui portait des troupes à La Martinique (160 hommes).

(2) Voir P. j. nº 22 la cargaison de ce bâtiment au retour.

(3) Voir sur le naufrage de ce bateau la longue lettre de Gaude au Ministre, mars 1810.

(4) Lettre de marque de 18 mois accordée le 24 mars 1810 au capitaine Thomas Le Blanc.

PIÈCES JUSTIFICATIVES

L'Armement

PIÈCE JUSTIFICATIVE N° 1.

Armateurs. — Capitaines. — Equipages.

10 Frimaire an XIV.

LE COMMISSAIRE GAUDE AU MINISTRE DE LA MARINE (St-S.).

Presque tous les navires que les armateurs se proposent de mettre en course sont neufs, ont été construits pour cette fin et promettent une marche avantageuse ; plusieurs sont prêts et peuvent mettre en mer presque aussitôt que la Lettre de Marque aura été accordée. Ce sont particulièrement ceux de MM. Surcouf, Alexandre Dubois, Fontan, Gautier de Dinan, Le Même et Gaultier, Augustin Thomas. Les autres, quoique moins avancés, le sont cependant assez pour que tous puissent sortir vers la fin de Décembre. Ce sont ceux de MM. Pierre Lebreton de la Vieuxville et Co, Duchesne et Pintedevin, Deslandes de Granville, P. Lebreton, Fromentin et Protêt, Loivet et Co.

Il faut en excepter le navire pour lequel le Sr Trichet, armateur de St-Malo, vient de m'adresser une demande de Lettre de Marque, demande que je vous transmets, quoique je la croie prématurée, le navire n'étant encore qu'au tiers de sa construction.

Quant aux équipages, ceux de presque tous les navires dont l'armement est fait ou très avancé sont composés en totalité ou du moins en très grande partie. Les autres le seront facilement dès l'instant que Votre Excellence aura adressé les Lettres de Marque. Je crois pouvoir affirmer que rien ne s'oppose à ce que les armateurs trouvent dans les trois quartiers de Dinan, Granville et St-Malo tous les hommes nécessaires aux armements sans enlever aux classes aucun matelot, aucun novice inscrit ; les matricules de ces trois quartiers présentent plus de 2.500 individus qui ne sont plus susceptibles d'être appelés au service, soit à raison de blessures soit comme étant hors d'âge et dans ce nombre un tiers au moins peut encore naviguer et s'empressera de se jeter sur les corsaires. Quelques armateurs ont en outre à leur disposition des étrangers. MM. Surcouf et La Vieuville sont particulièrement dans ce cas ; le premier a engagé des hommes du Nord, le second dispose d'un assez grand nombre de matelots espagnols dont les navires ont désarmé en France ; enfin il existe quelques déportés de St-Pierre et Miquelon qui, en cette qualité, exempts du service de l'Etat, s'emploient volontiers dans les armements en course.

Je ne pense pas qu'aucun armateur voulut aujourd'hui s'exposer aux peines portées contre ceux qui seraient convaincus d'avoir engagé des matelots inscrits. La sévérité des visites auxquelles sont soumis les corsaires au moment de leur départ ne peut leur laisser aucun espoir de succès.

Les capitaines proposés sont en général d'excellents marins dont la bravoure a été éprouvée. Votre Excellence distinguera particulièrement les Srs :

Dupont, membre de la Légion d'honneur, heureux et bon marin ayant toujours fait la course avec succès, quelquefois avec gloire.

Toussaint Quemper ayant servi comme lieutenant de vaisseau, blessé dans un combat où il força l'ennemi très supérieur de l'abandonner, homme dont la sévère probité et l'honneur sont garantis par la voix publique et confirmés par l'opinion prononcée des plus honnêtes gens de ce pays.

Alexandre Legrand, enseigne au service de l'Etat, qui, commandant le corsaire *Le Courageux*, armé seulement de 4 petits canons et d'une caronade, réduisit et amarina, après un combat de 2 h., un bâtiment ennemi portant 16 canons.

Le Sr Morin qui, dans la guerre de 78, se distingua dans divers combats et fit beaucoup de prises.

Les autres, quoique n'ayant point en leur faveur des actions d'éclat, sont réputés cependant capables de commander des corsaires et l'on peut présumer que l'intérêt des armateurs ne s'est point mépris dans le choix qu'il en a fait.

Quant à ces derniers, ce sont tous des négociants bien famés et parmi lesquels il serait bien difficile d'établir une distinction basée seulement sur les mérites personnels. Quelques-uns ont rendu des services militaires à l'Etat : ce sont MM. de la Vieuxville et Surcouf ; d'autres lui ont fait des sacrifices pécuniaires dans des circonstances importantes ; tous sont pleins de zèle pour les intérêts de leur pays et de dévouement pour le Gouvernement actuel.

Si Votre Excellence ne voulait pas accorder dans le même moment toutes les Lettres de Marque sollicitées, je pense qu'elle pourrait sans inconvénient suivre dans leur émission l'ordre indiqué par l'état plus ou moins avancé de l'armement de chaque navire ; mais quelle que soit à cet égard sa détermination il est important que ceux des armateurs dont elle jugerait ne pas devoir accueillir les demandes en soient promptement avertis pour qu'ils puissent cesser les préparatifs d'un armement qui leur tomberait en pure perte après les avoir constitués dans de grandes dépenses.

GAUDE.

PIÈCE JUSTIFICATIVE N° 2.

Les Corsaires ne doivent pas prendre l'apparence de bateaux pêcheurs.

CORRESPONDANCE MINISTÉRIELLE (St-S.).

14 Messidor an V.

L'ennemi a fait depuis peu, Citoyens, de nombreuses captures de nos bateaux pêcheurs et de nos équipages. Les réclamations que j'ai fait faire à ce sujet à l'administration britannique n'ont produit aucune réponse satisfaisante. Divers renseignements font penser que les Anglais ont établi comme limite entre eux et nous le milieu du canal de la Manche, de manière qu'ils regardent comme espions ou corsaires tous bateaux pêcheurs qui l'outrepasseront. D'autres avis donnent pour motif de ces arrestations de nos pêcheurs la conformité du gréement de quelques corsaires français avec nos barques de pêche. Vous devez sentir que s'il est permis d'user de ruse envers l'ennemi, on ne peut approuver celles qui ont un effet funeste à la classe si intéressante de nos pêcheurs. Je vous engage donc à surveiller sur ce point la construction des corsaires et à empêcher qu'ils empruntent une vraisemblance qui compromette la sûreté des pêcheurs.

PIÈCE JUSTIFICATIVE N° 3.

Mauvais état de certains bâtiments.

30 Août 1793.

LETTRE DU CITOYEN THOMAS, COMMANDANT DE VAISSEAU, AU MINISTRE DE LA MARINE (St-S.).

Les citoyens Charles Manier de St-Servan, Julien Lancelin de Cancale, Jules Vauluisant et Mathurin Farcy du dit, faisaient partie de l'équipage du corsaire l'*Hirondelle*, capitaine Guyon, armateur Gautier jeune, de St-Malo. Le mauvais état de ce petit bâtiment détermina sa relâche à Camaret. La brutalité du capitaine porta les plaignants à le prévenir qu'ils allaient se rendre à Brest pour s'y faire employer dans les vaisseaux de l'Etat. Ils tinrent parole et furent destinés pour le vaisseau qui m'est confié et y servent vraiment avec zèle et intelligence. Le corsaire mit à cette époque sous voiles, se rendit à St-Malo, quoique sa course ne fut pas finie, preuve évidente de sa non-valeur à tenir la mer. On a payé à l'équipage les parts d'une prise faite antérieurement au débarquement de ces quatre jeunes marins, mais on refuse de payer la leur à leurs familles ; cette criante injustice prouve combien peu le peuple trouve de défenseurs dans certaines parties de la République.

THOMAS.

Voir n° 28, croisière de l'*Aventurier*, an VIII.

PIÈCE JUSTIFICATIVE N° 4.

Il faut des Corsaires bien armés.

13 Prairial an XI.

MINISTRE FORFAIT AU COMMISSAIRE DE MARINE (St-S.).

Au moment où j'ai su que les hostilités étaient prêtes à avoir lieu, j'ai, conformément aux ordres du Premier Consul, adressé directement des Lettres de Marque dans tous les ports où il était possible qu'il se fit des armements....

Mais désormais le Gouvernement n'autorisera la sortie que des bâtiments ayant une artillerie suffisante et une marche supérieure.... Si, à l'exemple de ce qui s'est pratiqué avec assez de succès pendant la dernière guerre, on peut tolérer l'armement de petites embarcations à Boulogne ou dans quelques ports du Nord, il convient qu'ailleurs les bâtiments soient en état de combattre et il me paraît convenable que chaque corsaire soit muni de 10 à 14 bouches à feu d'un calibre un peu fort.

FORFAIT.

Pièce justificative n° 5.

Il ne faut pas autoriser tous les armements en course.

22 Messidor an XI.

Ministre de la Marine au Commissaire (St-S.).

D'après les comptes que vous me rendez des moyens défensifs des 3 corsaires la *Belette*, le *Désiré*, la *Sorcière*, je suis peu disposé à autoriser leur expédition en course puisque le plus fort n'est susceptible de porter que 10 canons de 4....

Chaque-armement contribue à diminuer le nombre des marins sans espérance de remplacement, car je sais que jusqu'à présent la plupart des corsaires sortis des ports de la République et particulièrement de St-Malo ont été capturés, sans qu'il soit entré aucune des prises qu'ils peuvent avoir faites.

D'un autre côté il y a dans la saison actuelle peu de chances favorables pour la course. Les croiseurs ennemis se montrent sur tous les points de la côte ; les nuits sont d'une brièveté qui laisse peu de chance de leur échapper et il est prudent de ne pas céder au zèle indiscret des armateurs qui, ayant à l'avance la précaution de mettre leurs intérêts à couvert, n'en montrent que plus d'empressement à entreprendre des expéditions.

Il est pourtant des circonstances où cette marche pourra comporter des exceptions, comme je dois en faire une relativement à la demande que vient de m'adresser le capitaine Surcouf pour l'armement en course et l'expédition dans l'Inde du cutter la *Caroline* qui doit être armé de 16 obusiers de 36.

Le capitaine Surcouf a obtenu pendant la dernière guerre, par l'audace et le succès de ses entreprises, autant de gloire qu'il a fait de tort au commerce ennemi et il a mérité des faveurs et des encouragements particuliers : sur sa seule réputation j'ai dû lui accorder la Lettre de Marque qu'il a sollicitée.

PIÈCE JUSTIFICATIVE N° 6.

Une part de 1.000 francs dans l'armement d'un Corsaire.

Copie d'un document communiqué par M. RIEGER.
(Voir Annales de la Société hist. et archéol. de St-Malo, 1909.)

CESSION
de 1.000 fr.
—
N° 19.

ARMEMENT EN COURSE
A PORT-MALO
du corsaire les *Quatre-Amis*
Armateurs : les citoyens FONTAN jeune et THOMAS aîné.

Le dit corsaire, gréé en cutter, a 52 pieds de quille portant sur grève, 69 pieds de longueur absolue et 20 pieds de bau, armé de 14 canons de bronze de 4 à 8, quoique percé pour se battre à 18 ; aura les pierriers, espingoles, fusils et pistolets nécessaires ; sera équipé de 70 hommes d'équipage, pour faire la course contre les ennemis de l'Etat, sous le commandement du capitaine Jacques Lebon ou autre.

La mise-dehors est estimée devoir s'élever de 70 à 75.000 francs ; cette dernière somme servira de répartiteur ; l'excédent, s'il y a lieu, servira aux frais de relâches ou sera réparti au marc la livre.

Chaque actionnaire aura la liberté d'acheter aux ventes des prises que pourra faire ce corsaire au prorata de son intérêt.

De convention expresse, les armateurs prélèveront pour leurs peines et soins 5 pour cent sur l'armement, 3 pour cent sur la vente des prises, en outre les frais de voyage qu'ils seront obligés de faire en cas de prise ou en poursuivant le jugement.

Nous soussignés, armateurs du dit corsaire les *Quatre-Amis*, reconnaissons avoir ce jour reçu de vous, C. Martin de St-Servan, la somme de mille francs, pour laquelle somme vous participerez dès aujourd'hui aux bons et mauvais événements qui pourront arriver, promettant nous conformer aux Lois et Règlements qui concernent la course et de rendre bon et fidèle compte du résultat de nos opérations.

A Port-Malo, le 2 Germinal an VIII.

FONTAN jeune et THOMAS aîné.

MARTIN.

Pièce justificative n° 7.

Le Corsaire *Le Tigre*, 1793 (St-M.).

Extrait du compte de bâtisse, armement, équipement et mise hors du corsaire le *Tigre*, montant 18 canons, dont 4 de 8 et 14 de 6 livres de balle, quoique percé pour se battre à 20, armateur le citoyen Michel Delastelle, capitaine Dugué aîné, le dit corsaire sorti de la rade du cap Fréhel pour sa croisière avec 143 hommes d'équipage le 18 mai 1793.

Sçavoir :

Main-d'œuvre.

Pour la coque :

Charpentiers	5.975	16	»
Scieurs	753	3	6
Perceurs	704	17	6
Manœuvres	1.268	19	»
Charetiers	342	10	»
Calfats	1.491	4	»
Menuisiers et sculpteurs	280	15	»
Constructeurs, officiers et loyer de cabane	985	10	»
	11.802	15	2

Pour l'armement :

Charpentiers, scieurs pour façon de la mâture	468	18	»
Matelots pr mâter le navire, faire et coupler le gréement	2.350	17	6
Bateliers, halage et frais de rade	1.165	3	8
Manœuvres à l'embarquement	220	6	»
Main-d'œuvre de la coque comme ci-contre	11.802	15	2
	16.008	»	4

Boiseries pour la coque.

1.854 pieds cubes de bois de chesne pour membrure à 40 sous le pied	3.708	»	»
1.018 pieds cubes pour baux, carlingues, espontilles, etc., à 50 sous le pied	2.545	»	»
423 pieds cubes pour étrave, étambot, etc., à 3 l. 15 sous le pied	1.374	15	»
790 pieds cubes bois de hêtre en pièces à 35 sous le pied	1.382	10	»
4.483 p. c. de chesne réduit à 2 pouces à 9 sous le pied.	2.017	7	»

6.108 p. c. bordages de chesne réduit à 13 sous 6 le pied	4.122 18 »
406 p. c. bordages de hêtre réduits à 9 sous le pied.	182 14 »
Prusses et planches de différentes qualités à divers prix	1.949 14 6
1.700 gournables et 6.000 poinçons à divers prix	474 » »
	17.756 18 6

Gros et menu fer, clous et serrurerie.

Payé à Gardin 8.473 l. gros et menu fer à 50 l. le cent.	4.236 10 »
» à Duhamel pour fourniture et façon	1.294 6 »
» à Poirier pour idem	548 12 »
» à Pierre De Can pour 4.045 l. clous à 43 le cent et 235 l. autres clous	1.756 19 6
» à Marestier pour serrurerie	233 18 »
	8.070 5 6

Etoupe.

Payé à La Monico pour 2.663 l. étoupe à 11 le cent	292 18 7

Boiserie pour la mâture.

Payé à divers	deux pièces grosse mâture et 6 gaules	1.980 » »
	1 mât, 8 gaules planches, etc.	1.875 10 »
	pour diverses gaules et bouts de mâts	981 » »
		4.836 10 »

Funain vieux et neuf.

Payé à Amisse aîné pour 28.992 l. funain neuf à 63 le cent	18.799 12 6
» à idem pour funain refait, vieux funain, heusin et lignes	2.085 17 6
	20.885 10 »

Ancres.

Payé à Despeschers Guillemaud 3 ancres	1.500 l. 1.436 l. 900 l.	ensemble 3.836 l. à 70 le 100.	2.678 4 »
Payé à Cosson 1 ancre 458 à 65 le cent			297 14 »
			2.975 18 »

Futailles.

Payé à Despeschers 68 barriques à eau	1.020	»	»
» à divers pour barriques, rabotage, sceaux	521	»	»
	1.541	»	»

Artillerie, armes et ustensiles.

Payé pour 18 canons dont 4 de 8 et 14 de 6 livres de balle	18.000	»	»
» à Picard pour 18 afûts et garnitures	740	»	»
» pour 6 pierriers et boulets de divers calibres	2.696	6	»
» à Jallobert fils pour mitraille	180	»	»
» à La Fossé pour garniture des écouvillons, faire et remplir les gargousses	378	6	»
» à Motet pour plaques à canon et plomb	144	18	»
» à Feillet pour grapes de raisin, estoupilles, etc.	99	6	»
» à divers pour fusils, sabres et pistolets	649	2	»
Payé à idem pour garde-feux, poulverins, etc.	317	4	»
» pour 1 500 livres poudre fine, n'ayant pu s'en procurer de guerre	3.825	»	»
» aux charetiers et portefaix pour frais à l'embarquement	208	»	»
	27.238	2	»

Canot et chaloupe.

Payé à L'Hôtelier une chaloupe de 22 pieds et 1 canot de 17 pieds	312	»	»
» à divers pour 16 avirons à bateaux	127	»	»
	439	»	»

Vivres pour la campagne.

Payé à Grenard 122 quinteaux biscuit et port à bord.	3.396	12	»
» à Lemoine 2.823 l. de bœuf à 9 s. 6 d. la livre	1.358	10	»
» à divers 2.557 l. de lard à divers prix	1.209	1	»
» à idem pour vin, cidre et eau-de-vie	2.725	»	»
» à idem pour daubes, beurre, jambon et épiceries	2.555	9	»
» à idem pour 2 barriques pois	93	»	»
» à idem pour moutons, poules, blé noir et œufs.	134	16	»
» à idem pour choux, légumes, etc.	49	»	»
» à Mathurin Beaurepaire pour 550 l. pain frais et 24 l. farine à 4 s. 6 d.	130	19	»
» pour frais divers à l'embarquement des vivres.	69	»	»
	11.701	7	»

Chirurgien.

Payé à Jamard, apothicaire, pour médicaments et caisse de chirurgie	882	6	»
» à divers pour linge, matelas et couvertures	465	15	»
	1.348	1	»

Diverses fournitures.

Payé à divers { 6 barils braï gras à 80	480	»	»
4 barils goudron du Nord à 60	240	»	»
200 l. brai sec, prêt de chaufauds et chaudières	78	6	»
Payé à Duveau, ferblantier, pour fanaux, porte-voix, chaudières, casseroles, mesures et autres articles du cuisinier, le tout en fer blanc	306	5	»
Payé à Picard pour poulies, moques, pompes, compas, horloges, etc.	2.397	9	»
» à Billy et Revel pour cuir fort et basanes	349	»	»
» à Langlais 6 brasses bois à feu à 30 l. l'une	180	»	»
» à Capel pour plomb, écubiers, etc.	314	16	»
» à divers pour nappes, serviettes, etc.	156	»	»
» à Jacquin et pour avoir peint le navire et les bateaux	210	»	»
» à Delastelle et Lachambre pour quincaillerie, haches d'arme, outils, fil à voile, mèche à canon, étamine, etc.	1.959	8	»
» à Platte pour assiettes, plats, pots et fayence	98	18	»
» à idem pour fourrure	82	»	»
» à idem pour briques, ciment et façon de la cabane à feu	37	»	»
» à idem pour sabres, 1 tambour et garniture, sifflet, carte marine et un tableau de pavillon	177	5	»
» à divers pour 15 avirons de 28 à 30 pieds	336	»	»
» à Pehico aîné pour lest, transport d'effets en rade, assistance aux halages et pilotage	960	»	»
» à divers pour cage à poules, verlopes garnies, rabot, sacs de bastingage, lances, vitres et grattes	68	19	»
» à divers pour suif, savon et chandelle	524	»	»
	9.516	13	6

Débours et avances pour l'équipage.

Avances payées à l'équipage suivant les actes d'engagement et rôle	36.485	»	»
Au bureau de St-Malo, frais d'engagement, pensions avant le départ et conduire des gens engagés à Granville	1.584	5	»
	38.069	5	»

Frais divers.

Payé à divers pour expéditions des bureaux, grosse d'engagement	300	8	6
» à idem pour impression et timbre des reconnaissances d'intérêt et du compte d'armement	89	5	»
» pour port de lettres et magasinage	120	»	»
Payé à divers pour journées de charpentiers et fournitures faites à la réparation d'un bateau qui a servi pendant l'armement	26	1	»
	535	14	6
TOTAL des frais d'armement	169.336	»	8
Commission à 2 %	3.386	14	4
Livres	172.722	15	»

Je sous-signé, armateur du corsaire le *Tigre*, certifie le présent compte véritable, montant à cent soixante douze mille sept cent vingt deux livres 15 sols que j'ai ce jour déposé au greffe du Tribunal de commerce de cette ville, sauf erreur et omissions. A St-Malo, le sept juin 1793, l'an 2me de la République française.

M[1] DELASTELLE.

Enrègistré à St-Malo, le 7 juin 1793, l'an 2me de la Répub. fr. Reçu 20 sous.

BUISSON.

PIÈCE JUSTIFICATIVE N° 8.

L'armement d'un Corsaire (15 tonneaux).

VENTE PUBLIQUE A St-MALO DU CORSAIRE LE *Passe-Partout*.

Le 27 Germinal an IX, aux dix heures du matin, dans la salle du Ravelin ou bourse de cette ville, en présence du commissaire principal de la Marine et du préposé des Douanes, il sera procédé à éteinte de feux à la vente du corsaire le *Passe-Partout*, armé par les citoyens P. Peltier et Girodroux.

INVENTAIRE

Ledit Corsaire ayant :

33 pieds de tête en tête.
8 pieds 8 pouces de bau.
5 pieds de creux.

1°

Article du Timonnier.

2 compas de route.
1 loch garni.
2 petits plombs de sonde.
3 horloges de demi-heure.
2 dito de demi-minute.
1 dito de quart.
2 porte-voix.
1 pavillon anglais.
1 dito français et une flamme
1 longue-vue.

2°

Article du Charpentier.

1 tarière à 2 mouches.
1 herminette.
1 ciseau.
1 gouge.
1 couteau à 2 manches.
1 marteau.
1 vrille.
5 livres de clous environ.
1 maillet à calfat.

3°

Article du Maître.

1 étai de grand mât.
1 itague de grande drisse et son palan.
La drisse du mât de misaine avec son garant et la rocambole.
Amure d'écoute de grande voile.
Idem de la misaine.
1 bout d'aussière neuve.
4 poulies de rechange.
2 ancres.
1 pince.
1 anspect.
1 épissoir.
1 gratte.
1 croc à pompe et la pompe garnie.
1 cabane à feu.
14 avirons.
12 tolets en fer et quelques gueuses et morceaux de fer.

4°

Article du Canonnier.

2 canons avec leurs affûts.
2 pierriers.

16 fusils, pistolets, sabres.
5 haches d'arme.
18 épinglettes pour fusils.
40 pierres pour idem.
3 canons *en bois*.
4 boute-feux.
2 garde-feux.
4 platines et 4 plaques en plomb.
3 cuillers et tire-bourre.
6 écouvillons.
1 fanal de combat.
3 cornes d'amorce.
2 pinces à canons.
11 piques, 14 pistolets, 10 sabres.
2 espingoles.
4 grappins d'abordage.
1 caisse avec poudre et gargousse au Talard.

N. B. — Le *Passe-Partout*, armé en l'an V, fut vendu pour la somme de 1.225 fr. — L'armement avait coûté 13.959 fr.

PIÈCE JUSTIFICATIVE N° 9.

Equipage. — Artillerie. — Menues armes.

COURSE D'HIVER 1812 (St-S.).

	ÉQUIPAGE				ARTILLERIE	MENUES ARMES
	Inscrits.	Volontaires.	Etrangers.	Total.		
L'Edouard...............	4	18	—	22	6 canons de 1 l.	30 pistolets. 30 fusils. 10 sabres. 15 piques. 20 poignards.
Le Coursier	22	44	3 { 1 Amér. 2 Port.	69	6 canons de 2 l. 6 canons de 4 l. 6 canons de 6 l.	30 fusils. 30 pistolets. 24 haches d'armes. 24 sabres. 18 piques. 6 espingoles. 25 poignards.
Le Sans-Souci..........	28	48	29 { 28 Esp. 1 Sarde.	100	4 canons de 6 l. 4 caron. de 6 l.	48 fusils. 20 pistolets. 20 piques. 30 sabres. 24 poignards.
Le Furet..................	31	48	25 { 3 Dan. 2 Pruss. 1 Suéd. 3 Amér. 1 Port. 1 Sarde. 13 Esp. 1 Sicil.	104	6 canons de 6 l. 8 caron. de 6 l.	46 fusils. 26 pistolets. 20 piques. 30 sabres. 40 poignards.

SORTIE D'HIVER 1812 (*Suite*).

	ÉQUIPAGE				ARTILLERIE	MENUES ARMES
	Inscrits.	Volontaires.	Étrangers.	Total.		
Le Brestois	44	63	25 { 1 Sicil. 1 Pruss. 18 Port. 4 Esp. 1 Turc.	132	4 canons de 6 l. 10 caron. de 6 l.	30 fusils. 18 pistolets. 45 sabres. 12 haches d'arme. 26 lances. 50 poignards.
La Junon	48	19	20 { 17 Port. 1 Esp. 2 Amér.	87	10 canons de 4 l. 6 canons de 6 l.	40 fusils. 30 pistolets. 30 sabres. 30 poignards. 20 lances. 2 espingoles.
La Miquelonnaise	32	112	16 { 3 An. Am. 3 Dan. 5 Port. 3 Suéd. 1 Hongr. 1 Dantzig	160	4 canons de 12 l. 6 canons de 8 l. 6 canons de 6 l.	40 piques. 30 sabres. 20 pistolets. 75 fusils. 30 haches. 8 espingoles. 40 poignards.
L'Auguste	30	51	2 { 1 Esp. 1 Amér.	83	10 canons de 4 l. 4 caron. de 9 l.	45 fusils. 30 pistolets. 40 piques. 40 poignards. 30 sabres.

Pièce justificative n° 10. — **Rôle d'Equipage et répartition des parts du *Dinannais* (an XI).**

Versement du Reliquat.	NOMS	GRADE	DOMICILE	NOMBRE de PARTS	AVANCES	ACOMPTES	SOMMES restant à TOUCHER
		Etat-Major.					
Payé 23 brum. an XIII..........	J.-M. Cochet.	Capit.	St-Servan.	12	570	2.700	970.20
» 22 brum. »	Fr. Calipet.	2e capit.	id.	10	475	250	2.808.50
» 6 frim. »	Ch. Guischard.	1er lieut.	St-Méloir.	8	380	300	2.146.80
» 19 brum. »	P. Louët.	2e lieut.	St-Malo.	6	285	250	1.585.10
» 19 brum. »	Aim. Sauveur.	2e lieut.	id.	6	285	1.090	745.10
» à sa femme, sauf arrêt de 166 fr.							
» 23 brum. an XIII..........	J. Trevignac.	2e lieut.	Plouër.	6	332.6	946	841.60
» 18 brum. »	L. Letournel.	Enseig.	Dinan.	4	190	750	473.40
» 18 brum. »	L. Daulant [1].	Enseig.	St-Servan.	2	96	319	292.70
» 18 brum. »	P. Le Bigot.	Chirurg. et 2e lieut.	St-Malo.	6	285	1.090	745.10
» 18 brum. » .... sauf 322 fr. dus à Malapert.	Et. Goupil [2].	2e chir.	Corseul.	21/2	95	346	442.37
» »	J. Le Voyeu [3].	Enseig.	Dinan.	0	—	—	—
» 21 brum. »	F. Lucas.	Enseig.	Lancieux.	11/2	95	201	234.02
		Officiers mariniers.					
Payé 17 frim. an XIII..........	G. Le Bigot.	Maître d'éq.	Dinan.	4	104.5	350	958.90
» 18 brum. »	J. Guesnier.	M. canon.	id.	3	104.5	514	441 55
» 10 brum. »	A. Daguily [5].	M. voilier.	Plouër.	11/2	95	195	240.02
» » »	Et. Aubry [6].	M. voilier.	Dinan.	0	—	—	—
» » »	A. Besnard [7].	M. calfat.	id.	0	—	—	—
Remis à Dinan 6 fl. an XIII...	G. Coupé [8].	Cap. d'arm.	id.	1[1/2	95.0	100	344.52
Payé 18 brum. an XIII..........	G. Rolland.	Cap. de vol.	id.	3	85.5	515	402.55
		Matelots.					
Payé 18 brum. an XIII..........	J. Le Giemble.	Gabier.	Lancieux.	11/2	95	173	262.02
» id. à sa femme..........	P. Audrain.	id.	Dinan.	11/2	85.5	242	202.52
	M. Samson [9].	id.	id.	0	—	—	—
	G. Bordier [12].	Matelot.	id.	0	—	—	—
envoyé	M. Leroy [9].	id.	Plouër.	0	—	—	
	C. Le Bidan [9].	id.	Trémereuc.	0	—	—	
Payé 18 brum. an XIII..........	P. Mery.	id.	id.	1	76	158	119.35
Payé à l'armateur, 12 fr. pour loyer, 36 fr. à sa femme, 5 fr. 35.	F. Roussel.	id.	Dinan.	1	76	134	143,35
	F. Dubois [9].	id.	Pleurtuit.	0	—	—	—
Payé 28 prairial an XIII..........	J. Lainé.	id.	id.	11/4	95	75	271.69
	N. Beaupied [9].	id.	Plouër.	0	—	—	—
		Novices et surnuméraires.					
Payé 100 fr. aux armateurs... 58 fr. à sa mère.	J. Houitte.	Novice.	Plouër.	3/4	57	55	153.01
» » »	J. Hervé.	id.	id.	1/2	47.5	76	53.17
Payé aux héritiers 15 juill. 1803.	P. Anger.	id.	Dinan.	3/4	95	86	84.01
	N. Debon [11].	id.	id.	0	—	—	—
Versé à la Caisse des Invalides 28 février 1808..........	G. Edbery.	Matelot.	Suédois.	11/2	95	50	385.02
Payé aux armateurs, 148 fr. 11, pour vêtement et nourriture, le reste aux Invalides..........	B. Olson.	id.	id.	1	95	—	258.35
Aux Invalides, 1808..........	P. Sund.	id.	id.	1	95	—	258.35
Payé 19 nivôse an XIII..........	F. Foucault.	id.	St-Cast.	1	76	75	202.35
» 18 brum. an XIII..........	P. Delonde.	Cuisinier.	St-Malo.	2	114	221	371.70
	J. Samson.	Matelot.	St-Servan.	1			
	J. Chesnel.	Novice.	id.	3/4			
	F. Poignan [11].	id.	Dinan.	0			
	J. Méheux.	id.	Hédé.	1/2			

(1) N'a fait que les fonctions de volontaire, étant incapable de remplir celles d'enseigne pour lesquels il était engagé, ne connaissant nullement la mer.
(2) La 1/2 part pour s'être distingué dans les diverses actions du corsaire et avoir fait son quart comme officier.
(3) Débarqué à la Corogne pour cause d'insubordination.
(4) N'étant qu'un bon matelot incapable de remplir les fonctions d'enseigne.
(5) N'étant qu'un bon matelot n'a point rempli le poste de voilier.
(6, 7) Désertés à l'Aberwrach le 27 mars an XI.
(8) N'étant qu'un bon matelot, n'a point rempli le poste de capitaine d'armes.
(9) Désertés à l'Aberwrach le 27 mars an XI.
(10) Blessé à terre à Vigo dans une dispute particulière; n'a point rembarqué.
(11) Désertés à la Corogne avant la prise le *Duc d'York*

Rôle d'Equipage et répartition des parts du *Dinannais* (*suite*).

Versement du Reliquat.	NOMS	GRADE	DOMICILE	NOMBRE de PARTS	AVANCES	ACOMPTES	SOMMES restant à TOUCHER
			Mousses.				
	G. Desmaretz [1].	Mousse.	Dinard.	—	—	—	—
Payé 18 brum. an XIII	E. Thomas.	id.	Dinan.	1/2	38	25	113.67
» » »	N. Boucher.	id.	St-Servan.	1/2	38	31	107.67
Payé 19 mai 1806	P. Azor.	Volont.	Nègre.	1	47.5	—	305.85
			Remplacements pris à La Corogne.				
Payé 18 brum. an XIII	J. Morin.	3e maître.		2 1/2	75	422	386.37
» aux Invalides 28 fév. 1808.	M. Joseph.	Mauv. nov.	Santa-Cruz.	1/2	50	100	26.67
» » »	T. Ton.	Matelot.	Canaries.	1	50	250	53.35
» » »	D. de la Cruz.	Mauv. mat.	Portoric.	1/2	50	50	76 67
» » »	J. Nicole.	Novice.	Ste-Croix.	3/4	50	170	40.01
» 4 brum. an XIII	G. de Lotto.	id.	Pontevedre.	3/4	50	50	165.01
» aux Invalides	J. Larcher [2].	Mauv. nov.	St-Eustache.	1/2	30	50	96.67
» »	J. Pérès.	id.	id.	1/2	30	120	26.67
» »	P. Ortiz.	Novice.	Malaga.	3/4	30	195	40.07
» »	A. Garcia.	Matelot.	id.	1	20	280	63.35
» »	A. Blanco [3].	Novice.	id.	—	—	—	—
			Remplacements pris à Vigo.				
Payé 1er frim. an XIII	J. Serlandin.	Gabier.	St-Brieuc.	1 1/2	60	75	395.02
» 26 brum. an XIII	J. Le Loudec.	Matelot.	id.	1	60	75	218.35
» 19 brum. an XIII	A. Halliaume.	id.	Plouër.	1	60	110	183.35
» à sa famille 15 pl. an XIII.	J. Le Loutre [4].	Nov.	Coutances.	3/4	—	—	265.01
			TOTAL GÉNÉRAL de la Répartition	110 parts	5.413,6	13.359	19.169,4

(1) Déserté à l'Aberwrach.
(2) Les sommes non réclamées sont versées aux Invalides après un délai fixé.
(3) N'a pas embarqué.
(4) Cet homme se trouva couché à bord à Vigo, a rempli le poste de novice, a été tué dans l'engagement du 2 Complémentaire an XI.

Observations relatives au Règlement des parts du corsaire *Le Dinannais* (St-S.).

N. B. — Ce corsaire, pendant sa croisière (11 Messidor — 6 complémentaire an XI), a rançonné pour 3.000 fr. le corsaire anglais *Joseph-et-Grace* et capturé le *Duc-d'York* dont la liquidation particulière a eu lieu à Vigo (1).

Le règlement des parts de prises a été fait par les officiers de ce bâtiment, Jean-Marie Cochet, — Aimable Sauveur, — François Calipet, Pierre Le Bigot, en présence du Tribunal de commerce présidé par Auguste Despeschers avec Louis Gautier, Jean-Baptiste Marion comme assesseurs ; Lamoureux, greffier. Le commis ordinaire de Marine Thomas Nicolas Dutuit, agissant pour le sous-commissaire y assisté.

L'état de répartition est fixé sur la liquidation du 30 vendémiaire an XII qui porte la part (déduction faite de la rançon non recouvrée) à 353 fr. 35.

Le commissaire de Marine ayant reçu des armateurs le reliquat des sommes gagnées, le transmet aux ayants droit.

— Le Rôle d'équipage du *Charles*, au retour de la Martinique (1809), se trouve aux Arch. nat., F7 8048. Il est fort intéressant parce qu'il contient les notes recueillies par la police sur chacun des membres de l'équipage et sur les passagers.

PIÈCE JUSTIFICATIVE N° 11.

Précautions contre les déserteurs.

20 Frimaire an XIV.

LE COMMISSAIRE GAUDE AU MINISTRE

...... Quant à la formation des équipages, j'ose espérer qu'aucune fraude ne pourra s'y introduire.

Non seulement j'ai déclaré qu'aucune considération ne pourrait m'empêcher de retirer la Lettre de Marque à l'armateur sur le corsaire duquel il serait trouvé un seul homme qui ne dut pas y être et de le dénoncer à Votre Excellence, mais j'ai pris les mesures

(1) P. j. 76. Liquidation du *Duc d'York*

nécessaires pour rendre impossible toute supposition d'hommes dans le cas où il en serait tenté et, conformément à vos ordres, je me suis concerté avec MM. Epron et Fougeray, commandants des forces navales de la Sous-Préfecture, à l'effet d'être instruit assez promptement de l'absence de tout marin de leurs équipages pour en faire faire la recherche la plus sévère.

Au reste, j'ai peu de crainte à l'égard de l'équipage de la *Piémontaise ;* il a été consigné et ne communique pas avec la terre depuis plus de 10 jours.

GAUDE.

PIÈCE JUSTIFICATIVE N° 12.

Les visites à bord des Corsaires durant les relâches.
(Copie de lettres du Sous-Commissaire de Lannion).

A BOZEC, SYNDIC DES MARINS A PERROS

(1809).

D'après un rapport qui a été adressé à M. le Général Préfet maritime, il est instant de passer à bord les revues de présence prescrites pour s'assurer que tout homme présent est porté sur le Rôle d'équipage et que surtout il n'est pas déserteur d'un bâtiment de l'Etat. M. le Préfet maritime ayant été informé de certaines irrégularités à cet égard, me rappelle l'observance stricte de cet ordre de service. Pour remplir ses vues et ne point encourir de blâme, ni vous ni moi, je vous prie chaque fois que quelque aventurier relâchera dans votre port de passer *inopinément* et quand vous le jugerez à propos les dites revues, en visitant scrupuleusement les dits bâtiments, afin de vous convaincre qu'il n'existe pas plus d'individus à bord que n'en comporte le Rôle d'équipage. Si vous trouvez des marins du service sous de faux noms, enfin illégalement embarqués, remettez-les tout de suite à la force armée pour les conduire à mon bureau. En même temps faites-moi connaître le nom du corsaire, de l'armateur, du capitaine, pour que je puisse rendre des comptes aussitôt au Préfet maritime.

Pièce justificative n° 13.

Découverte d'un déserteur à bord d'un Corsaire. — Ruses en usage.

30 Octobre 1810.

Gaude au Ministre de la Marine (St-S.).

M. Philippe, officier de marine de Cherbourg, chargé de visiter les corsaires qu'il rencontrerait, afin de s'assurer si quelques-uns des déserteurs des bâtiments de l'Etat n'y seraient point embarqués, parvenu à Bréhat, y a fait l'inspection de divers corsaires qui y étaient en relâche. Il n'a trouvé aucun des hommes qu'il cherchait, mais étant à bord du *Coursier*, armé à St-Malo par la maison Kermel-Villedaulé et commandé par le Sr Le Gonidec, il a cru reconnaître un homme valide dans un homme inscrit au rôle comme invalide, sous le nom de Julien Toussaint Loisel. Ayant fait conduire ce marin à bord du stationnaire le *Laborieux* ; là, en présence de deux officiers de ce bâtiment, il a interrogé le prétendu Loisel, qui alors a déclaré être René Seveno, né à Vannes, âgé de 22 ans, déserté depuis deux mois environ de la corvette la *Diligente*, sur laquelle il servait comme matelot à 21.

M. Philippe, conformément aux instructions dont il était porteur, a requis M. Gravereau de retenir à son bord ce déserteur et a retiré la Lettre de Marque du corsaire....

Voici ce qui a dû avoir lieu lors de la visite au bureau de l'Inscription maritime à St-Malo :

Séveno n'a point été présenté, ainsi qu'il le dit lui-même, mais on a fait paraître à sa place Julien Toussaint Loisel, novice congédié en l'an 7, comme épileptique, du port de Brest et depuis classé parmi les hommes hors de service.

Je fais venir ici le déserteur, pour avoir des déclarations plus circonstanciées sur son engagement et particulièrement sur les personnes qui se sont entremises dans cette affaire et qu'il a refusé de nommer à Bréhat.

25 Octobre 1810.

...... Séveno n'a voulu faire connaître ni la personne chez qui il a été logé, ni la rue ni la maison que cette personne habite ; selon lui ce sont des femmes qu'il n'a vues qu'un instant qui ont tout arrangé.

N. B. — Les armateurs du *Coursier*, dans une supplique au Ministre, font remarquer que jamais pareille chose ne leur était encore arrivée, que l'erreur était explicable et la Lettre de Marque leur est rendue.

PIÈCE JUSTIFICATIVE N° 14.

Equipement des marins faisant la course (St-S.).

Inventaire des effets de Antoine Rebours, matelot du corsaire le *Courrier de la Manche*, noyé en mer le 1er février 1806, en faisant une manœuvre de nuit difficile.

Un sac.
Une paire de souliers.
Deux vieux gilets.
Deux paires de bas de laine.
Trois vieilles chemises.
Un caleçon.
Une mauvaise culotte.
Deux serre-tête.
Un couteau.
Une cuillère.
Une couverture.
Trois livres en argent.

7 Mars 1807.

Inventaire des effets de Auguste Charlesse, de Dinan, novice à bord du *Glaneur*, tombé à la mer et noyé en montant d'un canot à bord.

Une mauvaise chemise.
Un gilet de piqué.
Un demi mouchoir d'indienne.
Un mauvais gilet.
Un pantalon bleu.
Un vieux chapeau.
Une culotte de cuir.
Une paire de souliers.

PIÈCE JUSTIFICATIVE N° 15.

Engagement de l'équipage du *Dinannais* (St-S.).

An XI.

Par devant nous, François Louis Xavier Malapert et son confrere, notaires publics du ressort du tribunal civil de St-Servan.

Furent présents les ci-après nommés de l'équipage du corsaire brig le *Dinannais*, armé en ce port par MM. Jean Ravaleux et Co, négociants et armateurs demeurant en cette ville et commune de St-Servan, pour y faire la course contre les ennemis de l'Etat pendant soixante jours, sous le commandement de M. Jean Marie Cochet, engagés par un acte passé entre eux et les dits Ravaleux et Co, au rapport de Malapert, acte dont l'un de nous a gardé la Minute.

Suivent les noms des marins formant l'équipage du *Dinannais*.

Voir au P. j., n° 10, Rôle d'équipage du *Dinannais*.

PIÈCE JUSTIFICATIVE N° 16.

Demande d'une « Lettre de Marque » (St-S.).

An XI.

Je sous-signé Jean Ravaleux et C°, négociant à St-Servan, déclare vouloir armer en course notre corsaire le *Dinannais* dont suivent les proportions :

Longueur de tête en tête .... 65 pieds.
— Bau .... 17 pieds.
— Creux .... 9 pieds.

Le dit corsaire sera armé de 4 canons de 4, trente fusils, dix-huit pistolets et autres menues armes avec cinquante hommes d'équipage.

Nous prions le Citoyen Commissaire principal de la Marine de vouloir bien nous délivrer une Lettre de Marque, nous soumettant aux Règlements et Lois concernant la course.

St-Servan, 4 Prairial an XI.

J. RAVALEUX et C°.

Apostille du Commissaire.

Je prie le citoyen Pestel, officier du Génie maritime de faire faire la visite du bâtiment mentionné ci-dessus et de rapporter son certificat à la suite du présent renvoi.

BLESCHAMPS.

Certificat de l'Ingénieur.

Nous, officier du Génie, certifions avoir visité le corsaire le *Dinannais* et l'avoir trouvé parfaitement en état de prendre la mer.

PESTEL.

Envoi de la demande au Ministre.

Je vous adresse ci-joint une pétition des citoyens J. Ravaleux et C° pour obtenir la Lettre de Marque de leur corsaire le *Dinannais.* Je joins à cette pièce le procès-verbal de l'Ingénieur constatant les qualités de ce bâtiment. La moralité et la solvabilité des armateurs et capitaines sont avantageusement connues.

Pièce justificative n° 17.

Lettre de Marque de *La Républicaine* (St-S.).

N° 1. *1793.*

Liberté Egalité

Au nom de la République française. Le Conseil exécutif provisoire de la République française permet par les présentes au citoyen René Rassy, capitaine à St-Malo, de faire armer et équiper en guerre un corsaire nommé la *Républicaine*, du port de 60 tonneaux environ, actuellement à St-Malo, avec tel nombre de canons, boulets et avec telle quantité de poudre, plomb et autres munitions qu'il jugera nécessaires pour courir sur les pirates, forbans, gens sans aveu et généralement sur tous les ennemis de la République française, en quelque lieu qu'il pourra les rencontrer, de les prendre et amener prisonniers avec leurs navires, armes et autres objets dont ils seront munis, à charge pour le dit Rassy de se conformer aux ordonnances de la Marine, aux Lois décrétées par les Représentants du Peuple français et notamment à l'article IV de la Loi du 31 janvier concernant le nombre des hommes devant former son équipage et de faire enregistrer les présentes au bureau des classes du lieu de son départ et d'y déposer un rôle signé et certifié de lui et contenant les noms et surnoms, âge, lieu de naissance et demeure des gens de son équipage et, à son retour, de faire son rapport devant l'officier chargé de l'administration des classes de ce qui se sera passé pendant son voyage.

Le Conseil exécutif provisoire requiert tous les peuples amis et alliés de la République française de donner au dit Rassy toute assistance, passage et retraite en leurs ports pour ce vaisseau et les prises qu'il aura pu faire, offrant d'en user de même dans pareille circonstance. Mande et ordonne aux commandants des bâtiments de l'Etat de laisser passer librement le dit citoyen Rassy avec son vaisseau et ceux qu'il aura pu prendre sur l'ennemi et de lui donner secours et assistance.

Ne pourront les Présentes servir que pour trois mois seulement, à partir de la date de leur enregistrement.

En foi de quoi le Conseil exécutif provisoire a fait signer les présentes Lettres par le Ministre de la Marine et y a fait apposer le sceau de la République.

Donné à Paris le 11me jour du mois de février 1793 l'an second de la République française.

MONGE.

Pour le Ministre de la Marine,

COTTREAU.

Suivent les signatures des administrateurs du district de St-Malo.

JOUANJAN — BOULLET,
LEROY — GOÜET.

PIÈCE JUSTIFICATIVE N° 18.

Enregistrement de la Lettre de Marque du *Duguay-Trouin* (St-S.).

Le *Duguay-Trouin*
450 t.

11 Mars 1793.

A comparu le citoyen Nicolas Legué, capitaine du corsaire de St-Malo le *Duguay-Trouin* de 450 tonneaux, armé de 24 canons de 6 livres de balle ; dont sont armateurs les citoyens Perrée, Guillemaut et Bodinier, demeurant à Granville et St-Malo ; lequel dit citoyen Legué a présenté et requis l'enregistrement d'une Lettre de Marque 18e, signée et scellée comme les autres, délivrée le 3 de ce mois et paraphée par les administrateurs et procureurs syndics du district de cette ville ; de plus a déposé un double du Rôle des gens de son équipage et s'est soumis de garder et faire garder par les gens de son équipage les ordonnances de la Marine et lois décrétées par les Représentants du Peuple français, notamment l'article IV de la loi du 3 janvier concernant le nombre d'hommes devant former son équipage et de donner caution recéante et solvable de la somme de 15.000 livres pour sûreté de l'entière exécution de la présente soumission. En conséquence a dit le citoyen Legué fait intervenir en cet endroit les citoyens Perrée, Guillemaut et Bodinier, négociants, armateurs du dit corsaire, lesquels ci-présents se sont volontairement soumis au cautionnement de 15.000 livres sans division ni discussion de biens avec le dit citoyen Legué et ont signé après lecture.

PERRÉE, GUILLEMAUT, BODINIER,
DUFRESNE, LEGUÉ.

PIÈCE JUSTIFICATIVE N° 19.

Commission de conducteur de prise (St-S.).

Le Directoire exécutif autorise par ces présentes le citoyen........., capitaine du........., nommé le........., du port de......... tonneaux ou environ et armé et équipé en guerre au port de........., suivant Lettre de Marque expédiée sous le n°........., dûment enregistrée au bureau des classes de......... à amener ou à envoyer dans un Port de France ou des colonies tous les bâtiments des ennemis de la République, des pirates, des forbans, gens sans aveu qu'il aura pu prendre et faire prisonniers, à moins que le dit capitaine du......... ou celui qu'il aura chargé de la dite Prise, n'ait été forcé par la tempête ou par les ennemis de relâcher en quelque port neutre : auquel cas il sera tenu de justifier des motifs de la relâche et d'en donner incessamment avis aux intéressés à l'armement, à la charge pour le dit......... ou pour son capitaine de prise, de faire tant par devant le Tribunal compétent que par devant l'officier chargé de l'administration des classes du lieu du retour ou de la relâche, le rapport ordonné par l'art. 27, titre des prises, de l'ordonnance de 1681 et par les dispositions des autres lois non abrogées.... Les présentes porteront le numéro de la Lettre de Marque délivrée au dit capitaine qui sera tenu d'inscrire ci-dessous le nom et le pavillon du bâtiment pris, le jour et l'heure où il l'aura été, en quel lieu et à quelle hauteur.

En foi de quoi, le Directoire exécutif a fait signer les présentes par le Ministre de la Marine et des Colonies.

A Paris, le......... l'an......... de la République française.

Je soussigné, capitaine du corsaire nommé le............, ai délivré la présente commission à........, conducteur de la prise nommée....... dont était maître........., du port et hâvre de......... en......... la dite prise faite par moi sous-signé........., capitaine du dit corsaire, à la hauteur de......... Fait en mer, le......... l'an......... de la République française.

PIÈCE JUSTIFICATIVE N° 20.

Un billet de rançon.

N° 81. *3 Brumaire an XII.*

La *Cléopatra.*

Nous, sous-signé Alexandre Etienne, capitaine du corsaire le *Vaillant*, armé au port de Bordeaux par les citoyens Forbe, cautionné par les citoyens Faure et Gautier, porteur d'une Lettre de Marque n° 167, agissant d'après l'autorisation spéciale que j'ai reçue des dits armateurs le 30 Fructidor..................................
Et moi Th. Filleul, commandant le navire la *Cleopatra*, sommes convenus ce qui suit.

Savoir :

Moi, Alexandre Etienne, j'ai pris le 2 du présent mois de Brumaire an XII, à la hauteur de 50° — 41° le dit navire la *Cleopatra* de 120 tonneaux ayant 25 hommes d'équipage, naviguant sous pavillon anglais, muni d'un passe-partout délivré à Jersey, chargé de morue sèche et verte pour le compte de MM. Fall et Durell, lequel navire j'ai rançonné à la somme de 34.200 fr. pour laquelle j'ai remis en liberté le dit navire la *Cleopatra.*

Pour sûreté de la dite rançon j'ai reçu en ôtages :

MM. Hellier Langlois, 2me capitaine, de Jersey. Thomas Monami — Hélier Brée — Thomas Fauvel.

Et moi, Thomas Filleul, commandant le dit navire la *Cleopatra*, tant en mon nom qu'en celui de MM. Fall et Durell et autres propriétaires du dit navire et de sa cargaison, déclare m'être soumis volontairement au paiement de la dite rançon montant à la somme de 34.200 fr. que je m'engage à acquitter ou à faire acquitter par les dits propriétaires, le plus promptement qu'il me sera possible.

Pour sûreté du présent traité, j'ai donné en ôtages au capitaine du dit corsaire le *Vaillant* les hommes désignés ci-dessus.

Fait en double à bord du corsaire le *Vaillant*, le 3 brumaire an XII.

On board of the private ship of war le *Vaillant* Oct. 26. 1803. — I say fourteen hundred twenty five pounds sterl.

Ths FILLEUL.

16

N. B. — La *Cléopâtra*, jouant de malheur, fut prise une seconde fois et amarinée par le corsaire de St-Malo la *Sorcière*.

La cargaison fut vendue 65.461 83
Le navire .... 15.100 »

Les armateurs du *Vaillant* réclament leur rançon Pj. p. 69, qui fut payée après procès. V. Liquidation de la *Sorcière*, 1re course, 2 flor. an XII et P. j., n° 72 *bis*-142.

PIÈCE JUSTIFICATIVE N° 21.

Armements en guerre et marchandises.

29 Pluviôse an VIII.

LETTRE DU COMMISSAIRE BLESCHAMPS AU MINISTRE DE LA MARINE (Archives de la Marine, St-Servan).

J'ai reçu votre dépêche du 12 de ce mois par laquelle vous me demandez mes observations sur le projet de restreindre les armements en course et de favoriser les expéditions en guerre et marchandises pour nos colonies,, pendant les six mois qui vont s'écouler entre les deux équinoxes.

Pour répondre à la confiance que vous me témoignez, je m'empresse de vous transmettre les renseignements que j'ai été à portée de recueillir, tant sur les avantages qui peuvent résulter de cette mesure que sur l'exécution dont elle est susceptible dans ce port.

La saison favorable à la course touchant à sa fin, le commerce, éclairé sur ses intérêts, va de lui-même suspendre la plus grande partie de ses armements contre l'ennemi et d'après cette considération il est sensible que le succès des armateurs n'est nullement contrarié par le ralentissement que le Gouvernement se propose de mettre dans les armements dont il s'agit. Mais le projet de leur donner une autre direction en favorisant les expéditions en guerre et marchandises pour nos colonies peut-il obtenir quelque succès dans ce port ? Les informations prises à ce sujet permettent d'en douter. Il n'existe point ou du moins très peu de bâtiments à Port-Malo convenables pour ce genre d'expédition. Les marchandises essentiellement propres aux besoins actuels de nos colonies, telles que les farines, les vins, les salaisons, ne se tirent pas de ces contrées.

La plupart des armateurs ne sont ici que de petits capitalistes qui ne travaillent qu'avec les fonds des actionnaires et ceux-ci en général ne cherchent à s'intéresser que dans des expéditions peu lointaines et de courte durée. D'ailleurs, le résultat peu avantageux de la course pendant cet hiver et le précédent a sensiblement diminué l'empressement que l'on a eu tout d'abord pour les tentatives de cette espèce.... La pêche de la morue et l'exportation des toiles de Bretagne formaient les deux seules branches du commerce de Port-Malo. La majorité des commerçants ont pendant cette guerre tourné leurs spéculations et leurs moyens vers la course. Elle a rempli il est vrai leurs espérances dans l'an V et l'an VI. Mais le peu de fruits qu'ils en ont retiré depuis deux ans les a sensiblement refroidis. Cet effet qui s'est manifesté dans les autres places maritimes était inévitable. Notre ennemi, si attentif à écarter tout ce qui peut lui nuire et instruit par les pertes que nous lui avons fait éprouver, a pris toutes les mesures pour en éviter de nouvelles. Ses convois ont été fortement escortés, ses bâtiments caboteurs ont navigué avec précaution, la plupart même se sont mis sur la défensive et dès le retour de la saison propice à nos corsaires il a eu soin d'établir sur nos côtes et particulièrement à l'entrée de nos ports une chaîne de bâtiments légers. Il est ainsi parvenu à enlever en peu de temps la plus grande partie de nos faibles corsaires et ceux qui lui ont échappé sont rentrés sans avoir fait aucune capture ou les prises qu'ils ont amenées ont été si peu conséquentes qu'à peine ont-elles couvert les frais d'armement.

D'après ces faits, on peut avancer que la course nous deviendrait toutes les années plus difficile si l'on continuait à la faire avec des moyens aussi faibles et aussi mal concertés contre un ennemi puissant qui se tient sur ses gardes. Elle nous enlèverait sans compensation une partie de notre numéraire et épuiserait peu à peu le reste de nos marins à qui le long séjour des prisons d'Angleterre a été funeste sous tant de rapports.

Mais, comme d'un autre côté, des raisons majeures rendent nécessaires les armements particuliers, l'intérêt du commerce et celui de la République exigent évidemment un changement de principes sur cet objet. Au lieu de tolérer comme par le passé toutes les expéditions maritimes, il convient désormais de n'accorder de Lettres de Marque qu'aux bâtiments qui, par la quantité de vivres qu'ils prendraient, par la force de leur artillerie et la vitesse de leur marche, pourront être employés à des croisières éloignées, résister à l'ennemi ou échapper à sa poursuite.

Quant aux expéditions en guerre et marchandises pour les Colonies, les données que l'on s'est procuré à cet égard permettent d'assurer que le commerce de cette place ne peut en entreprendre aucune pendant le cours de cette année.

BLESCHAMPS.

PIÈCES JUSTIFICATIVES n° 22.

1° Cargaison d'un « Aventurier » au départ de Saint-Malo.

LETTRE DE GAUDE AU MINISTRE.
(Arch. nat., BB⁹ (Marine), 338.)

2 Juillet 1808.

Le *Spéculateur*, armateur Dubois, capitaine Pradère-Niquet :

70 milliers de farine.	200 aunes de drap.
20 milliers de salaisons.	2.000 aunes de toile.
4 tonneaux de vin.	2.000 sacs à café.
2 milliers de daubes.	Des souliers, chapeaux.
4.000 livres de beurre.	Divers articles de mode.

2° Cargaison d'un « Aventurier », retour des Colonies.
(Copie de lettres du Sous-Commissaire de Lannion).

27 Décembre 1809.

AU PRÉFET MARITIME CAFFARELLI,
A L'INSPECTEUR JURIEN, DE BREST,
A DUSOSSOIS, COMMISSAIRE DE MARINE A MORLAIX.

J'ai l'honneur de vous rendre compte de l'arrivée sur la rade de Perros avant hier après midi de la goëlette la *Gazelle*, capitaine Giron, armateur M. Blaize, de St-Malo. Ce bâtiment a été expédié en aventurier, le 21 décembre 1808, pour l'Ile de France et a quitté cette colonie le 17 septembre 1809.

Son chargement se compose de :

Café	52.250 poids de marc.
Sucre	21.845
Poivre	34.300
Girofle	1.390
Thé	3.180
Indigo	14.916
Soie	308
Coton	9.998
Bois d'ébène	6.715 en 73 billes.

Pièce justificative n° 23.

La Course d'été. — Ses inconvénients.

11 Avril 1806.

Le commissaire Gaude au Ministre de la Marine
(St-S.).

J'ai fait connaître aux armateurs de ce port les dispositions de votre dépêche du 27 mars qui leur permet de prolonger la durée de leurs Lettres de Marque et la course de leurs corsaires non seulement jusqu'au 1er mai, mais même pendant trois et six mois selon le désir qu'en témoignaient ces armateurs et la nature des expéditions auxquelles les corsaires auront été employés.

Peu d'entre eux profiteront en ce moment de cette faculté. La force des stations ennemies qui couvrent la Manche et dont le nombre augmente continuellement, l'accroissement des jours qui ne laisse plus l'espoir d'échapper à la faveur de la nuit à la poursuite de l'ennemi et moins encore celui de faire atterrir les prises que l'on aurait pu faire ont convaincu les armateurs que leur véritable intérêt était de suspendre la course pendant les mois d'été ; en conséquence ils se sont déterminé à faire rentrer leurs navires et en ce moment le *Général-Pérignon*, le *Bougainville*, le *Marsouin*, le *Courrier de la Manche*, la *Constance*, la *Bohémienne* sont en désarmement. Il en serait de même de la *Clarisse*, de l'*Intrépide*, de la *Confiance* si ces corsaires étaient rentrés ; mais depuis plus d'un mois ils n'ont pas rallié les côtes de France et l'on commence à craindre non sans raison qu'ils soient tombés au pouvoir de l'ennemi.

MM. Le Même et Gaultier cependant se proposent de faire continuer la course de leur péniche la *Sorcière ;* ils se fondent sur le succès qu'elle a obtenu l'an dernier dans la saison d'été ; ils se flattent qu'elle échappera à l'attention de l'ennemi et en effet elle est très propre à lui donner le change à raison même de son exiguité ; elle n'a guère que les apparences d'un bateau de pêche et au besoin elle trouve des refuges partout où de plus grands bateaux ne pourraient aborder... Il en est de même pour le *Poisson-Volant* de M. Robert Surcouf.

Gaude.

Pièce justificative n° 24.

Dangers de la Course d'été.

12 Avril 1809.

Le commissaire Gaude au Ministre de la Marine

J'ai l'honneur de vous envoyer la pétition de MM. Delorme-Villedaulé qui était jointe à votre lettre du 5 et dont l'objet était de vous demander une Lettre de Marque pour son corsaire le *Jean-Bart* auquel il se propose de faire faire la course pendant l'été...

Je pense que dans les circonstances actuelles il y a bien peu de chances heureuses à espérer d'une course d'été. Les Anglais et les autres puissances maritimes en guerre avec nous n'ont que bien peu de bâtiments du commerce dehors ; peu d'espoir donc de trouver des prises à faire. Les croisières ennemies sont nombreuses et fort actives ; donc en supposant les prises faites, beaucoup de difficultés pour les faire atterrir et une forte présomption qu'elles seront reprises ; enfin on doit regarder comme heureux que les corsaires eux-mêmes puissent échapper à l'ennemi...

En vous soumettant ces observations, je suis loin de l'intention de nuire au commerce auquel il ne reste guère d'autres spéculations à faire que celle de la course, mais je vous devais la vérité et je n'ai pas hésité à vous la présenter.

Gaude.

Pièce justificative n° 24 *bis*.

Les Armements en course diminuent. — Un état général pour 1811.

Rapport du Ministre De Crès a l'Empereur
(Arch. nat., AF^{IV}, 1199.)

6 Septembre 1811.

... Toutes les fois que des demandes de Lettres de marque parviennent, elles sont expédiées immédiatement parceque les administrateurs des ports savent que j'écarterais celles formées pour des armateurs dont la solvabilité ne serait pas attestée. Tous les encouragements promis par le Règlement du 2 Prairial an XI (22 mars 1803) sont accordés aux armateurs du moment que leur droit à les obtenir est constaté.

Plusieurs causes néanmoins contribuent à rallentir les armements en course ; les unes tiennent aux circonstances actuelles, et quant aux autres, il ne m'appartient pas de proposer les modifications qui pourraient être désirées : Cela regarderait l'administration des douanes.

... Les armements nombreux ordonnés par Sa Majesté, les levées effectuées dans l'Empire et dans tous les pays soumis à sa domination laissent fort peu de ressources aux armateurs particuliers pour la composition de leurs équipages et cet état de choses ne peut pas changer prochainement : on a même été forcé de rappeler les peines prononcées contre les armateurs qui provoqueraient la désertion des marins levés pour le service de Votre Majesté. Tel a été l'objet du décret impérial du 12 avril 1811.

La course a dû aussi se restreindre depuis que les corsaires français ne peuvent plus se porter dans les Mers des 2 Indes où privés de ports ils ne pourraient conduire les prises qu'ils auraient faites.

Enfin la législation actuelle des douanes excite souvent les réclamations des corsaires... Ceux de la Baltique par exemple ne peuvent prendre que des bateaux allant en Angleterre ou ceux qui en viennent. Ces derniers sont chargés des denrées coloniales ou de marchandises manufacturées, dont les unes sont soumises à un droit presque égal à leur valeur intrinsèque dans le pays et les autres doivent être brûlées. Les bâtiments allant en Angleterre y portent les produits bruts du Nord tels que grains, planches, bois et autres objets sans valeur dans un lieu autre que celui de leur destination et dont il est expressément défendu de les laisser sortir. Quel avantage reste-t-il aux armateurs de faire la course ? Aucun. Ils ont même des risques à courir puisqu'ils sont obligés de faire des avances considérables à leurs équipages et qu'ils sont exposés à perdre leurs bâtiments, ce qui est arrivé plusieurs fois. Ils se verront bientôt forcés de renoncer à ces ruineuses spéculations.

Quant aux jugements prononcés par le Conseil des Prises et à sa doctrine relativement aux bâtiments américains capturés par des corsaires français, Votre Majesté sait que ce Conseil est placé presque immédiatement sous la direction du Grand Juge et je remplirai à cet égard ses intentions autant qu'il dépendra de moi.

DECRÈS.

État des Armements en Course à la date du 6 Septembre 1811.

Ports hanséatiques (Hambourg-Brême)			6
Hollande (Amsterdam)			6
Circonscription de Anvers			1
1er arrond. marit. (Boulogne, Calais, Dunkerque)			29
2e arrond. marit. (Cherbourg, Dieppe)			5
3e arrond. marit.	Brest	L'*Auguste*	24
		Le *Diligent*	
	Roscoff	Le *Général-Valletaux*	
		Le *Brestois*	
		L'*Original*	
	Le Conquet	L'*Émilie*	
		La *Dorade*	
		Le *Molennais*	
		L'*Olympe*	
	Saint-Malo	Le *Courrier*	
		L'*Amélie*	
		Le *Grand-Jean-Bart*	
		Le *Petit-Charles*	
		Le *Turbulent*	
		Le *Rôfleur*	
		Le *Malouin*	
		Le *Courageux*	
		La *Gazelle*	
		La *Junon*	
		Le *Spéculateur*	
		L'*Edouard*	
	Morlaix	La *Gazelle*	
	Binic	L'*Espadon*	
	Granville	La *Péniche*	
4e arrond. marit. (Nantes, Lorient)			3
5e arrond. marit. (Bordeaux, Bayonne)			12
6e arrond. marit. (Toulon, Marseille)			10
7e arrond. marit. (Gênes et Livourne)			17
Civita-Vecchia			1
Consulats			17
TOTAL			131

N.B. — Le tableau donne l'équipage des corsaires, sauf pour les petits. — Un autre état du 27 Septembre 1811 réduit à 92 le nombre total des corsaires armés. Il n'y en aurait plus que 15 dans le 3e arrondissement montés par 869 Français et 163 étrangers. Les dépenses d'armement s'élèveraient à la somme de 1.265.000 francs

La Campagne

Pièce justificative n° 25.

La Course aux îles anglo-normandes.

16 Août 1807.

Lettre de Gaude au Ministre de la Marine

Les citoyens Coste, Guillemaut et Pimor ont obtenu des Lettres de Marque pour de petits bâtiments que chacun d'eux projetait de tenir en course dans les environs de Jersey ou de Guernesey durant la belle saison.

Il me paraît, d'après les renseignements pris, qu'un semblable projet ne peut offrir de chances de succès que pour un ou deux petits bâtiments au plus. Il faut que, cachés dans les rochers des îles inhabitées qui avoisinent Jersey ou Guernesey, ils puissent de là épier les bâtiments du commerce, les surprendre et s'en emparer en évitant d'être aperçus des croiseurs anglais et surtout de laisser deviner leur retraite.

Les probabilités du succès sont d'ailleurs évidemment en raison inverse du nombre des bâtiments qui seront employés à ce genre d'opération.

N. B. — Chacun de ces armateurs croyait être le seul à avoir eu cette idée : Deux se retirent volontairement.

Pièce justificative n° 26.

Sortie de l'Isle de Batz.

Correspondance suivie entre le capitaine Lemaître et M. Augustin Thomas aîné, armateur du *Duguay-Trouin*.

(N° 5) du *19 Germinal an XII.*

5 h. du soir.

Monsieur,

Etant dehors de la passe du Ouest et faisant faire route pour être au pont du Cheval avant la nuit, pour y prendre notre point de départ, la Vigie qui était en surveillance au bout de 5 h. 1/2 m'annonce deux croiseurs dans le N. O. 1/4 O., faisant route pour nous couper le pont du Cheval. Un moment après la Vigie nous annonce deux autres dans le N. E. faisant route sur l'île de Batz. Etant croisé à l'Est comme à l'Ouest, je ne pouvais avoir d'autre refuge qu'en mettant en panne, collé à terre en espérant la nuit, parce que je n'avais point d'autre port ouvert sous le vent. Je restai pendant deux heures dans cette attitude à 7 h. 1/2, la nuit étant bien faite, ayant bien fait observer leurs manœuvres par mes officiers, j'ai joué le coup d'atout et me suis déterminé à passer dans le milieu de ces 4 croiseurs faisant gouverner au N. N. O. du compas. A 11 h. j'avais doublé ces messieurs de la distance qu'il me restait au moment de faire route.

Nota. — Le *Duguay-Trouin* emportait ses 9 à 10 nœuds à l'heure.

LEMAÎTRE.

PIÈCE JUSTIFICATIVE N° 27.

Naufrage de *La Clarisse* aux Ebihens.

22 Février 1807.

LETTRE DE GAUDE AU MINISTRE DECRÈS

Du 16 au 19 de ce mois nous avons éprouvé une violente tempête, les vents venant du N. ou N. O. Elle a causé la perte du corsaire la *Clarisse* armé par MM. Villehuchet et Lachambre, commandé par le Sr Geffroy, ci-devant enseigne auxiliaire.

Ce corsaire, chassé par une frégate ennemie, s'était réfugié dans la rade des Ebihens ; surpris par la tempête dont rien n'abrite cette rade et ayant rompu ses câbles, il a tenté d'entrer dans une petite crique connue sous le nom de Port La Chapelle, mais ayant touché à l'entrée où il n'y avait point assez d'eau pour le recevoir, il a été jeté sur un rocher, s'y est ouvert et a coulé. Cet événement a eu lieu le 18 vers 9 h. du matin. Dès que les signaux me l'eurent fait connaître je tentai d'envoyer une chaloupe armée au secours du bâtiment en danger, mais la mer était si terrible et les vents si violents, que cette chaloupe ne put doubler la pointe de la Cité et fut obligée de rentrer après avoir été 20 fois sur le point d'être submergée.

D'après les rapports que sont parvenus, le bâtiment ne pourra pas être relevé.

Des 36 hommes qui composaient l'équipage, 16 ont péri, 20 ont été sauvés, mais parmi ces derniers, il en est plusieurs que le froid, les fatigues et les contusions reçues en abordant la terre ont mis dans un état qui fait craindre pour leur vie.

Les habitants de St-Jacût ont montré dans cette circonstance beaucoup de dévouement et se sont exposés aux plus grands dangers pour arracher à la mer quelques-unes de ses victimes. On doit des éloges particuliers au courage du nommé Dominique Le François qui le premier s'est jeté à la mer et a, par son exemple, encouragé les Jacuains et seul a sauvé 4 hommes. Les armateurs sont sur les lieux.

GAUDE.

PIÈCE JUSTIFICATIVE N° 28.

Une mutinerie à bord de l'*Aventurier*, an VIII.

CROISIÈRE DU TROIS-MÂTS L'*Aventurier* DE 18 CANONS DE 6 ET DE 8 MONTÉ PAR 100 HOMMES D'ÉQUIPAGE ET COMMANDÉ PAR LE CAPITAINE ZEPERT.

(Mémoires d'ANGENARD, *Annales de Bretagne*, t. VI.)

J'étais porté sur le rôle en qualité de lieutenant à 6 parts. Le 14 octobre 1800 nous quittâmes la rade de St-Malo pour nous rendre à Cancale où nous devions attendre 12 soldats de marine provenant de la frégate la *Didon* sur laquelle une portion de leur régiment était embarqué en supplément, par ordre du Ministre. On ferma les yeux sur leur désertion parce que c'étaient des sujets peu regrettables ; mais le même motif produisit en même temps un triste résultat pour le corsaire qui, par leur présence à bord, ne put faire aucune sortie. Lorsqu'ils furent embarqués avec 27 autres déserteurs, on leva l'ancre pour aller mouiller à Bréhat, afin d'y exercer l'équipage. À la première sortie, ces militaires ayant attiré dans leur complot une grande partie de leurs nouveaux camarades, refusèrent d'obéir au commandement d'appareiller, en donnant pour prétexte que le corsaire ne portait pas la voile. Cette manœuvre fut cependant exécutée, mais à leur corps défendant et l'état-major dût s'armer pour les contraindre à l'obéissance. Après deux heures de mer, le vent étant venu à fraîchir, le corsaire s'inclina plus fortement et l'on commit la faute de ne pas diminuer la voilure. Ils profitèrent de cette maladresse pour insinuer au reste de l'équipage que le lest n'était pas suffisant et la mutinerie devint générale. Le capitaine qui, dans une autre circonstance, avait montré trop de fermeté n'en déploya pas assez dans cette occasion : il se décida à relâcher à Perros où il prit plusieurs tonneaux de lest et ordonna ensuite d'appareiller. Ici il éprouva un nouveau refus d'obéissance. Comme il se trouvait plusieurs canonnières sur la rade, il porta des plaintes au commandant qui envoya deux embarcations armées et vint lui-même à bord. Il fit connaître aux mutins dans quel cas ils se mettaient par leur désobéissance ; il leur lut la loi et employa pour les persuader tous les moyens de douceur et de sévérité ; mais rien ne put les ramener à l'obéissance et ils se décidèrent à se déclarer déserteurs de la *Didon* en disant qu'ils préféraient subir la peine qu'ils avaient encourue, que de continuer la croisière sur un pareil bâtiment. Le commandant les fit mettre aux fers à bord de sa canonnière et adressa au Commissaire de Marine un rapport auquel il ne fut pas donné suite. Nous restâmes très longtemps en relâche dans ce port et une partie de l'équipage y déserta.

A la nouvelle de cette insubordination l'armateur envoya à Perros MM. Maucron et Laroche et le capitaine Bédel qui devait remplacer M. Zépert. Toutes les propositions faites par ces messieurs, telles que de diminuer la voilure, de changer les canons les plus lourds, etc., étant demeurées inutiles auprès des mutins, l'ordre fut donné d'appareiller pour St-Malo avec le peu d'hommes restés dans le devoir et l'armateur jugeant que la dépense à faire pour mettre son navire dans l'état exigé, équivaudrait au premier armement, le fit désarmer le 14 décembre.

Ceci me conduit à tirer la conséquence qu'on doit toujours avec un équipage insubordonné, s'attendre aux mêmes résultats lorsque le chef manque de caractère.

PIÈCE JUSTIFICATIVE N° 29.

L'Equipage du *Furet* refuse de continuer la Course.

1812 (St-S.).

Nous, sous-signés, capitaine et officiers composant l'état-major du corsaire le *Furet*, certifions que le 23 mars 1812, l'équipage du *Furet*, au nombre de 45 hommes, dont les noms seront ci-après désignés ont refusé d'obéir aux ordres que leur capitaine leur donnait pour maintenir le bon ordre et la tranquillité à bord et pour parfaire leur course. D'après leurs déclarations, les motifs de refus sont que : La course entreprise par eux devait finir le 25 mars, présent mois et que par acte d'engagement passé à St-Malo le 11 octobre devant Bourdè, notaire, ils ne s'étaient engagés que jusqu'à cette époque. Le capitaine croyant que ces hommes étaient dans l'erreur leur donna lecture de leur engagement qui portait trois mois de mer effectifs et les somma d'obéir aux ordres qu'il leur avait donnés. Mais ces hommes ont refusé constamment de lui obéir et persisté dans l'opinion qu'on ne pouvait les forcer à reprendre une course qu'ils disaient finie. Le même capitaine en donna connaissance au commandant de la station de Bréhat. Celui-ci ayant fait venir son lieutenant à bord du corsaire, s'est lui-même assuré du refus de ces hommes d'obéir aux ordres de leur capitaine et, ayant arrêté deux des plus mutins, il s'en est saisi de suite et les a conduits à son bord pour les punir de leur désobéissance.

Les noms de ces hommes sont :

Jacques La Nive, de Rouen,
Jean Bournough, de Dantzig,

pris tous les deux par le lieutenant de la canonnière.

N. B. — Suivent les noms des marins composant l'équipage et les signatures du capitaine et officiers de l'état-major.

Pièce justificative n° 30.

Violation du droit des Neutres.

21 Septembre 1793.

Lettre de Morris, ministre des Etats-Unis, au Ministre des Affaires étrangères a Paris (St-S.).

Notre consul à Bristol me prévient que, dans le mois dernier, le corsaire le *Tigre* de St-Malo, sous les ordres du capitaine Dugué, arrêta en mer le navire américain le *Commerce* et y prit plusieurs marchandises appartenant à des citoyens américains, entre autres 4 barriques d'indigo appartenant à MM. Smith, Denaussure et Darrel, de Charlestown, qui étaient adressées au dit consul. Il m'assure que cet indigo lui a coûté plus de 250 livres sterling, en valait 280 au moment de la prise, tous frais déduits, et il me prie de prendre les mesures nécessaires pour recouvrer cette valeur. Je vous serais obligé, Monsieur, de bien vouloir m'indiquer la marche à suivre en pareil cas et j'aurai soin de me conformer à vos instructions.

Morris.

N. B. — Dalbarade, ministre de la Marine, communiquant cette lettre à l'ordonnateur civil de St-Malo, écrit à ce sujet : « Il est question dans cette affaire de donner à ce Ministre d'une nation avec laquelle la République conserve les rapports de la plus étroite amitié une satisfaction éclatante. » (Corr. minist., 16 oct. 1793).

Les instructions du Ministre restèrent d'ailleurs sans effet (Liquidation générale du *Tigre*, 29 Prairial an II).

PIÈCE JUSTIFICATIVE N° 31.

Législation relative aux Neutres.

20 Frimaire an V.

LE MINISTRE AU COMMISSAIRE (St-S.).

Le Directoire exécutif, citoyen, lassé des nombreuses infractions portées par les Anglais au droit des gens, en arrêtant et capturant à bord des Neutres tout ce qui était à destination des ports français ou de ceux de nos alliés, a pensé qu'il était de son devoir d'arrêter par des mesures de représailles ce brigandage politique qui fait dégénérer la course en véritable piraterie ; il a conséquemment arrêté, le 4 Messidor dernier, qu'à l'exemple des Anglais, les bâtiments français captureraient à bord des Neutres toutes les marchandises expédiées à destination et pour le compte ennemi ou dont les connaissements n'exprimeraient pas une propriété vraiment neutre (les frais restant à la charge des Neutres, si la cargaison n'est pas capturée en totalité).

Puisse cette mesure, impérieusement commandée par les circonstances, ouvrir les yeux des puissances neutres qui ont permis avec une faiblesse condamnable, que les Anglais violassent les traités qui leur permettaient de transporter des marchandises à port et pour compte ennemi, pourvu qu'ils ne fussent pas de contrebande et importées dans des circonstances prohibées.

TRUGNET.

PIÈCE JUSTIFICATIVE N° 32.

Injustices contre des Neutres.

LETTRE DU MINISTRE A L'ADMINISTRATEUR DE LA MARINE DE St-MALO (St-S.).

19 Pluviôse.

Il a été adressé, citoyen, des plaintes au Gouvernement, par l'ambassadeur d'Espagne, sur la conduite de nos corsaires envers les bâtiments espagnols qu'ils se permettent d'arrêter, quoique l'arrêté du 14 Messidor relatif aux propriétés ennemies trouvées sur bâtiments neutres ne soit point applicable aux bâtiments espagnols. Parmi les faits qui ont excité ces réclamations est celui du corsaire français la *Dangereuse*, capitaine J.-B. Marcellin, dont l'ambassadeur de S. M. Catholique demande la punition formelle pour avoir arrêté, le 14 octobre dernier, le navire espagnol la *Divina Providencia*, malgré l'exhibition de ses papiers et avoir envoyé deux hommes à son bord pour l'amariner. Le gros temps qui survint sépara le corsaire de sa prise et le navire espagnol fit voile pour l'Espagne et arriva à St-Félix. Afin de donner à l'Espagne la réparation qu'elle sollicite pour l'outrage fait à son pavillon, vous voudrez bien donner des ordres pour faire arrêter le capitaine Marcellin dans l'étendue de votre arrondissement en ayant soin de m'en informer et en même temps je vous charge de renouveler dans les ports l'avertissement que les corsaires doivent respecter les bâtiments espagnols et avoir pour eux les égards que leur assurent notre alliance et les traités avec leur nation.

TRUGNET.

PIÈCE JUSTIFICATIVE N° 33.

Loi concernant les Neutres.

27 Nivôse an VI.

Art. I.

L'état des navires, en ce qui concerne leur qualité de neutres ou d'ennemis sera déterminé par la cargaison. En conséquence, tout bâtiment trouvé en mer, chargé en tout ou en partie de marchandises provenant d'Angleterre ou de ses possessions sera déclaré de bonne prise quel que soit le propriétaire de ces denrées ou marchandises.

Art. II.

Tout navire étranger qui, dans le cours de sa traversée, sera entré dans un port d'Angleterre, ne pourra être admis dans un port de la République française que dans la nécessité de relâche, auquel cas il sera tenu de sortir du dit port, aussitôt que les causes de sa relâche auront cessé.

PLÉVILLE LE PELLEY.

Pièce justificative n° 34.

Conduite à tenir par les capitaines de navires armés en course et par les chefs conducteurs de prises.

Ouvrage indispensable pour les armateurs de navires, capitaines et chefs conducteurs de prises. Il sera utile aux personnes même les plus instruites de la matière, pour le rapprochement qu'il fait des principales lois relatives à la course.

A Nantes
Chez Forest, libraire, près la Bourse
An VII de la République française.

AVIS

On n'a pas entendu faire un traité, mais un simple extrait des articles de lois, qu'il est le plus indispensable aux armateurs et aux marins de connaître... Par ce moyen, on réussira peut-être à diminuer les difficultés sans nombre que produisent, soit des arrestations trop légères, soit des défauts de formalités. Atteindre ce but serait se rendre utile à la fois à ses concitoyens et aux neutres.

Les renseignements donnés portent sur les points suivants :

Coup de semonce.

Papiers scellés dans un coffre ou sac.

Pillage défendu.

Fermeture de toutes les ouvertures.

Procès-verbal de capture signé par l'état-major et les principaux de l'équipage.

Nomination d'un chef conducteur de prise.

Conduite à tenir par ce dernier à l'arrivée : Rapport.

Entrée de la prise dans un port neutre. — A défaut de consul.

Procès-verbal des événements extraordinaires.

Vente de la cargaison en cas d'avarie.

Présence du chef conducteur et d'un fondé de pouvoirs à toutes les opérations concernant la prise.

Le chef conducteur n'est pas consignataire.

Il faut faire appel du jugement dans la décade, l'armateur restant libre de se désister.

Pièces nécessaires pour constater la neutralité.
Causes d'arrestation.

1° Dispositions générales :

Ennemis, pirates, sans commission.
Doubles commissions.
Doubles papiers de mer, avec double destination ou en blanc.
Défaut de papiers. — Défense d'en soustraire (2 ans de prison).
Vaisseaux chargés de marchandises anglaises.
Marchandises neutres sur navires ennemis.
Vaisseau qui a combattu confisqué de droit.
Pièces non signées ou rapportées après la prise.
Papiers jetés à la mer ou distraits.

2° Pièces relatives au navire :

Acte de propriété. — Navires de fabrication ennemie ou ayant eu un propriétaire ennemi. — Navires ennemis pris et revendus.

Le congé ou passeport. — Valable pour un seul voyage. Nul si le navire n'était pas, au moment de la concession, dans les ports de son souverain. — Contravention ou passe-port. — Différence de nom. — Ennemis neutralisés neutres avant la déclaration de guerre.

Rôle d'équipage. — Nécessité du rôle. — Navire est de bonne prise s'il y a à bord un subrécargue ou officier ennemi, plus du tiers de matelots ennemis sauf nécessités de relâches. — Forme exigée pour le rôle des navires des Etats-Unis, des autres nations.

Pièces relatives à la cargaison. — Marchandises de contrebande. — Justification de la propriété neutre exigible. — Formalités spéciales pour les Etats-Unis. Les marchandises provenant d'Angleterre ou de ses possessions, outre qu'elles sont confiscables, emportent confiscation du bâtiment même qui s'en trouve chargé, en tout ou partie, quel que soit le propriétaire de ces denrées ou marchandises. — Il y a des opinions pour et contre l'avantage de cette loi qui n'est point rapportée.

Cette pénalité ne s'applique pas aux navires chargés de marchandises portugaises ou des autres pays en guerre avec la République.

OBSERVATIONS

« Il est de la prudence du capitaine de sentir qu'il ne doit pas s'arrêter à quelques défectuosités minutieuses dans les pièces. Le bon sens indique assez qu'il faut que l'irrégularité soit grave et porte vraiment atteinte au caractère de neutralité. L'armateur pourrait n'être pas condamné à des dommages-intérêts, son capitaine n'ayant fait que suivre la loi à la lettre ; mais, en cas de défectuosité légère, il pourrait ne pas obtenir la condamnation du navire. »

Nomenclature des marchandises de contrebande en temps de guerre.

Deux formules de procès-verbaux de capture.

N. B. — Cette brochure porte sur le dernier feuillet la note manuscrite suivante : « Je sous-signé, capitaine du corsaire l'*Heureuse-Espérance*, déclare avoir reçu des citoyens Fontan jeune et Thomas aîné, un modèle semblable à celui-ci pour me servir de conduite et règlement pendant ma croisière et auquel je m'engage de me conformer exactement.

Port-Malo, 13 Vendémiaire an VIII.

A. Basset.

Pièce justificative n° 35.

Les Neutres.

3 Nivôse an VIII.

Lettre du Ministre Forfait au Commissaire

Depuis longtemps, citoyen, l'opinion s'était prononcée contre la Loi du 29 Nivôse an VI qui avait pour but, ce semble, la restauration du commerce national et l'anéantissement de celui de nos ennemis. Cette loi a produit les effets contraires. Le commerce anglais, attaqué dans celui de toutes les puissances neutres, n'en a reçu aucune atteinte et nos ports abandonnés ont été depuis ce moment dépourvus de tous moyens d'importation et d'exportation. Le Gouvernement vient de faire disparaître cette loi désastreuse. Je vous adresse ci-joint 15 exemplaires de celle du 23 du mois dernier qui en abroge l'article 1er. J'y joins un nombre égal d'exemplaires de l'arrêté pris par les Consuls le 29 du même mois qui rappelle aux dispositions du Règlement du 26 juillet 1778 sur la Navigation des Neutres comme à la seule règle à suivre en cette matière. — Il faut instruire les armateurs des corsaires de cette nouvelle législation.

Forfait.

N. B. — Voir *Revue du Pays d'Aleth*, mars-avril 1910, deux pétitions adressées par les équipages des corsaires malouins au Premier Consul, afin de protester contre cette nouvelle législation.

Pièce justificative n° 36.

Les Visites.

Convention passée le 8 Vendémiaire an IX entre les Etats Unis et la République française

Art. XVIII.

Si les bâtiments de l'une ou l'autre nation sont rencontrés le long des côtes ou en pleine mer par les vaisseaux de guerre ou les corsaires de l'autre, pour prévenir tout désordre les dits vaisseaux se tiendront hors de la portée de canon et enverront leur canot à bord du navire marchand qu'ils auront rencontré. Ils n'y pourront entrer qu'au nombre de deux ou trois hommes et devront demander au capitaine ou patron du dit navire exhibition du passe-port concernant sa propriété et rédigé selon la formule prescrite ainsi que les certificats relatifs à la cargaison. Il est expressément convenu que le Neutre ne pourra être forcé d'aller à bord du vaisseau visitant pour y faire l'exhibition demandée des papiers ou pour toute autre information quelconque.

Pièce justificative n° 37.

Les Armateurs et les Neutres.

6 Mars 1807.

Lettre du commissaire Gaude au Ministre de la Marine

Si MM. Blaize et fils vous ont réitéré la demande d'une explication sur le sens du décret du 21 novembre, ce n'est pas qu'ils ne fussent instruits de la première décision que vous aviez donnée sur cet objet le 26 décembre 1806. J'avais eu soin de la faire connaître à tous les armateurs de ce port. Mais l'intérêt et la cupidité leur faisait trop vivement désirer une interprétation plus favorable à leurs vues et ils se flattaient que dans peu un décret extensif leur livrerait tous les navires porteurs de marchandises anglaises, quels qu'en fussent les propriétaires.

Vainement je leur avais observé et particulièrement à M. Blaize

(1) Il s'agit du décret de Berlin du 21 novembre 1806.

qu'une pareille extension était trop contraire au droit des nations pour qu'il fût permis d'en prêter l'intention au Gouvernement français et que le dit décret n'imposait aux neutres ayant touché les possessions anglaises d'autre peine que celle d'être rejetés des ports de France et de ceux occupées par les armées françaises et qu'il n'ordonnait point l'arrestation des dits bâtiments ni celle de leurs chargements, hors le cas d'une fausse déclaration de la part des capitaines.

PIÈCE JUSTIFICATIVE N° 38.

Visite d'un Neutre américain.

24 Décembre 1807 (St-S.).

RAPPORT DU CAPITAINE

Le 24 décembre 1807, je, Jean-Baptiste Botrelle, capitaine commandant le lougre corsaire le *Marsouin*, armateur M. Robert Surcouf, de St-Malo, me trouvant vers les 7 h. du matin par 49° 23 latitude et 9° 49 longitude Ouest près d'un brick que je chassais depuis environ 1 h., je lui ai fait héler en anglais pour savoir d'où il était, où il allait et de quoi était composée sa cargaison. A quoi il m'a répondu être américain, venir de Valence en Espagne, chargé de raisins à destination de Boston. J'ai fait alors dire au capitaine, en lui déclinant que j'étais corsaire français, de mettre le vent sous ses voiles, amener sa bonnette et venir avec son canot m'apporter ses papiers pour m'assurer de la vérité de ses déclarations ; ce qu'il refusa de faire en jurant en anglais. Voyant qu'il n'y avait que la force qui pouvait le contraindre d'obéir aux ordres que je lui donnais, je lui ai fait tirer plusieurs coups de fusil (Art. 57, titre 2, règlement du 2 Prairial an XI), après quoi j'ai fait mettre mon canot à la mer et envoyé mon second à son bord avec plusieurs hommes de mon équipage pour le sommer de s'embarquer avec tous ses papiers de mer, ce qu'il a fait enfin, mais non sans grande et longue résistance.

Après son départ, mon second, ainsi que les Français qui restaient à bord du brick, ont trouvé dans les Américains qui étaient ivres la même résistance qui a été au point que ceux-ci ont exercé contre eux des actes de violence, les ont pris au collet, les ont même frappés pour les empêcher de rechercher les papiers qui auraient pu être suspects ; enfin, ces hommes ne gardant plus aucun ménagement et abusant de la patience de mon second et des marins qui étaient sous ses ordres, se sont portés à de tels excès, qu'ils les ont obligés, pour leur propre sûreté, à tirer leurs poignards dans la seule intention de leur en imposer pour les contenir. Mais la vue de ces armes a produit un effet opposé à celui qu'ils en attendaient, et bien loin de diminuer, a augmenté la rage des Américains dont ils ont blessé deux involontairement qui, dans l'état d'ivresse où ils se trouvaient se sont enferrés eux-mêmes.

A peine ai-je eu connaissance de cet accident que j'ai prié M. Le Bigot, chirurgien-major du corsaire, de se transporter à bord du brick pour donner aux blessés les secours que leur situation exigeait de notre humanité. Après son retour et après les avoir pansés, il m'a dit que l'un d'eux était très dangereusement blessé au côté gauche et l'autre vers l'omoplate du même côté, ajoutant qu'il ne pouvait porter aucun jugement sur les suites possibles de ces blessures.

Pendant que tout cela se passait à bord de l'américain, j'en faisais interroger le capitaine qui, tout aussi ivre que ses hommes, était extrêmement insolent. Il a résulté de ses réponses et de la visite de ses papiers qu'il se nomme Allen, capitaine du brick *The Factor* de Newbedford, parti de Valence, en Espagne, le 4 octobre, chargé de raisins pour Boston et qu'il allait relâcher en Angleterre pour, prétendait-il, faire des vivres dont il disait avoir besoin.

BOTRELLE.

(Signature des Français ayant été à bord de l'américain).

Voir aux pièces justif. du ch. III :

N° 71. — Combat d'un neutre contre un corsaire le *L'Ann* et le *Rodolphe-Frédérick.*

N° 72. — Plaintes de l'armateur de la *Mary-Anna* contre ses capteurs.

PIÈCE JUSTIFICATIVE N° 39.

Saisie des Bateaux de pêche anglais.

21 Avril 1793.

LETTRE DU MINISTRE DE LA MARINE A L'ORDONNATEUR DE St-MALO

Je vous préviens que le Conseil exécutif a donné, le 25 de ce mois, une décision approuvée par le Comité du Salut public par laquelle il autorise tous bâtiments de la République, corsaires ou autres, à traiter en ennemis les bateaux pêcheurs des puissances avec lesquelles nous sommes en guerre. Vous voudrez bien faire connaître cette décision... aux corsaires. Il est également essentiel que vous le fassiez enregistrer dans les Tribunaux de commerce. Mais je ne peux trop vous recommander de mettre dès à présent, dans l'exécution de cette mesure, toute la prudence et le secret qui peuvent en assurer le succès, sauf à lui donner toute la publicité dont il est susceptible, lorsque les prises des bateaux de pêche faites sur nos ennemis et les échecs qui en résulteront pour leur commerce auront porté l'alarme sur leurs côtes et rempli le but important que le Conseil exécutif s'est proposé.

DALBARADE.

PIÈCE JUSTIFICATIVE n° 40.

Equipage consulté avant l'action. — Bravoure du Capitaine. — Le Chirurgien travaille.

EXTRAITS DU RAPPORT DE J. QUEMPER, CAPITAINE DE LA *Malouine*.

16 Ventôse an V.

En présence d'un tel adversaire (500 tonneaux, 6 ou 8 canons au moins) le capitaine assemble l'équipage et lui demande s'il est dans le désir de l'attaquer. Sur quoi tous répondirent oui, avec l'enthousiasme qui caractérise le vrai français. — (La canonnade produit peu d'effets à cause de l'inclinaison du corsaire.) — Alors le capitaine demande à l'équipage s'il voulait aborder l'ennemi. Plusieurs ayant répondu que la mer était trop grosse, que l'élévation du bâtiment au dessus de nous rendait l'abordage très difficile et ne pouvait causer que des suites très fâcheuses, le capitaine s'est dans ce moment consulté avec l'Etat-major qui a été du même avis que l'équipage — (on continue le combat à distance). — Tout à coup l'anglais démasque une batterie de 22 pièces de six livres. Pendant deux heures on se canonne à portée de pistolet. Cette distance nette mettait très bien dans le cas de distinguer la forge avec laquelle on rougissait les boulets.

(L'anglais finit pourtant par s'éloigner d'un adversaire dont la mousquetterie cause à son bord de grands ravages.)

A la suite de ce rapport on trouve la note suivante :

Nous sous-signés, composant l'Etat-major du corsaire ci-contre attestons que le 15 Ventôse dernier, les citoyens Joseph Allot, gabier, Célestin Guérin, volontaire, ont été tués en combattant et que J.-M. Rosquen et J.-M. Danois et plusieurs autres de l'équipage ont été grièvement blessés ainsi que le capitaine. Dès le commencement du combat il a été assez malheureux pour avoir par un coup de biscaïen ou balle la main droite tellement fracassée que l'officier de santé a été obligé de lui couper deux phalanges du troisième doigt. Il a de plus une autre plaie au pouce de la même main dont le résultat peut être très dangereux. Nous attestons en outre que malgré la douleur qu'il devait naturellement sentir, il n'a pas manqué un instant de garder son sang-froid dans le commandement de la manœuvre du canon et de la mousquetterie et même de rester constamment à son poste quoique différentes fois il eût été sollicité par diverses personnes témoins de la blessure de descendre pour se faire panser : ce qui n'eut lieu qu'après avoir tout à fait perdu de vue le bâtiment ennemi. C'est à ce moment que nous officiers présents à son pansement avons eu lieu de connaître le courage dont il était capable, ayant lui-même engagé son chirurgien à lui faire promptement l'amputation de son doigt, s'il n'y avait pas moyen de le conserver, douleur qu'il a soufferte avec sang-froid et courage, disant pendant l'opération que ce n'était rien, que son seul regret était d'avoir perdu des hommes, qu'il serait content qu'il n'y aurait eu que lui de blessé et qu'il était affligé d'avoir manqué ce bâtiment.

A bord du dit corsaire, 16 Ventôse an V : Néel, 2e capit. ; Hué, lieut. ; Millet, Sauveur, 2es lieut. ; Verron, enseigne ; Fourchon, écrivain et interprète ; Gilles, chirurgien ; Prossin, maître d'équipage ; René Nicolin, pilote côtier ; L'Hermite, maître canonnier.

(En marge du rapport le Ministre écrit cette note : « *Il faut l'insérer dans les papiers publics* ».)

Pièce justificative n° 40 *bis*.

Prise de la *Betsy* par le *Duguay-Trouin*.

Extrait de la correspondance suivie du capitaine Lemaître avec M. Aug. Thomas

(N° 17) du *21 Prairial du dit (an XII).*

Monsieur,

Le temps assez beau, petit frais, à nous faire faire une lieue par heure ; à 1 h. du soir la vigie m'annonce un bâtiment sur le vent à nous, courant la bordée du sud. De suite je l'ai laissé arriver pour lui donner chasse. Comme je courais grand largue et que ce bâtiment tenait le plus près du vent je ne fus pas longtemps à l'atteindre. Comme j'étais de lui à une certaine distance je fis arborer la couleur anglaise ; ce bâtiment assura la sienne, mais à la distance que nous étions, je ne pus distinguer s'il était danois ou anglais, mais une demi-heure après nous fûmes assurés qu'il était anglais. Il fallait voir, Monsieur, la joie que nous ressentîmes tous généralement : c'était le premier depuis deux mois et quelques jours de mer. A 3 h. 1/2, l'ayant rangé sous le vent, je fais tirer un coup de canon à boulet pour assurer une couleur. De suite il a ramené la sienne. Je fais mettre le canot à la mer. J'envoie M. Amisse l'amariner, ce qui fut fait dans moins d'une demi-heure. Ce brick est de 80 tonneaux, allant à Terre-Neuve sous le commandement du capitaine Jean Rossignol. Le navire s'appelle la *Betsie*, de Jersey ; son chargement consiste en 40 tonneaux de sel et d'autres effets pour la pêche. Il avait 13 hommes d'équipage. Il faisait partie d'un convoi de plus de 70 voiles qui allait à St-Jean-de-Terreneuve, escorté par une frégate. Il y avait 30 jours qu'il était contrarié par les vents de l'ouest. Je fus indécis si je devais le rançonner ou l'amariner. Je me décidai à l'expédier pour France sous le commandement de M. Kergolo, avec un officier marinier, un volontaire, un matelot et trois novices, total 7 hommes. Je lui fis garder à bord le second et je l'expédiai. Je gardai à bord 11 hommes, comptant le capitaine. J'étais pour le moment par la latitude de l'île de Ré, qui est par 46° 18. Il pouvait être à 299 lieues de terre, ventant bon frais de la partie O. S. O. Je recommandai à M. Kergolo de se mettre de bonne heure par la latitude de La Rochelle pour avoir sous le vent tous les ports du golfe. Tant qu'à rançonner, le capitaine Rossignol n'aurait pas voulu accepter la rançon, ce qui leur est extrêmement défendu par leur Gouvernement : Ils sont si persuadés que toutes les prises faites par les corsaires ne peuvent terrir en France sans être reprises par leurs croiseurs.

LEMAÎTRE.

Pièce justificative n° 40 *ter*.

Un combat douteux. — L'équipage du *Général Pérignon* se décourage et s'ennivre.

Extrait du journal de l'aspirant Vincent Martin, chargé par le Ministre d'accompagner un détachement de 30 hommes transportés par ce corsaire à la Martinique.

(Arch. nat. BB³, 244, p. 28 et suiv.)

(*16 Ventôse an XII-25 Germinal an XIII*).

Après avoir raconté en détail un combat meurtrier contre une corvette anglaise de force supérieure, l'aspirant continue :

L'équipage, qui d'abord avait compté sur une faible résistance de la part de ce bâtiment, fut découragé par un feu aussi opiniâtre qui lui avait déjà coûté 3 hommes tués et plusieurs blessés dont 4 très grièvement. Plusieurs désertèrent leur poste et se réfugièrent dans la cale sous prétexte qu'ils étaient blessés. Le capitaine, jugeant bien qu'il ne pouvait compter sur un pareil équipage, ne pensa plus qu'à fuir. Nous jetâmes les ancres à la mer, nous larguâmes les rides des haubans et des étais, nous décoinçâmes les mâts, nous usâmes enfin de tous les moyens dont on se sert ordinairement pour augmenter la marche d'un navire. Ce fut en vain, l'ennemi gagnait toujours. — Martin jette à la mer ses dépêches officielles. — Une partie de l'équipage s'était ennivré dans la cale. Nous n'étions en état ni de repousser l'abordage ni même de l'éviter par aucune manœuvre. Le capitaine envoya dans la cale plusieurs officiers avec des pistolets pour forcer les fuyards à monter sur le pont et à se préparer à l'abordage.

Heureusement une forte brise et la brume épaisse sauvent enfin le *Général-Pérignon* qui peut accomplir sa mission.

Pièce justificative n° 41.

Course de la *Confiance* : Nombreuses prises. — Poursuite de navires de guerre. — Dégâts dans la mâture.

Rapports des Capitaines (St-S.).

Février 1810.

A comparu le Sr Bruère, capitaine en second du corsaire la *Confiance* dont est capitaine le Sr Véron, resté à terre pour cause de maladie.

Lequel Bruère a déclaré qu'ils firent voile de ce port pour commencer la course le 17 septembre dernier ; qu'étant parvenus le long de la côte au hâvre de l'Aberwrach le 12 octobre sans avoir rien rencontré qui mérite d'être raconté, le 24 il en appareilla pour suivre la croisière, et de ce jour au 30 ils visitèrent 4 bâtiments américains chargés de denrées coloniales destinées pour Tousingen ; que le 27, étant par 48° 57′ lat. N. et 9° 49′ long. O. méridien de Paris, ils amarinèrent un brick anglais nommé le *Traveller*, capitaine Th. Corson, de 100 tonneaux, armé de 6 caronades de 16 et équipé de 7 hommes, qui sortait de Malaga pour Londres avec un chargement de fruits secs.

Que le même jour aussi ils amarinèrent le brick anglais *The Ann*, de 260 tonneaux, capitaine Commens, venant de St-Ubès, en Portugal, chargé de sel pour Londres, ce bâtiment ayant 16 hommes d'équipage et 4 caronades de 24. Mais le peu de valeur de ce bâtiment et le grand nombre d'hommes qu'il avait à bord, les décida, après avoir jeté à la mer son artillerie, de le renvoyer sur parole de remettre le même nombre d'hommes prisonniers en Angleterre.

Que le 1er novembre, étant par 48° 24 lat. et 10° 53 long., ils amarinèrent la goëlette anglaise le *Boston*, capitaine Jean Le Gresley, de 70 tonneaux et 10 hommes d'équipage, qui sortait de Majorque (Espagne) pour se rendre à Jersey, chargée d'huiles et de vins et ils l'expédièrent pour France et le 21 du dit ils relâchèrent à Brest.

Observe que des deux prises amarinées il n'y a eu que celle nommée le *Boston* qui a terri au Conquet.

Que le 27 décembre ils firent voile de Brest et le 28, étant par 48° 43′ et 9° 57′, ils capturèrent le brick anglais *The John*, capitaine Th. John, de 50 tonneaux, venant de Londres, destiné pour les Açores sur lest, ce brick étant armé de deux canons de 3 et équipé de 4 hommes.

Que le 29, s'estimant par 49° 17′ et 10° 17′, ils prirent et amarinèrent le navire américain le *Calpé*, capitaine Horalio Moore, du port de 250 tonneaux ayant 10 hommes d'équipage, lequel sortait de Lisbonne pour Liverpool (Angleterre), avec une cargaison de tabac Virginie et ils introduisirent ce bâtiment sous l'escorte du corsaire dans le port de Brest le 30 du dit.

Que le 7 janvier 1810 ils appareillèrent de Brest et vinrent mouiller à Camaret où ils restèrent par vent contraire jusqu'au 31.

Que depuis ce temps, jusqu'au 8 de ce mois, ils ont été constamment chassés par une corvette et deux frégates à portée de fusil qui les ont poussés par 45° 50′ et 11° 30′.

Que le........, à minuit, ayant éprouvé calme plat, ils amenèrent les voiles et nagèrent jusqu'au jour et à 8 h. du matin ils visitèrent la mâture et reconnurent que le mât de misaine était cassé dans toute sa circonférence, à 5 pieds au-dessus du capelage. C'est pourquoi ils s'occupèrent de suite à mettre les avirons de galère, à faire un tambour qu'ils roustèrent, afin de le consolider.

Que le 8, ils furent rencontrés par une frégate anglaise dans l'Iroise, qui leur donna chasse et les obligea de passer dans le chenal du Conquet entre les Basses des Poissons et les rochers de Bassevin et que le 9 ils mouillèrent à Port-Blanc où ils s'aperçurent que le grand mât était aussi cassé en 2 endroits à 4 pieds 6 pouces et 5 pieds 4 pouces au-dessus du pont. — Et que finalement ils appareillèrent du dit lieu pour se rendre en ce port et ont mouillé le même jour sur la rade.

(Bruère).

Pièce justificative n° 42.

Heureuse croisière de la *Junon*. — Combat. — Echange de prisonniers. — Ruses de guerre. — Prises incendiées et coulées bas. — Fuite devant l'ennemi.

Rapport des Capitaines. — Rôle 7 (St-S.).

La *Junon*,
136 t., 14 canons, 82 h. *Avril 1810.*

Benaerts dit de cette course, A. B., xiv, p. 394. Pas de détails :

A comparu le Sr Joseph Prader-Niquet, capitaine du corsaire goëlette la *Junon*, armée par MM. Amiel, Fourchon et Cie, de St-Malo.

Lequel a déclaré qu'il fit voile d'Auray le 2 novembre 1809 pour entreprendre sa course.

Que le 8, à 6 h. 1/2, il eut connaissance d'un navire au vent à lui qu'il reconnut pour brick ; qu'il tint alors le plus près, pour prendre les eaux de ce bâtiment. A 8 h. 1/2 il le reconnut pour un navire marchand ayant des ballots sur bastingages et il avait en conséquence tout disposé pour le combat, que peu après il aperçut un autre bâtiment au vent, courant vent arrière, ce qui décida le comparant à prendre dans l'autre bord pour mieux le reconnaître ; qu'en effet, l'ayant reconnu pour un navire marchand, il revira aussitôt sur le premier qui mit en panne et tira 5 coups de canon pour faire arriver l'autre sous sa protection, ce que ce dernier exécuta ; que les deux navires, après s'être parlé, prirent chasse, mais le comparant ayant tout disposé pour l'abordage, il joignit à 10 h. 1/2 le bâtiment marchand qu'un seul coup de fusil fit amener et auquel il ordonna de serrer ses voiles, ce qu'il exécuta. Ensuite, ayant continué de chasser l'autre qui était à une portée de canon sur l'avant, lui, le Sr Niquet, loffa sous sa volée dont il lui envoya trois décharges qui coupèrent deux haubans et plusieurs manœuvres de l'avant et blessèrent le nommé Lamour, novice, au bras droit par un morceau de mitraille et Renard, volontaire, à la main gauche.; qu'ayant toujours serré près et donné à la mousqueterie ordre de faire feu, la seconde décharge fit amener ce bâtiment dont le capitaine, étant à bord de la *Junon*, apprit qu'il commandait la corvette *Prenman n° 13*, appartenant à la marine royale d'Angleterre, allant en Irlande presser du monde ; qu'il était armé de 12 obusiers de 18 et de 54 hommes d'équipage, que, ne pouvant se charger d'un aussi grand nombre de prisonniers parmi lesquels étaient plusieurs blessés par la mousqueterie, dont plusieurs avaient des fractures, il se décida à faire un échange des équipages des deux bâtiments pour un nombre égal de Français prisonniers. L'échange signé, il fit passer l'équipage du brick marchand nommé le......... à bord du *Prenman* qu'il renvoya en Angleterre après lui avoir fait jeter sa batterie à la mer, pris ses poudres et fusils et observant avoir fait ces deux prises par 50° 50′ et 9° 28′ ; qu'il expédia le bâtiment marchand, qui était du port de 250 tonneaux, chargé de lard, beurre et rhum sous le commandement du Sr Guilvin, lieutenant, pour, avec 8 hommes, le conduire en France, après quoi il tint le plus près et fit faire la même manœuvre à la prise.

Que le 9 au matin, il eut connaissance d'un navire par la hanche du vent et à 10 h. il l'avait joint à portée de canon, que, lui ayant fait tirer un coup de canon, il amena son pavillon. Ce bâtiment se trouva être l'*Elisa-Anna*, venant de Dublin, allant à Boston, ayant à son bord 43 passagers hommes et 13 femmes, parmi lesquels étaient plusieurs Anglais et 8 balles de toile d'Irlande qu'il jugea à propos de faire transporter sur la *Junon ;* ensuite il laissa ce bateau continuer sa route, ne pouvant se charger d'un aussi grand nombre de prisonniers et se trouvant, lors de cette rencontre, par 47° 57′ et 7° 20′ ; qu'à 1 h. il aperçut un navire sous le vent à lui et 9 autres qu'il reconnut pour le convoi aperçu le 7 ; qu'ayant continué à chasser le premier bâtiment sous pavillon anglais ; à 3 h. 1/2 il a mis en travers et le capitaine a dit qu'il était américain, son bâtiment se nommant l'*Eliza*, sortant de Boston et allant à Liverpool avec un chargement de sucre, café, tabac, poivre, coton et potasse, qu'il avait parlé la veille à un bâtiment du convoi, trois-mâts anglais qui venait de Rio-de-Janeiro, nommé le *Jupiter* et allant à Liverpool. Il arrêta ce bâtiment et l'expédia en France, sous le commandement du Sr Calipet, premier lieutenant, avec 10 hommes d'équipage, ayant pris 7 hommes à son bord et laissé sur la prise le subrécargue et trois hommes prétendus Américains, cette prise faite par 50° 44′ et 7° 30′.

Que le 12 il fut chassé par une corvette et une frégate anglaises.

Que le 14, à 7 h., il eut connaissance d'un navire qu'il ne put reconnaître par la brume et, continuant sa route, il le reconnut enfin pour un brick marchand et en approcha si près qu'il lui tira un coup de fusil. Ce bâtiment vira de suite pavillon portugais qu'il amena dès le premier coup de canon, que l'ayant amariné, il se trouva être le brick le *Rioder*, du port de 250 t., qui venait d'Irlande avec un chargement de morue pour Lisbonne, sous le commandement de............ ; que cette capture se fit par 49° 20′ et 9° 33′.

Que le 16, à 6 h., il eut connaissance d'un brick qu'il chassa et à 10 h., étant par son travers et l'ayant fait amener sans combat, il se trouva être le brick le *Truet*, de Jersey, qui avait 8 hommes d'équipage qu'il prit sur son corsaire. Ce navire était chargé de morue et de saucisse salée ; il l'expédia pour le premier port de France avec 10 hommes d'équipage, sous le commandement du Sr Chiasson, ayant fait cette capture par 48° 12′ et 8° 7′. A 3 heures il eut connaissance de terre qu'il reconnut pour Ouessant, ce dont il fit signal à sa prise et enfin, le 17, il mouilla en rade de Morlaix à 9 h. du matin.

Que le 2 janvier, il fit voile du dit lieu pour continuer sa croisière et le lendemain, à distance sud de 20 lieues des Sorlingues, il chassa une voile aperçue sous le vent à lui qu'il joignit et se trouva être le brick anglais le *Trial*, de 129 tonneaux, qui sortait de Lisbonne et qui allait à Londres avec des fruits secs ; que n'ayant pas trouvé cette cargaison assez conséquente pour l'expédier pour France, il en retira l'équipage qui était composé de 7 hommes et fit mettre le feu ensuite à bord de ce brick à la vue d'une corvette.

Que le 5, il eut connaissance de 14 voiles dont 5 étaient frégates qui escortaient 9 vaisseaux de la Compagnie des Indes ; une de ces frégates hissa des signaux et laissa arriver dans la *Junon*, mais elle put s'en éloigner. Il aperçut alors un bâtiment qu'il chassa et atteignit en très peu de temps ; il portait le pavillon américain, mais le comparant ayant fait assurer d'un coup de canon le pavillon français, ce bâtiment arbora aussitôt le pavillon anglais qu'il assura aussi d'un coup de canon ; que lui, le Sr Niquet, longea ce bâtiment en lui envoyant sa bordée de tribord et de mousqueterie. Il lui fut riposté par trois volées de suite, puis l'ennemi amena et l'ayant amariné, le capitaine déclara que le bâtiment qu'il commandait était la Lettre de Marque le *Chalmer*, armé de 8 caronades et venant de Bristol chargé de coton, bois de teinture, sucre, etc.... Il expédia donc ce bâtiment pour France sous le commandement du Sr Diérès, premier lieutenant sous son escorte.

Que le 10, il transborda de ce bâtiment à son bord 70 balles de coton, une caisse de sucre et deux tierçons de beaume de copahu.

Que le 7, il eut connaissance d'un navire venant vent arrière. Il crut devoir mettre en travers pour l'espérer, mais, sous pavillon anglais, et s'étant approché à portée de canon, il assura le pavillon français, ce qui fit prendre la fuite à ce bâtiment qu'il joignit en peu d'heures néanmoins et qu'il captura sans combat. Mais, comme ce bâtiment, qui était le *Sivallon*, brick anglais de 110 tonneaux, n'était chargé que de fruits secs et de vin de Porto pour l'Irlande, il ne jugea pas à propos de se défaire de son monde pour un si mince objet, raison qui le porta à en extraire l'équipage et à le couler ensuite.

Que le 10, il relâcha à l'île de Batz avec une de ses prises et où il mit à la disposition de la marine 24 prisonniers et le 16 il se rendit à Morlaix.

Que le 31 janvier, il appareilla de Morlaix en compagnie du corsaire le *Tillsit* et, dans la nuit, il cassa son bout-dehors de beaupré et deux chaînes de haubans et le 2 février il relâcha à Camaret pour réparer les dommages qu'il avait éprouvés dans son gréement par la chasse de l'ennemi.

Que le 15 février, il mit à la voile de Brest, pour mouiller sur la rade, d'où le 14 mars il sortit pour reprendre sa croisière, mais ayant eu connaissance d'un brick anglais, il se vit obligé de mouiller dans la rade de Camaret et le 23 il en appareilla pour faire route par le chenal du Conquet et se trouvant au passage du Four, il découvrit une frégate et deux corvettes qui l'obligèrent de faire route le long de terre et à mouiller à l'Aberwrach.

Que le 25, il leva l'ancre et se rendit à l'île de Batz et le 26, à midi 1/2, il en appareilla avec une faible brise de l'Est et à 1 h. 1/4, le vent ayant passé au N.-O., et se trouvant à 3/4 de lieue de cette île, il eut connaissance d'un lougre ennemi dans le N.-E. de l'île à distance d'une lieue, qui courait dans le Nord. Il fit gouverner pour le joindre, mais le flot étant venu avant qu'il eut doublé l'île et le vent ayant tout à fait tombé, il fut obligé de relâcher et de rentrer.

Que le 27, il fit voile de l'île de Batz à 6 h. 1/2. Il eut connaissance du corsaire le *San-Joseph* qui se trouvait derrière lui. A midi 1/2, il eu connaissance d'une voile dans le N.-E. qu'il supposa ennemie, étant alors à distance de 1 lieue 1/2 du Cap Fréhel, qu'il fit tenir le plus près en virant de bord et donna la chasse à la voile aperçue, qu'il reconnut bientôt pour un lougre, courant au Sud tribord amures. Le corsaire le *San-Joseph*, qui se trouvait à 2 lieues 1/2 derrière lui, voyant cette manœuvre, prit de suite les amures à tribord, se trouvant par là au vent du lougre et le comparant sous le vent. A deux heures le lougre vira de bord et amena le pavillon français qu'il portait en hissant à son mât de misaine le pavillon bleu et blanc vertical et tirant un coup de canon. Le *San-Joseph* lui envoya sa bordée qui lui fut ripostée de plusieurs par le lougre qui n'avait que sa caronade de 6 ou 9. A 2 h. 1/2 le *San-Joseph* commença à jouer de sa mousqueterie mais elle dut être sans effet puisqu'il était trop loin. A 3 heures la *Junon* approchait le lougre sous le vent, à portée de canon, lorsque le *San-Joseph* laissa arriver les amures à tribord et par ce moyen facilita à ce lougre de prendre le vent ; qu'il continua néanmoins à le chasser jusqu'à 3 h. 1/4, mais le lougre ayant une grande portée de canon par le bossoir du vent, tint le plus près, ce qui détermina le comparant à prendre les amures à tribord pour venir mouiller dans la rade de ce port où en effet il arriva à 5 h. 3/4.

Tel est le rapport dont lecture faite au dit Sr Niquet, a dit qu'il est véritable, y persister et a signé

PRADER-NIQUET.

PIÈCE JUSTIFICATIVE N° 43.

Course du *Spéculateur*. — Navires rançonnés, amarinés. — Combat avec une Lettre de Marque : Abordage.

RAPPORTS DES CAPITAINES (St-S.).

Le *Spéculateur*,
50 t., 4 canons, 63 h.

17 Novembre 1810.

A comparu, le Sr Pierre Claude Martin, capitaine du corsaire lougre le *Spéculateur*, dont sont armateurs MM. Amiel et Co, de Saint-Malo.

Lequel a déclaré qu'il est sorti du port le 15 septembre dernier et relâché à l'île de Bréhat le dit jour.

Que le 24, il est sorti avec des vents N.-E. bon frais pour aller en croisière.

Que le 25, il eut connaissance de 3 voiles et d'une frégate sous le vent.

Que le 28, ayant capturé la goëlette espagnole les *Deux-Amis*, sortant de Bristol sur son lest et allant à La Corogne sous le commandement de Pedro hl d'Asus, il l'avait rançonnée pour la somme de 10.000 fr., mais que le capitaine, après avoir laissé remplir le double traité de rançon, avait refusé de signer ; ce qui l'avait déterminé à la couler après avoir fait passer à son bord les 8 hommes composant son équipage.

Que le 1er octobre, il eut connaissance d'une frégate à 1/2 lieue sous le vent, qui le chassa avec désavantage jusqu'au soir.

Que le 2, à 8 h. du soir, il amarina la goëlette anglaise le *Grinder*, capitaine William Robinson, armée de 4 canons et équipée de 8 hommes, sortant de Lisbonne et allant à Londres, chargée de laine, laquelle goëlette il fit expédier pour l'un des premiers ports de France sous le commandement de Viauson, premier lieutenant à son bord et 5 hommes de son équipage, après en avoir préalablement retiré le capitaine, son second, 1 matelot, 1 novice et deux mousses.

Que le même jour il avait amariné aussi le brick anglais le *Falmouth*, capitaine John Duncan, sortant de Lisbonne, équipé de 6 hommes, chargé d'oranges, qu'il avait également expédié pour France sous les ordres de Calop, un de ses deuxièmes lieutenants et 4 hommes, après avoir fait passer à son bord prisonniers le capitaine, 3 matelots et un passager.

Que le 3, à midi, il prit le trois-mâts espagnol la *Belle-Cancela*, du port de 350 tonneaux, sortant de Cadix pour Londres, avec un chargement de cuirs secs et poil, équipé de 14 hommes, lequel il fit expédier pour France sous le commandement du Sr Lefèvre, un de ses premiers lieutenants et 11 hommes de son équipage, ayant fait passer à son bord le capitaine, 7 matelots, 1 cuisinier et 1 passager.

Lesquelles prises lui ayant retiré une grande partie de son monde, il s'était vu forcé de faire route pour la côte de Bretagne où il était heureusement arrivé et mouillé dans le chenal de l'île de Batz le 7 novembre, vers 1 h. du matin.

Les 19 prisonniers capturés dans cette croisière ont été remis au bureau de l'Inscription maritime à Roscoff, suivant reçu qu'il nous a présenté.

Le mercredi 31 octobre, le vent N.-E., parti de l'île de Batz pour recommencer une nouvelle croisière, a déclaré que le 1er novembre, à la pointe du jour, il a eu connaissance d'un navire à 3 mâts qu'il ne jugea pas à propos d'attaquer, le supposant de force supérieure.

Qu'à 10 h., il visita un bâtiment sous pavillon papembourgeois, allant de Londres sur son lest aux États-Unis d'Amérique, qu'il abandonna pour courir sur un bâtiment qu'il reconnut être une Lettre de Marque à 3 mâts, de 12 à 14 canons ; qu'à 11 h., ce navire lui ayant assuré d'un coup de canon son pavillon anglais, l'engagement avait eu lieu à portée de pistolet ; que, s'apercevant que la caronade et la mousqueterie ne suffisaient pas pour s'en rendre maître, il avait ordonné l'abordage que l'ennemi sut éviter, mais qu'étant revenu à la charge il avait réussi à le joindre par ses haubans d'artimon et l'avait enlevé.

Dans cet engagement il a perdu un matelot américain nommé Georges Taylor, de New-York, âgé de 22 ans, et 2 hommes ont été blessés.

Le temps était mauvais, la mer grosse ; il n'a pu tirer de cette prise que 17 Anglais dont 13 matelots, 1 charpentier, 1 cambusier, 1 coq et 1 passager, lesquels ont été mis à la disposition du sous-commissaire à Morlaix.

Par eux il a su que le capitaine, le second, le premier lieutenant et un matelot ont été tués et six autres blessés, que le navire se nomme le *Léander*, de 400 tonneaux, armé de 14 caronades de 12 et équipé de 30 hommes, sortant de Londres et allant aux colonies anglaises, chargé à la cueillette.

Expédié le dit navire sous les ordres de Niquet, premier lieutenant, avec deux officiers et 18 hommes de mon équipage.

Le 2 novembre, à 2 h. de l'après-midi, mouillé sur la rade de Morlaix, appareillé le 14 du dit et relâché dans ce port le 16 pour me réparer.

P.-C. Martin.

Pièce justificative n° 44.

Course de la *Junon*. — Poursuite de l'ennemi. — Une belle prise. Filets d'abordage.

Rapport des Capitaines. — Rôle 17 (St-S.).

La *Junon*,
136 t., 16 can., 72 h. *11 Février 1811.*

A comparu le Sr Joseph Prader-Niquet, de St-Servan, capitaine du corsaire de St-Malo, la *Junon*, armé par MM. Amiel et Co.

Lequel a déclaré que le 3 février 1811, il appareilla de l'île de Batz, à 11 h. du soir, avec les corsaires l'*Amélie* et le *Furet* pour prendre son point de croisière dans la baie de Plymouth.

Que le 4, à la pointe du jour, à 15 lieues N. de l'île de Batz, il eut connaissance d'une corvette qui lui appuya chasse jusqu'à 9 h. du matin ; qu'elle l'abandonna par l'infériorité de sa marche.

Qu'à la même heure, il aperçut sous le vent deux frégates et un brick ; qu'il reconnut le brick pour une forte Lettre de Marque ; il lui appuya chasse conjointement avec les deux autres corsaires et se trouvait assez près pour l'attaquer lorsque les deux frégates, déployant toutes voiles, le forcèrent de lâcher prise et le poursuivirent jusqu'à la nuit où il les perdit de vue.

Que le 5, avec des vents de S.-O., dirigeant sa course sur Lézard, il se sépara des corsaires l'*Amélie* et le *Furet*, vers 10 heures du matin ; une frégate et une corvette le poursuivirent jusqu'à 2 heures de l'après-midi et pendant ce temps il gagna plus de deux lieues sur elles.

Que le 6, entre le cap Lézard et les Sorlingues, il mit en cape sous sa misaine, par un grand vent S.-S.-O. et découvrit une frégate aussi en cape.

Que le 7 et le 8, le même grand vent ayant continué, il eut en vue deux frégates.

Que le 9, vers 10 h. du matin, après un temps brumeux, il découvrit un bâtiment à trois mâts qui lui parut être une forte Lettre de Marque, faisant route à l'Est ; que, s'en étant approché, le dit bâtiment, carguant ses voiles, hissa ses filets d'abordage et mit en panne pour l'attendre ; qu'ayant tout fait préparer pour le prendre à l'abordage, il reçut à bout portant sa première volée qui lui mit deux boulets à l'eau et en peu de temps 4 pieds d'eau dans sa cale ; une seconde volée lui ayant été envoyée, il profita d'une mauvaise manœuvre, l'élongea et dans 5 minutes s'en rendit maître. Il était alors 3 h. du soir.

Ce navire est une Lettre de Marque anglaise nommée l'*Ann*, de Londres, de 390 t., armée de 14 caronades de 12, équipée de 26 hommes, venant de la Jamaïque, se rendant à Londres avec une cargaison de sucre, café, rhum, cochenille, vif argent, salsepareille, écailles, cuivre, bois de campêche et d'acajou.

Qu'il l'expédia pour le premier port de France, sous son escorte, sous le commandement de M. Osée Guilmaut, premier lieutenant à son bord, avec un équipage de 30 hommes.

Que le 10, à 4 h. du matin, il eut connaissance de la Roche-Melouin et dirigea sa route sur Bréhat ; mais à 3 h. de l'après-midi, passant la rade, le vent étant tombé, il fit route pour le cap Fréhel sous lequel il mouilla avec ladite prise vers 9 h. du soir.

Que le 11 février, il est appareillé à 5 h. du matin et a jeté l'ancre dans cette rade.

Tel est le rapport........, etc. ....

PRADER-NIQUET.

PIÈCE JUSTIFICATIVE N° 45.

Course du *Grand Jean Bart*. — Nombreuses prises. — Echange de prisonniers. — Chasse de l'ennemi.

RAPPORT DES CAPITAINES. — Rôle 23 (St-S.).

Le *Grand-Jean-Bart*,
220 t., 14 can., 117 h.

27 Décembre 1811.

A comparu le Sr Benjamin Dupont, capitaine du brick corsaire le *Grand-Jean-Bart*, de Saint-Malo, armateur le Sr Beauchef.

Lequel a déclaré que le 14 octobre dernier, il est sorti de Saint-Malo et a relâché le même jour à Bréhat ; que le 22 novembre, il appareilla de l'Aberwrach pour aller en croisière.

Que le 25 du dit, par 50° 14′ et 15° 24′, il a rencontré le brick le *Marinner* qu'il a fait amener après avoir assuré les couleurs françaises par un coup de fusil. Ce bâtiment était équipé de 12 hommes, du port de 240 tonneaux, capitaine James Ballantin, venant de Lisbonne et allant à Londres avec un chargement de laine et de coton. Il prit à son bord 11 hommes de l'équipage anglais y compris le capitaine et mit sur la prise 11 Français pour la conduire. Il l'a escortée jusqu'au 28 au soir et fut forcé de l'abandonner par la chasse d'une frégate ennemie qui dura 14 heures, n'ayant eu que le temps de retirer les 11 Français qu'il avait mis à bord.

Que le 30, étant par 54° 20′ et 13° 50′, sur les 8 h. du soir, il a fait amener le brick le *Pingouin* venant de Lisbonne et allant à Liverpool avec un chargement d'oranges. Ce brick était monté de 7 hommes plus un passager et n'avait aucune arme pour sa défense. Il prit à bord six des prisonniers anglais et y mit le même nombre d'hommes pour le conduire en France. Pendant trois jours il l'a escorté et le 3 décembre, le conducteur lui ayant fait signe de détresse, il l'a accosté à portée de la voix et ayant appris qu'il s'était déclaré une voie d'eau considérable, il a pris le parti de l'abandonner et de retirer l'équipage français qu'il avait mis à bord. Vu que le bâtiment était près des côtes d'Irlande et le peu de vivres qui lui restait à bord pour continuer sa croisière, il a pris le parti de renvoyer le navire avec son équipage et des prisonniers provenant de la *Marinner*, après leur avoir fait signer l'engagement prescrit par l'art. 36 du Règlement du 2 Prairial an XI.

Que le 9 décembre, se trouvant par 50° 27′ et 14°, il a capturé, vers les 6 h. du soir, un navire à trois mâts nommé le *Jason*, de 220 tonneaux, armé de 12 canons de 9, monté de 13 hommes, ayant en outre 69 passagers dont 4 femmes et deux enfants, venant de Saint-Jean-de-Terre-Neuve et allant à Waterford avec une cargaison de morue, hareng et huile de morue ; que le grand nombre d'hommes qui se trouvait sur cette prise et l'impossibilité de les conserver à son bord lui a fait prendre le parti de les renvoyer après leur avoir fait souscrire l'engagement de ne pas servir avant d'avoir été régulièrement échangés contre un nombre pareil de prisonniers français. Il ne les renvoya sur ce bâtiment qu'après l'avoir désarmé et avoir jeté ses canons à la mer.

Que le 15, par 50° 15′ et 14° 4′, à 4 h. 1/2 de l'après-midi, il a fait amener un brick nommé le *Falcon*, du port de 68 tonneaux, ayant 7 hommes d'équipage et deux passagers ; qu'il prit à son bord 7 Anglais qu'il remplaça par un même nombre de Français et l'expédia pour France. Ce bâtiment venait de la Trinité, île de Terre-Neuve, et allait à Poole avec un chargement d'huile de morue.

Que le 19, par 50° 46′ et 12° 55′, il a fait amener le brick l'*Agnès*, de 210 tonneaux, armé de 2 canons de 9 et équipé de 11 hommes, dont il a laissé deux à bord, chargé de mâture et de planches, venant de Pictown, golfe du Saint-Laurent, allant à Liverpool et qu'il l'a expédié pour France avec 8 hommes de son équipage.

Que le 23 décembre, par 48° 48′ et 10° 54′, il a capturé, vers les 9 h. du matin, le vaisseau le *Christophe*, de 150 tonneaux, non armé et équipé de 13 hommes, venant de Liverpool et allant au Brésil avec un chargement de sel et de toiles. Il a pris à son bord environ 50 à 60 caisses de toiles qui se trouvaient sur ce bâtiment et comme ses vivres commençaient à se trouver extrêmement rares et qu'il manquait absolument d'eau, après avoir pris le peu qui se trouvait sur cette prise, il l'a laissa aller, hors d'état de suivre sa destination ; il a fait souscrire au capitaine anglais l'engagement prescrit par le Règlement sur la course ; il a en outre renvoyé sur ce bâtiment 5 prisonniers anglais provenant des prises précédentes, mais il ne peut produire ce traité d'échange, qu'il avait envoyé faire signer au capitaine anglais sur la prise, parce que l'officier français qui le rapportait, en montant sur le corsaire, laissa tomber à la mer la boîte où il se trouvait avec d'autres pièces concernant la cargaison.

Que, jusqu'à ce jour, il n'a pas rencontré d'autre bâtiment de commerce, mais qu'il a été chassé par l'ennemi, au nombre d'une frégate et d'une corvette qui l'ont poursuivi toute une journée ; qu'il s'est décidé à relâcher par besoin de vivres et qu'il est entré sur la rade de ce port le dit jour vers 1 heure de l'après-midi, où il a déposé 13 prisonniers anglais provenant des diverses prises qu'il a faites pendant sa croisière

Dupont.

PIÈCE JUSTIFICATIVE N° 46.

Belle Course de la *Miquelonnaise*. — Combat et manœuvres par grosse mer. — Navire coulé. — Deux bonnes captures. — Bricks coulés. — Toujours la chance. — Cruelles inquiétudes. — Arrivée triomphale.

COPIE D'UN RAPPORT FAIT A MORLAIX. — REGISTRE RÔLE 35 (St-S.).

La *Miquelonnaise*,
200 t., 16 can., 160 h.

25 Décembre 1812.

J'appareillai de la rade de Saint-Malo, le 8 décembre 1812, à 8 h. du matin, avec grand frais de vents du S.-E., deux ris dans chaque hunier. Le soir je pris mon point de départ de l'île de Batz et gouvernai au N.-O., pour me rendre à mon point de croisière. Le 9, à 4 h. de l'après-midi, à l'O. des Sorlingues, distance de 20 lieues, j'aperçus deux navires sous le vent à moi, auxquels j'appuyai chasse. Les vents étant à l'E., ils gouvernaient au plus près sur le N.-N.-E. A 4 h. 1/2, je les reconnus pour deux bricks dont l'un était une corvette escortant un navire marchand. Je me préparai au combat, pris tous les ris aux huniers, la mer étant très grosse. A 5 h. j'engageai le combat avec la corvette qui portait 16 caronades et 2 canons de 12. Je lui passai en poupe et lui envoyai ma bordée de tribord. Je la serrai par sa hanche sous le vent de manière que sa batterie avait très peu d'effet, la tenant à longueur de navire et ne pouvant l'aborder, la mer étant horrible. Ma batterie et ma mousqueterie faisaient un effet terrible; pas un seul coup n'était perdu, sa batterie ne pouvait tirer étant trop inclinée; je la tenais dans une position à l'empêcher de faire une seule manœuvre et le feu de mes hommes qui découvrait tout son pont continuait à l'abîmer. Sa première volée me coupa plusieurs manœuvres, deux haubans, me tua deux hommes dans ma hune de misaine et en blessa plusieurs. Je continuai toujours le feu, en me réparant; je lui coupai sa drisse de pic de brigantine, petit mât de hune, grand mât de perroquet, et son pavillon fut amené à 6 h.; mais le vent et la mer m'empêchèrent d'en prendre possession. A 6 h. 1/2 j'étais en cape, tourmente du S.-E., temps très noir. A 7 h je la perdis de vue. Je continuai ma croisière jusqu'au 14 du même mois, toujours grand frais du S.-E. A 10 h. du matin j'aperçus un navire auquel je donnai chasse. J'étais alors par 50° et 16° 20'. Je le joignis et le coulai après en avoir retiré les prisonniers. J'avais alors une frégate en vue qui m'appuya la chasse, mais que je perdis bientôt de vue par la supériorité de ma marche. Ce brick se nommait *The Three Friends*, de 180 tonneaux, chargé de fruits secs. Il avait communiqué avec la corvette avec laquelle nous avions eu un engagement et nous rapporta qu'elle était entièrement délabrée.

Le lendemain 16, j'aperçus un navire courant sur le N. auquel je donnai chasse. A 10 h., je le fis amener. C'est la lettre de marque *The Commerce of London*, de 450 t., venant de la Jamaïque, avec une cargaison de rhum, sucre, madère, cacao et campêche, armée de 14 canons de 12. Je l'expédiai sous le commandement de M. Dieras, auquel je donnai 12 hommes et l'escortai.

Le 18, au matin, j'eus connaissance d'un navire par mon bossoir du vent. J'ordonnai à ma prise de continuer sa route et je donnai chasse au navire aperçu. A 10 h. je le fis amener. C'est la Lettre de marque *The Alfred*, de 500 tonneaux, armée de 10 caronades de 18, venant du Brésil, ayant à son bord 1.400 balles de coton provenant de Pernambuco, vin de Madère, cuirs secs, bois de bustac et morphil, ainsi que 2.000 piastres que je pris sur mon corsaire. J'en confiai le commandement à M. Angenard et je lui donnai 22 hommes de mon équipage. Il était absolument sans vivres. Je lui fis porter tout ce dont il avait besoin et j'allai avec lui rejoindre ma prise. A midi nous fîmes route tous trois pour venir me mettre en latitude de Belle-Ile. Mes prises avaient à peu près une marche égale. J'étais alors par 49° et 15° 20′.

Le 19 au matin, éclairant mes deux prises, j'eus connaissance de deux navires au vent à moi; je fis signe à mes prises de continuer leur course et je chassai les navires aperçus. A midi, je joignis le 1er, qui était la goëlette anglaise le *Badajoz* et, à 2 h., je fis arriver sur moi le 2e, qui était le brick le *Régent*, chargé de fruits secs; je le coulai et fis route avec la goëlette chargée d'oranges et de citrons. A 4 h., je rejoignis mes prises, fis un échange de prisonniers anglais avec un nombre égal de Français et, après leur avoir donné tout ce qui leur était nécessaire, je les fis porter à bord de la goëlette pour les conduire dans le 1er port d'Angleterre.

Le lendemain, 20 du courant, faisant toujours route avec mes prises et les éclairant de l'avant, j'aperçus deux navires que je chassai et, à 9 h., je coulai le 1er, qui était le brick anglais *Georges Dorothey*, de 180 tonneaux, chargé de salaisons, farine et beurre, destiné pour l'armée du général Wellington, en Portugal; je coulai également le second, qui était un brick anglais de 200 tonneaux nommé *The Samuel*, chargé de vin de Benicarlos et de liège. A midi, j'étais avec mes prises par 47° 15′ et 10°, avec un bon frais de N.-N.-O. Je dirigeai ma course pour prendre connaissance de Belle-Ile, en faisant faire toutes voiles possibles à mes prises. Le 21, beau temps et bon frais du N.-O. A 10 h., j'eus connaissance de 2 navires par mon bossoir de bâbord; ordre à mes prises de faire leur même route; je donnai chasse au 1er navire aperçu que je joignis à 2 h. C'est un joli cutter de 80 tonneaux, doublé en cuivre et chargé de sucre en caisses de La Havane et de vin de Porto également en caisses. Je l'expédiai sous le commandement de M. Cyprien Prader-Niquet et, comme il avait une marche supérieure, je lui donnai l'ordre d'aller rejoindre mes prises et de faire route avec elles. Je donnai chasse au 2e navire qui était une frégate en panne. Aussitôt qu'elle m'aperçut, elle fit toutes voiles sur moi et, se trouvant par mon bossoir du vent, m'obligea de prendre le vent arrière. Elle me chassa avec désavantage jusqu'à 4 h., mais, voyant que la route que je faisais avait fait apercevoir mes prises, je gréai une chaloupe sur mon pont, y fis embarquer 19 prisonniers Anglais échangés pour un nombre égal de Français et mis en travers mon embarcation à la mer et continuai ma route, A 5 h. du soir, la frégate mit aussi en travers pour sauver les Anglais et prit tous les ris aux huniers et les amures à babord. A 7 h. du soir, je rejoignis mes deux prises; à 10 h., j'eus la sonde, toujours joli frais du N.-O., mes prises ayant toutes voiles dehors et le cutter servant de mouche. A 11 h., je visitai un brick sans licence venant de Dunkerque et allant à Bordeaux sur son lest. Je le laissai continuer sa route. Le 22, tout le jour, calme et rien en vue; le 23, pris connaissance de la baie de Concarneau pendant la nuit, à 2 h. A 8 h., il est venu des pilotes sur mes prises et j'ai fait route avec elles pour la baie de Benodet, où nous avons mouillé à 10 h.

Ajoute qu'il n'est saisi d'aucun papier de bord des bâtiments qu'il a pris et coulés et qu'il a laissé entre les mains des capitaines anglais qu'il a renvoyés sous condition d'échange en Angleterre.

Il observe de plus que sa croisière de 15 jours a donné lieu à huit prises, dont quatre coulées, une expédiée en Angleterre avec les prisonniers échangés et trois conduites à Benodet, formant ensemble 1.820 tonneaux, 87 prisonniers et 62 pièces de canon ou caronades.

PRADER-NIQUET.

PIÈCE JUSTIFICATIVE N° 47.

Il faut couler les Anglais quand il est trop difficile de les conduire dans un port français.

LETTRE DU MINISTRE AU COMMISSAIRE DE MARINE (St-S.).

24 Floréal an IV.

Le but des armements en course étant de harceler, d'anéantir même, s'il était possible, le commerce de nos ennemis,... les Corsaires doivent faire tous leurs efforts pour lui porter des coups sûrs. Je vous invite, en conséquence, à faire savoir à tous les commandants des armements en course, qui ont lieu dans l'étendue de votre arrondissement, de s'occuper pendant leur croisière de détruire tous les bâtiments qu'ils n'auraient pas la certitude de pouvoir faire arriver en France. Cette marche préviendra la reprise d'une infinité de navires et en même temps la diminution des équipages de nos Corsaires, la captivité d'un assez grand nombre de Français et la perte d'objets précieux qu'il importe d'extraire des bâtiments qui se trouvent dans ce cas.

TRUGUET.

PIÈCE JUSTIFICATIVE N° 48.

Ne vaut-il pas mieux couler les Anglais qu'on craint de voir reprendre ?

GAUDE AU MINISTRE

4 Mai 1809 (St-S.).

....

En observant, Mgr, le peu de chances favorables que présente la course, et particulièrement la difficulté de faire arriver les prises dans nos ports, j'ai pensé que le moyen le plus certain de faire du mal à nos ennemis serait peut-être d'accorder une prime aux armateurs et aux équipages des corsaires pour chaque bâtiment qu'ils couleraient en mer. Cette prime pourrait être calculée sur le tonnage des bâtiments coulés dont on rapporterait les papiers de bord ou sur toute autre base qu'on jugerait convenable.

Cette mesure aurait l'avantage de dispenser d'amariner des bâtiments sur lest et de peu de valeur, sur lesquels on expose des équipages qui, presque tous, vont grossir le nombre des prisonniers en Angleterre.

Les armateurs sont en général d'avis que, dans les circonstances actuelles, ce projet leur semble offrir le seul moyen d'utiliser les armements du commerce français et de nuire au commerce ennemi avec le moins de dangers pour nous.

GAUDE.

Malgré de longues recherches, il a été impossible de trouver la réponse du Ministre. La prime ne fut pas accordée, mais les corsaires coulent fréquemment des bâtiments anglais.

PIÈCE JUSTIFICATIVE N° 49.

Précautions pour empêcher le pillage des prises par l'équipage.

(Copie de lettres du Sous-Commissaire de Lannion).

A M. LE BOZEC, SYNDIC DES MARINS A PERROS

16 Août 1809.

Je suis informé que le corsaire l'*Incomparable*, armateur M. Fontan, de Saint-Malo, qui vient de rentrer de l'île de Batz, a fait une prise richement chargée en revenant du Sénégal. Dans le cas où cette prise viendrait aborder à Perros, vous voudrez bien vous transporter sur le champ à son bord, consigner l'équipage, même le capitaine conducteur de prise, empêcher toute communication et apposer des scellés provisoires sur toutes les ouvertures, attendu qu'il y a des piastres à bord et que l'équipage est soupçonné de s'être porté au pillage. A cet effet, vous devrez vous entendre avec M. le Receveur des douanes, qu'il faudra prier et requérir de n'envoyer à bord que le nombre de préposés strictement nécessaire pour l'observance des devoirs qui lui sont imposés. Quant à M. le Commissaire de police, il sera conduit à bord afin d'y exercer ses fonctions, mais il ne faudra permettre aucune soustraction des papiers de bord utiles à l'instruction que j'aurai à faire. Il faudra me prévenir aussitôt l'arrivée du corsaire et demander des factionnaires au stationnaire de Perros.

PIÈCE JUSTIFICATIVE N° 50.

Un heureux Corsaire.

La Sorcière, CAPITAINE DEBON (St-M.).

2e course, ans XII-XIII :

Prises.	Tonnage.	Prisonniers.
Joseph et Jean	35 t.	2 h.
Les 2 frères	30	3
La Jeune Marguerite (repris)	90	2
La Mary-Ann	22	7
La Phœbé	200	8
L'Actif	200	9

3e course, an XIII :

Prises.	Tonnage.	Prisonniers.
La Padgey (repris)	150	6
L'Arck	100	4
La Suzanna (repris)	140	7
Le Victor	60	3
L'Ann (repris)	240	5
Le Vigilant (coulé)	50	4
La Carmela	400	12

4e course, an XIV-1806 :

Prises.	Tonnage.	Prisonniers.
Le Devonshire	190	7
L'Assistance	200	8
15 prises	2.102 t.	77 h.

PIÈCE JUSTIFICATIVE N° 51.

Précautions prises par l'ennemi contre les Corsaires.

BLESCHAMPS AU MINISTRE DE LA MARINE

29 Pluviôse an VIII (St-S.).

Notre ennemi, si attentif à écarter tout ce qui peut lui nuire, instruit par les pertes que nous lui avions fait éprouver, a pris toutes les mesures pour en éviter de nouvelles. Ses convois ont été fortement escortés, ses bâtiments caboteurs ont navigué avec précaution, la plupart même se sont mis sur la défensive et, dès le retour de la saison propice à nos corsaires, il a eu soin d'établir sur nos côtes, et particulièrement à l'entrée de nos ports, une chaine de bâtiments légers.

BLESCHAMPS.

PIÈCE JUSTIFICATIVE N° 52.

1° Activité des Croiseurs anglais. — Arrestation d'un pilote de Tréguier.

7 Janvier 1807.

INTERROGATOIRE DE GILLES MAINGUY, MAÎTRE AU PETIT CABOTAGE ET PILOTE A TRÉGUIER (St-Servan, Corr. minist., 2 janv. 1807).

A répondu que : le 1er janvier, étant à piloter un américain qui sortait de Tréguier avec un chargement de grains, il eut connaissance d'un cutter portant pavillon français en tête de mât et qui paraissait escorter un brick. Il crut que c'était un corsaire français cherchant à introduire sa prise à Tréguier et fit route pour mettre à bord. Alors ce prétendu corsaire lui tira un coup de fusil, puis un coup de canon qui porta bien près d'eux, et cela ayant toujours le pavillon français en tête de mât. Craignant d'être coulé, il se trouva forcé de mettre à bord de ce cutter, qui se trouva être une corvette anglaise, armée de 8 canons et de 24 hommes d'équipage...

A bord du brick où on le força d'embarquer, et qui se trouva être le *Chale Street*, on lui dit entre autres choses qu'il devait savoir qu'il y avait au bas de la rivière deux bâtiments qui chargeaient de grains et que si lui, interrogé, voulait les piloter et leur faire prendre ces deux bâtiments, on lui rendrait la liberté ainsi qu'à ses matelots. La réponse fut qu'il cédait à la force, qu'on pouvait le faire prisonnier, mais que jamais il ne trahirait son pays.

(Gilles Mainguy fut déposé, 15 jours plus tard, sur l'île de Césembre par les capteurs).

2° Les Corsaires des îles anglo-normandes.

(Arch. nat., BB3 (Marine) 113.)

Il existe dans nos parages une foule de petits corsaires qui se cachent dans les pierres et dont il est impossible de les débusquer... Les îles de Chausey, de Saint-Quay et les roches de la baie de Saint-

Brieuc leur servent de refuge. Nos caboteurs et les prises de nos corsaires courent le plus grand risque d'être enlevés par eux.

CORNIC.

PIÈCE JUSTIFICATIVE N° 53.

Ruses de guerre des Anglais.

15 Janvier 1808 (St-S.).

LETTRE DE GAUDE A DECRÈS

Des 19 corsaires armés et sortis de ce port dans les trois derniers mois de 1807, on vient d'acquérir la certitude que trois : La *Bohémienne*, armateur Protet; le *Glaneur* et la *Glaneuse*, armateur Magon-Vieuxville, sont tombés au pouvoir de l'ennemi. On n'a point encore le détail de ces événements, mais on croit que la *Glaneuse* a soutenu avant de se rendre un combat dans lequel le sieur Quonian, son capitaine, marin brave et expérimenté, a été tué.

Six autres corsaires, dont le *Friedland*, le *Magicien*, la *Magicienne*, l'*Aquilon* et l'*Amiral Decrès* sont l'objet de graves inquiétudes; depuis longtemps l'on n'a d'eux aucune nouvelle, et l'on en conclut avec beaucoup de probabilités qu'ils sont pris.

Les Anglais ont imaginé pour tromper nos corsaires une ruse dont il était bien difficile que ceux-ci ne fussent pas dupes dans le premier instant.

Ils ont armé et mis en mer des navires portant 20 et 24 caronades, les batteries sont soigneusement masquées, des balles de coton ou d'autres marchandises sont suspendues le long du bord et aux haubans; des voiles déchirées, un gréement en désordre, une carène sale, un très petit nombre d'hommes sur le pont ou dans les manœuvres : tout annonce un bâtiment du commerce fatigué par une longue traversée. Si l'un de nos corsaires, trompé par ces apparences, court dessus, on le laisse arriver le long du bord. Alors le pont se couvre d'hommes, les balles et les ballots tombent à la mer, les batteries se démasquent et un feu terrible écrase le trop confiant ennemi.

Aujourd'hui que cette manœuvre est connue, il est probable qu'elle n'aura plus le succès qu'elle a eu d'abord.

J'ai l'honneur de vous transmettre une lettre que vient de m'adresser M. Magon-Vieuxville, armateur des deux corsaires *Le Glaneur* et *La Glaneuse*, tous deux pris par l'ennemi. Son objet est de solliciter une Lettre de marque pour une péniche qu'il se propose d'armer et de mettre en course en mars, avril et mai. Les pertes qu'il vient de subir, et surtout la probité délicate qu'il a toujours mise dans ses armements, sont des titres qui le rendent digne de la confiance et de la bienveillance de Votre Excellence.

GAUDE.

PIÈCE JUSTIFICATIVE N° 54.

Prise du Corsaire l'*Intrépide* par un cutter anglais.

Avril 1806 (St-S.).

Aujourd'hui, 18 avril 1806, les sous-signés, officiers et maîtres du corsaire l'*Intrépide*, de Saint-Malo, déclarent qu'ayant rencontré à distance de 5 lieues Sud des Sorlingues un cutter anglais, avoir abandonné le dit corsaire au pouvoir des ennemis pour les causes ci-après désignées :

Savoir :

Qu'après un combat de 4 h. avec le dit cutter, monté de 14 obusiers de 12 livres de balle; le capitaine ayant été tué, ainsi que deux des principaux maîtres, plusieurs blessés; n'ayant plus que 20 hommes d'équipage, y compris 6 mousses; le corsaire ne pouvant plus gouverner, ayant son grand mât de hune rompu, sa vergue de civadière cassée, plusieurs haubans coupés, plusieurs boulets à l'eau, son pont embarrassé par les débris et manquant de mitraille, le second capitaine ayant pris le commandement a jugé qu'il était de nécessité absolue d'amener son pavillon.

De tout quoi nous avons signé le présent procès-verbal, pour servir ce que de raison, les dits jours, mois et an que ci-dessus.

THÉZARD, 2e capitaine.
BRAULT, écrivain.
J. LEMARCHAND.
J. PERAL.
LUCAS.
André DIREBECK.
DECRY.
PÉRAL aîné.
TONTURIER, maître

PIÈCE JUSTIFICATIVE N° 55.

Combat du *Marsouin* contre un brick anglais. — Le capitaine Brebel est mortellement blessé.

5 Novembre 1807 (St-S.).

LETTRE DE GAUDE AU MINISTRE

Le corsaire de ce port, le *Marsouin*, commandé par François Brebel, capitaine au long cours, était sorti le 5 de ce mois pour commencer sa course. Après diverses relâches, il appareilla le 24 de l'Aberwrach', visita les 25 et 26 quelques navires neutres et, le 28, se trouvant par le travers de Corck, en Irlande, chassa et atteignit vers les 4 h. de l'après-midi un grand brick qu'il jugea être un bâtiment du commerce et qui arbora pavillon anglais.

Le capitaine Brebel prit à l'instant ses dispositions pour l'attaquer, lui tira un coup d'obusier et, voyant qu'il continuait sa route, manœuvra pour le joindre de plus près. A 4 h. 1/2, étant à portée de pistolet, il le héla et le somma d'amener. Pour réponse l'anglais arbora la flamme royale et, démasquant sa batterie, couvrit de mitraille le corsaire français et fit sur lui un feu de mousqueterie extrêmement vif et soutenu : ce bâtiment portait des troupes.

Le capitaine français qui, dès la première décharge, avait été frappé au genou par une balle, se décida à allonger l'ennemi par le côté de bâbord, pour aborder l'ennemi; mais celui-ci, mettant tous ses soins à l'éviter, continua à faire un feu terrible que sa grande élévation sur l'eau rendait très meurtrier.

Malgré le désavantage de sa position, le sr Brebel maintint le combat. Il ne désespérait pas de forcer l'ennemi à souffrir l'abordage et de l'enlever de vive force, mais, atteint d'une seconde balle qui lui traversa la poitrine et lui fracassa l'omoplate, il lui fallut abandonner le commandement qu'il remit au sr Botterel, l'un de ses seconds lieutenants, en lui recommandant de laisser arriver afin de s'écarter s'il était possible d'un ennemi qu'il n'avait plus l'espoir de vaincre.

Le Sr Botterel, ayant manœuvré dans cette intention, réussit à se dégager et il fit route pour Saint-Malo, où il est rentré le 30 octobre, ramenant avec lui ses morts et ses blessés, les premiers au nombre de 8 et les seconds au nombre de 6.

La gravité de la blessure du Sr Brebel ne permet point encore de prononcer sur son sort; il inspire ici l'intérêt le plus vif et le plus général. Ce marin n'était pas moins honnête homme que brave : *Il faisait la guerre plutôt en militaire qu'en corsaire* et, dans les années précédentes, les nombreux prisonniers qu'il a introduits en France ont tous témoigné des bons procédés et des égards dont ils lui étaient redevables. S'il meurt, il laissera une famille peu fortunée, mais digne des bienfaits du Gouvernement.

GAUDE.

Brebel meurt. L'équipage du *Marsouin* repart aussitôt sous le commandement de Botterel « tous pleins du désir de venger leur ancien capitaine » (Lettre de Gaude, 22 nov. 1807, St-S.). Le bâtiment fut d'ailleurs capturé.

PIÈCE JUSTIFICATIVE N° 56.

Combat de l'*Amélie* contre plusieurs péniches anglaises.

LETTRE DU CAPITAINE LE NOUVEL AU PRÉFET MARITIME DE BREST

(Arch. nat. BB3, 358, p. 35.)

Février 1811.

MON GÉNÉRAL,

Commandant le corsaire *L'Amélie*, de Saint-Malo, armé de 14 canons de 4 et 82 hommes d'équipage, je partis de l'île de Batz le 3 de ce mois pour aller en croisière. Après avoir essuyé pendant 17 jours le plus mauvais temps et les chasses successives de 3 frégates et de 2 corvettes auxquelles la marche supérieure de mon corsaire m'a fait échapper, le 20 au point du jour, je me trouvai par les 49°5 de lat. et 11°25 de long. ; je courais au plus près sur tribord amures et sous une voilure commode pour exécuter au besoin toute espèce de manœuvre. Le vent était au N.-O., faible brise, brouillard très épais.

A 7 heures, j'aperçus par mon bossoir du vent, à faible distance d'une petite portée de canon, un navire courant largue sous toutes voiles bâbord amures. Je le jugeai frégate et donnai aussitôt l'ordre d'arriver en forçant de voiles et en faisant dépendre le vent de sur tribord.

Mes voiles établies, je changeai les amures parce que la première route tendait à nous rapprocher de la frégate qui nous restait dans ce moment à demi-portée de canon. La brise ayant un peu fraîchi, nous gagnions sensiblement l'ennemi. A midi nous étions à une distance de 2 lieues. A midi et demi, presque calme. Alors j'ordonnai de border les avirons. Un instant après nos vigies reconnurent que la frégate avait mis deux embarcations à la mer, puis quatre et enfin sept qui se dirigèrent sur nous. Il faisait calme plat. Je fis rentrer les avirons et préparer les armes pour défendre un abordage et nous attendîmes. L'ennemi, qui s'était rallié à une demi-lieue, parut faire des dispositions d'attaque. Il s'approcha à portée de fusil et dans l'espoir sans doute de recevoir notre feu à cette distance, il commença le sien par une décharge de ses caronades et pierriers en l'accompagnant de cris de *hourrah!* J'avais recommandé le plus grand silence ; on le maintint sans riposter. L'ennemi s'approcha à demi-portée de fusil et ayant levé rames, il fit une autre décharge de ses armes : Même silence de notre part. Il feignit alors de ramer avec force et redoubla ses cris de *hourrah!* Mais il n'avançait pas et je m'en aperçus. Il fit une seconde fois lever rames et parut tenir conseil ; enfin il manœuvra pour nous envelopper et pour nous aborder. Lorsqu'il fut à demi-portée de pistolet, je fis faire feu et notre décharge fut terrible. Une des péniches fut coulée d'un coup de canon ; les six autres crochèrent à bord presque en même temps et le combat s'engagea de part et d'autre à toutes armes et avec le plus grand acharnement. L'ennemi attaquait de tous côtés et l'action devint si vive que dans l'impossibilité de recharger les armes, chaque homme de mon équipage combattit corps à corps et les propres armes des anglais, arrachées de leurs mains, servirent à les repousser.

Quoiqu'ils fussent supérieurs de moitié, pendant trois quarts d'heure que dura le combat, aucun anglais n'a pu parvenir à mettre le pied sur le pont : tout ce qui s'est présenté sur le bâtiment a été précipité à la mer ou dans les péniches. Enfin, trouvant partout la mort et attaqués à leur tour dans leurs propres embarcations, ils s'éloignèrent, abandonnant deux des leurs que nous avons retirés de l'eau et fait prisonniers et par le rapport desquels nous avons su que les sept péniches étaient commandées par le second de la frégate anglaise *La Fortunée* et armées de 125 hommes d'élite.

Lorsque les anglais ont été à quelque distance, on a pu juger par le peu d'hommes qui restaient aux avirons que la perte de l'ennemi a été très considérable et qu'elle doit être de plus de moitié en tués et blessés.

Le corsaire a perdu un de ses officiers tué à bout portant. Deux autres et dix matelots sont grièvement blessés. Ayant eu l'épaule droite traversée par une balle quelques minutes avant la fin du combat, je n'ai pu être témoin de la fuite de l'ennemi ; mais quelque grave que soit ma blessure, elle me semble légère en songeant que Son Excellence et vous pourrez voir avec quelque plaisir que les corsaires français savent aussi défendre l'honneur du pavillon de Sa Majesté.

M. Le Nouvel.

Le Ministre écrit en marge du rapport (p. 32) :

Analyse courte et bonne pour *Le Moniteur*. — Bien faire remarquer l'acte de bravoure.

L'armateur Godfroy demande la croix pour Le Nouvel.

Pièce justificative n° 57.

Prise du *Milan* par la frégate anglaise *L'Endymion*.

Rapports de Capitaines

Le *Milan*,

100 t. { 6 de 2. / 4 de 6 canons, 81 h. / 2 de 4.

Rôle 19.

A comparu le Sr P. Lepeltier, capitaine du corsaire le *Milan*, armateurs MM. Lebreton de Blessin et fils, pour MM. Deselos, Le Pelley, Perruchaud de Nantes.

Lequel a déclaré être parti de l'Aberwrac'h le 26 octobre 1810 pour aller en croisière; que, du dit jour au 11 novembre, il visita plusieurs américains et eut un engagement avec une Lettre de marque le 5 novembre, dans lequel son maître calfat Michel Mahé fut tué ; G. Lefriec et M. Guyomard, matelots, blessés ; que, le 11 novembre, commença la chasse de la frégate anglaise l'*Endymion*, à laquelle je fus obligé de me rendre le 13, à 4 h. 1/2 du matin, me trouvant pour la 3e fois à portée de mitraille et étant, pour ainsi dire, entièrement dégréé. Dans cette affaire, R. Thomazeau eut la jambe emportée et mourut le lendemain. Le temps étant extrêmement mauvais, nous ne fûmes amarinés que le 14 dans la matinée et nous fîmes aussitôt route pour Corck, où nous mouillâmes quelques jours après; l'Etat Major et l'équipage ayant été mis sur des bâtiments destinés à les transporter en Angleterre. Je restai avec la frégate que je quittai le 1er janvier pour aller sur un américain qui me transporta aux Etats-Unis, d'où j'ai repassé en France par la corvette américaine le *John Adams*, arrivée le 17 à Lorient.

A de plus déclaré que Nicolas Pacan, embarqué à son bord comme matelot, est mort sur la rade de l'Aberwrac'h, le 22 octobre 1810, par suite de maladie.

Tel est le rapport de Le Peltier.

(Voir *Vigie de l'Ouest*, 8 nov. au 29 nov., 4 nov. 1839, récit d'un anglais lieutenant sur l'*Endymion*.)

Pièce justificative n° 58.

L'Incomparable coulé par le cutter anglais *Le Wind*.

22 Juin 1812 (St-S.).

Copie d'une lettre adressée par M. A. Le Duc, capitaine du corsaire l'*Incomparable*, a MM. Coste et Cudence, armateurs du dit corsaire, datée de Plymouth (Angleterre).

Messieurs,

Quoique notre corsaire soit pris, je présume que vous serez satisfaits d'avoir de mes nouvelles ; c'est ce qui m'engage à vous en donner.

Arrivé le dimanche soir 14 juin à l'île de Batz, sans une once de vivres frais, j'en fis de suite et appareillai le lundi matin. A dix heures du soir, j'étais sous le cap Lézard jusqu'à 6 ou 8 lieues dans le O.-N.-O. de ce cap et j'y restai le lendemain mardi jusqu'à 4 h. du soir. Alors je chassai un brick vent arrière. Ne pouvant l'atteindre avant qu'il eut rallié la terre, je voulus le forcer à faire côte sous Land's End ; il vint au plus près pour doubler Lézard, mais je le coupai et l'abordai à 1/4 de lieue de ce cap, vers 8 h. Je lui cassai sa beaume sans me faire d'avaries et M. Mahé sauta seul à bord et eut à peine la facilité de revenir à bord après s'être aperçu qu'il n'avait pas été suivi par l'équipage. J'eusse abordé le brick de nouveau, si je n'avais eu la certitude d'aller à la côte avec lui. La *Ville-de-Caen* était alors à 4 encablures au vent à moi, elle voulut me parler une heure après, mais le gros temps nous opposa de nous entendre. Le gros temps qui augmenta toute la nuit me força d'arriver pour France parce que je ne pouvais plus tenir le plus près. Mercredi, à 11 h., j'atterris à Pontusval. Les vents, toujours au N.-O., mais plus calmes, je revirai pour la côte d'Angleterre. Jeudi 18 juin 1812, à 4 h. du matin, j'y étais de nouveau, à deux lieues de terre entre Starpoint et Land's-End. Rien en vue que des bateaux pêcheurs et une frégate. Elle me chassa plusieurs heures, mais le temps par grains et ma marche la forcèrent à lever chasse. Je filais alors 9 nœuds moins deux brasses au plus près sous mon grand appareil. Je revirai à la côte d'Angleterre que je revis à midi. A 5 h. du soir, entre Plymouth et le cap d'Adman, j'abordai un grand brick chargé de fer qui se défendit longtemps, parce qu'il voyait — ainsi que moi — le cutter anglais le *Wind*, de 14 caronades de 12 et de 45 hommes d'équipage, qui était à une lieue sous le vent à lui. Je fis sauter 10 ou 11 hommes à bord du brick, certain que la nuit et le gros temps le sauveraient pendant que j'aurais amusé le cutter. Mon beaupré, qui avait consenti, cassa quand j'abordai le brick. Il mit le cap sur France, mais les Anglais ayant coupé les vides, ses deux mâts de hune vinrent bas. L'équipage sauta dans sa chaloupe et fut obligé d'arriver au cul, à cause de la lame. Je voulus les prendre comme étant mes meilleurs et crocher le cutter. Ce fut impossible, m'ayant gagné le vent pendant que j'arrivais pour la chaloupe. Il arriva plat vent arrière sur moi et fut maître de m'aborder debout au corps pendant que je loffais pour l'élonger. Sa volée qu'il m'envoya pendant que je lui envoyais une fusillade me tua 5 hommes et en blessa plusieurs. La mâture vint bas en vrague et le corsaire coula. L'équipage tout entier fut noyé, excepté les 10 ou 11 hommes qui étaient dans la chaloupe du brick et se sauvèrent à terre et 9 autres qui sautèrent avec moi à bord du cutter, mais presque les uns après les autres. Plusieurs furent blessés, je reçus deux coups d'anspect dont un sur la tête.

Je n'ai vu que cinq navires dans ma courte croisière ; deux marchands, une corvette, une frégate et un cutter. J'ai abordé les deux premiers, j'ai été chassé par deux autres que j'ai évités et pris par le cinquième.

La crainte de voir quelques mois de calme après ma sortie m'a fait me presser et aller chercher des prises peut-être trop à terre. J'avais la ferme résolution de ne revenir à la côte de France qu'avec des prises, tant que le temps ne m'y aurait pas forcé. Puissent d'autres capitaines faire mieux que moi dans mon cas ; j'en doute.

Gardez, s'il vous plaît, cette lettre. Personne ne démentira la vérité du contenu devant moi.

Athanase LEDUC.

N. B. — Noms des hommes qui ne furent pas noyés et sautèrent à bord du cutter avec moi :

Garun, Guillemin, Guillard, Lecoq (novice), Lesage, Adoyer, Bruneau, Yvaldy et Gregé.

Noms de ceux dont je me rappelle faisant partie des 10 ou 11 à bord de la chaloupe :

MM. Macé, Mahé, Sire, Crunet, Olivier, Legras, Mauret et plusieurs étrangers venus du Nord.

Un autre exemplaire de cette lettre, communiqué par M. L. Boivin, rédacteur au *Salut*, à la Société historique et archéologique de Saint-Malo, le 16 mai 1900, contient le post-scriptum suivant :

Aux amis Véron et Henri Gauthier.

J'étais paré pour vous échanger après un de mes parents et un ami avec lequel je fus élevé. Si vous en avez de plus anciens que moi ou un parent, échangez-les. Ensuite pensez à celui qui est toujours votre ami.

N. B. — Véron et Gauthier sont des capitaines de corsaires malouins (Gauthier, le *Furet*, 1810, 1812. — Véron, la *Confiance*, 1810).

Pièce justificative n° 59.

Le combat du *Renard*.

1813.

Rapport de la croisière du corsaire le *Renard*, cutter de 14 canons et de 50 hommes d'équipage au Préfet maritime de Cherbourg (Reçu à Paris, le 20 septembre 1813. — *Moniteur Universel*, 1813, p. 1041).

J'ai l'honneur de vous informer que j'ai mouillé sur la rade de la Grande-Anse, port de Diélette, revenant de croisière.

Nous partîmes de l'île de Batz le 8, avec grand frais d'ouest; dans la nuit nous traversâmes et le matin à 4 h. nous eûmes connaissance de Starpoint dans le S.-O., distance de 4 lieues.

Le 9 à 3 h., nous aperçûmes une voile sous le vent, courant tribord amures ; je la chassai et à 5 h., je la reconnus pour une goëlette de guerre. Je virai de bord ; elle imita ma manœuvre et se trouvait alors à distance de 2 lieues derrière nous. Elle rejoignit à 1 h. Je fis préparer la batterie et placer chacun à son poste. La goëlette ennemie engagea le feu par des coups de canon de chasse. L'ennemi lança dans le vent et je lui envoyai la bordée de bâbord ; il laissa arriver pour passer sous le vent et nous ripostà de la sienne. Je fis passer à tribord et je lui envoyai plusieurs bordées à portée de pistolet, soutenues de toute la mousqueterie. Pendant ces premières décharges, mon premier lieutenant Devose et les deux lieutenants Berthelot et Roserie furent blessés et mis hors de combat ainsi qu'un grand nombre d'hommes de l'équipage.

Il fit calme plat quoique la mer grosse et l'ennemi fut jeté par la lame sous le bossoir de dessous le vent. Je commandai l'abordage. L'ennemi, plus fort en nombre, le repoussa avec pertes et nous envoya sa bordée à mitraille qui balaya tout le gaillard d'avant. Mon second fut tué dans cette décharge et j'eus plusieurs blessés.

Je n'eus pas besoin d'exciter le courage de mes gens et M. Herbert, officier du gaillard d'avant, avec M. Lavergne, enseigne, réunirent plusieurs hommes pour faire une seconde tentative ; mais les bâtiments rompirent les grapins d'abordage et se séparèrent.

Pendant tout ce temps, la batterie des deux bords ne cessa pas de jouer et les officiers du gaillard d'avant jetèrent plusieurs grenades. Pendant que les bâtiments étaient abordés nous nous arrachions les lances et les pistolets des mains les uns des autres et l'on se mutila sans pouvoir sauter à bord l'un de l'autre.

L'ennemi sauta vers notre hanche de tribord, nous envoyant des décharges qui se succédaient vivement. Dans une de ces décharges j'eus un bras emporté et j'encourageai mes gens en criant : « Courage, mes amis, et l'ennemi va se rendre. »

Je fis prévenir M. Herbert, le seul lieutenant qui me restait, de prendre le commandement du corsaire et il me fit porter dans ma chambre. Il était alors 3 h.

M. Herbert, avec M. Lavergne, excitèrent le courage du petit nombre d'hommes qui restaient et continuèrent le combat, lorsque deux coups de canon, qui partirent à la fois de notre bord, parurent mettre le désordre à bord de l'ennemi. Comme l'officier commandant criait : « Ils ont amené, cessez le feu », la goëlette sautait à portée de pistolet sous le vent. Nous fûmes au même instant couverts de flammes et de débris qui tombaient en feu de tous côtés. L'officier commandant fit jeter de l'eau partout et ordonna de mettre les embarcations à la mer pour sauver ceux de l'équipage ennemi qui auraient pu échapper à l'explosion ; mais notre chaloupe se trouva toute hachée et le porte-manteau à la traîne coulé. On en aperçut trois ou quatre, nageant sur les débris et tout ce que l'on put faire fut de les engager à s'approcher du bord, le calme empêchant de naviguer ; mais aucun ne put s'approcher. Ils s'écriaient qu'ils n'y voyaient pas. Il était alors 3 h. 1/2.

Le premier soin fut alors de s'occuper de nos blessés qui étaient au nombre de 31 ; 5 hommes seulement avaient été tués. Il ne nous restait que 13 marins en état de manœuvrer. Nous nous réparâmes le mieux que nous pûmes et fîmes route pour la côte de France où nous sommes arrivés le 14.

Signé, pour le capitaine Leroux :

Jean Herbert, lieutenant.

N. B. — Un récit détaillé de ce combat a été publié par Cunat : *Saint-Malo illustré par ses marins*, sur des notes à lui remises par M. l'abbé Herbert, fils du corsaire.

PIÈCE JUSTIFICATIVE N° 60.

Récompense aux Corsaires courageux.

27 Septembre 1813.

LETTRE DU MINISTRE AU COMMISSAIRE

M. le Préfet maritime de Cherbourg m'a rendu compte du combat qui a été livré le 9 de ce mois par le corsaire de Saint-Malo le *Renard*, capitaine Le Roux, à une goëlette anglaise de 16 canons qui a coulé au moment où elle avait amené.

Les journaux ont publié ce beau fait d'armes et je me propose de demander à l'Empereur l'Aigle de la Légion d'honneur pour ceux qui se sont le plus distingué ; mais je souhaite auparavant avoir des renseignements particuliers sur leur compte.

Vous voudrez bien en conséquence, me faire connaître l'âge, les services antérieurs du capitaine Le Roux ; qu'elle est sa réputation et sa conduite privée.

Vous me donnerez les mêmes détails sur les officiers de ce corsaire et notamment sur le Sr Herbert qui, après que les autres officiers furent tués ou blessés et que le capitaine Le Roux eût le bras emporté, prit le commandement du *Renard* et continua le combat. De même pour le nommé Roger, maître d'équipage du corsaire (il est au nombre des blessés), s'il est intelligent, expérimenté, capable d'être employé sur un vaisseau de l'Etat en même qualité.

DUC DE CRÈS.

N. B. — Le Roux mourut des suites de sa blessure. Le lieutenant Herbert reçut l'Aigle de la Légion d'honneur.

PIÈCE JUSTIFICATIVE N° 61.

Capture d'un Corsaire. — Une expérience chirurgicale intéressante.

CROISIÈRE DU *Spéculateur*, LOUGRE ARMÉ DE 16 PETITES CARONADES DE 6 ET MONTÉ PAR 80 HOMMES D'ÉQUIPAGE, DONT 42 PORTUGAIS, PRIS AU DÉPÔT DES PRISONNIERS DE GUERRE (Mémoires d'AUGENARD, *Annales de Bretagne*, VII, 198).

Je partis de Saint-Malo le 28 novembre 1813 et je relâchai à Bréhat pour y exercer l'équipage dont la composition n'était pas parfaite. Il y avait même peu de confiance à placer dans les 42 Portugais qui en formaient plus de la moitié.

Le 4 novembre, à 3 h. de l'après-midi, par un beau temps de vents O.-S.-O., je mis sous voiles pour faire une coupée à la côte d'Angleterre ; mais le grand mât, qui avait déjà craqué dans la croisière précédente et que la commission de visite avait jugé encore capable d'un bon service, cassa aux étambrais dans le passage du raz de Bréhat et je fus obligé de rentrer à Saint-Malo pour le remplacer. Après cette opération, j'appareillai de nouveau, le 18 novembre, à 10 h. du matin, par des vents d'E.-S.-E., presque calmes. A 5 h. du soir, les vents passèrent S.-S.-O. et je fis route aussitôt pour traverser la Manche. Il n'y avait en vue aucun croiseur anglais. Dans la nuit le temps devint pluvieux et au jour le brouillard était très épais. Les vents s'étant faits S.-S.-E. petite brise, j'eus connaissance d'un brick marchand à petite distance entre la pointe Prault et Bolt-Head. Lorsqu'il me reconnut pour corsaire, il fit toutes voiles pour gagner le port de Falcombe. L'équipage me voyant très près abandonna le navire et je fis mettre un canot à la mer pour l'amariner, mais à peine celui-ci était-il à moitié chemin que je fus obligé de le rappeler ; je venais d'apercevoir, dans une éclaircie au large du corsaire, un grand brick qui faisait route sur nous. Je repris mes hommes et sacrifiai mon canot pour sortir de la mauvaise situation où je me trouvais placé entre la terre et le brick. Celui-ci venait grand largue et bientôt ses boulets passèrent dans mes voiles. Il commença même déjà à tirer à mitraille et portait toujours grand largue pour m'approcher plus vite sans chercher néanmoins à me joindre au point de section. Cette manœuvre le fit tomber dans les eaux du corsaire et peu à peu je l'obligeai à hâler bas ses bonnettes et à prendre le plus près du vent. Le temps étant à grainasse, il s'approchait quelquefois à portée de fusil. Je fis jeter à la mer deux ancres, la cabane à feu et la drôme. Le corsaire se sentant alors soulagé prit quelque avantage de marche sur le brick ; il n'abandonna cependant la chasse qu'à la nuit et alors je m'étais éloigné de lui de deux portées de canon. Le lendemain, le temps était encore brumeux, la mer grosse et les vents au S.-E. ; à 2 h. de l'après-midi, j'eus connaissance d'un autre fort brick armé qui se trouvait dans la hanche du vent à portée de canon. J'ordonnai le branle-bas de combat et chacun fut mis à son poste. A 3 h., il avait beaucoup gagné sur nous et les deux navires se trouvaient sur la ligne du plus près, à demi-portée de canon, tirant en chasse et en retraite. J'aurais dû avoir sur lui l'avantage d'une pointe au vent, mais il n'en était rien et il conservait toujours sa position, s'approchait et tirait à mitraille.

Le vent ayant adonné, il se trouva un peu dans la hanche du vent à tribord. Alors, ayant pu facilement le reconnaître pour être d'une force supérieure à la mienne, je pensai qu'il devenait inutile de faire décimer mon équipage dans la position désavantageuse où était le corsaire et je fis descendre dans la cale la plus grande partie de mon monde, ne conservant auprès de moi que les meilleurs hommes pour faire au besoin un coup de manœuvre et je donnai ordre à ceux qui étaient descendus de se tenir prêts à monter au premier commandement.

A trois heures et demie, la corvette était à portée de pistolet et tirait toujours à mitraille ce qui néanmoins n'endommageait pas beaucoup ma voilure. Je fis coucher à plat ventre sur le pont tous ceux que j'avais conservés auprès de moi, excepté toutefois ceux qui étaient occupés à tirer en retraite.

Comme la mer était grosse et le vent par rafales, je conservais l'espoir qu'un mât de hune ou de perroquet ou même une vergue pourrait casser à bord de la corvette. Les deux navires allaient à 8 nœuds.

A 4 h., le capitaine anglais voyant que je n'amenais pas et que la nuit approchait, se décida à passer sur nous. Je devinais son dessein quand je le vis carguer sa grande voile et sa brigantine. Je fis porter de 2 quarts pour faire plus de chemin avec l'intention de revenir ensuite au vent. Je ne me suis trouvé de ma vie dans une situation plus menaçante ni plus désespérée. Cependant j'espérais encore, en le voyant arriver tout plat, que si le corsaire n'était pas démâté ou coulé, je pourrais me sauver une fois que j'aurais gagné le vent. Rien de tout cela n'arriva et, dans son évolution, le brick passa son beaupré entre le grand mât et le mât de tap-cul et cassa celui-ci. J'eus encore plus d'espoir que jamais malgré cet accident, car la corvette se trouvait sous le vent et le lougre faisait grand chemin au plus près ; mais une bordée à mitraille désempara complètement le corsaire et me renversa sur le pont, l'épaule gauche traversée d'un biscaïen et vomissant le sang à pleine bouche. J'avais tout le côté gauche paralysé, le haut de mon chapeau et le pan de ma veste étaient emportés.

Le capitaine anglais m'ayant vu tomber envoya par la première embarcation son chirurgien qui, après avoir examiné ma blessure, héla à bord de la corvette et dit au capitaine que j'étais blessé mortellement et qu'il était inutile de m'envoyer à bord ; j'entendis tout cela et l'on peut penser que ce fut pour moi une triste consolation. On me transporta dans ma cabane où l'on me laissa sur ma demande, M. Pocquenet, mon second, M. Macé, mon chirurgien et un nègre qui me servait. J'eus beaucoup à souffrir pendant les 4 jours de mer que fit le navire avant de mouiller sur la rade de Plymouth ; je n'eus d'ailleurs qu'à me louer de la conduite que tinrent à mon égard tous les Anglais qui montaient le corsaire et en particulier l'officier qui en avait pris le commandement.

Je fus placé sur un brancard et porté à l'hôpital par huit matelots que conduisait un lieutenant de la corvette, laquelle était aussi venue mouiller sur la même rade. On m'envoya exactement tous mes effets et même une montre de prix et un cachet de musique qui, à cette époque, avait encore l'attrait de la nouveauté et m'avait coûté 12 louis. J'avais oublié tous ces effets dans ma cabane.

Il était 3 heures de l'après-midi quand j'arrivai à l'hôpital par un temps neigeux et on le fit aussitôt connaître à M. Malgrat qui en était le chirurgien en chef. Il arriva bientôt et s'assura de ma position en sondant ma blessure. Il passa ses doigts par les deux ouvertures que s'étaient pratiquées le biscaïen et en retira plusieurs esquilles. Je pense que pour mourir on ne doit pas souffrir plus que je ne le fis en ce moment. Il me déclara qu'il n'y avait qu'un moyen de me sauver la vie, qu'il fallait qu'il m'amputât à l'épaule : que le biscaïen avait traversé l'articulation en brisant l'omoplate, la tête de l'humérus et la clavicule. Je consentis l'opération et le lendemain au jour il se fit précéder de sa boîte d'instruments et arriva lui-même quelques instants après, accompagné de plusieurs chirurgiens. M'ayant découvert, il s'aperçut que pendant la nuit la supuration s'était établie et il renonça à l'amputation en me disant que Dieu ferait le reste. Il me fit porter dans une chambre où j'étais seul, ordonna de m'y traiter avec les plus grands soins et fit sur moi l'épreuve d'un remède qui jusqu'alors n'avait pas encore été employé, qui lui réussit parfaitement, mais dont l'application était bien douloureuse pour moi.

Voici en quoi consistait son expérience : Tant que dura la gelée et que l'on put se procurer de la glace, il m'en faisait appliquer des morceaux et des boules de neige sur la partie supérieure de ma blessure et, au moyen d'une tablette de bois, il garantissait ma joue de l'effet glacial de son antidote ; mais, en dépit de cette précaution, je perdis, dans l'espace de deux mois, toutes les dents du côté gauche. Comme j'étais continuellement couché sur le dos, une eau très froide parcourait continuellement ma blessure et me préserva indubitablement de la gangrène ou du tétanos. Quand la saison plus avancée ne permit plus de trouver de neige ni de glace, ces réfrigérants furent remplacés par des compresses d'eau froide qu'on m'appliqua pendant quatre mois consécutifs et avec le plus grand succès au grand désappointement de MM. les chirurgiens français et anglais qui, toujours confiants dans la routine, prétendaient que l'amputation seule pouvait sauver une personne dont l'articulation de l'épaule avait été parcourue par un objet aussi gros qu'un biscaïen de 18 lignes de diamètre......

Après cinq mois de souffrances inouïes, je fus embarqué avec 25 autres blessés sur un sloop qui nous conduisit en France et avant de monter à bord, j'écrivis une lettre de remerciements à M. le docteur Malgrat en le priant d'accepter mon cachet à musique comme témoignage de la reconnaissance d'un père de famille qu'il avait arraché à la mort et à ce titre seulement il voulut bien l'accepter.

Pièce justificative n° 62.

Un compte de relâche (St-M.).

Compte de divers débours faits par Borgnis-Desbordes père et fils et Simon, pour le corsaire *Le Tigre*, de Saint-Malo, pendant sa relâche en ce port.

Sçavoir :

Date		Article	Montant	Total
Mai	30.........	6 pains à 30 sous..........................	9	
—	31.........	36 pains d'équipage	54	
Juin	1.........	6 pains blancs	9	159
—	».........	42 pains d'équipage	63	
—	».........	1 veau	24	
—	2.........	18 pains d'équipage à 45 sous......	40 1	
—	3.........	6 pains pour la table à 30 sous...	9	90
—	».........	18 pains pour l'équipage à 45 sous.	40 1	
—	4.........	Compte du capitaine Dugué, suivant reçu	150	186
—	».........	12 pains d'équipage à 45 sous......	27	
—	».........	6 pains pour la table..................	9	

Juin	5.........	Payé au batelier pour aller à bord prendre les marchandises.........	25	120 10
—	».........	Charrois et journaliers pour la décharge	34 1	
—	».........	Pour ports de lettres du capitaine et de l'équipage........................	9 1	
—	».........	Compté à Loizeau, maître calfat..	2	
—	».........	18 pains d'équipage à 45 sous......	40 1	
—	».........	6 pains pour la table à 30 sous...	9	
—	6.........	18 pains d'équipage	40 1	49 10
—	».........	6 pour la table........................	9	
—	7.........	24 pains d'équipage	54	63
—	».........	6 pour la table........................	9	
—	8.........	24 pains d'équipage	54	66
—	».........	8 pour la table........................	12	
—	».........	Pour autant compté au second capitaine et officiers du navire américain pour gratification de leur déclaration faite au Juge de Paix qui constate que les marchandises sont pour une maison de Bristol, suivant bon du capitaine..............		300
—	8.........	Pour 6 barriques de vin à 700 l. le tonneau.		1.050
—	».........	Payé au voilier pour radoub des voiles....		369 10
—	».........	Payé 3 journées de bateliers suivant bon du capitaine		60
—	».........	Payé à Jean Chioer, pilote, suivant bon du capitaine		300
—	».........	Port des 6 barriques de vin.........	15	280 5
—	».........	Pour 600 l. de pois à 5 sous la livre	150	
—	».........	Port au bateau............................	1 5	
—	».........	Pour 10 paniers...........................	2 10	
—	».........	Pour 3 cordes de bois à 36 l. la corde	108	
—	».........	Frais pour le bois.........................	3 10	
—	».........	Envoi de 2 moutons en vie à 18 l. la pièce.		36
—	».........	Pour un veau fort....................................		30
—	9.........	Payé au cuisinier sur bon du capitaine....		50
—	».........	Pour port de lettre du capitaine et équipage		4 6
—	».........	A Goupil, pour 50 bouteilles de vin.........		25
—	».........	Payé le mémoire du boucher du 30 à ce jour		632 8
—	».........	Ports de lettres..		2 4
—	10.........	A Tanguy, poulieur....................................		128
—	».........	A Bruslé aîné, pour son mémoire..............		262

Juin	».........	A Lecointre, pour cordages.....................	527
—	».........	A la boulangère, 45 pains à 2 l. 5...........	101 5
—	».........	A la même, pour 24 pains à 30 s..............	36
—	».........	A Jean Marie, pr foin destiné aux moutons.	3 10
—	».........	A François Pivart, sa conduite à St-Malo.	134
			4.944 3

Notre commission à 2 %.. 98 17

A-comptes à l'équipage : 3.000 fr.

N. B. — Pendant une 2e relâche, du 22 juin au 1er juillet, Borgnis-Desbordes avancent de nouveau à l'équipage sur les parts de prises 2.877 18.

PIÈCE JUSTIFICATIVE N° 63.

Un compte de désarmement (St-M.).

MÉMOIRE DES DÉBOURS ET PAYEMENTS FAITS POUR LE DÉSARMEMENT DU CORSAIRE *Le Tigre*, 1793.

Sçavoir :

Juillet	8.........	Pour réparation d'un bateau de service...	5
—	».........	Pour un quarteau vinaigre......................	30
—	».........	Pour conduite des gens à Granville..........	170
—	».........	Pour repas des 17 hommes de Granville...	34
—	».........	Pour vivres aux 7 hommes en garnison sur le *Tigre*..	15 18
—	».........	Pour pilotage du *Tigre* et bateau qui a été à bord	74
—	».........	Pour un bateau de service.......................	8
—	».........	Pour repas de 4 hommes avant le départ...	8
—	13.........	Pour vivres fournis aux gardiens.............	5 2
—	».........	Pour la semaine des gardiens en rade......	154
—	».........	Pour la conduite de Jean Le Chevis, de Paimpol	10
—	17.........	Pour coucher et souper de 10 hommes à l'arrivée	20
—	19.........	Pour cidre et légumes aux gardiens.........	24 1

Juillet ».........	Pour transporter les poudres au Talard...	2
— ».........	Pour nourriture de 4 hommes à l'arrivée.	8
— 20.........	Pour la semaine des matelots lors de l'arrivée	156 15
— 21.........	Pour voyage d'un bateau à bord en rade...	3 5
— 24.........	Pour 2 bateaux de service........................	20 5
— 25.........	Pour pain, cidre et viande fraiche..........	63 10
— 26.........	Pour halage, corvées et nuits passées......	215 10
— 31.........	Pour papier timbre et blanchissage de linge	2 13
Août 3.........	Pour journées pendant la semaine..........	40
— 7.........	Pour dépenses du cuisinier à Brest.........	27 10
— 9.........	Pour débarquer les voiles et les portes chez Laroche	16
— ».........	Pour un bateau de service......................	10 6
— 13.........	Pour journées de gardiennage en Belle-Grève	58
— ».........	Pour halage de Belle-Grève en Solidor.....	150
— ».........	Pour vivres fournis par Lenfant lors du halage	12 5
Août ».........	Pour port de voiles payé à un charretier...	3
— ».........	Pour 4 jours à un bateau à garder place en Solidor	12
— 16.........	Pour journées à des calfats et ouvriers à bord	55
— ».........	Pour port de pain chez Grenard et passage à Saint-Servan	7 15
— 20.........	Pour port de voiles et divers ustensiles......	5 15
— ».........	Pour frais de voyage du capitaine Dugué à Rennes, afin de faire lever l'embargo...	163 10
— 22.........	Pour divers passages et décharger le pain chez Grenard	3 4
— ».........	Pour décharger un bateau d'ustensiles......	10 15
— 23.........	Pour descendre la batterie de cuisine.......	3 15
— 25.........	Pour journées à dégréer le navire...........	64 15
— ».........	Pour journées à l'amener en Belle-Grève...	24 5
— 26.........	Pour port d'un câble et vivres.................	6 10
— ».........	Pour port de vivres payé aux charretiers.	11 10
— 27.........	Pour décharge des canons et afûts par Petier	90
— ».........	Pour la décharge des barriques..............	12
— ».........	Pour port des dites barriques.................	11
— ».........	Pour port des canons sur le quai............	11
— ».........	Pour décharger les dits canons...............	5 10
— 30.........	Pour journées à degréer le navire...........	11 10

Sept.	5.........	Pour journées aux Dosblancs qui ont désablé les dragues..............................	12	
—	».........	Pour la décharge d'un bateau de lest tiré du navire	35	
—	».........	Aux Dosblancs qui ont déchargé le dit bateau	24	
—	».........	Pour mener les dragues en Solidor..........	8	
—	7.........	Pour déclaration payé à Caruel................	80	
—	».........	Pour journées à dégréer le navire...........	22	10
—	».........	Pour port de poudres à la citadelle de Saint-Servan	2	
—	».........	Pour journées à dégréer le navire...........	22	10
—	».........	Pour port de pain chez Grenard...............	310	
—	».........	Pour conduite à Loiseau, de Brest............	10	
—	».........	Pour presser l'impression des affiches......	1	10
—	10.........	Pour journées à dégréer le navire...........	28	10
—	».........	Pour halage en Solidor à échouer...........	162	
—	».........	Pour passer les dragues..........................	90	10
Sept.	».........	Une main papier timbré pour quittances...	6	5
—	».........	Pour conduire les dragues en Solidor.......	13	10
—	14.........	Pour salaire d'un mois à garder le navire et journées	46	
—	».........	Pour 18 manes à lest...............................	6	
—	16.........	Pour journées à dégréer le navire...........	46	5
—	18.........	Pour une main papier timbré..................	7	
—	23.........	Pour expédition du décret retiré par La Coudrais	7	13
Nov.	24.........	Pour un porte-faix qui s'était blessé lors de la décharge des canons....................	5	
Déc.	4.........	Pour divers pilotages à Peltier aîné..........	204	
—	12.........	Pour clous fournis par Decan pour les dragues	16	16
—	22.........	Pour papier timbré des répartitions.........	3	
—	».........	Payé à Mahé pour fourniture faite............	8	
—	».........	Payé à Leroy pour prendre livraison 713 l. vieux funain	2	9
—	».........	Pour 5 barils de lard provenant du *Danois* et consommés à bord du *Tigre*...........	1.000	
—	».........	Pour 713 l. vieux funain à garnir les câbles, à 8 l. le quintal..................................	57	
			3.765	3

DELASTELLE.

Les Règlements de Comptes

Pièce justificative n° 64.

Une Liquidation sous la Terreur.

Extrait d'une lettre des armateurs Duchesne et Pintedevin
au Ministre de la Marine

16 Brumaire an XIV (St-S.).

Le corsaire l'*Ambitieux* (course de 1793) fit trois prises et concourut, avec le *Patriote*, de Brest, à la capture d'une quatrième.

Deux prises conduites à Brest étaient sous pavillon anglais. Elles furent jugées, vendues et les produits répartis à qui de droit en très peu de temps.

La troisième, conduite à Lorient, était sous pavillon danois, chargée pour la Prusse. Ce ne fut qu'après avoir parcouru toute la série des tribunaux qui connaissaient de ces affaires que nous parvînmes à obtenir un jugement définitif qui nous allouait la cargaison et nous condamnait à relâcher le navire en lui payant son frêt. Le capitaine se pourvut de ce jugement au Comité du Salut public qui, sans examen, ordonna la restitution du navire et de son chargement. Nous lui adressâmes nos représentations, il nous rendit justice et confirma les jugements rendus en notre faveur.

Le capitaine se présenta de nouveau au Comité du Salut public afin d'obtenir au moins une indemnité pour son long séjour en France. Le Comité prit un arrêté par lequel il ordonnait que les indemnités dues au capitaine seraient fixées à dire d'expert et nous fûmes condamnés à lui payer trois fois la valeur de son frêt (1).

Dans ce temps nous étions au plus fort de la Terreur qui désolait la France. M. Cudeville, notre consignataire à Lorient, venait d'être incarcéré et conduit à Paris. Il ne dut son salut qu'au 9 Thermidor... Mais à son retour il ne put nous rendre des comptes que le 4 Germinal an IV et encore ces comptes sont incomplets.

Ni le Juge de Paix, ni le Tribunal de Commerce ne veulent accepter nos mémoires relatifs à la prise faite de concert avec le *Patriote*, de Brest, car c'est en vain que nous fîmes toutes les démarches possibles pour nous procurer la Liquidation particu-

(1) 50.000 francs. Il s'agit du navire danois l'*Union*. V. liquid. de l'*Ambitieux*.

lière et le compte de partage de cette prise. Le Club de Brest, armateur du corsaire, étant dissous et les commissaires chargés de son armement sans qualités.

N. B. — Duchesne et Pintedevin demandent en vain un adoucissement à la sentence qui les condamne à payer 15 % aux Invalides et à l'Etat pour le produit de cette liquidation longtemps retardée par les circonstances.

PIÈCE JUSTIFICATIVE N° 65.

Il faut presser les Liquidations.

LETTRES DU MINISTRE AU COMMISSAIRE

1er Messidor an V (St-S.).

Il m'a été rendu compte, citoyen, que plusieurs armateurs, se fondant sur l'absence et la détention en Angleterre des marins embarqués sur leurs corsaires, refusent de produire les comptes nécessaires à la Liquidation générale des prises faites pendant la course et que plusieurs sont dépositaires depuis un an de fonds revenant tant aux équipages qu'à la Caisse des Invalides. Il faut absolument faire cesser cet abus.

7 Ventôse an XII.

... Le but de cette disposition (hâter les Liquidations) est évidemment d'empêcher que, comme il est arrivé à la guerre dernière, les produits des prises ne restent trop longtemps dans les mains des armateurs et que les équipages et la Caisse des Invalides ne soient pas exposés pendant la guerre actuelle aux faillites dont ils ont été les victimes pendant la précédente.

PIÈCE JUSTIFICATIVE N° 66.

Liquidations en retard.

ETAT DU 24 FLORÉAL AN X MENTIONNANT LES COURSES NON ENCORE LIQUIDÉES (St-S.).

93. La *Républicaine.* — L'équipage a été payé sur l'ordre de Le Carpentier, représentant du peuple, à raison de 800 l. la part. Les armateurs prétendent avoir donné beaucoup trop.

93. L'*Ambitieux*. — Voir aux pièces justificatives, n° 64, les raisons du retard. Les armateurs Duchesne et Pintedevin ont déposé au bureau de l'Inscription maritime 86.214 fr. en assignats que l'équipage a refusé de toucher.

An V. La *Marie-et-Pichegru*. — La prise danoise de l'*Enihcden* n'est pas encore jugée. En instance devant le Tribunal de Rennes.

An V. Le *Passe-Partout*. — La liquidation d'ailleurs commencée a été retardée jusqu'à ce jour par un procès relatif au navire suédois capturé la *Maria*.

An VI. La *Minerve*. — Depuis plusieurs années en liquidation. Voir J. j. 67. Prise en commun avec le *Courageux*, 3ᵉ c.

An VII. Le *Petit-Quinola*, le *Grand-Quinola*, le *Courageux*, le *Juste*. — Les armateurs de ces navires, MM. Duchesne et Pintedevin, refusent absolument de payer le décime pour franc aux Invalides établi par la loi du 14 Brum. an VIII.

An VIII. Le *Jeune-Bougainville*. — Les armateurs sont en procès.

PIÈCE JUSTIFICATIVE N° 67.

Une transaction entre capteurs et capturés.

An VII.

12 Brumaire an IX (Sᵗ-S.).

EXTRAIT DE LA LIQUIDATION GÉNÉRALE DU *Courageux*, 2ᵉ COURSE

Relativement à la prise hambourgeoise la *Latona*, considérant que, par transaction du 17 messidor an VII, sur l'instance en confiscation de ce navire et de son chargement, pendante alors devant le tribunal de Rennes, homologuée par ce même tribunal le 29, enregistrée à Rennes, le 2 thermidor suivant, passée entre les citoyens Duchesne et Pintedevin d'une part et le citoyen Reinhart, procurateur du même navire et de sa cargaison aux fins d'acte au rapport de Jean Hermann Langham, registrateur de l'Amirauté et notaire public à Hambourg, du 20 décembre 1798, enregistrée à Paris, le 2 messidor an 7 de l'autre.

Les citoyens Duchesne et Pintedevin s'obligèrent à payer à ce procurateur un million de livres tournois sur le produit de la vente de la cargaison du même navire, dont ils toucheraient l'excédent, s'il y en avait, pour eux, les intéressés et l'équipage du *Courageux*, comme aussi ils étaient tenus de compléter cette somme de 1 million, si les produits de la vente de cette cargaison ne s'y élevaient pas, à la déduction néanmoins de leurs frais judiciaires, déchargement, emmagasinement et autres résultant de l'arrestation de ce navire, suivant autre accord du même jour enregistré à Rennes, le 3 floréal an VII.

Qu'aux termes de cette transaction, la vente publique de la majeure partie de la dite cargaison ayant eu lieu et n'ayant produit que 658.984 fr., suivant procès-verbal du Juge de paix de Saint-Malo, conclu le 22 Vendémiaire an VIII, enregistré le 8 brumaire, la vente fut suspendue, vu la baisse sensible du prix des marchandises ; que par ces motifs et l'opposition du Ministre de la Marine à l'exécution du traité du 17 messidor (exécution qu'il consentit le 2 brumaire), s'ensuivit un nouvel accord enregistré à Rennes, le 19 germinal, par lequel les citoyens Duchesne et Pintedevin furent déchargés de l'obligation de compter la somme fixe de 1 million quel que fut le produit de la vente de la dite cargaison et tenus seulement d'en compter le produit au même procurateur.

Qu'en conséquence, de ce nouveau traité, le reste de la cargaison fut vendu et ne produisit, selon le procès-verbal du même Juge de paix, en date du 6 nivôse an VIII, que 215.810 fr. qui, avec le produit de la première vente, formé la somme de 874.795, produit total de la cargaison du dit navire *Latona* que les citoyens Duchesne et Pintedevin ont été tenus de compter aux fondés de pouvoirs des propriétaires aux termes de ce nouvel accord, déduction faite de leurs frais.

PIÈCE JUSTIFICATIVE N° 68.

Une autre transaction du même genre.

1er et 7 Janvier 1825 (St-S.).

EXTRAIT DE LA LIQUIDATION GÉNÉRALE ET DÉFINITIVE DU CORSAIRE LE *Courageux*, 4me COURSE, CAPITAINE ALEXANDRE LEGRAND, ARMATEURS MM. DUCHESNE ET PINTEDEVIN, COMMENCÉE LE 14 FRIMAIRE AN VII ET FINIE LE 3 PLUVIÔSE SUIVANT.

Par devant nous, Louis Gautier, président ; Charles Lachambre et André-Apuril Kerloguen, juges, ayant pour adjoint Mtre Pierre Bellamy, greffier ordinaire.

Est comparu le sieur François Duchesne, ancien négociant, actuellement propriétaire et cultivateur à Saint-Suliac, liquidateur de l'ancienne société précédemment établie en cette ville sous la raison Duchesne et Pintedevin, armateurs du corsaire de ce port le *Courageux*, lequel nous a représenté que la 3me course du corsaire n'ayant donné aucun profit, il fut réarmé pour le compte de la même société et qu'il s'empara pendant la 4me course, d'abord le 17 frimaire an VII, de concert avec le corsaire de ce port la *Minerve*, de la prise brêmoise le *Martinus* et ensuite le 21 nivôse suivant, du navire sous pavillon américain l'*Entreprise ;* que ces captures donnèrent lieu à de graves contestations ; que surtout la seconde fut l'objet d'une procédure dont l'issue pouvait être ruineuse pour les capteurs et les capturés ; que par le jugement du Tribunal de commerce de Saint-Malo, 28 germinal an VII, le navire et son chargement furent déclarés de bonne prise, mais que sur appel et sur un interlocutoire qui ordonnait la vérification par experts de l'origine des marchandises, les capteurs et les capturés, par un traité du 9 vendémiaire an VII, convinrent que, sans interrompre le cours de la justice et seulement pour ne pas courir les chances d'une opération aussi coûteuse, l'expertise ordonnée serait continuée et que le tribunal d'appel prononcerait comme si les parties n'avaient pas traité ; mais néanmoins, soit que cette prise fut jugée bonne, soit qu'elle fut jugée mauvaise, les capteurs recevraient toujours des capturés une somme de 248.000 fr. ; que dans l'un comme dans l'autre cas aussi, le produit de la vente du navire et de son chargement appartiendrait aux capturés après le paiement de la dite somme sur laquelle serait acquittés les frais occasionnés par la capture, ceux d'administration de la capture jusqu'à l'instant de la vente, retrait des pièces, voyages et procédure, sans dommages et intérêts dans le cas de main-levée ; que les experts nommés au cours de l'appel ayant déclaré le chargement d'origine française, le tribunal d'Ille-et-Vilaine, par le jugement du 25 vendémiaire an VIII donna main-levée de la capture et que le traité fut exécuté suivant sa forme et teneur.

Que 18 ans s'étaient écoulés et que la société des armateurs s'était dissoute après le règlement de tous les intérêts des équipages et actionnaires, lorsque le sieur Servel, l'un des intéressés au corsaire le *Courageux*, qui venait d'échouer dans des prétentions déraisonnables contre eux, dénonça à Son Excellence le Ministre de la Marine le traité du 9 vendémiaire an VII comme étant un produit de prise et pouvant donner lieu à la perception du droit des Invalides ; que ce traité ayant été soumis au Comité de la Marine, il fut d'avis que la Caisse des Invalides était en droit de réclamer 15 % sur son produit ; qu'alors le trésorier général de cette caisse se pourvut au Comité du Contentieux et que par suite, il fut rendu, le 19 décembre 1820, une ordonnance portant homologation du traité du 9 vendémiaire an VIII tant dans l'intérêt des Invalides de la

Marine que des parties contractantes et de l'équipage du corsaire le *Courageux*.

N. B. — Le procès dure encore 5 années. Duchesne est finalement obligé de payer.

PIÈCE JUSTIFICATIVE N° 69.

Un jugement de bonne prise.

LA *Cléopâtra* CAPTURÉE PAR LA *Sorcière*, CAPITAINE RENAUX, APRÈS AVOIR ÉTÉ RANÇONNÉE PAR LE CORSAIRE LE *Vaillant*, DE BORDEAUX

2 Frimaire an XII (St-S.).

Nous, Charles-Jacob Bleschamps, commissaire principal de la marine à Saint-Malo, nous étant adjoint aux termes de l'art. IX de l'arrêté du 6 germinal an VIII et du Règlement du 2 prairial dernier le citoyen Pennelé, sous-commissaire de Marine, chargé de l'inscription maritime.

Vu par nous la procédure touchant le brick de Jersey la *Cléopâtra*, prise faite par le corsaire de ce port la *Sorcière*, capitaine Jacques-Laurent Renaux, dont sont armateurs les citoyens Le Même et Gaultier, contenant le Rapport fait le 18 de ce mois au bureau de l'Inscription maritime par ledit Renaux, capitaine du corsaire la *Sorcière*, portant entre autres que « le 17 de ce mois, étant en croisière dans la Manche, à 20 lieues dans le S.-O. du cap Lizard, il eut connaissance d'un bateau anglais dans le S.-S.-E., qu'il lui appuya la chasse et, l'ayant joint à midi, il se trouva être le brick anglais la *Cléopâtra*, de Jersey, d'environ 150 tonneaux, commandé par Thomas Fillieul, étant équipé de 21 hommes, sortant de Porto (côte de Terre-Neuve, baie de Labrador), destiné pour Jersey avec environ 6 à 700 quintaux de morue sèche, 80 quintaux de morue verte, 11 barriques d'huile, 11 futailles de harengs et 1 futaille de saumon; que le capitaine lui déclara avoir été déjà rançonné par le corsaire le *Vaillant*, de Bordeaux, capitaine Etienne, et lui remit un soi-disant traité de rançon écrit à la main sur papier libre et qui lui fit supposer que ce pouvait être une ruse employée par ce capitaine pour éviter sa capture, pourquoi il s'était décidé, après avoir consulté le Règlement du 2 prairial, à arrêter ce bâtiment et à y mettre Jean-Joseph Renaux, un de ses lieutenants, pour avec 5 français et 2 anglais le conduire en France, ayant pris à bord 19 prisonniers, le tout comme il est plus au long détaillé dans un procès-verbal rapporté en mer ledit jour 17, qu'il déposa en l'endroit et auquel il dit se référer — de plus ce capitaine déposa 3 pièces en langue anglaise, ledit rapport dûment vérifié par deux hommes de son équipage, ledit procès-verbal rapporté en mer le 17 dudit et signé de 4 officiers.

Celui de notre transport à bord de cette prise et apposition des scellés sur les écoutilles et les fermetures en date du 19, au cours duquel est intervenue la dame Vergeret, épouse et procuratrice du citoyen Delastelle, négociant en cette ville, consignataire en ce port des prises que pourrait y introduire le corsaire le *Vaillant*, de Bordeaux, capitaine Alexandre Etienne, armateurs les trois frères Sorbé; qui a dit s'opposer non aux formalités à remplir pour cette prise, mais à concourir à toutes les opérations qui pourraient avoir lieu, tout ainsi que les armateurs du corsaire la *Sorcière*, ayant intérêt à la chose, réservant expressément tous droits en général.

La réponse des armateurs du corsaire la *Sorcière* à cette intervention, disant qu'il pouvait se faire que la dame Delastelle eût été informée que cette prise avait été rançonnée par le *Vaillant*, mais qu'à la vérité son intervention devait être sans effet, puisque ce prétendu rançon n'était pas légal ni conforme au Règlement du 2 prairial ni aux modèles donnés par le Gouvernement, ce qu'ils réservaient de démontrer en temps et lieu et qu'ils demandaient en conséquence qu'on eût à passer outre sans avoir aucun égard à la réclamation qui n'était nullement fondée et ordonner que la décharge aurait lieu d'un jour à l'autre, attendu qu'il était instant de mettre en magasin les morues qui avaient beaucoup souffert.

Notre prononcé prenant acte des dires et des réponses et qui ordonne provisoirement sans nuire ni préjudicier aux droits des uns et des autres et sans préjuger de la question, qu'il serait procédé à la décharge de cette prise (étant évidemment ennemie) en présence de ceux que la loi y appelle, des citoyens Le Même et Gaultier, tant comme armateurs de la *Sorcière* que comme fondés de pouvoirs des capteurs ainsi que de la dame Delastelle aux qualités qu'elle se dit agir.

Le Rapport fait ce jour par Joseph Renaux, capitaine de la prise la *Cléopâtra*, portant que le 17 de ce mois il fut établi avant midi pour conduire cette prise capturée dans le S.-O. à 20 lieues du cap Lizard, qu'elle sortait de Porto et allait à Jersey, avec de la morue sèche et verte et quelques futailles d'huile et harengs sous le commandement de Thomas Fillieul avec 21 hommes d'équipage, qu'il avait mouillé sur la rade de ce port ledit jour 19, déposant en l'endroit une pièce sur papier libre en date du 3 frimaire, signée pour copie du Traité de rançon Etienne et Th. Fillieul, un journal de bord écrit en anglais et sa commission de conducteur de Prise, ajoutant que son corsaire devant reprendre la mer le lendemain, il autorisait ses armateurs pour toutes les opérations qui concerneraient la prise, ledit rapport vérifié par deux hommes de son équipage.

Les interrogatoires du capitaine anglais Thomas Fillieul et de deux hommes de son équipage en date dudit jour 19, desquels il résulte que le brick la *Cléopâtra* d'environ 120 tonneaux était de Jersey, appartenait à MM. Fillieul et Durrel, dudit lieu, qu'il était en sortant de Porto équipé de 25 hommes et fit voile le 18 vendémiaire dudit avec 700 quintaux morue verte et sèche, 11 barils d'huile, 11 de hareng et 1 de saumon; que, le 2 de ce mois, étant par 50°30' et 25° il fut pris et rançonné par le corsaire le *Vaillant*, de Bordeaux, capitaine Alexandre Etienne, pour la somme de 34.200 francs ; que ce corsaire prit en ôtages 4 hommes de son bord et que le 17 de ce mois, par 49° et 6°, il fut de nouveau pris par la péniche la *Sorcière* de ce port qui le conduisit dans ce lieu.

Trois papiers en langue anglaise, déposés avec le Rapport du citoyen Jacques Renaux, lesquels sont deux connaissements portant note d'objets chargés sur la *Cléopâtra*, et un acquis de droits à Jersey et permis d'aller à Porto, lesdites trois pièces reconnues par ledit Thomas Fillieul lors de son interrogatoire pour lui avoir appartenu et les traductions françaises desdites pièces.

Enfin, l'arrêté du Commissaire principal portant que le tout serait communiqué au sous-inspecteur de la marine et les conclusions de ce dernier qu'il a laissées par écrit, le tout bien et dûment examiné.

Considérant que les pièces d'instruction et les trois trouvées à bord ne laissent aucun doute sur la qualité ennemie du brick la *Cléopâtra* et de son chargement et que dans le délai de 10 jours qui a suivi l'instruction il n'y a point eu de réclamation.

Nous, après avoir vu l'avis du sous-inspecteur de la marine en ce port, avons déclaré propriété ennemie et de bonne prise le brick la *Cléopâtra* ainsi que son chargement, qu'en conséquence tout sera vendu en la manière accoutumée.

En ce qui concerne l'intervention formée par la dame Delastelle, attendu le défaut de production de pièces suffisantes pour prouver la légitimité de la rançon réclamée au nom des armateurs du corsaire le *Vaillant*, de Bordeaux, nous avons renvoyé les parties à se pourvoir devant le Conseil des Prises pour juger de la validité de cette rançon prétendue faite sur le navire la *Cléopâtra*.

BLESCHAMPS, PENNELÉ.

N. B. — La Rançon fut payée aux armateurs bordelais du *Vaillant*.

PIÈCE JUSTIFICATIVE n° 69 *bis*.

Un jugement sévère sur les Procès relatifs aux Prises maritimes avant le Consulat.

ALBERT SAVINE : *La Vie au Barreau. — Souvenirs de Pierre-Nicolas Berryer*, p. 138 et suiv.

La défense la plus noble, la plus étendue et la plus ingrate à la fois qui fût jamais m'échut en partage. Ce fut la défense presque exclusive de tous les navires et de toutes les cargaisons appartenant aux diverses nations commerçantes du globe et voyageant sous l'égide de leurs pavillons respectifs qui tout à coup étaient devenus l'immense pâture de nos corsaires français lancés sur les mers... J'ai vu successivement affluer dans mon cabinet tous les capitaines capturés des navires étrangers : danois, suédois, liguriens, pisans et américains surtout... Pavillons de Venise, de Gênes, de Raguse, de Lubeck, de Hambourg et de Brême étaient également maltraités. Chacun de ces pavillons amis était devenu tout à coup, en l'an V et en l'an VI, en raison de leurs riches chargements, l'objet de la convoitise de nos corsaires. Ils faisaient impitoyablement main basse sur tous les neutres sans exception. Armés pour la course, ils ne voulaient voir dans tous les navigateurs paisibles qu'ils capturaient en mer qu'un ennemi déguisé. En cas de méprise constatée n'étaient-ils pas uniquement obligés à relâcher ceux de ces capturés qui ne seraient pas jugés de bonne prise !... Cette affluence a duré six années consécutives. — (Il plaide ainsi 360 procès devant les tribunaux civils et souvent en cassation. — *Tous furent perdus par lui.*) — Le plus souvent j'ai ignoré par quels secrets ressorts les corsaires en venaient à de pareilles fins. Çà et là j'ai su toutefois qu'ils avaient l'art de faire solliciter de grand matin au Conseil des 500, avant la séance des ordres du jour interprétatifs de la loi discutée avec eux. Ces ordres du jour clandestins étaient inopinément apportés au Ministère public qui on prenait droit pour conclure contre les neutres. — Pierre-Nicolas Berryer est le père du grand avocat de la Restauration.

PIÈCE JUSTIFICATIVE N° 70.

Un procès en appel, an VII.

JUGEMENT RENDU PAR LE TRIBUNAL CIVIL DU DÉPARTEMENT DES CÔTES-DU-NORD,

AU PROFIT des citoyens THOMAS aîné, et MARTIN, négociants à Port-Malo, armateurs du corsaire la *Laure*;

CONTRE Barthode HAGENA, capitaine du navire le *Salomon et Betty*, réclamé par Jean JANSEN et BURMESTER, négociants à Hambourg.

Au nom du Peuple français :

Le Tribunal civil du département des Côtes-du-Nord a rendu le jugement suivant :

Le citoyen Augustin-Jean-Claude Thomas aîné, négociant, demeurant en la commune de Port-Malo, y patenté, première classe, sous la date du 1er nivôse dernier, n° 412, agissant pour la raison Thomas aîné et Martin, armateurs du corsaire la *Laure*, ledit Martin aussi patenté, en la commune de Saint-Servan, première classe, le 22 nivôse, n° 15, suites et diligences du citoyen Mathurin le Pommellec, demeurant à Paimpol, y patenté, troisième classe, le 28 nivôse, leur procurateur, aux fins d'acte notarié, du seize germinal dernier, enregistré à Port-Malo le 17, par Gaut, pour 1 franc, appellants du jugement rendu au Tribunal de Paimpol, le 4 prairial dernier.

Gourlay, défenseur officieux, en présence du citoyen Thomas.

CONTRE :

Barthode Hagena, capitaine du navire le *Salomon et Betty*, aujourd'hui représenté par Jean Trudeler, se disant second à bord du même navire, Jean Jansen et Burmester, négociants à Hambourg, réclamateurs du même navire et de son chargement, représentés par le citoyen Gabriel Mougey, leur procurateur, aux fins d'acte; fait à Paris le 12 floréal dernier, y enregistré le même jour.

FAITS :

Le 8 ventôse dernier, par la latitude de 50° 1', longitude 6° 7', méridien de Paris, le corsaire la *Laure*, de Saint-Malo, rencontra un navire naviguant sous pavillon de Hambourg et portant 10 canons. Le capitaine de ce navire fut invité de se rendre à bord du corsaire, avec ses papiers. Il s'y rendit; on vérifia les papiers qu'il déposa sur la table, dans la chambre du corsaire; cette vérification se fit en sa présence. Le procès-verbal constate qu'il fut reconnu qu'il manquait des pièces essentielles au capitaine Hagena pour justifier sa neutralité, et il a souscrit ce procès-verbal. Il déclara même, sur l'interpellation qui lui en fut faite, qu'il n'avait aucun autre papier de bord à représenter. D'après cette réponse, le commandant du corsaire la *Laure* déclara au capitaine Hagena que son navire serait conduit en France. Tous les papiers présentés par Hagena furent mis, en sa présence, dans sa boîte, que l'on déposa dans un sac qui fut ficelé et cacheté aux deux extrémités, tant par le capitaine du corsaire que par Barthode Hagena. Le sac fut remis au citoyen Lévenard, chargé de conduire le navire dans un des ports de France.

Le 11 ventôse, le juge de paix de Paimpol procéda aux interrogatoires de Barthode Hagena et, successivement, à ceux de tout l'équipage.

Hagena reconnut que tous les cachets étaient sains et entiers; les papiers furent extraits de la boîte et remis à l'interprète, après avoir été dûment chiffrés et inventoriés.

Les armateurs du corsaire la *Laure* donnèrent assignation à Barthode Hagena à comparaître au tribunal de commerce à Paimpol, le 13 floréal dernier, pour ouïr juger au profit de l'équipage capteur et au leur, la confiscation du navire la *Salomon et Betty* et de sa cargaison.

Leur demande était fondée :

1° Sur ce que la propriété neutre du navire le *Salomon et Betty* n'était pas justifiée;

2° Sur ce qu'il existait à son bord des marchandises pour lesquelles il ne représentait ni connaissement, ni facture, ni chartes-parties;

3° Sur ce que les connaissements qu'il représentait pour une autre partie de sa cargaison n'étaient souscrits que de lui seul;

4° Sur ce que Hagena ne représentait aucun rôle d'équipage;

5° Enfin sur ce que l'état de la cargaison devant déterminer la qualité neutre ou ennemie du navire, Hagena n'avait point prouvé que les marchandises chargées à son bord provenaient de tout autre lieu que des possessions anglaises.

Les défendeurs répondirent à la demande par un mémoire signé Mougey.

Ils prétendirent que la propriété neutre du navire le *Salomon et Betty* était suffisamment justifiée par le certificat de construction à Altona en 1782 et 1783, par l'acte de jaugeage, le contrat de vente consenti par Henry Dults à Hermann de Vosse en 1792, et par celui-ci à Jean Jansen, négociant à Hambourg, en 1797, enfin par les lettres de mer délivrées par le Sénat de cette ville.

Le rôle de l'équipage, suivant les défendeurs, avait été fait; les lettres de mer constataient son existence et étaient d'ailleurs suppléés par l'acte d'engagement de l'équipage passé devant Diédrickmann, juge de marine à Hambourg, puisque les noms, prénoms et l'habitation de chacun des hommes de l'équipage étaient clairement exprimés dans cet acte d'engagement.

Les défendeurs ajoutèrent que si le rôle rédigé à Hambourg, celui supplétif rédigé à New-York, pour constater la désertion de six hommes du premier équipage et leur remplacement par six autres, n'existaient plus, c'est qu'ils avaient été soustraits par l'équipage du corsaire la *Laure* au moment de la vérification des papiers à son bord; que la preuve de cette soustraction résultait de différentes circonstances et présomptions équivalentes à des preuves. Que l'on ne pouvait pas présumer que Barthole Hagena eut négligé d'avoir ses papiers en bon ordre, parce qu'il s'y était obligé par serment, parce qu'encore il était lui-même intéressé dans le *Salomon et Betty*; qu'il n'était pas à présumer que Hagena eut quitté New-York sans acquitter les droits dus à raison de sa cargaison et sans prendre une lettre de santé à raison de la fièvre jaune qui régnait alors à New-York; qu'il s'était muni de ces pièces; qu'il les avait jointes au rôle supplétif de son équipage; que cependant ces pièces ne se retrouvaient plus, ce qui nécessairement devait opérer la preuve de leur soustraction.

Qu'au reste la saisie du navire le *Salomon et Betty* était nulle :

1° Puisque, suivant l'article XVI du Règlement du 25 novembre 1693, on n'avait pas fait inventaire des papiers de ce navire avant de les déposer sous cachets;

2° Puisque la saisie des papiers n'avait pas été faite à bord du *Salomon et Betty*;

3° Enfin puisqu'il était justifié que le capitaine Hagena avait été obligé d'aller à bord du corsaire avec ses papiers en contravention à l'art. XXXIII du Traité de commerce passé entre la France et Hambourg le 1er avril 1769; enfin puisqu'au mépris du même Traité on avait envoyé à bord du *Salomon et Betty* un nombre d'hommes armés plus grand que celui prescrit par l'art. XXXIV du même Traité.

Sur ces moyens respectifs intervint le jugement du 4 prairial dernier, au Tribunal de commerce à Paimpol, dont l'appel est porté en ce tribunal.

Le Tribunal de commerce de Paimpol avait donné main-levée du navire et de la cargaison.

Le jugement analyse en cet endroit les plaidoiries de Gourlay pour les armateurs de la *Laure* et de Mougy pour les propriétaires du navire *Salomon et Betty*. Il conclut ensuite par les considérants suivants :

Considérant que la propriété du navire le *Salomon et Betty*, naviguant sous pavillon de Hambourg, devait, aux termes de l'art. XXXI du traité du 1er avril 1769, être justifiée par sa lettre de mer; que cette lettre de mer devait contenir le nom et le port du navire, le nom, le lieu de naissance et d'habitation du propriétaire.

Considérant que le nom de l'un des propriétaires désignés, celui de la veuve de Henry Kuscoptt, n'est point inséré dans la lettre de mer.

Considérant que le lieu de naissance de Torton et Pover, aussi désignés comme propriétaires, n'est point inséré dans la lettre de mer, qu'ils y sont seulement reconnus pour habitants de Hambourg; qu'ainsi la lettre de mer n'est pas délivrée dans les formes prescrites par l'art. XXXI précité.

Qu'il résulte en droit de la propriété neutre du navire, n'étant pas justifiée par la lettre de mer, il devait être déclaré de bonne prise au profit de l'équipage et des armateurs du corsaire la *Laure*.

Considérant, sur la seconde question de fait, que, de l'aveu même des capteurs, il n'a pas été par eux rapporté inventaire des papiers de bord représentés par Hagena; mais qu'en droit, d'après les dispositions de l'art. II de la loi du 3 brumaire de l'an IV, ainsi conçu :

« Aussitôt après la prise d'un navire, les capitaines capteurs se » saisiront des congés, passeports, lettres de mer, chartes parties, » connaissances et autres papiers trouvés à bord ; le tout sera » déposé dans un coffre ou sac, en présence du capitaine du navire » pris, lequel sera interpellé de les sceller de son cachet; ils feront » fermer les écoutilles et autres lieux où il aura des marchandises » et se saisiront des clefs des coffres et armoires ».

L'équipage capteur n'était tenu qu'à déposer dans un sac les papiers et de les sceller du sceau du corsaire et de celui du capitaine Hagena, ce qui a été exécuté.

Que la formalité de l'inventaire est déléguée au juge de paix, aux termes de l'article XIII de la même loi, ainsi conçu :

« Le juge de paix fera dresser inventaire des pièces, état ou » manifeste des chargements qui lui auront été remis ou qu'il » aura trouvés à bord; il enverra le tout dans deux jours pour » tout délai de la clôture du procès-verbal d'instruction, au greffe » du Tribunal de commerce du lieu de l'arrivée de la prise, et dans » le cas où il n'y en aurait point d'établi à celui du port le plus » voisin, les fonctions de juge de paix, en matières de prises, sont » bornées à ces opérations et à la levée des scellés ».

Qu'il en résulte que ce défaut d'inventaire des papiers au moment de la saisie n'opère pas la nullité de la prise.

Considérant, sur la troisième question, qu'il est reconnu que la saisie des papiers de bord du navire le *Salomon et Betty* a été faite à bord du corsaire la *Laure*; mais qu'en droit la saisie des papiers peut se faire à bord du corsaire ou du vaisseau armé qui veut reconnaître les navires qu'il rencontre, puisque l'usage attesté par Valin, dans son commentaire sur l'ordonnance de la marine, t. II, p. 270, et par les parères produits, est de faire venir à bord du vaisseau armé le capitaine du navire que l'on veut reconnaître, avec ses papiers; que de leur vérification dépend la prise du navire vérifié. Qu'il serait dérisoire, lorsque l'examen des papiers fait à bord du vaisseau armé a démasqué un ennemi, de faire transporter les papiers à son bord pour les y saisir.

Considérant qu'il a été maintenu en fait, et non contesté, que la course de la *Laure* avait commencé sous le commandement du capitaine Gallais; que celui-ci, forcé d'abandonner momentanément le commandement, pour cause de maladie, René Rosse, reconnu pour second à bord du corsaire, devait le commander pendant l'absence du capitaine ; qu'ainsi on ne peut considérer la course comme continuée sans Lettres de marque.

Considérant que lors même que la propriété neutre du navire et d'une partie de sa cargaison eut été justifiée, il était néanmoins juste de déclarer de bonne prise tout ce qui n'était point étayé de factures ou connaissements en bonne forme, tels que 115 caisses de sucre, 409 tierçons de riz, 17 boucauts sucre, 68 sacs de café, 21 boucauts et tierçons de café, 7 boucauts et 1 quart café, 112 peaux de bœuf, 1 paquet, 1 boîte et 1 baril dont le capitaine ne connaissait pas le contenu, conformément à l'art. II du règlement du 26 juillet 1778, ainsi conçu :

« Les maîtres de bâtiments neutres seront tenus de justifier sur » mer de leur propriété neutre par les passeports, connaissements, » factures et autres pièces de bord, l'une desquelles au moins » constatera la propriété neutre ou en contiendra une énonciation » précise, et quant aux chartes-parties et autres pièces qui ne » seraient pas signées, veut qu'elles soient regardées comme nulles » et de nul effet ».

Considérant que, si postérieurement à l'arrivée du navire le *Salomon et Betty* au quai de Paimpol, il a été trouvé des connaissements relatifs à ces objets, on ne devait y avoir aucun égard, puisqu'ils n'étaient signés que du capitaine, et que conséquemment ils ne présentaient pas un caractère suffisant de neutralité, ainsi que l'a décidé le Tribunal de cassation, le 22 floréal dernier.

Considérant principalement que le défaut de rôle d'équipage devait faire juger de bonne prise le navire le *Salomon et Betty*, aux termes de l'art. IX du Règlement du 26 juillet 1778, ainsi conçu :

« Seront de bonne prise tous bâtiments étrangers sur lesquels » il y aura un subrecarque marchand, commis ou officier-major » d'un pays ennemi, ou dont l'équipage sera composé au delà du » tiers de matelots sujets des Etats ennemis, ou qui n'auront pas » à bord le rôle d'équipage arrêté par les officiers publics des lieux » neutres d'où les bâtiments seront partis ».

Considérant que l'allégation de soustraction de pièce présente l'idée d'un crime commis; que le crime ne se présume pas, qu'il faut le prouver, que les intimés ayant déclaré eux-mêmes qu'ils ne pouvaient prouver la soustraction, il en résulte que leur allégation ne mérite aucune considération.

Considérant, enfin, que le capitaine Hagena, ne s'est pas plaint, lors de ses interrogatoires, d'avoir été forcé de quitter son bord pour aller avec ses papiers à bord du corsaire la *Laure*; qu'il en résulte qu'il y est allé volontairement, que conséquemment on ne peut regarder comme une violation du traité de Hambourg la vérification et la saisie faite à bord de la *Laure* des papiers de Hagena, puisque Hagena était maître d'y aller où de ne s'y point rendre.

Considérant que l'allégation d'Hagena de n'avoir pu protester lors de ses interrogatoires devant le juge de paix, parce qu'on lui donna un interprète de la langue anglaise qu'il ne connaît point, ne saurait détruire la foi due à un acte authentique qui justifie que Hagena a répondu par l'organe de cet interprète;

Considérant, d'ailleurs, que le défendeur d'Hagena a dit en plaidant que la preuve de la soustraction du rôle d'équipage résultait de la déclaration en ses interrogatoires qu'il était sous le scellé du capitaine conducteur de la prise; que puisque, d'après l'aveu du défenseur, Hagena a fait cette réponse en anglais, il en résulte que sa déclaration de ne savoir pas un mot d'anglais est une supposition inventée pour étayer sa défense.

Considérant, enfin, que de tout ce que dessus il résulte que le navire le *Salomon et Betty* avec son chargement devait être déclaré de bonne prise, que conséquemment le jugement de Paimpol est mal rendu, puisqu'il en a donné main-levée à Hagena, Jansen et Burmester.

Le Tribunal par jugement en dernier ressort, faisant définitivement droit entre parties dans l'appel relevé du jugement du 4 prairial dernier par le citoyen Thomas aîné, aux qualités qu'il agit, dit qu'il a été mal jugé par ledit jugement, bien appelé, corrigeant et réformant, faisant ce que le Tribunal *à quo* devait faire, déclare le navire le *Salomon et Betty* et sa cargaison de bonne prise au profit de l'équipage et des armateurs du corsaire la *Laure*, avec ses agrès apparaux et autres ustensiles, condamne les intimés aux dépens des causes principales et d'appel taxés sur la vue des pièces et d'un mémoire apostillé, à la somme de 355 francs 6 cent.

Retrait signification et autres droits du présent jugement outre.

Ainsi jugé et prononcé à l'audience de la première section du Tribunal civil du département des Côtes-du-Nord, tenue le 1er messidor an VII de la République française une et indivisible, par les citoyens Le Lepvrier, président; Buart, Boulon-Dumeny, Henry et Beuscher, juges.

Présent le citoyen Despoiriers, commissaire du Directoire exécutif.

Le Registre dûment signé,

Au nom du Peuple français : Il est ordonné à tous huissiers sur ce requis de mettre le présent jugement à exécution, à tous commandants et officiers de la force publique de prêter main-forte quand ils en seront légalement requis et aux Commissaires du Directoire exécutif près les Tribunaux d'y tenir la main; en foi de quoi le présent a été signé par le président et par le greffier.

Boulon Dumesny, juge en l'absence du Président.

Plus bas.

Pour expédition conforme :

Signé : F. C. Damar, greffier.

Et en marge est écrit :

Enregistré à Saint-Brieuc, le 11 messidor an VII de la République française, folio 90, cases 1re et 2e. Reçu 3 francs; 64 francs sur 32 Rôles d'expédition et 6 francs 40 centimes pour subvention de guerre.

Signé : Querangal.

Pièce justificative n° 71.

Un procès devant le Tribunal des Prises.

La Laure contre *Le Rodolphe Frédéric.*

Conseil des Prises — *13 Vendémiaire an IX.*

Conclusions du Commissaire du Gouvernement Giraud

(De Pistoye, II, 100).

Le corsaire de Saint-Malo la *Laure*, se trouvant le 11 frimaire an VII à environ 12 lieues S.-E. de Godeleur, aperçut un navire auquel il donna la chasse ; l'ayant approché à portée de canon après avoir hissé le pavillon national, il lui tira un coup de semonce. Le navire arbora son pavillon américain. Le corsaire l'ayant approché à portée de voix le héla de mettre le vent sur son grand hunier.

Le *Rodolphe Frédéric* répondit par plusieurs bordées de coups de canon et, après une demi-heure de combat, il fut enfin réduit; le capitaine du corsaire ayant envoyé son canot avec un officier pour amariner le navire, le canot revint avec le capitaine américain blessé, son rôle d'équipage et ses papiers de bord. Suivant le chef de prise, après que le pavillon américain fut amené, le navire tira encore une bordée de coups de canon sur le corsaire.

Le navire fut conduit dans la rade de Perros où le juge de paix fit l'instruction.

Il résulte des réponses du capitaine blessé qu'il s'est battu pour défendre ses propriétés et écarter le corsaire.

Interrogé pourquoi il tira une volée de coups de canon sur le corsaire lorsque celui-ci le héla de mettre le vent sur son grand hunier pour souffrir la visite, il répondit ne pas avoir compris ce qu'on lui hélait du corsaire et que ce dernier avait tiré le premier sur lui. Interrogé sur la durée du combat et pourquoi il avait continué à faire feu après avoir amené son pavillon, il répondit qu'ayant été blessé dans le commencement il ne pouvait dire au juste combien il avait duré, mais qu'il présumait que le combat avait duré plus d'un quart d'heure; qu'il n'y avait point d'ordre de sa part d'amener le pavillon, que quelqu'un l'avait amené à son insu et que le second, qui était sur l'avant du bateau, ne sachant pas que le pavillon était amené continuait toujours de faire feu, qu'il était muni d'une permission d'armer en guerre dans le but de protéger leurs propriétés, qu'il était le seul blessé et qu'il naviguait sous pavillon américain.

Aux termes du Rapport du Commissaire du Gouvernement, un registre du 15 mai 1799 prouve la propriété américaine du navire, un passeport du 23 octobre 1799 ne laisse rien à désirer sur ce point. Aucune marchandise de contrebande n'est comprise dans celles qui composaient la cargaison. Cependant des connaissements non signés, un manifeste qui n'en présente que le résumé des certificats de douane n'indiquant point la propriété neutre font supposer la propriété ennemie.

Les pièces du bord et l'instruction ayant été mises sous les yeux du Tribunal de commerce de Paimpol par jugement du 1er germinal an VIII, ce tribunal déclare la prise valable par défaut des pièces de bord nécessaires pour justifier la neutralité du navire et à cause du combat auquel avait donné lieu sa résistance. Le capitaine interjeta appel devant le Tribunal civil des Côtes-du-Nord.

Le Conseil des Prises, saisi en dernier ressort de cette affaire, malgré la convention du 8 vend. an IX avec les Etats-Unis d'après laquelle le navire se trouverait en règle, déclare à l'unanimité la prise bonne et valable, en se basant sur le renouvellement du combat après que le pavillon eut été amené, violation du droit des gens punissable de mort.

PIÈCE JUSTIFICATIVE N° 72.

Accusations portées contre un Corsaire.

MÉMOIRE DESTINÉ A DÉFENDRE DEVANT LE CONSEIL DES PRISES LES DROITS DES ARMATEURS DE LA *Junon* (4e CLASSE) 1812, CAPITAINE J. DE BON, ARMATEUR THOMAZEAU.

Pièce communiquée par M. l'abbé Mériais, ancien professeur au collège de Saint-Malo :

CONSEIL DES PRISES. — RÉPONSE AU MÉMOIRE DE LA MARI-ANNA

S'il fallait en croire le mémoire du sieur Young (p. 33), les capteurs seraient des gens abominables qui ont commis de punissables excès, qui ont déchiré et brûlé son journal et bien d'autres pièces de bord, qui dès le principe se sont attiré les reproches du Sr Young et mérité ceux de l'autorité.

Eh bien ! tout cela n'est qu'un tissu de faussetés; les pièces ont été fidèlement recueillies et remises dans leur intégrité par le corsaire à la Marine.

Le Sr Young examinant tout ce qui lui est relatif (et qui se trouve au dossier) dit (p. 5). Telles sont les pièces qui protégeaient ma propriété. Le capitaine Elhers, lors de son interrogatoire, a reconnu tous ses papiers en ajoutant qu'ils étaient faux. Il n'a point accusé les capteurs de lui en avoir enlevé et, quant à la conduite des gens du corsaire, n'a-t-elle pas reçu l'approbation solennelle du capitaine Elhers et du Sr Young lui-même dans leur interrogatoire où ils ont déclaré, le premier : qu'il a été bien traité par les Français et qu'il n'a point de plainte à former; le second : qu'il n'a qu'à se louer de la conduite des Français.

A l'égard du journal de bord en particulier, nous avons signalé son absence comme un indice de plus de sa destination pour l'Angleterre; destination qui annule toutes les pièces relatives à la cargaison, comme celles du navire sont anéanties par la déclaration du capitaine Elhers et l'évidence même. Voici que le Sr Young accuse sans autre façon le corsaire d'être l'auteur de la suppression de ce journal qui aurait prouvé, dit-il, qu'il se rendait à Nantes. Cette accusation est déjà repoussée par ce que nous venons de dire sur le prétendu enlèvement des pièces de bord, mais la justification du corsaire ressort encore bien mieux de ce qu'ont dit dans leur interrogatoire le capitaine Elhers et le Sr Young, interrogé sur ce qu'est devenu le journal, répond qu'il n'a pas vu le capitaine tenir de journal, qu'il l'a seulement vu faire son point et pointer sa carte. Une pareille réponse semble signifier qu'il n'y avait point de journal d'où naît la conséquence qu'il n'a pas été supprimé par les capteurs; mais ensuite le capitaine Elhers répond que son second était chargé de tenir ce journal et qu'il ne sait ce qu'il est devenu; ce qui prouve d'une part qu'il y avait un journal de bord qui est disparu, de l'autre que cette disparition n'a pas même été attribuée par le capitaine Elhers au corsaire, car autrement il aurait dit qu'il l'avait remis au corsaire.

Nous savons bien que dans une déclaration extra-judiciaire, provoquée par le S^r^. Young, lui et le capitaine Elhers ont voulu supposer que le journal avait été enlevé par les capteurs, mais on sait à quoi s'en tenir sur ces témoignages tardifs qui ne peuvent énerver le contenu des interrogatoires légaux.

Une autre calomnie non moins forte de la part du Sr Young, c'est d'avoir avancé que les déclarations du capitaine Elhers ont été suggérées — peu s'en faut qu'il ne dise qu'elles ont été payées — par le corsaire. Il fait entendre que c'est lui qui s'en est emparé dès son arrivée à Brest, qu'il ne l'a pas quitté, qu'il a ôté au Sr Young tous les moyens de le faire rétracter, qu'enfin, après lui avoir fait rendre la liberté, il l'a fait disparaître.

L'adversaire abuse vraiment trop de la faculté de mentir et de faire imprimer. Premièrement, les déclarations du capitaine Elhers sont, comme il l'a dit lui-même, arrachées par la vérité et quelle vraisemblance, d'ailleurs, qu'en France et à la fin de 1812 on eut accordé quelque foi au pavillon hollandais, à des papiers faux puisqu'ils indiquent des dimensions différentes de celles du navire, à une lettre de bourgeoisie hollandaise délivrée à un homme qui n'avait jamais été en Hollande.

Puis où sont les preuves du prétendu accaparement par le corsaire, de l'évasion par ses soins du capitaine Elhers et de son équipage ? Aucune assurément, et nous en avons de contraires bien connues du Sr Young : C'est son protêt fait le 8 janvier (8 jours après les interrogatoires) devant notaire à l'hôpital où ils étaient détenus tous les deux et où ils ont eu tout le temps de se concerter, dans lequel protêt le capitaine Elhers qu'il a fait jaser tout à son aise et auquel il a dicté des déclarations presque toutes opposées à celles de l'interrogatoire, si ce n'est cependant qu'il a maintenu la fausseté de ses pièces et la propriété anglaise de son navire.

C'est encore un fait certain que le capitaine et son équipage n'ont pas été mis en liberté, mais qu'ils ont été dirigés comme prisonniers sur le dépôt de Longwy où ils sont encore sans que l'on ait cru manquer de révérence à Sa Majesté le Roi de Westphalie, sous la domination duquel ils ne se sont jamais rangés... Le Sr Young peut aller s'en convaincre au Ministère de la guerre...

Il est prouvé par la déclaration du capitaine Elhers devant le délégué du commissaire de marine à l'Aberwrac'h que le navire allait à Falmouth, et cela ne concorde-t-il pas avec l'acquit des douanes de Falmouth qui indique le retour du navire dans ce port; avec l'invraisemblance que l'anglais Wilson eut consenti à faire conduire son navire dans un port français où il eut été infailliblement confisqué sous un pavillon sans valeur... avec la circonstance surtout que la *Mary-Anna* faisait route pour l'Angleterre quand elle a été rencontrée par le corsaire.

Le Sr Young persiste à soutenir que le bâtiment avait dévié par crainte de tomber entre les mains des Anglais et par la contrariété des vents. Pourquoi donc courait-il la bordée du Nord, à 7 lieues de plus que la latitude du lieu où, selon lui, il devait aller, alors que les vents qui régnaient de l'E. au S.-E lui permettaient de courir la bordée du S., et qu'aussitôt qu'il fut expédié le capitaine du corsaire donna l'ordre de virer de bord et de se mettre par une latitude plus convenable pour profiter du premier vent ?

Le navire est anglais : La démonstration de ce fait est acquise légalement par les déclarations réitérées du capitaine ; mathématiquement par le navire lui-même auquel ne peuvent s'appliquer les pièces de bord.

L'équipage est ennemi, car il n'a point de rôle régulier et il a été formé à Londres même sous les yeux du propriétaire Wilson.

On a bien dit que les papiers avaient un air de véracité, quoique le capitaine Elhers ait donné des indices frappants de leur fausseté; mais tous les doutes qu'on a affectés sont insignifiants et inadmissibles. Ne connaît-on pas, d'ailleurs, « l'audacieuse supériorité des Anglais dans l'art des faux, des altérations de pièces » et quand quelques signatures des actes ne seraient pas matériellement fausses, il est toujours constant qu'elles ne s'appliquent ni au navire ni au capitaine.

La conséquence de la propriété anglaise du bâtiment et de la qualité ennemie de l'équipage, aux termes de l'Ordonnance de 1681 et du Règlement de 1778, est la confiscation du chargement comme du navire.

... L'article 53 du Règlement du 2 prairial an XI ne dit nullement ce que lui fait dire le Sr Young, son vrai sens est que quand sur un navire neutre il y a des propriétés ennemies et neutres on doit confisquer les premières et relâcher les autres.

L'ignorance dans laquelle le Sr Young se dit être de la législation française n'est qu'une chimère et toutes les circonstances montrent sa mauvaise foi. Le capitaine Elhers, dans son interrogatoire, déclare lui avoir dit à Charlestown qu'il était hollandais, qu'il devait lui tenir ce langage parce qu'il naviguait sous le pavillon de cette puissance; ce qui en argot de simulateur signifiait : j'ai des papiers hollandais avec lesquels le correspondant de Wilson et vous, vous pourrez tromper les autorités de votre pays; puis il lui ajoutait qu'à l'aide de ce pavillon il n'avait rien à craindre parce que les Anglais le favorisaient à l'égal de celui de l'Angleterre...

Un message récent adressé par le président des Etats-Unis annonce que des Américains, malgré l'état de guerre, favorisent le commerce ennemi en employant des navires sous un masque étranger. (C'est là véritablement l'histoire de la *Mary-Anna.*)

Le Sr Young aurait pu en tous cas s'adresser au Consul français pour faire légaliser ses pièces ; la chose en valait bien la peine puisqu'il s'agissait d'un chargement qui, selon lui, compose toute sa fortune et que nous croyons, nous, n'être qu'une partie de celle de Thomas Wilson.

Telles sont les rêveries qu'entasse le Sr Young pour essayer de soustraire malgré le texte des lois à la confiscation un chargement qui se trouve sur un navire ennemi et qui (dans l'hypothèse impossible à créer d'un bâtiment français) serait en contravention formelle aux règlements du Blocus. Etait-il étonnant après cela que les armateurs du corsaire ayent refusé les offres que le Sr Young n'a pu faire qu'avec la conscience d'une mauvaise cause. Sans cela eut-il sacrifié 300.000 francs pour des marchandises qui, déduction faite des droits ne valent pas 400.000 francs ? Si les armateurs eussent transigé, le Conseil, qui n'est pas obligé de connaître leur loyauté, les eut soupçonnés d'être d'intelligence avec le Sr Young pour léser leurs équipages et la Caisse des Invalides et eut rejeté tout arrangement.

Mais, en cherchant à sauver ce qu'il pouvait d'une cargaison qui lui était confiée, le Sr Young a fait son métier. Les armateurs font le leur en réclamant tout ce que le corsaire a pris, aux risques mille fois courus de tomber au pouvoir des Anglais et le Conseil remplira son auguste ministère en le leur adjugeant ainsi qu'ils y ont précédemment conclu.

PIÈCE JUSTIFICATIVE n° 72 *bis*.

Décisions du « Conseil des Prises » ayant trait à des Corsaires malouins.

(An VIII-an XI.)

(Arch. nat., AD^{IV}, 45. Collection incomplète, voir *supra*, p. 64.)

6 Thermidor an VIII.

La *Statira*, américain, recousse du *Hazard*. — Le jugement ordonne mainlevée du navire et confisque la cargaison au profit des capteurs.

22 Messidor an VIII.

L'*Union*, américain, prise du *Tartare*, an VI. — Le Conseil déclare cette prise nulle et condamne les héritiers de Benjamin Dubois à payer aux armateurs des dommages-intérêts : « Nicolas Lamotte, second du *Tartare*, ayant déclaré qu'on avait arboré le pavillon anglais dans la chasse faite au navire l'*Union* qui avait répondu par un pavillon américain, ce trait de perfidie de la part des Français méritait une sanction ».

17 Nivôse an IX.

La *Juliana*, américain, capturé par l'*Espérance*, an V, est déclaré de bonne prise.

N.-B. — Pour tous ces bâtiments il y a eu déjà jugements de première instance (Tribunal de Commerce) et d'appel (Tribunaux des départements).

An XI-1816.

(Arch. nat., FF^2, 1 à 15.)

Carton 1.

N° 13. — 20 fructidor an XI.

Le *John*, américain, capturé an V par l'*Amitié*, déclaré de bonne prise parce que les armateurs ont laissé passer les délais de pourvoi. Il y avait eu déjà trois jugements antérieurs, ans V et VI, Tribunal de Commerce de Morlaix (de bonne prise), Tribunal civil du Finistère (mainlevée), puis cassation.

N° 49. — 22 nivôse an XI.

Le *Duc-d'York*, prise du *Dinannais*. Confirmation du jugement de bonne prise du Commissaire français de la Corogne.

N° 142. — 9 messidor an XII.

La *Cleopâtra*, rançonnée par le *Vaillant*, de Bordeaux, et prise ensuite par la *Sorcière*. Les billets de rançon du *Vaillant* n'ont point été établis régulièrement. Les capteurs se partageront le produit de la prise jusqu'à concurrence pour le *Vaillant* du montant de la rançon.

N°s 166 et 208. — 18 messidor an XII-21 frimaire an XIII.

Le *Friendschip*, capturé par le *Duguay-Trouin*, et le *Hanah*, prise du *Général-Pérignon*. Jugements de bonne prise du Commissaire français en Espagne confirmés.

Carton 2.

N° 256. — 20 germinal an XIII.

Recousse du navire espagnol *La Carmela*, par la *Sorcière*. Ce navire étant resté plus de 24 heures au pouvoir des Anglais est déclaré de bonne prise.

Carton 3.

N° 429. — 7 août 1806.

Recousse du *John-et-Joseph*, par le *Courrier-de-la-Manche*. Pleine et entière mainlevée du navire et de sa cargaison en faveur des Américains. Ils accusent de pillage l'équipage capteur.

Carton 4.

N° 567. — 22 avril 1807.

Recousse du chasse-marée le *Saint-Jean-Baptiste*, par la *Charlotte*, de bonne prise.

N° 611. — 9 septembre 1807.

Plaintes des armateurs du navire portugais le *Triton* contre l'équipage de la *Clarisse*. Il y a eu arrangement à l'amiable. Mais le capitaine Gilles-Jean Geffroy est réprimandé pour « s'être, dans un moment de vivacité déplacée, permis envers le commandant du *Triton* une voie de fait dont la récidive serait punissable.

N° 615. — 12 septembre 1807.

Le navire suédois *Crefre-Cronstedt*, capturé par le *Général-Pérignon*, est déclaré de bonne prise. — On loue la conduite du second capitaine suédois qui a contribué à tromper l'ennemi pour sauver les dix Français placés à bord de la prise.

Carton 5.

N° 741. — Décembre 1807.

Recousse de la *Sophia*, danois, prise du *Friedland*. Mesures conservatrices ordonnées. Demande de renseignements sur prétendus actes de pillage (Voir n° 794, 12 février 1808, le jugement de bonne prise pour cette affaire).

N° 755. — 30 décembre 1807.

La *Gracia-Divina*, portugais, capturée par le *Général-Pérignon*, est déclarée de bonne prise.

N° 773. — 15 janvier 1808.

Recousse de l'*Espérance*, navire français sous pavillon simulé portugais, par la *Glaneuse*. L'armateur accuse son capitaine de l'avoir trahi au profit des capteurs. Demande de renseignements. Un jugement de bonne prise intervient le 10 août 1808 (Voir carton 6, n° 940).

N° 784. — 22 janvier 1808.

Recousse de la goélette brêmoise les *Deux-Sœurs*, par le *San-Joseph*. Le Conseil annule une décision de l'administrateur maritime de Lorient, la recousse n'étant pas suffisamment établie (Voir jugement de bonne prise, 1er juin 1808, carton. 6, n° 892). Le capitaine des *Deux-Sœurs* avait fait cacher l'équipage anglais capteur au moment de la visite du corsaire.

N° 815. — Février 1808.

Recousse du navire *Il Paquette Ligiero* par le *Marsouin* et le *Lézard*. Des négociants français du Havre réclament le bâtiment comme portant un pavillon simulé. Le Conseil accorde des délais. Un jugement du 24 août 1808, carton 6, n° 950, déclare le bâtiment de bonne prise et déboute les armateurs du *Marsouin* de toutes prétentions.

N° 821. — 4 mars 1808.

Recousse du *San-José-Nicolao-Tangolo*, portugais, par la *Confiance*. De bonne prise.

N° 869. — 20 avril 1808.

Recousse du navire portugais le *Comte-de-Penick*, par le *San-Joseph*. De bonne prise. Un passager, le sieur Cortès, se plaint de vols commis à son préjudice par l'équipage capteur.

Carton 6.

N° 896. — 8 juin 1808.

Recousse du navire américain l'*Aurora*, par l'*Incomparable*. De bonne prise.

N° 920.

Recousse du *Georges*, également américain, par le *Spéculateur*. De bonne prise.

Carton 7.

N° 1.111. — Mai 1809.

Le navire portugais la *Conception* et *Saint-Antoine*, capturé par le *Revenant*, capitaine Potier. Demande de renseignements. (Voir carton 9, n° 1.491, un jugement de bonne prise du 29 août 1810.)

N° 1.157. — 7 juin 1809.

Recousse de l'espagnol *Todos-los-Santos-y-Animas*, par le *Spéculateur*. De bonne prise.

Carton 8.

N° 1.221. — 18 octobre 1809.

Les marchandises du *Saint-François-de-Paule*, espagnol, capturé par l'*Incomparable*, sont jugées de bonne prise. Des pillages ont été commis par l'équipage du capteur.

N° 1.326. — 14 mars 1810.

Recousse du navire français le *Napoléon*, par l'*Aglaé* (de Calais) et le *Comte-d'Hunebourg*. De bonne prise.

N° 1.360. — 25 avril 1810.

L'*Eliza*, américain, capturé par le *Jean-Bart*, est déclaré de bonne prise. Le pourvoi devant le Conseil d'Etat est rejeté.

N° 1.376. — 2 mai 1810.

Jugement reconnaissant de bonne prise huit ballots de toile enlevés à bord de l'américain *Eliza-Maria*, par la *Junon*. L'arrivée de l'ennemi a empêché les capteurs de prendre soit prisonniers, soit papiers. Le produit de cette prise sera confisqué au profit des Invalides.

Carton 9.

N° 1.384. — 9 mai 1810.

L'américain le *Calpé*, capturé par la *Confiance*. De bonne prise.

N° 1.389. — 16 mai 1810.

L'*Exercion*, également américain, capturé par le *San-Joseph*, jugé de bonne prise. « Il a été légalement constaté que le navire se dirigeait vers l'Angleterre, qu'il avait été visité et convoyé par les Anglais avant sa capture. » Pourvoi rejeté par le Conseil d'Etat.

N° 1.401. — 30 mai 1810.

Quelques marchandises retirées du portugais le *Bonfin*, par le *Milan*, sont déclarées de bonne prise, mais au profit des Invalides, les capteurs ne pouvant produire ni papiers ni prisonniers.

N° 1.403. — Juin 1810.

Le Conseil reconnaît de bonne prise la rançon du navire anglais le *Commerce-de-Pool*, par le *Milan*. Le Commissaire de Bayonne ne s'était pas prononcé, le capitaine français ayant omis quelques formalités légales.

N° 1.524. — 7 novembre 1810.

Le *Zoan*, américain, capturé par le *Maître-de-Danse* et le *Petit-Charles*. De bonne prise.

N° 1.531. — Novembre 1810.

Le *Turbulent* est débouté de sa demande de participation à la prise du navire anglais le *Commerce*.

N° 1.539. — 7 novembre 1810.

Napoléon ordonne la confiscation de deux américains : la *Catherine*, prise de la *Clarisse* ; le *Reward*, prise du *Tilsitt*.

Carton 10.

N° 1.680. — 17 mai 1811.

Mainlevée par ordre impérial en faveur du navire papembourgeois la *Zuffrowalmina*, prise par le *Marsouin*.

Carton 11.

N° 1.784. — Septembre 1811.

L'empereur fait relâcher le navire américain les *Deux-Frères*, capturé par le *Brestois*. « Ce bâtiment était expédié de Boston pour Saint-Malo et a été pris sur les côtes mêmes de France. » (D'après un rapport du chargé d'affaires des Etats-Unis sur huit américains capturés par des corsaires depuis le 1er novembre 1810.)

Carton 12.

N° 1.929. — 30 janvier 1812.

Le *Clio*, américain, capturé par le *Furet*, en 1810, est déclaré de bonne prise.

N° 1.984. — 25 mars 1812.

Recousse du navire français l'*Espérance*, par l'*Edouard*. De bonne prise.

Carton 13.

N° 2.075. — 11 novembre 1812.

Le Conseil déclare non fondées les plaintes du capitaine russe de l'*Alexander*, capturé par l'*Espadon* et la *Ville-de-Caen*. « A peine arrivé à Perros, les hommes des deux corsaires lui auraient enlevé et à son équipage, non seulement les objets qui leur appartenaient personnellement, mais aussi les hardes qu'ils avaient sur le corps. » Jugement de bonne prise.

Carton 14.

N° 2.115. — 10 février 1813.

Recousse du navire français la *Belle-Armide*, par le *Coursier*. Jugement de bonne prise.

N° 2.184. — 10 mars 1813.

Recousse du chasse-marée le *Bon-Secours*, par la *Dorade* et le *Marsouin*.

N° 2.222. — 12 mai 1813.

La *Mary-Ann*, confisquée au profit de la *Junon*. Pourvoi rejété par l'empereur le 29 août.

Carton 15.

N° 2.365. — 23 février 1814.

Recousse du chasse-marée l'*Alfred*, par le *Coursier*. De bonne prise.

N° 2.377. — Mars 1814.

Les marchandises prohibées de l'*Eliza*, capturée par le *Revenant*, ne seront pas brûlées, mais soumises à la réexportation.

N° 2.380. — 25 mai 1814.

Cinquante surons de quinquina retirés par le *Général-Pérignon* du navire portugais le *Pellerin*, en 1808 Jugés de bonne prise.

Pièce justificative n° 72 *ter*.

Les sévérités du Blocus Continental. — Une capture facile.

(Arch. nat., BB[3], 191.)

Rapport sur le navire papembourgeois la *Juffrow-Almina*.

4 Mars 1808.

Le 19 janvier, le sieur Botrelle, capitaine du corsaire français le *Marsouin* a introduit dans le port de Roscoff un navire nommé *Jouffrow-Almina*, naviguant sous pavillon papembourgeois, sous le commandement du sieur Sieber Jacobus.

Il n'existe ni procès-verbal de capture, ni rapport circonstancié de la part du capteur, mais on voit dans l'interrogatoire subi par le capitaine Jacobus que, le 17 janvier, il avait été visité par un brick, lequel avait ensuite fait route pour l'Angleterre. Cette circonstance paraît être celle qui a déterminé la saisie.

Il résulte de l'instruction que le navire, parti d'abord de Papembourg, le 9 décembre 1807, pour venir chercher du fret à Drobach, en Norwège, en était sorti sur lest le 19 du même mois pour Morlaix où le capitaine Jacobus avait l'intention de se procurer un chargement de blé.

Tous les gens de l'équipage papembourgeois qui ont été interrogés ont parlé du brick qui les avait visités comme d'un brick français, parce qu'il portait les couleurs françaises et que, d'ailleurs, personne à bord ne comprenait ni le franais ni l'anglais.

Dans un rapport fait devant le Juge de Paix, trois jours après son entrée à Roscoff, le capitaine Jacobus a prétendu qu'il n'avait pas été capturé par le corsaire le *Marsouin*, mais que ce corsaire s'était présenté à lui et lui avait offert ses services comme pilote et l'avait introduit dans le port sous cette apparence.

N.-B. — Le Conseil observe : Il est probable que le brick visiteur était anglais, que le capitaine Jacobus ne l'ignorait pas. Il y aurait lieu dans ce cas d'appliquer le décret du 4 novembre 1806. — La mainlevée par décret impérial n'est accordée qu'en 1811 (Voir P. j. n°   ).

Pièce justificative n° 72 *quater*.

L'Empereur se réserve l'examen des affaires de Prises faites en vertu des Décrets sur le Blocus Continental.

Lettre du Grand Juge a l'Empereur
(Arch. nat., BB³, 190.)

17 Août 1808.

Votre Majesté n'ignore pas que ce n'est ordinairement que d'après ses ordres particuliers que le Conseil des Prises statue sur les affaires où il s'agit de l'application du décret impérial du 17 décembre 1807 contenant des mesures contre le système maritime de l'Angleterre.

Mais comme les ordres particuliers de Sa Majesté ne sont ni ne doivent être insérés dans les décisions de son Conseil, il peut arriver, Sire, en cas de recours en Votre Conseil d'Etat, que ces décisions soient réformées contrairement aux instructions de Votre Majesté.

Lettre du Procureur impérial près le Conseil des Prises au Grand Juge (2 Août 1808), même dossier.

Le Recours au Conseil d'État contre les décisions du Conseil des Prises est fréquemment employé, quoique presque toujours sans succès. D'ailleurs, dans ces sortes d'affaires (concernant l'application des décrets) le Conseil des Prises n'a jamais prononcé sans avoir connu les intentions de Sa Majesté.

N.-B. — On trouve dans les dossiers BB[8] 190-191 tous les rapports adressés à l'Empereur sur ces affaires de Prises maritimes.

Pièce justificative n° 73.

Honoraires d'avocat (St-M.).

Mémoire de mes honoraires et avances pour les armateurs du corsaire *Le Tigre*, de Port-Malo, dont les citoyens Desbordes père et fils et Simon sont correspondants.

Le 14 vendémiaire, j'ai été soldé par le citoyen Le Gléan de ma plaidoirie du 31 août précédent (vieux style), lors du jugement de bonne prise des goudrons au tribunal du district qui reforma le jugement du tribunal de commerce.

A compter de cette époque, reste dû :

1° Pour conseil et examen premier de la réclamation du citoyen Berubé pour l'anglais Riddel, concernant les pelleteries	5
2° Pour un écrit en réponse à cette réclamation	40
3° Pour conseil sur l'appel interjeté le 9 septembre contre Riddel et C°	3
4° Pour conseil sur l'appel du 21 germinal contre le capitaine Cushing, américain, Binard fils, correspondant.	3
5° Frais de l'appel, exploit, retrait du jugement, notification payables par ledit Binard et déductibles du principal, le tout avancé	42

6º Façon d'un plaidoyer.. 25
7º Plaidoirie à l'audience du 23 germinal.......................... 15
8º Assistance à l'audience du 3 floréal lors de la prononciation du jugement définitif.............................. 10
9º Salaire au retrait du jugement pour le faire enregistrer et prompte expédition.. 5 19

148 19

Pièce justificative nº 74.

Décharge d'une prise en l'an IX (St-M.).

Le *William*, prise du *Bougainville*, armateur Dubois.

A celui qui a annoncé l'arrivée de la prise........................	24
Pour vivres frais à l'arrivée..	50
A Misser et consorts..	79 5
Pilotages et corvées..	72
Au citoyen Babin pour soins à la prise en dedans du port..	24
A 3 calfats..	6
A 4 portefaix pour 16 journées...	24
Au citoyen Chevalier, charretier..	1 25
A 2 hommes pour la drague..	8 50
Au charretier	3
A Misser et consorts...	16 13
Idem.	43
Au citoyen Gallais, blessé à bord, gratification..................	18
A divers pour avoir déblayé l'orge, aux charretiers et portefaix	220 60
Au citoyen Sauveur, pour pension de divers employés au déchargement	141
A 3 portefaix pour journées et gratifications à l'homme....	6
A divers pour la décharge..	64
Au citoyen Delon, pour peines et soins, assistance au déchargement	72
Au citoyen Huet, pour façon des sacs, séchage des voiles.	13
Au citoyen Gouard, pour traitement d'un homme blessé...	
Réduction d'une clavicule fracturée et bandages...............	12
Pour 8 visites..	6
A Toudic et consorts pour journées....................................	130
A Thomazeau pour pelles..	8 5

A Mme Dutuit, pour suif et chandelle	3
A Mme Findy, pour filet et clous pour scellés	5 30
A 5 hommes pour journées à dégréer, balayer le navire...	139 75
Au citoyen Fontan jeune, pour toile	96
Papier timbré des procès-verbaux	23 80
Loyer du Ravelin pour la vente	10
Loyer d'un magasin pendant 2 mois	250
Au citoyen Renou, préposé à la vente et à la livraison des marchandises	156
Pour gratification aux employés qui ont bien voulu se prêter en dehors des heures de bureau aux opérations de décharge, vente et livraison	150
Pour nourriture des employés pendant la décharge	120
Pour 2 mois de gardiennage	60
Avances de fonds pendant 2 mois	20
	2.082 33

N. B. — La vente des fèves et orges composant la cargaison du *William* produisit 55.000 francs.

Pièce justificative n° 75.

Vente de la Cargaison d'une prise (St-S.).

11 Messidor an VIII.

Compte que le citoyen Rateau, de la Flotte, île de Ré, rend au citoyen Guibert fils, de Saint-Malo, porteur de procuration des citoyens Fontan jeune et Thomas aîné dudit lieu, de la vente par lots détaillés de la cargaison et navire de prise l'*Ann*, faite par le corsaire *Les 4 Amis*, de Saint-Malo, ladite vente faite le 1er messidor an VIII en présence des autorités compétentes.

Cacao à 130 francs le quintal, prix moyen	43.701 55
Café à 140 francs le quintal	9.320 25
Salsepareille à 250 francs le quintal	1.210 95
Vif argent à 300 francs le quintal	56.179 76
Térébenthine à 16 francs le baril	1.077 »
Goudron à 30 francs le baril	3.614 »
Résine à 13 francs le baril	143 »
Peau de bœuf	12 »

Salaison		93 »
Bois jaune à 27 francs le quintal		18.720 »
Campêche à 36 francs le quintal		8.364 50
Divers		3.120 75
Le navire l'*Ann* avec ses agrès et apparaux		7.150 50
		178.059 80
A déduire :		
Ma commission à 2 %	3.561 20	
A Guibert fils, pour voyage et gratifications.	3.675 »	
Au Commissaire de marine, à 12 fr. par jour.	300 »	
Autres frais	3.930 05	
Montant net de la prise l'*Ann*	11.196 25	11.196 25
		166.863 55

PIÈCE JUSTIFICATIVE N° 76.

Vente d'une prise à l'étranger (St-S.).

Commissariat
de
La Corogne.

Le Duc d'York.

Liquidation particulière de la prise le *Duc d'York*, faite par le corsaire le *Dinannais*, de Saint-Malo, capitaine Collet, armateurs les citoyens Ravaleux et Cᵒ, conduite à Vigo où elle a été vendue.

Vente suivant procès-verbaux d'adjudication et de livraison du navire le *Duc d'York*		140.000 Réaux.
10.000 piastres fortes trouvées à bord		200.440 —
Les marchandises		285.000 —
TOTAL		625.448 Réaux.
A déduire :		
Frais d'ouvriers et autres	4.330 17	
Payé au capitaine pour sa pension à l'auberge, pendant 148 jours qu'il a soigné la prise à 30 Réaux par jour	4.440 »	
A diverses autorités du pays, y compris salaire de l'interprète	800 »	

Commission des Consignataires et droit du Commissaire des relations commerciales à 1/2 %............................	16.165 17	
Total des frais..............	25.726 »	25.726 Réaux.
Produit net de la prise à Vigo............................		599.722 Réaux. (142.584 fr.)

Le Commissaire des relations commerciales en Galicie certifie le présent Etat, montant net à 599.722 Réaux.

Ferrol, 1er *Messidor an XII.*

Pièce justificative n° 77.

Vente d'un navire capturé an IX.

Procès-verbal. — *Le William*, 120 tonneaux

Le citoyen Bonnefin a mis la première enchère à.........	12.500f »
— Gautier — —	12.600 »
— Fontan — —	12.700 »
Le citoyen Gautier a mis la première enchère à.........	12.900 »
— Bonnefin — —	13.000 »
— Fortin aîné — —	13.200 »
— Bonnefin — —	15.100 »

Laquelle dernière enchère a été plusieurs fois proclamée et, personne n'ayant surenchéri, ledit bâtiment le *William* a été adjugé à éteinte de bougie audit citoyen Bonnefin, pour ladite somme de 15.100 francs.

Pièce justificative n° 78.

Frais de voyages pour armateurs soignant une prise.

Mémoire des débours faits a Brest par Michel Delastelle, armateur du corsaire *Le Tigre*, pour accélérer le jugement, presser la vente et la liquidation des prises faites par ledit corsaire.

Sçavoir :

Juillet	26.	Payé à l'huissier crieur pour bougies...........	10
Août	4.	Pour retrait d'une expédition de la sentence des goudrons	5

Août	18.	Pour frais de route et séjour de 3 mois à Brest.	1.415 6
—	18.	Pour gratification à l'équipage du danois.......	5
Oct.	27.	Pour séjour à Brest du citoyen Le Clerc et soins à la décharge des marchandises.......	886
—	27.	Pour retrait du 2e jugement des goudrons......	6
—	27.	Pour divers passages et commissionnaires...	
Floréal	1.	Pour frais de route et séjour de 3 mois.........	1.699 1
		Total des frais pendant les 2 voyages...	4.086 7

M. Delastelle.

Pièce justificative n° 79.

Renseignements donnés sur les prises terries dans les différents ports.

(Copie de lettres du Sous-Commissaire de Lannion).

11 Avril 1809.

A M. Pennelé, Sous-Commissaire à Saint-Malo,

Conformément à la lettre que vous m'avez adressée le   de ce mois, je vous donne ci-dessous les renseignements que vous désirez avoir sur les prises faites par les corsaires le *San Joseph* et le *Spéculateur* et celle du *Tilsitt* que j'ai cru devoir mentionner, terries dans ce quartier :

PRISES	DATES				
	CAPTURE	ENTRÉE	JUGEMENT	VENTE	LIQUID. PART
Tilsitt — The Reward Goëlette américaine reprise sur l'anglais.	9 janvier 1808	10 janv.	A intervenir. Cargaison vendue selon autorisation du préfet maritime. Montant versé aux Invalides, jusqu'au jugement définitif navire non vendu.	10 et 20 février	21 mars 1809
San Joseph — The El'en Brick anglais.	20 Novemb. 1808	23 nov.	Commissions des prises de Brest.	23 déc. 1808 17 fév. 1809	24 mars 1809
Spéculateur — Todos los Santos y animos. Brick espagnol.	4 Février 1809	22 fév.	Jugement à intervenir..		

Pièce justificative n° 80.

Correspondance du Commissaire de Marine depuis le terrissage d'une prise jusqu'à sa vente.

(Copie de lettres du Sous-Commissaire de Lannion).

24 février 1809. — Le Commissaire informe le Préfet Caffarelli de l'arrivée à Perros du brick espagnol *Todos los Santos y animas*, capturé par la frégate anglaise la *Bonne Citoyenne* et repris 14 jours après par le corsaire malouin le *Spéculateur*.

Le bâtiment prend un peu l'eau. Il faut décharger de suite la marchandise.

Même lettre à l'Administrateur de la Marine à Brest, M. de Rignac.

27 février. — A l'Administrateur de la Marine :

Procès-verbal d'apposition des scellés.

Procès-verbal de l'interrogatoire de 3 anglais.

Envoi des pièces trouvées à bord.

Liste des prisonniers anglais.

La police a fait saisir quelques lettres n'ayant trait ni au navire ni à la cargaison.

3 mars. — A l'Administrateur de la Marine :

Envoi des 7 lettres saisies par le Commissaire de police. Les marchandises étant en souffrance on a commencé le déchargement du bateau à la requête de M. Tanqueray, consignataire des armateurs. Il y a à bord 94 balles de laine fine, dont quelques-unes avariées.

4 mars. — Au Commissaire de Marine à Morlaix :

Inventaire de la cargaison du *Todos Santos*.

6 mars. — A Caffarelli :

La remise des prisonniers a eu lieu le surlendemain de leur arrivée à Perros, aussitôt après l'interrogatoire. — Envoi de deux listes, dont une avec reçu du Commandant de gendarmerie.

26 Avril. — A M. Lefranc, chef du bureau des Invalides à Brest :

Je suis tourmenté par le consignataire du *Todos*. Depuis 27 jours que j'ai envoyé les pièces de bord, je n'ai pas entendu parler de jugement. Dites-moi si le retard serait occasionné par un appel au Tribunal des Prises.

23 juin. — A M. l'Inspecteur à Brest :

Le Consignataire m'a montré les affiches de la vente ordonnée par l'armateur Dubois pour le 21 juillet. Je m'y suis opposé, n'étant pas officiellement prévenu du jugement rendu. L'armateur a reçu communication du jugement et fait de la publication dans les journaux.

26 juin. — A M. l'Inspecteur Jurien :

La laine avariée ayant été bonifiée et emballée, rien ne presse pour la vente.

30 juin. — Au syndic de la Marine à Perros :

Il faut donner au porteur de cette lettre un échantillon de 1 kilogr. de laine de chaque sorte, ouvrir les magasins devant témoins et bien faire les choses.

3 juillet. — A l'armateur Dubois :

Je regrette, mais n'ayant pas reçu de mes chefs l'expédition du jugement, je ne puis faire procéder à la vente.

3 juillet. — A Dusossois, Morlaix :

Possible que vous ayez vu les affiches de l'armateur, mais ce n'est pas ma faute et je ne laisserai pas faire la vente. L'armateur a agi de lui-même contre tout principe.

17 juillet. — A Caffarelli :

J'ai fixé la vente au 18 août. Les raisons du changement sont le manque de notification.

17 août. — A Bozec, syndic des marins à Perros :

La vente a lieu demain. Je n'y puis aller. Ouvrez les magasins et dirigez l'opération : lotissement et échantillonnage.

PIÈCE JUSTIFICATIVE N° 81.

Liquidation générale et provisoire.

De la troisième course du corsaire *Le Coursier*, armé à Saint-Malo, capitaine Arthur LE ROUX, armateurs MM. KERMEL et DELORME VILLEDAULÉ, commencée le 21 septembre 1812 et finie le 15 mars 1813, ledit corsaire ayant désarmé en ce port. (St-S.).

NAPOLÉON, par la grâce de Dieu et les Constitutions, Empereur des Français, Roi d'Italie, Protecteur de la Confédération du Rhin,

Médiateur de la Confédération Suisse : A tous présents et à venir, Salut !

Le Tribunal de Commerce de l'arrondissement de Saint-Malo, département d'Ille-et-Vilaine, a rendu le jugement de liquidation suivant :

Aujourd'hui, 2 mars 1814, en la Chambre du Conseil,

Par devant nous Pierre Dupuy-Fromy, président; Louis Gauttier et Henri-Joseph Apuril-Kerloguen, juges, ayant pour adjoint Me Pierre-François Bellamy, greffier ordinaire.

Est comparu le sieur François-Marie Delorme-Villedaulé, négociant, demeurant à Saint-Servan, faisant, tant en privé nom que pour le sieur Pierre Kermel, négociant, demeurant à La Rochelle, son associé, tous deux armateurs, sous la raison Kermel et Delorme-Villedaulé, du corsaire de ce port *Le Coursier*; lequel nous a représenté que la troisième course dudit corsaire étant finie, les comptes de réarmement, relâches et désarmement, avec les pièces justificatives, étant déposés en notre greffe, ainsi que le Règlement des parts des officiers majors, officiers mariniers, officiers volontaires, matelots et autres gens de l'équipage, qu'enfin les Liquidations particulières de cinq des six prises dont ce corsaire s'est emparé, étant faites et aussi déposées, de même que le procès-verbal de vente dudit corsaire, agrès, apparaux, artillerie et toutes dépendances, il convient de procéder à la Liquidation générale et néanmoins provisoire du produit de ladite course, attendu que la totalité du chargement de la prise anglaise *Royal Princess*, se composant de bois de construction et mâtures, propres au service de la Marine impériale, a été mise à la disposition de l'Administration, et que cette prise n'est ni liquidée ni soldée; en conséquence, ledit sieur comparant requiert, conformément à l'Arrêté du 2 prairial an II, qu'il nous plaise procéder à ladite Liquidation générale et provisoire, et a signé après lecture.

Signé : Delorme-Villedaulé.

De tout quoi, nous juges susdits, avons décerné acte et faisant droit sur la réquisition du sieur comparant, ordonnons qu'il sera de suite procédé à la Liquidation générale et provisoire de la troisième course dudit corsaire le *Coursier*, et à cet effet, après avoir examiné, vérifié et arrêté sur les pièces justificatives lesdits comptes de réarmement, relâches et désarmement, les Liquidations particulières, le procès-verbal dudit corsaire et le Règlement des parts, le tout déposé en notre greffe, nous avons formé le produit de ladite course comme suit :

Premièrement. — De la somme de 123.790 fr. 10 cent., produit net de la prise anglaise *Orb*, capturée par ledit corsaire, le 2 octobre 1812, suivant Liquidation particulière, arrêtée par le Tribunal de commerce de Paimpol, le 18 mars 1813, enregistrée audit lieu le 28 du même mois, déduction faite de 695 fr. 05 c. pour enregistrement et frais de ladite Liquidation, non employés en icelle, ci. 123.790f 10

Deuxièmement. — De la somme de 5.879 fr. 26 c., produit net de la prise anglaise la *Belle-Armide*, faite par ledit corsaire, le 31 décembre 1812, suivant Liquidation particulière, arrêtée par le Tribunal de commerce de Paimpol, le 30 octobre 1813, enregistrée audit lieu, le 13 novembre suivant, déduction faite de 43 fr. 17 c. pour enregistrement et frais de ladite Liquidation, non compris en icelle, ci.. 5.879 26

Troisièmement. — La prise anglaise *Royal Princess*, dont le chargement a été mis à la disposition de l'Administration pour le service de la Marine impériale, ne pouvant être l'objet d'une répartition dans l'état, doit être porté ici pour mémoire seulement, ci................ *Mémoire.*

Quatrièmement. — De la somme de 8.167 fr. 09 c., produit net de la prise anglaise *Anson*, capturée par ledit corsaire, le 7 février 1813, suivant Liquidation particulière, arrêtée par le Tribunal de commerce de Saint-Valéry-en-Caux, le 26 mai dernier, enregistrée audit lieu, le 1er juin, ci.. 8.167 09

Cinquièmement. — De la somme de 26.282 fr. 39 c., produit net de la prise anglaise *Dispatch*, capturée le même jour par ledit corsaire, suivant Liquidation particulière, arrêtée le 13 août dernier, par le Tribunal de Cherbourg, y enregistrée le 19 du même mois, ci......... 26.282 39

Sixièmement. — De la somme de 122.554 fr. 79 c., produit net de la prise anglaise *Joseph-Mary*, faite le 5 mars 1813, par le même corsaire, suivant liquidation particulière, arrêtée le 16 octobre 1813, par le Tribunal de commerce de Paimpol, y enregistrée le 28 du même mois, déduction faite 688 fr. 13 c., pour enregistrement et frais de ladite Liquidation, non compris en icelle, ci. 122.554 79

Partant, le produit provisoire de ladite course s'élève à la somme de 286.673 fr. 63 c., ci.. 286.673 63

Dépenses communes

De laquelle somme il convient de déduire, pour les dépenses communes entre les intéressés et l'équipage :

1° Celle de 3.063 fr. 61 c., pour la commission des Armateurs, à raison de 1 %, conformément à l'art. 7 de l'arrêté du 2 prairial an II, sur la somme de 306.360 fr. 85 c., produit brut des prises anglaises *Orb*, *la Belle-Armide*, *Anson*, *Dispatch* et *Joseph-Mary*,

De l'autre part, ci			286.673 65
conduites hors le port de l'armement et administrées par des commissionnaires, ci	3.063f 61		
2° Celle de 1.531 fr. 80 c., pour perte à la négociation des traites, à raison de demi pour cent sur ladite somme de 306.360 fr. 85 c. conformément au même article, ci	1.531 80		
3° Celle de 5.733 fr. 47 c., allouée au capitaine du corsaire, à raison de 2 %, sur la somme de 286.673 fr. 63 c., produit net desdites prises, pour lui tenir lieu de dédommagement du coffre du capitaine pris, en exécution de l'article 93 dudit Arrêté, ci	5.733 47		
4° Celle de 1.392 fr. 53 c., promise aux conducteurs des prises, à raison de demi pour cent sur la somme de 278.506 fr. 54 c., produit net des prises *Orb*, la *Belle-Armide*, *Dispatch* et *Joseph-Mary*; savoir : au conducteur de la prise *Orb*, la somme de 618 fr. 95 c.; au conducteur de la prise la *Belle-Armide*, la somme de 29 fr. 40 c.; au conducteur de la prise *Dispatch*, la somme de 131 fr. 41 c.; et au conducteur de la prise *Joseph-Mary*, la somme de 612 fr. 77 c.; le conducteur de la prise *Anson* ne devant rien avoir, lui ayant été alloué une indemnité suffisante par la Liquidation particulière, ci	1.392 53		
5° Celle de 96 francs pour honoraires du greffier aux opérations de la présente, ses peines et soins, ci	96 »		
6° Celle de 93 fr. 80 c., pour visa pour timbre, enregistrement et dépôts de pièces, expéditions, droits de greffe, papier timbré et enregistrement de la présente, ci	93 80		
7° Celle de 24 francs pour impression d'icelle, ci	24 »		
Revenant lesdits articles à la somme de 11.935 fr. 21 c., ci	11.935 21		11.935 21
Partant, reste provisoirement net à répartir, la somme de 274.738 fr. 42 c., ci			274.738 42
Dont le tiers revenant à l'équipage est de 91.579 fr. 47 c. un tiers, ci		91.579 47 1/3	
Et les deux tiers revenant aux intéressés, de 183.158 fr. 94 c. 2 tiers, ci		183.158 94 2/3	
Somme pareille, ci		274.738 42	

Décompte de l'Equipage

Sur laquelle somme de 91.579 fr. 57 c. formant le tiers de l'équipage il convient de déduire 38 fr. 75 c. pour coût du Règlement des parts fait devant ce Tribunal, le 18 mars 1813, enregistré à Saint-Malo le 5 avril, et 88 fr. 75 c. pour dresse de l'état de répartition et décompte général et provisoire des parts prises à l'équipage, enregistrement, expéditions, droits de greffe et papier timbré du tout, ensemble 127 fr. 70 c., reste la somme de 91.451 fr. 77 c., ci.. 91.451 77

De laquelle somme déduisant encore celle de 4.572 fr. 59 c. pour les cinq centimes pour franc revenant aux invalides, ci.. 4.592 59

Partant, reste provisoirement net et liquide de tous frais et retenue audit équipage, pour son tiers, la somme de 86.879 fr. 18 c., ci.. 86.879 18

Au payement de laquelle somme de 86.879 fr. 18 cent. nous avons condamné lesdits armateurs, même par corps, pour être répartie audit équipage, suivant le Règlement des parts fait devant ce Tribunal, le 18 mai 1813, conformément aux lois; accordant toutefois aux armateurs la reprise des avances nettes qu'ils ont comptées audit équipage, aussi bien que celles des acomptes qu'ils auraient légalement payés; la quotité desquelles parts a été déterminée ainsi qu'il suit.

La somme de 229 fr. 15 c., pour chacune des parts revenant audit équipage dans celle de 39.300 fr. 66 c., produit du tiers net des prises *Orb* et la *Belle-Armide*, faites dans la première sortie dudit corsaire, divisé par 171 parts et demie, à laquelle a été fixé le montant de chaque part dudit produit.

La somme de 60 fr. 75 c. pour chacune des parts lui revenant dans celle de 10.434 fr. 74 c., produit net du tiers des prises *Anson* et *Dispatch*, faites dans la seconde sortie dudit corsaire, divisé par 171 parts trois quarts, à laquelle a été fixé le montant de chaque part dudit produit.

Enfin, la somme de 207 fr. 79 c. pour chacune des parts revenant audit équipage dans celle de 37.143 fr. 78 c., produit net du tiers de la prise *Joseph-Mary*, faite dans la troisième sortie dudit corsaire, divisé par 178 parts trois quarts, à laquelle a été fixé le montant de chaque part dudit produit.

En sorte que ceux qui participent à toutes les prises ont provisoirement à la part la somme de quatre cent quatre-vingt-dix-sept francs soixante-neuf centimes.

Décompte des Intéressés

Nous avons également procédé à la fixation de ce qui revient aux intéressés à l'armement dudit corsaire le *Coursier*, troisième course, dont les deux tiers dans le net produit des prises ci-dessus montent à la somme de 183.158 fr. 94 c., ci.............................. 183.158f 94

A laquelle somme il convient d'ajouter celle de 37.659 fr. 48 c. pour partie des avances comprises aux comptes de réarmement et de relâches, qui rentrent aux armateurs sur le tiers de l'équipage, suivant l'état de répartition arrêté avec la présente, et qui sera enregistré dans le délai de droit, ci.................................. 37.659 48

Plus celle de 20.100 francs, montant de la vente dudit corsaire, agrès, apparaux, artillerie, armes et munitions en dépendant, faite en la Bourse de cette ville, suivant procès-verbal au rapport du greffier de ce Tribunal, du 28 juin 1813, enregistré à Saint-Malo le 1er juillet suivant, ci.. 20.100 »

Partant, il revient en tout aux armateurs et intéressés la somme de 240.918 fr. 42 c., ci.................................. 240.918 42

De laquelle somme il convient de déduire :

1° Celle de 59.466 francs, pour les frais de réarmement et mise hors dudit corsaire, 3e course, ci .... 59.466 »

2° Celle de 32.305 fr. 95 c., pour les frais des diverses relâches dudit corsaire, pendant la même course, ci......................... 32.305 95

3° Celle de 58.955 fr. 55 c., dont les mêmes armateurs et intéressés étaient définitivement en perte sur le capital de l'entreprise, par le résultat de la 1re course, suivant deux Liquidations des 14 et 21 janvier 1812 et 25 mai 1813, enregistrées à Saint-Malo les 1er février et 4 juin suivant, ci...... 58.955 55

4° Celle de 412 fr. 12 c., dont lesdits armateurs et intéressés étaient également en perte sur le réarmement dudit corsaire, seconde course, suivant Liquidation générale des 20 et 27 mars 1813, enregistré à Saint-Malo le 29 du même mois, ci........... 412 12

5° Celle de 402 francs pour la commission des armateurs, à raison de 2 % sur la somme de 20.100 francs, montant de la vente dudit corsaire, ci........................... 402 »

Revenant lesdits articles à la somme de 151.541 fr. 62 c., ci.................................. 151.541 62 151.541 62

Reste en bénéfice la somme de 89.376 fr. 80 c., ci.. 89.376 80

Sur laquelle somme et bénéfice doivent être prélevés *les 5 centimes pour franc* attribués aux invalides, montant à 4.468 fr. 84 c., ci.. 4.468 84

Partant, reste provisoirement net et liquide de tous frais, *en bénéfice et outre le capital de l'entreprise*, à partager entre les actionnaires et intéressés audit corsaire, la somme de 84.907 fr. 96 c., en proportion et relativement à leurs intérêts ou actions, ci.. 84.907 96

Décompte des Invalides de la Marine

Et finalement nous avons procédé au décompte des 5 centimes pour franc, revenant aux Invalides de la Marine et à l'Hôtel impérial des Militaires invalides, par la présente Liquidation.

1° Sur la somme de 3.063 fr. 61 c. pour la commission des armateurs relativement auxdites prises, conduites hors le port de l'armement et administrées par des commissionnaires, celle de 153 fr. 18 c., ci.. 153 18

2° Sur la somme de 5.733 fr. 47 c. allouée au capitaine du corsaire, pour lui tenir lieu de dédommagement des coffres des capitaines pris, celle de 286 fr. 67 c., ci...... 286 67

3° Sur la somme de 1.392 fr. 53 c. accordée aux conducteurs de prises, celle de 69 fr. 63 c., ci.............. 69 63

4° Sur la somme de 91.451 fr. 77 c., montant du tiers net à répartir à l'équipage, celle de 4.572 fr. 59 c., ci. 4.572 59

5° Sur la somme de 402 francs pour la commission des armateurs, relativement à la vente du corsaire, celle de 20 fr. 10 c., ci.. 20 10

6° Sur la somme de 89.376 fr. 80 c. restant en bénéfice à partager entre les intéressés, celle de 4.468 fr. 84 c., ci 4.468 84

7° Sur la somme de 5.096 francs d'avances payées au supplément d'équipage, depuis la revue d'armement et pendant les relâches, celle de 254 fr. 80 c., ci.............. 254 80

Revenant lesdits articles à la somme de 9.825 fr. 81 c., ci 9.825 81

De laquelle somme il convient de déduire celle de 1.882 fr. 97 c. pour les 5 centimes pour franc, sur 37.659 fr. 48 c. d'avances, qui rentrent aux intéressés, cette somme ayant acquitté ce droit, tant lors de l'arme-

De l'autre part, ci.......................	9.825 81
ment que ci-dessus, et ayant été distraite, en l'état de répartition, du tiers de l'équipage, sur l'entier duquel le même droit a été perçu, ci..	1.882 97
Partant, reste définitivement à payer aux invalides la somme de 7.942 fr. 84 c., ci....................................	7.942 84

Laquelle somme de 7.942 fr. 84 c. sera retenue par les armateurs et par eux versée à la Caisse des Invalides de la Marine, à quoi faire ils seront contraints, même par corps ; et, d'après ce versement, il sera par ladite caisse tenu compte de la somme de 3.971 fr. 42 c. au Trésor impérial des Militaires invalides, conformément au décret du 25 mars 1811.

Fait à divers jours et reprises et définitivement arrêté la présente Liquidation générale et provisoire, par nous juges susdits et soussignés, ainsi que l'adjoint, les jour et an que devant.

Signé : P. Dupuy-Fromy, L. Gauttier, Apuril-Kerloguen fils et Bellamy, greffier.

Enregistré à Saint-Malo, le 10 mars 1814, f° 41, v° n° 6. Reçu 3 francs 30 centimes, dixième compris.

Signé : Gault.

Mandons et ordonnons à tous huissiers sur ce requis de mettre la présente Liquidation à exécution; à nos procureurs généraux et à nos procureurs près les Tribunaux de première instance d'y tenir la main; à tous commandants et officiers de la force publique de prêter main-forte, lorsqu'ils en seront légalement requis.

En foi de quoi la minute de la présente Liquidation a été signée par les juges du Tribunal et par le greffier.

Pour expédition conforme à la minute restée au greffe du Tribunal de commerce de Saint-Malo.

Signé : Bellamy, greffier.

Pièce justificative n° 82.

Les Armateurs majorent leurs commissions.

Lettre du Ministre au Commissaire Gaude

21 Septembre 1812.

Ayant remarqué, Monsieur, que les Liquidations générales allouaient souvent, indépendamment des droits de commission des frais de voyage, j'ai chargé MM. les Administrateurs de la Marine de représenter à ces tribunaux que les frais de voyage faisaient évidemment double emploi avec les droits de commission accordés par le Règlement aux armateurs et de demander le redressement des Liquidations qui comporteraient ce double emploi.

Sur le compte qui m'a été rendu que ces tribunaux refusaient de faire droit aux réclamations des Administrateurs, j'en ai référé à Son Excellence le Grand Juge, Ministre de la Justice, qui doit adresser une circulaire à ces tribunaux.

Pièce justificative n° 83.

Les bénéfices de l'Etat-Major.

Le Commissaire Gaude au Ministre de la Marine

29 Juin 1810 (St-S.).

Il s'est élevé un conflit entre le sieur Fontan jeune, armateur du corsaire l'*Incomparable*, et le sieur Le Balle, ayant servi sur le *même* corsaire en qualité de lieutenant en 1808.

Le sieur Le Balle, lors de la vente à Morlaix de la cargaison du navire l'*Aurore*, pris par l'*Incomparable*, s'associa avec l'Etat-Major de ce bâtiment et l'armateur pour faire en commun l'achat d'un lot de tabac assez considérable et il fut convenu que son intérêt, comme celui de tous les autres officiers, serait à valoir sur les parts de prises revenant à chacun d'eux.

Ces sortes d'association sont très communes dans ce pays, elles ont l'avantage de soutenir le prix des marchandises de prise contre les coalitions du commerce; elles font jouir plus tôt ceux qui les forment des bénéfices que la course leur assure et souvent elles ajoutent beaucoup à ces bénéfices; enfin, elles ont toujours été regardées comme très légales.

N. B. — L'opération, cette fois, n'a pas réussi à cause du doublement subit des droits sur les tabacs. Le Balle, qui n'a rien signé, réclame ses parts qui, selon la Loi, doivent lui être versées par le Bureau des Invalides. C'est un étranger sans caution qui ne veut que toucher, jouir et disparaître. Condamné par le Tribunal de commerce de Saint-Malo, il a fait appel à Rennes.

Si l'on écoutait sa réclamation, il en résulterait un très grand mal pour les Etats-Majors des corsaires en général; les armateurs ne les admettraient plus à acheter dans les ventes de prises à valoir sur leurs parts; ainsi la mauvaise foi d'un seul homme priverait une foule de familles des avantages attachés à la jouissance de cette faveur.

GAUDE.

PIÈCE JUSTIFICATIVE N° 84.

Agiotage sur les parts de prises.

MINISTRE AU COMMISSAIRE

30 Germinal an V (St-S.).

Je suis informé, citoyen, que l'agiotage sur les parts de prise des marins embarqués sur les corsaires se renouvelle d'une façon effrayante, qu'il prend toutes les formes pour séduire les marins et priver leurs familles des secours après lesquels elles soupirent. Les Commissaires de marine, dans certains ports, se sont opposés avec raison à l'exécution d'actes de vente, de cession ou de transport dont l'objet était évidemment de faire délivrer à l'agioteur avide une somme souvent quadruple de celle dont il avait fait l'avance au marin peu fortuné et empressé de jouir. Mais ces spéculateurs ont eu recours à un moyen contre lequel il importe de vous prévenir. Il consiste à faire donner par les marins des procurations devant notaire, au moyen desquelles ils se présentent comme simples fondés de pouvoir afin de toucher des parts de prises qu'ils ont achetées à vil prix.

Ces actes sont nuls et passibles d'amende. La loi du 1er octobre 1793 qui les défend ne s'adresse pas seulement aux marins de l'Etat, mais aussi à ceux embarqués sur les corsaires. Or, elle enjoint formellement de ne tenir aucun compte de pareilles procurations.

Je profite de cette occasion pour vous rappeler les dispositions des lois qui défendent toute action judiciaire des marins employés soit au service de l'Etat, soit au Commerce pour tout autre objet que pour paiement de loyer, nourriture ou vêtement dont les créanciers auront probablement fait une déclaration au bureau des classes en présence des débiteurs.

PIÈCE JUSTIFICATIVE N° 85.

Sauvegarde des parts de prises.

LE MINISTRE AU COMMISSAIRE

7 Ventôse an XII (St-S.).

Je suis informé que, dans quelques ports, des fondés de pouvoirs de l'équipage prétendent qu'il leur doit être remis sur le produit des prises des fonds à l'effet de distribuer des acomptes à leurs commettants. On m'assure que par extension de la Loi du 3 brumaire an IV cet usage s'est pratiqué durant la dernière guerre, et l'on me demande s'il doit en être usé ainsi durant la guerre actuelle : C'est là un abus qu'il faut à tout prix faire cesser.

L'armateur répond seul à l'Administration de la Marine et des parts de l'équipage et des droits des Invalides. C'est à lui que doivent être remis les produits des ventes, c'est à lui de donner s'il y a lieu des acomptes à l'équipage, et ces acomptes doivent être payés au bureau de l'Inscription maritime en présence des administrateurs chargés de ce service. Enfin, c'est l'armateur qui doit faire au bureau de l'Inscription maritime et sur Etat certifié par le Commissaire de la Répartition du produit des prises aux marins présents et déposer entre les mains du trésorier des Invalides les parts des absents, pour lesdites parts être payées au fur et à mesure des réclamations.

DECRÈS.

Pièce justificative n° 86.

Billet souscrit par un marin à sa logeuse.

8 Novembre 1806 (St-S.).

Je reconnais devoir à Jacqueline Busson, veuve Portier, la somme de 353 livres qu'elle m'a fournie pour nourriture et effets et je m'engage de lui payer le tout à ordre.

Fait devant témoins, ne sachant signer moi Joseph Boisivon, à Saint-Servan, ce 8 novembre 1806.

Signature de 4 témoins.

Pièce justificative n° 87.

Les Tableaux demandés par Napoléon.

Circulaire du Ministre de la Marine et des Colonies au Préfet maritime a Brest

8 Avril 1811 (St-S.).

Vous savez, Monsieur, que je mets tous les ans sous les yeux de Sa Majesté le tableau des résultats de la course. Vous avez donc à faire rédiger cet état pour tous les ports de votre arrondissement depuis le 1er mai 1810 jusqu'au 1er mai 1811.

Il devra être conforme au modèle annexé à une circulaire du 2 avril 1810 et vous me l'adresserez dans le cours du mois de juin prochain.

Les prises qui seraient arrivées dans les ports postérieurement à l'Etat qui fut rédigé en 1810 et qui n'auraient pu y être mentionnées, devront être portées sur l'état de cette année et il en sera fait observation.

Il conviendra également que vous fassiez figurer dans l'Etat de cette année les bâtiments armés en guerre et marchandises qui auraient été pris par l'ennemi ainsi que les prises qu'ils auraient pu faire et amener en France.

Les prisonniers qui auraient été échangés en mer ou amenés dans les pays neutres ou amis doivent aussi entrer dans la balance des gains et des pertes et ils seront autant que possible portés sur l'Etat que je vous demande.

Vous observerez que les prises doivent être évaluées non à raison des prix auxquels se vendent en France les denrées et marchandises qui en proviennent, mais plutôt selon la valeur qu'elles ont en Angleterre et qui seule représente la perte de l'ennemi.

Ainsi, lorsque les manifestes, connaissements et autres renseignements pourraient faire distinguer la valeur que lesdites prises auraient en Angleterre, il en sera fait mention à la colonne des observations.

DECRÈS.

N.-B. — Ces tableaux ne sont présentés à l'Empereur qu'à partir de 1807. Le 28 novembre 1806 Gaude écrit : « Je crois superflu de présenter à Votre Majesté les résultats de la course particulière. Je les ai fait insérer au *Moniteur* suivant l'intention habituelle de Votre Majesté. Une faute s'est glissée dans la feuille d'aujourd'hui : Les prises résultent de neuf mois de course et non de trois comme le mentionne cette feuille. (Il s'agit des mers de l'Inde.) » (Arch. nat. AF^IV 1196.)

PIÈCE JUSTIFICATIVE N° 88. Compte des Intéressés (à s...).

La Société du corsaire ***Le Triton***, an V. — Son compte avec les citoyens Guibert fils et L. Fichet.

Doit :	
Pour l'excédent du Répartiteur, suivant compte arrêté le 22 frimaire dernier et déposé au greffe de la Justice de Paix St-Servan	152 15 7
Pour dépenses pendant la relâche à l'île de Batz, suivant compte du citoyen Jacques Mège, de Roscoff	3.556 3
Pour la première relâche à Lorient, suivant compte du citoyen Dugray	4.507 4 6
Pour la seconde relâche à Lorient, suivant 3 comptes du citoyen Dugray	14.908 8
Frais de voyage du citoyen Guibert fils à Lorient	433 10
Payé à la geôlière de la Tour Solidor pour gîte et nourriture des prisonniers, suivant reçu	30 17 6
Payé par le citoyen Fichet pour conduite aux déserteurs, frais de la gendarmerie	512
	24.100 18 7
Commission à 1 %	241 2
Montant total des débours	24.341 18 9

Avoir :	
Montant des 2/3 revenant à la Société dans le produit de la prise *La Julie-Hélaine* et sa cargaison de sel, suivant liquidation faite par le Juge de paix de St-Servan, en date du 18 floréal an VI	2.161 1
Pour le 1/3 revenant à l'équipage qui rentre	978 9 3
Pour la commission au conducteur de prise	35 1
Pour la commission du capitaine	70 2
	3.244 13 5
Perte totale	21.097 5 4
Balance	24.341 18 9

Arrêté le présent compte, sauf erreurs ou omissions, pour solde duquel la Société nous reste devoir 21.097 5 4 faisant 29 livres 6 sous pour cent livres à rapporter par les Actionnaires sur le Répartiteur de 72.000 francs.

St-Malo, Prairial, an VI.

La Malouine, 2e course, armée an VI à Lorient par les citoyens Santerre et Autier, de Saint-Malo.

Les Intéressés au corsaire ***La Malouine***, leur compte.

Doivent :	
Pour commission de MM. Espivent, Villebois et Cᵒ à Nantes, pour peines et soins pendant l'instance au tribunal civil	5.000
Port de lettres, pertes sur traites, timbres des traites	798 19 11
Commission du citoyen Autier pour déplacements pendant 22 mois à la suite de la prise	6.200
Pour un compte de débours omis	1.050
A Hovius, suivant mémoire	38
Total	13.082 11

Avoir :	
Pour le produit net de la prise	189.353 7
Pour le montant de l'armement payé	43.761 13 11
	233.115 11
A déduire	13.082 11
Solde revenant aux Intéressés	220.033

Ce qui donne 502 livres 16 sous pour 100 sur le Répartiteur de 43.761 13 11.

PIÈCE JUSTIFICATIVE N° 89.

Campagnes dont les Ventes ont dépassé 200.000 francs.

	ARMATEURS	Bénéfice de l'Armement.	Produit des ventes.
1793.			
Républicaine	Mennais-Robert frères.	4.610	380.553
La Jeune-Emilie	Dupuy-Fromy.	690.015	1.171.632
Le Malouin	Canneva et Leyritz.	329.821	559.951
L'Ambitieux	Duchesne et Pintedevin.	1.034.950	1.878.660
Duguay-Trouin	Perrée-Guillemant et Cᵒ.	?	4.500.000
Hirondelle	Gautier jeune et fils.	321.867	503.706
Tigre	Michel Delastelle.	274.085	433.009
An V.			
Espérance 2	Fontan jeune et Thomas.	222.193	442.643
La Laure	Canneva - Santerre - Martin.	110.620	288.941
An VI.			
Bougainville	B. Dubois.	576.908	1.189.937
Courageux 2	Duchesne et Pintedevin.	256.588	453.662
La Laure 1 et 2	Canneva. Santerre-Martin.	113.242	218.627
Le Juste	Fortin aîné.	115.282	330.617
Le Tartarre	B. Dubois.	15.279 (*)	662.270
An VII.			
Bougainville	B. Dubois.	71.145	220.359
Minerve 3	Fontan jeune et Thomas aîné.	207 060	509.946
Courageux 4	Duchesne et Pintedevin.	113.850	261.398
Petit-Quinola	Duchesne et Pintedevin.	121.757	285.934
Grand-Quinola	Duchesne et Pintedevin.	180.209	351.903
Courageux	Duchesne et Pintedevin.	251.323	477.154
An VIII.			
Heureuse-Espérance	Fontan jeune et Thomas aîné.	70.182	211.293
Jeune-Bougainville	Lesnard et Duhamel.	2.740	313.347
Juste 3	Le Même et Fortin.	118.873	459.276
Acharice	Servet par Le Même.	63.580	402.904
An IX.			
Malouin	Thomazeau.	95.699	254.407
Bougainville 4	Dubois fils et Cᵒ.	313 049	796.171

(*) Les chiffres soulignés indiquent une *perte* pour l'armement.

Campagnes dont les Ventes ont dépassé 200.000 francs.

	ARMATEURS	Bénéfice net des Actionnaires	Produit des ventes.
An XI.			
Sorcière	Le Même et Gaultier.	84.054	260.272
An XII.			
Sorcière 2	Le Même et Gaultier.	231.659	488 884
Général-Pérignon 1 et 2	Augustin Thomas.	83.407	586.249
An XIII.			
Sorcière 3	Le Même et Gaultier.	361.698	632.375
Général-Pérignon 3	Augustin Thomas.	475.504	866.892
An XIV.			
Sorcière 4	Le Même et Gaultier.	122.256	318.344
Constance	Augustin Thomas.	99.487	265.503
1806.			
Général-Pérignon 4	Augustin Thomas.	485.420	898.698
Marsouin 2	Robert Surcouf.	280.884	545.498
Glaneur	Magon-Vieuxville.	172.590	372.342
Constance 2	Augustin Thomas.	198.805	374.422
Général-Pérignon 5	Augustin Thomas.	65.980	212.364
1807.			
Incomparable	Coste et Cº.	245.644	431.441
Incomparable	Fontan jeune.	610 479	1.111.905
San-Joseph	Augustin Thomas.	241.062	633.483
1808.			
San-Joseph	Augustin Thomas.	?	628.300
Tilsitt 2	Amiel et Cº.	42.214	203.228
Clarisse	Villehuchet et Lachambre.	71.500	234.393
Incomparable	Fontan jeune.	176.088	391.207
1809.			
Confiance 3	Gautier jeune et fils.	230.626	442.225
Saraïu 2	P. Kermel.	54.678	461.354
San-Joseph 2	Augustin Thomas.	315.779	621.407
Spéculateur	Amiel et Cº.	144.626	335.637
San-Joseph 3	Augustin Thomas.	25.543	228.118
Jean-Bart	Delorme-Villedaulé.	563 778	1 002.760

Courses dont les Ventes ont dépassé 200.000 francs.

	ARMATEURS	Bénéfice net.	Produit des ventes.
1810.			
Junon 2	J.-B. Amiel.	313.859	759.318
Confiance 4	Gautier jeune et fils.	295.538	567.567
Furet	Pottier et Harembert.	?	640 019
1811.			
Junon 3	Thomazeau et Ansiel.	253.807	500.679
Brestois 2	Floch et Lamartinière par Thomazeau.	50 391	432.398
Grand-Jean-Bart	Beauchef.	29.260	264.790
1812.			
Ville-de-Caen	Robert Surcouf.	66.431	283.525
Coursier 3	Kermel et Delorme-Villedaulé.	84.907	86.673
Junon 4	Thomazeau.	110.825	363.990
Miquelonnaise	Fauchon et Ansiel.	532.374	880.388
Auguste	Godefroy.	465.410	962.154
1813.			
Revenant	Harembert aîné.	88.664	327.585
Auguste 2	Godefroy.	366.446	687.964

PIÈCE JUSTIFICATIVE n° 89 *bis*.

Etat numératif des Prises conduites dans les Ports de la République depuis le commencement de la guerre jusqu'au dernier fructidor an VII.

	1793 et An II	An III	An IV	An V	An VI	An VII	TOTAUX
Brest	330	56	28	75	36	18	543
Toulon	162	57	5	2	16	28	264
Rochefort	93	30	14	39	25	16	217
Lorient	109	43	12	49	33	20	266
Nantes	44	11	3	40	23	5	126
Port-Malo	32	13	1	44	21	16	127
Le Hâvre	24	11	17	27	2	5	86
Cherbourg	46	3	12	9	19	13	102
Bordeaux	7	7	5	25	30	10	64
Bayonne	26	5	5	8	24	15	83
Dunkerque	145	33	51	11	35	39	314
Totaux	1.018	269	153	329	244	180	2.193

PIÈCE JUSTIFICATIVE N° 90.

Proposition faite à Son Excellence en faveur de l'équipage de divers Corsaires pour gratification accordée par Règlement du 2 Prairial an XI pour les prisonniers faits par ces Corsaires et pour les canons dont les prises étaient armés (Archives de la Marine St-S.).

ETAT DE 1808.

La *Sorcière*, 1re, 2e et 3e courses	2.180f	»
Le *Général-Pérignon*, 2, 3, 4, 5 courses	14.370	»
La *Confiance*, 1re, 2e et 3e courses	5.200	»
Le *Spéculateur*	720	»
Le *Dinannais*	2.615	»
Le *Courrier-de-la-Manche*	1.440	»
Le *Bougainville*	2.690	»
La *Constance*	200	»
La *Clarisse*	880	»
La *Bohémienne*	240	»
Le *Marsouin*, 1er et 2e courses	3.010	»
	33.475f	»

ETAT DE 1809.

La *Sorcière*	4.495f	»
La *Constance*	2.295	»
Le *San-Joseph*	4.760	»
Le *Furet*	3.220	»
Le *Coursier*	1.035	»
Le *Spéculateur*	3.075	»
Le *Grand-Jean-Bart*	1.090	»
L'*Incomparable*	1.440	»
L'*Incomparable*	1.400	»
Le *Tilsitt*	240	»
Le *Petit-Charles*	480	»
La *Gazelle*	1.535	»
La *Glaneuse*	320	»
La *Confiance*	840	»
	27.225f	»

Gratification pour prisonniers et canons.

Etat de 1815.

L'*Edouard*, 1, 2	475f	»
La *Junon*, 1, 2, 3	4.710	»
La *Miquelonnaise*	4.365	»
Le *Reverant*	760	»
Le *Saratu*, 1, 2	2.285	»
Le *Tilsitt*	2.480	»
L'*Incomparable*	3.240	»
	18.315f	»

Etat de 1818.

Le *Friedland*	320f	»
Le *Milan*	960	»
La *Ville-de-Caen*	320	»
Le *San-Joseph*	800	»
La *Confiance*	2.760	»
Le *Furet*	1.440	»
Le *Brestois*, 1	2.615	»
Le *Brestois*, 2	3.290	»
Le *Grand-Jean-Bart*	1.740	»
Le *Courageux*	440	»
L'*Auguste*, 1	3.010	»
L'*Auguste*, 2	3.755	»
Le *Coursier*, 1	2.750	»
Le *Coursier*, 2	445	»
Le *Coursier*, 3	3.225	»
	27.870f	»

Un arrêté de Ventôse an VIII accorde aux armateurs et équipage de l'*Alliance* une gratification de 7.480 francs pour les 187 prisonniers capturés avec le navire anglais l'*Ajax*. (Arch. nat. ADVII 44.)

Les Prisonniers.

PIÈCE JUSTIFICATIVE Nº 91.

Interrogatoire d'un prisonnier du *Douro*, navire amariné par le Corsaire *Le Sans-Souci*, devant le commissaire de Marine Pennelé (St-S.).

1812 (St-S.).

Interrogé sur ses nom et prénoms, lieu de naissance, domicile et profession, a répondu :

Se nommer Enoch Ditmas, né à Cramberry, Etat de New-Jersey et y domicilié, âgé de 23 ans et marin de profession.

Combien y a-t-il de temps qu'il exerce cette profession :

Qu'il navigue depuis 10 ans.

Depuis quand il est au service des Anglais :

Qu'il avait toujours navigué sur des bâtiments de sa nation jusqu'au mois de décembre 1811, qu'il fut pris, à 4 lieues de Bordeaux, sur le brick américain le *Robber*, par le corsaire le *Darth*, de Guernesey, où il fut détenu comme prisonnier de guerre pendant deux mois, qu'à cette époque il fut mis en liberté et se rendit à Bristol où il s'embarqua en qualité de matelot sur le brick anglais le *Douro*, allant à Lisbonne prendre un chargement de sel pour Halifax et que c'est sur ce dit bâtiment parti du dit Halifax avec un chargement de bois de construction pour Poole qu'il a été pris par le corsaire français le *Sans-Souci*.

Quel était le pavillon du corsaire au moment où il s'est emparé du dit brick :

Que le corsaire portait le pavillon français.

Combien il y avait d'hommes d'équipage et s'il y avait des passagers sur le dit brick *Douro* :

Qu'il y avait neuf hommes d'équipage et deux prisonniers français envoyés d'Halifax en Angleterre.

S'il se rappelle combien le capitaine français a laissé d'hommes sur la prise :

Qu'il en a laissé deux qu'il sait être les prisonniers français renvoyés d'Halifax en Angleterre.

Que sont devenus les autres prisonniers anglais qui faisaient partie de l'équipage de la dite prise ?

Que le capitaine français en avait pris neuf à son bord au moment de la capture et que le lendemain il en avait renvoyé huit en Angleterre, dans la chaloupe du corsaire, après leur avoir fait signer un traité d'échange et leur avoir donné des vivres.

Quel jour il a été pris par le corsaire français :

Le 23 octobre courant.

S'il a eu et s'il a à se plaindre des Français :

Que non.

S'il a eu connaissance qu'il y eut à bord d'autres marchandises que des bois de construction :

Que non.

Telles sont les réponses qu'il a affirmées sincères et véritables après lecture lui faite et a déclaré ne savoir signer.

Fait et clos sous notre seing.

PENNELÉ.

N. B. — Le dit interrogatoire expédié à Paimpol pour être versé au dossier du *Douro*.

PIÈCE JUSTIFICATIVE N° 92.

Ration quotidienne des prisonniers anglais à la Tour Solidor.

LETTRE DU MINISTRE AU COMMISSAIRE.

27 Nivôse an VIII (St-S.).

Une livre de pain poids de marc.

Une livre de bœuf.

Un quart de bière mesure anglaise ou une pinte mesure de Paris ou bien 1/2 pinte de vin.

Un quart de pinte de pois.

Un tiers d'once de sel.

.... Les prisonniers malades continueront d'être reçus dans les hôpitaux, à l'instar des soldats ou matelots de la République. Jusqu'à nouvel ordre ils ne recevront aucune prestation en argent mais uniquement sans distinction de grade la ration quotidienne.

Je me repose sur vous de veiller à ce que tous les vivres fournis aux prisonniers soient de bonne qualité et dans la quantité fixée. C'est à nous de donner à nos ennemis l'exemple de l'humanité. Peut-être les forcerons-nous par là à apporter quelque adoucissement au sort de nos malheureux compatriotes.

PIÈCE JUSTIFICATIVE N° 93.

Cinq Anglais s'évadent de la Tour Solidor.

LETTRE DU COMMISSAIRE AU MINISTRE

17 Février 1807 (St-S.)

Chaque jour on permet aux prisonniers de monter pendant deux heures sur le donjon de la Tour et de s'y promener. De ce lieu ils (six Anglais capturés par le corsaire le *Spéculateur*) ils avaient sans doute remarqué le bateau de la Douane, toujours amarré lorsqu'il n'est pas de service sur un vat-et-vient, au pied des rochers qui bordent la partie sud de l'endroit dit la Cité ; ils avaient pu voir que ce bateau restait jour et nuit armé, garni de ses voiles et de ses avirons et peut-être mal gardé ; enfin, il leur avait été facile de remarquer que la mer venant baigner le pied de là Tour il y avait nécessairement par chaque marée un temps assez long durant lequel les gardiens de nuit et les patrouilles ne pouvaient en approcher ; qu'ainsi, s'ils parvenaient à y descendre pendant une nuit obscure et lorsque la mer retirerait on pourrait s'emparer du bateau de la Douane et s'éloigner sans obstacle.

Ces remarques faites il ne restait plus qu'à imaginer le moyen de sortir de la Tour ; il n'était pas facile à trouver. Une porte très forte en garde l'entrée, un corps de garde placé à l'entrée surveille le passage étroit et unique par lequel cette tour communique avec la terre. A l'autre extrémité est une seconde porte et le logement du concierge ; nul moyen donc de s'échapper de ce côté, à moins de supposer la connivence du concierge et de la garde. A l'intérieur la tour est divisée en deux étages extrêmement élevés qui se composent chacun de trois grandes chambres ; chaque étage communique avec un escalier en pierres de taille qui règne du rez-de-chaussée au donjon. Des portes très fortes ne laissent aux prisonniers aucun moyen d'arriver à cet escalier lorsqu'elles sont fermées ; enfin chaque chambre a une ou deux fenêtres grillées en barres de fer dont le temps a un peu altéré la force mais qui, par leur ensemble sont encore susceptibles d'une grande résistance. Ainsi nulle apparence que des prisonniers pussent s'échapper de ces chambres. Aussi ce n'est pas de là qu'a eu lieu l'évasion dont j'ai à vous rendre compte.

J'ai dit que chaque jour on permettait aux prisonniers de passer un certain temps sur le donjon. Il paraît que le concierge se livrait à trop de sécurité et n'avait pas toujours la sage précaution de les compter lorsqu'il les faisait rentrer dans leurs chambres : il est au moins certain et il en a fait l'aveu, que le 11 au soir il commit cette faute.

Les prisonniers, qui avaient concerté leur fuite, surent en profiter. Au lieu de rentrer dans leurs chambres, ils se cachèrent dans les tourelles du donjon et restèrent ainsi en possession de l'escalier.

A différentes hauteurs cet escalier reçoit le jour par des créneaux pratiqués dans l'épaisseur de la muraille et qui ont à l'extérieur 10 à 12 pouces de largeur sur une hauteur de deux pieds et demi environ. Une barre de fer de 12 lignes en carré coupe en deux parties égales la largeur de chaque créneau.

C'est par un de ces créneaux que l'évasion des prisonniers s'est pratiquée et ils ont choisi celui qui était le plus éloigné de la porte d'entrée de la tour et d'où on pouvait le moins les entendre et qui par événement n'était que de 25 à 30 pieds au-dessus de la roche sur laquelle elle est assise. Sans enlever la barre qui partageait l'ouverture du créneau ils l'ont forcée de manière à obtenir le passage d'un homme. Un bout de planche trouvé le matin dans l'escalier près du créneau a été le levier dont ils se sont servis pour forcer cette barre. En recherchant comment ils avaient pu se la procurer on a reconnu qu'ils l'avaient enlevée à la couverture de la tour qui est très vieille et en ce moment dégradée par les tempêtes qui, depuis près de trois mois, se sont succédées sans interruption.

Quant au moyen dont ils ont fait usage pour descendre au pied de la tour on n'en a point trouvé d'indice : on présume qu'ils se sont servis de bandes de toiles prises de leurs hamacs et mises bout à bout.

Tout concourait à les favoriser : Une nuit extrêmement obscure, la mer retirant, un vent du sud soufflant bon frais et pour complément l'agent des Douanes, gardien du bateau, livré au sommeil dans un corps de garde de la côte. Avec de telles circonstances ils n'avaient pas besoin pour s'éloigner de déployer les voiles ni de se servir des avirons, ils n'avaient qu'à s'abandonner aux courants qui sont ici d'une grande vitesse et qui, dans moins d'une heure et demie, devaient les porter hors de rade. C'est ce qu'ils ont fait probablement et ce qui a contribué autant peut-être que l'obscurité de la nuit à les dérober à la surveillance du stationnaire et des postes militaires de la côte.

Dès que cet événement m'a été connu, j'ai détaché plusieurs canots armés avec ordre d'aller visiter l'île de Cézembre où il était possible qu'ils eussent été forcés d'aborder. On n'y a rien trouvé et il paraît constant que ces prisonniers ont fait route directement pour Jersey.

L'agent des Douanes coupable de négligence a été cassé. Je n'eusse pas hésité à renvoyer aussi le concierge si j'avais pu trouver par qui le remplacer. Mais les conditions exigées d'un bon concierge de prison sont assez difficiles à réunir : la force du corps, un physique imposant, de la tempérance, une probité à l'épreuve des séductions, une grande activité, beaucoup de fermeté et pourtant un cœur humain et même compatissant, enfin savoir lire et écrire. Il a donc été maintenu dans ses fonctions. Mais à l'avenir il ne manquera plus, sous aucun prétexte, de faire l'appel lorsque les prisonniers rentreront du donjon.

L'opinion publique parle de connivence, mais plus j'ai fait de recherches, plus j'ai trouvé de motifs d'en rejeter l'idée.

1° Depuis dix ans la fidélité du concierge a été sans reproches.

2° Les hommes évadés sont un second capitaine et cinq matelots, gens qui ne disposent d'aucun moyen de corruption, qui vivaient de leurs rations de prisonniers et auxquels personne du pays ne prenait intérêt. Si donc le concierge les a favorisés c'est gratuitement, ce qui n'est pas croyable.

3° Il y avait dans la même prison des capitaines et des passagers ayant de l'argent et à Saint-Malo des connaissances qui au besoin leur en auraient prêté : Voilà les hommes qui pouvaient acheter leur liberté et ils sont restés.

4° Quant à l'employé de la Douane, on l'a trouvé dans le corps de garde de la Cité profondément endormi au moment même où l'on s'est aperçu de l'enlèvement du bateau. Cette tranquillité, ce sommeil profond ne sont pas ordinairement le partage de l'homme qui commet un crime et s'accordent peu avec l'inquiétude qui en est la compagne inséparable.

On ne peut donc accuser la volonté de ceux en qui on ne reconnait pas l'intérêt de mal faire.

Gaude.

Pièce justificative n° 94.

Billets d'échange sur parole.

By the commissioners for taking care of sick and wounded seamen and for exchanging prisoners of war.

1er Modèle

This is to certify that... late (captain... volunteer...) on board of... is permitted to return to France upon his parole for the purpose of effecting his exchange on condition of his returning to England after a reasonable time, should he not succeed in effecting such exchange.

2e MODÈLE

These are to certify that... has been released from... in England and permitted to return to France for the purpose of effecting his exchange by procuring the release of any such britisch prisoner of war of equal rank, as he should be named by Henry Swinburne esq. (ailleurs on trouve by John Rawcliffe), the britisch agent for the exchange of prisoners of war at Paris, upon his having engaged to return to this country after the expiration of two (three, six) mouths from this date, if such exchange should not then be effected.

3e MODÈLE

Traduction de Caruel, interprète juré patenté.

1er Février 1797.

Le présent est pour certifier à tous les officiers civils et militaires de Sa Majesté que Pierre Ruellan, porteur du présent, ci-devant du corsaire français l'*Entreprise*, a la permission de retourner en France, s'étant obligé à ne point servir en aucune façon sur mer ni sur terre contre la Grande-Bretagne ni aucune autre puissance alliée de ce royaume sans avoir été auparavant régulièrement échangé.

4e MODÈLE

Pour prisonniers anglais.

Je soussigné........., fait prisonnier sur un bâtiment de la République française et renvoyé sur parole en Angleterre, promets et m'engage par serment à ne point servir contre la République française ou ses alliés jusqu'à ce que j'aie été régulièrement échangé.

En foi de quoi j'ai signé le présent acte à bord du corsaire le...........

28 Thermidor an VIII de la République.

PIÈCE JUSTIFICATIVE N° 94 *bis*.

Rentrée en France d'un prisonnier libéré sur parole.

LIBERTÉ *Arrondissement de Port-Malo.* EGALITÉ

QUARTIER DE PORT-MALO

(*Revue du Pays d'Aleth*, 1906, p. 200).

Le sous-commissaire de Marine, chargé du détail de l'Inscription maritime et des armements en ce port, certifie que le citoyen Denis

Debon, déporté de Miquelon et domicilié de la commune de Saint-Servan, âgé de 71 ans, s'est embarqué en remplacement à Lorient, le 27 Frimaire, 7me année, en qualité d'enseigne sur le corsaire le *Bougainville*, armé de 14 canons, six pierriers et 75 hommes d'équipage, capitaine le citoyen Dupont ; que le dit Debon a été débarqué et mis le 14 nivôse sur la prise l'*Endeavour*, reprise par les Anglais, qu'il a été renvoyé d'Angleterre comme premier lieutenant sur sa parole de ne servir qu'après son échange effectué et est débarqué à Cherbourg du parlementaire le *Lark* en floréal, ainsi qu'il est mentionné sur le passe-port qu'il a rapporté du dit lieu et au bas duquel est écrit encore ce qui suit :

Le dénommé ci-dessus ayant été renvoyé sur parole, son certificat de transport-office est resté déposé en ce bureau pour être envoyé au Ministre de la Marine. Ce marin envoyera tous les deux mois un certificat de résidence à M. James Côtes, commissaire du Gouvernement anglais pour les prisonniers de guerre, demeurant à Paris, rue du Bacq, n° 469.

Port-Malo, le 26 thermidor an VII de la République française une et indivisible.

Pièce justificative n° 95.

Soumission des armateurs de Corsaires s'obligeant à nourrir en Angleterre les prisonniers qui pourraient être faits sur leurs navires.

An VIII

Nous, sous-signés, armateurs du corsaire l'*Heureuse-Espérance*, commandé par Alexis Basset, déclarons nous soumettre à nourrir en Angleterre les prisonniers qui pourraient être faits sur ce corsaire par les Anglais, en déduction desquels passeront les prisonniers que ce corsaire pourra faire sur les ennemis.

Fontan jeune et Thomas aîné.

Pièce justificative n° 96.

Secours envoyés par les parents aux prisonniers.

Lettre du Ministre au Commissaire

28 Ventôse an VIII (St-S.).

Les citoyens Le Page, Chenard, Leroux et Thilbert m'ont écrit de Saint-Servan pour me demander la permission d'embarquer sur le Parlementaire, qui doit partir de Saint-Malo, 150 livres de biscuit pour leurs enfants détenus prisonniers de guerre en Angleterre.

Pénétré du sentiment qui anime ces bons parents, je mettrais de côté l'inconvénient que présentent de semblables exportations et je leur accorderais volontiers ce qu'ils sollicitent, attendu son peu de valeur si je n'étais presque assuré que cette générosité tournerait complètement au profit de l'ennemi et que nos malheureux compatriotes n'en éprouveraient aucun soulagement. Je me fonde sur la détresse où se trouve aujourd'hui l'Angleterre pour le pain et sur ce que depuis que les prisonniers français ont été remis pour leur nourriture à la charge du gouvernement anglais, ses agents seuls en ont l'administration. Il ne reste donc d'autre moyen de les soulager que celui de leur envoyer des secours pécuniaires. En donnant aux pétitionnaires cette explication, vous les engagerez à changer la nature du secours qu'ils voulaient envoyer à leurs fils.

S'ils ont la faculté de faire passer de l'argent, ils le remettront au directeur de la Poste aux lettres à Saint-Servan. L'envoi en sera fait ici à l'administration générale des Postes qui a établi dans ses bureaux une caisse destinée à recevoir tous les envois faits aux prisonniers de guerre en Angleterre. Ces sommes sont par décades versées dans les caisses du citoyen Perrégaut, banquier, qui, à son tour, les fait passer par des remises à ses correspondants à Londres en leur envoyant l'état nominatif des prisonniers auxquels elles sont destinées. Je fais de mon côté l'envoi d'un état semblable au commissaire français à Londres et il s'entend avec les banquiers anglais pour faire jouir chaque prisonnier de ce qui doit lui revenir.

FORFAIT.

PIÈCE JUSTIFICATIVE N° 97.

Les malheurs d'un prisonnier.

LETTRE DE JEAN GAREL A PENNELÉ (St-S.).

A bord du « Princess-Crown », Chatam.

Voici le malheur qui m'est arrivé avec Hyacinthe-Philippe Hurel, du même corsaire que moi :

J'étais pour aller à Normann-Cross, dans un dépôt de terre. Me trouvant par indisposition dans l'impossibilité de partir, il me pria de le laisser prendre ma place, chose que j'ai consentie pour mon malheur. Il a pris mon nom et moi le sien.

Dans cet intervalle, j'avais de l'argent en route que ma mère me faisait passer. L'agent des prisonniers de Chatam n'en était pas instruit. Quand mon argent est arrivé, il l'envoya au dépôt de Normann-Cross, croyant que j'y étais.

Hurel toucha mon argent et le mangea... puis il m'avoua que c'était par mégarde, espérant lui aussi à cette époque de l'argent de France et il m'envoya un billet comme quoi il me devait 114 fr., m'autorisant à les toucher chez M. Gautier sur ses parts de prises.

N. B. — Le malheur est que Philippe-Hyacinthe Hurel a déjà touché de cet armateur 381 fr. 06 de trop.

Pièce justificative n° 98.

Lettres de prisonniers français en Angleterre à Pennelé (St-S.).

Depuis près de quatre ans que je suis en prison, je n'ai pas reçu plus de 120 fr. et six louis que la femme du Révérend m'a fait passer...... C'est la faute à Monsieur T...... (l'armateur) qui prétend faussement m'avoir envoyé 300 fr. sans pouvoir dire par quelle voie. Il voulait sans doute me faire comme au petit Ignace de mon pays, du même corsaire que moi qui, par sa négligence, est mort ici de misère. Jouan, Joseph.

Depuis deux ans et demi que j'ai été pris sur le *Furet* je n'ai rien touché. Jacques Bléau, de Lézardrieux.

Note du Commissaire. — L'argent a été payé à sa femme.

Dépôt de Perth (Ecosse).

17 Novembre 1813.

Ayant sous les yeux plusieurs preuves de votre humanité envers les malheureux prisonniers, je vous expédiai il a trois mois ma procuration en vous priant de la faire valoir afin de m'être secourable. Je vous informais dans ma lettre de la conduite indigne que tient Madame ma mère à mon égard. Je viens de recevoir d'elle une lettre dans laquelle elle m'informe que vous avez eu la bonté de lui faire toucher 700 fr. sur mes parts de prises. Elle me dit aussi qu'elle ne peut pour l'instant me secourir ; je sais le contraire, mais si vous n'avez la bonté de l'y contraindre je me crois un homme perdu. Si avec ma procuration vous pouvez recevoir une somme assez considérable, je vous devrai la vie. Voici l'adresse de ma mère :

Madame veuve Garnier, rue de la Roulais, Saint-Servan.

Jean Garnier.

Stapleton, 6 novembre 1813.

Monsieur,

Aujourd'hui il vient d'être appelé des personnes de Saint-Malo pour recevoir des fonds qui leur viennent par la voie de M. Blaize. Je suis on ne peut plus inquiet de ne pas me voir du même nombre que mes camarades d'infortune... Voici cinq mois que je vous ai envoyé ma procure et je suis très inquiet de ne pas recevoir mes fonds, comme les autres de Saint-Malo. Je vous prie, Monsieur, de m'excuser de vous importuner si souvent, mais la position où je me trouve me force de le faire de nouveau. J'ai l'honneur de vous prier, Monsieur, de prendre part à mon malheureux sort qui est, je vous promets, bien à plaindre. Je vous prie de me servir de père en ce moment où je n'ai aucun parent en qui je puisse avoir confiance. Je vous prie de prendre mes intérêts au temps où il vous sera possible et tirez-moi, je vous prie, de l'inquiétude dont je suis accablé.

VIGIER (pris sur la *Junon*, 1810).

La procuration de Vigier est signée : Prader-Niquet ; Jean Gautier ; Général baron de l'Empire Brown ; Cavelli, colonel de la Garde impériale ; Montbazin, lieutenant de vaisseau ; Le Valton, chevalier de la Légion d'honneur.

Le Commissaire note : Les 800 fr. de Vigier sont à Lorient et le trésorier général exige la plus grande exactitude dans les formes.

N.-B. — Plusieurs lettres adressées par les parents aux prisonniers français sur les pontons sont interceptées par la police et se trouvent Arch. nat. F^7 3488 et suiv.

PIÈCE JUSTIFICATIVE N° 99.

Procès-verbal de l'interrogatoire de cinq prisonniers français faits sur une reprise du *Courrier de la Manche* et déposés à Cézembre.

18 Février 1806 (St-S.).

Le capitaine, interrogé sur les motifs qui ont porté les Anglais à le renvoyer ainsi que quatre hommes de son équipage, a répondu :

Que divers habitants de Guernesey qui ont de leurs parents en France s'étant adressés au contre-amiral commandant en cette île pour obtenir le renvoi de plusieurs prisonniers français pour être échangés avec leurs parents, il lui fut donné, ainsi qu'à quelques autres, permission de revenir en France après avoir signé un acte par lequel il s'obligeait de procurer l'élargissement de M. James Macuelan, négociant anglais, détenu à Roscoff, à son arrivée en France ; en cas que cet élargissement n'aurait pas lieu, de revenir se constituer six mois après prisonnier à Guernesey, la dite pièce datée du 13 de ce mois.

Les quatre hommes de l'équipage ont fait des réponses identiques.

A la question : S'ils ont à se plaindre du traitement infligé aux prisonniers par les Anglais ont tous répondu que « non ».

Pièce justificative n° 100.

Prisonniers français évadés des pontons.

Copie de Lettres du Sous-Commissaire de Lannion

12 Juin 1809.

Au Général Préfet maritime,
Au Chef d'administration,
A l'Inspecteur,
A M. Dusaussois, sous-commissaire a Morlaix.

Le 10 de ce mois sont arrivés à Perros les sieurs Yon, ex-capitaine du corsaire l'*Amiral-Gantheaume* et Pierre Sibron, officier du corsaire l'*Amiral-Decrès*, prisonniers de guerre à Plymouth, d'où ils ont déserté, ayant enlevé une jolie embarcation à clin gréée en sloop, d'environ 24 pieds de quille. Ils désirent conserver cette embarcation pour faire la pêche dès que la police les mettra à la disposition de la Marine.

A M. Dusaussois.

J'attends vos ordres à leur égard.

A Jurien, inspecteur de la Marine a Brest.

28 Juin.

J'avais pris les ordres de M. le Commissaire de la Marine à Morlaix relativement aux sieurs Yon et Sibron parvenus à s'évader d'Angleterre. Après avoir été libérés par la police et la douane je les ai envoyés à M. Dusaussois qui leur a délivré des feuilles de route pour leurs quartiers. Alors j'ai cru pouvoir leur permettre d'aller à Granville dans leur embarcation, vu ce qui s'était pratiqué précédemment dans une pareille occasion. J'ai aussi interprêté comme une approbation tacite suivant l'usage établi le silence que l'on a gardé dans cette affaire. Veuillez être persuadé, M. l'Inspecteur que je céderai plus désormais à de pareilles sollicitations. Je vais prier le Sous-Commissaire de Granville de ne pas laisser les sieurs Yon et Sibron disposer de l'embarcation qu'ils ont enlevée avant que vous et M. le Chef d'administration n'ayez pris une décision à cet égard.

A Thibault, sous-commissaire de Granville.

30 Juin.

Lettre annoncée par la précédente.

Au même.

14 Juillet.

On réclame un procès-verbal d'interrogatoire sur le fait de la capture de l'embarcation.

2 Août.

Envoi à l'Inspecteur de la copie de cet interrogatoire.

Pièce justificative n° 101.

Ordre d'échange des prisonniers français.

Circulaire du Ministre aux Commissaires de Marine

26 Ventôse an VI (St-S.).

1° Les marins faits prisonniers de guerre sur des bâtiments appartenant à des particuliers ne pourront prendre rang pour leur échange qu'après que celui des marins pris sur les vaisseaux de la République sera entièrement consommé. Ceux-ci continueront d'être échangés dans l'ordre de leur captivité.

2° Le Ministre de la Marine fera le relevé de ce qu'ont coûté à la République la nourriture, l'entretien, la solde, les frais d'échange et de retour des marins faits prisonniers sur des bâtiments autres que ceux de la République ou qui auraient été échangés jusqu'à ce jour ou qui pourraient l'être à l'avenir.

3° Il avisera au moyen de faire rétablir ces fonds au Trésor public par les propriétaires des bâtiments que montaient les marins dont il s'agit.

BRUIX.

PIÈCE JUSTIFICATIVE N° 102.

Mesures de police à l'égard des prisonniers rentrant d'Angleterre.

LETTRE DE FOUCHÉ, MINISTRE DE LA POLICE,

Pluviôse an VIII (St-S.).

La mesure que je vous ai prescrite à l'égard des individus débarquant dans votre commune comme prisonniers français en Angleterre sans l'attache du Commissaire à Londres est commandée par l'intérêt public. Il importe d'empêcher que des émigrés ou des espions de l'étranger ne puissent, à la faveur du titre de prisonniers de guerre, pénétrer dans l'intérieur.

Il faut, en étudiant leurs papiers et en les soumettant à un interrogatoire serré, essayer de discerner les vrais prisonniers des faux... S'il s'élève quelques préventions contre eux, s'ils sont prévenus d'avoir acheté le tour d'échange de leurs camarades encore détenus, ils seront conduits à leur domicile de brigade en brigade jusqu'à ce que l'autorité municipale ait pu vérifier leurs déclarations. Ils resteront en détention provisoire jusqu'à ce qu'on soit fixé sur leur véritable identité.

Quant à ceux de ces individus qui seront prévenus d'avoir acheté le tour d'échange de leurs camarades ils seront également tenus en détention jusqu'à ce que le Ministre de la Marine, instruit officiellement de leur tour d'échange, ait ordonné leur mise en liberté.

Vous me transmettrez dans tous les cas une expédition de leur interrogatoire.

FOUCHÉ.

(Voir sur l'application de ces mesures en Ille-et-Vilaine tout un dossier de police, Arch. nat., F7 3643.)

PIÈCE JUSTIFICATIVE N° 103.

Les évasions du Capitaine Guillaume-Marie Angenard.

(Annales de Bretagne, t. VI et VII, 1898).

(En décembre 1798, Angenard est commis aux vivres sur le corsaire l'*Hirondelle* qui fut pris par la corvette anglaise le *Télégraphe.*)

Nous fûmes reçus sur le *Télégraphe* à coups de plat de sabre : conduite bien lâche contre des prisonniers de guerre et bien digne d'un Anglais vainqueur vengeant la mort des hommes de son équipage tués dans le combat.

(Une tentative pour s'emparer de la corvette échoue, le courage ayant au dernier moment manqué à ses compagnons de captivité. Mais il est déjà trop tard pour lui car il a désarmé un factionnaire anglais.)

Je fus saisi, battu et traîné sur l'arrière à coups de plat de sabre et de morceaux de bois. Bien que plusieurs de mes compagnons qui parlaient anglais affirmèrent que j'étais fou depuis quelques jours, je fus mis aux fers jusqu'à Plymouth. Le capitaine eut même la bassesse de me faire retirer une ceinture qui contenait une trentaine de louis et de la faire jeter à la mer en disant qu'un fou n'avait pas besoin d'argent. A mon arrivée à Milleprison je fus, toujours sur la recommandation du capitaine, mis au cachot, presque nu, ne possédant pas un sou et à la demi-ration. Ma première entrée en Angleterre ne fut pas brillante.................

Après avoir passé 40 jours au cachot et quelque temps à Milleprison où j'avais appris que je n'avais plus droit au cartel d'échange, je fus conduit à bord du ponton le *Saint-Isidore* où je trouvai plusieurs compatriotes et amis qui cherchèrent à me persuader que tout projet de désertion était impossible ; que toutes les ouvertures et tous les trous pratiqués pour cet objet étaient aussitôt connus des Anglais à qui on se faisait un mérite de les découvrir. Il n'en fallut pas davantage pour me faire concevoir une résolution fort hasardeuse à la vérité, mais dont le résultat me procura la liberté.

J'avais remarqué, à mon arrivée sur le ponton, qu'un très joli bateau de plaisance, gréé en cutter, garni de toutes ses voiles et amarré au pied de l'escalier n'était gardé par personne et j'appris par mes camarades que le capitaine du ponton, à qui ce bateau appartenait, s'en servait tous les jours pour louvoyer. Je m'étonnai qu'il ne fut venu à l'idée d'aucun prisonnier d'enlever cette embarcation et j'en conçus moi-même le projet. Je fis part de mon plan à plusieurs camarades en leur faisant observer que les vents du nord qui régnaient avec une jolie brise nous offraient les chances les plus favorables avec une embarcation dont la marche supérieure était bien reconnue ; qu'il s'agissait d'une désertion sûre et qu'il ne fallait qu'un peu de résolution. On me rit au nez. Alors je m'adressai à un Parisien, nommé Fichant qui, à plusieurs reprises avait inutilement cherché à déserter et après bien des tergiversations, je le décidai à me suivre.

Il était permis aux prisonniers de se promener sur le gaillard d'avant et même sur les passavants. Le gaillard était surveillé par deux factionnaires et chacun des passavants l'était par un autre. Comme on ne montait que par petites portions, nous attendîmes pour prendre notre tour que le capitaine, qui faisait sa promenade accoutumée avec sa famille dans son bateau, fut revenu à bord du ponton. Il revint à quatre heures et ce bateau fut amarré comme de coutume au pied de l'escalier. Alors, après avoir bien pris nos précautions et profitant de l'instant où la sentinelle tournait le dos, nous nous glissâmes dans l'escalier et nous mîmes sous voiles aussitôt sans avoir été découverts. Il y avait tout au plus sept heures que j'étais arrivé sur ce ponton.

Je suis convaincu que si les prisonniers ne s'étaient pas portés en foule sur l'avant comme ils le firent, nous aurions été hors de vue avant que les Anglais se fussent aperçus de notre fuite. On nous tira plusieurs coups de fusil mais il n'était plus temps, la portée était trop forte. Un grand nombre d'embarcations étaient lancées à notre poursuite ; mais avant qu'elles fussent parées et armées nous étions loin et c'est à peine si nous les apercevions. Nous passâmes le long de plusieurs bâtiments de guerre sans qu'ils fissent attention à nous. Cependant à la chûte du jour nous vîmes deux grandes voiles qui nous appuyaient chasse. C'est ce qui me décida, à la nuit, à changer de route et à côtoyer la terre, bien persuadé que si nous étions chassés on penserait que nous traverserions la Manche. Le vent se soutint toute la nuit avec une belle brise dû N.-N.-O. Au jour nous avions plusieurs navires en vue au large. Nous continuâmes notre route le long de la côte jusqu'au lendemain et vers trois heures de l'après-midi, n'apercevant aucun bâtiment, nous coupâmes à la côte de France. Le 14 mars 1799, trois jours après notre désertion, nous prîmes terre à Cherbourg à quatre heures de l'après-midi. On nous conduisit au bureau de la Marine d'où l'on nous envoya en prison, après nous avoir interrogés séparément. J'y fus retenu sept jours, temps nécessaire pour recevoir une réponse de Saint-Malo. Le Gouvernement, ou plutôt les autorités locales, s'emparèrent du bateau malgré mes vives réclamations et j'ai toujours qualifié cette spoliation du mot indigne quels qu'en aient été les auteurs.

(Le 10 mars 1801, Angenard est pris une seconde fois sur le *Héros* où il occupe le poste de lieutenant, par la corvette anglaise l'*Attalante* et le cutter la *Vipère.*)

Nous fûmes bien traités à bord de ces bâtiments et personne ne songea à nous gêner.

En arrivant à Plymouth on nous conduisit à Milleprison et de là à bord du ponton le *Saint-Isidore* d'où j'avais enlevé le bateau du capitaine en désertant.

Quelques jours après mon arrivée sur ce ponton nous entreprîmes de faire un trou dans le tillac du bargon (lieux d'aisance). Nous y réussimes sans que les prisonniers y apportassent aucun empêchement et nous regardions notre désertion comme certaine. Le moment étant arrivé nous nous glissâmes dedans sans opposition ; mais quelle fut notre déconvenue quelques minutes après d'entendre clouer sur nous les planches que nous avions coupées pour nous ouvrir un passage ! Nous nous trouvions pris comme quatre rats dans un piège. On nous laissa cinq grandes heures dans cette position si gênante et surtout si parfumée.

Le capitaine nous fit dire qu'il connaissait notre projet de désertion avant même que le trou fût commencé.

Je fus conduit au cachot avec M. Macé, de Saint-Malo, lequel parlait fort bien anglais, à bord du ponton le *Commerce* où nous devions passer quarante jours à la demi-ration ; mais douze jours seulement s'étant écoulés lorsque mon compagnon mit dans nos intérêts, pour quelques schellings, le caporal qui était chargé de nous apporter nos vivres et avec lequel il fut convenu qu'il dirait au docteur anglais qu'il nous avait trouvés étendus sur le tillac et presque sans connaissance.

Il y avait à peine dix minutes que le caporal était sorti que nous entendîmes de nouveau le bruit des verrous, et le docteur nous trouva, ainsi qu'on le lui avait dit, étendus sur le plancher. Après avoir adressé quelques questions à Macé il nous fit donner la main pour nous aider à monter. On nous descendit alors dans un bateau qui nous transporta à bord du ponton-hôpital le *Caton* où M. Blachier, de Saint-Servan, était employé comme chirurgien.

Je fus assez heureux, après quelques journées de séjour sur ce ponton, de partir pour la France en laissant vingt-huit jours de cachot à faire à celui qui m'avait vendu pour dix louis et tous mes effets son droit d'incurable.

Un parlementaire me débarqua en bonne santé à Cherbourg le 13 avril 1801.

(Capturé une troisième fois dans les mers de l'Inde, sur le corsaire le *Gustave*, après une campagne sur la *Caroline*, capitaine Nicolas Surcouf, Angenard voyage pendant plusieurs mois comme prisonnier sur différents navires anglais.)

Le 31 août 1806 nous vîmes le cap Lézard. Le 8 septembre nous étions à Gravesend.

J'éprouve ici une satisfaction bien réelle de pouvoir publier les bons procédés dont je fus l'objet, pendant toute la traversée, de la part du capitaine Farrer et des officiers de son bâtiment qui cependant avaient reçu l'ordre de M. Dundas, qui était gouverneur de Poulo-Pinang, quand nous cherchâmes à déserter, de n'avoir aucun égard pour moi. Je mangeais à la table des midschipmen ; mais le capitaine m'invitait à dîner tous les dimanches et ses officiers me faisaient la même politesse tous les jeudis.

Je dus me trouver d'autant plus heureux de ces généreux soins que pendant la dernière partie de la traversée les vivres manquèrent et que sur sept hommes dont se composait notre poste au moment du départ, trois moururent de faim. Quoique je fusse moins à plaindre que mes compagnons, il était grand temps que nous arrivions, car je me sentais atteint du même mal.

Aussi, à mon arrivée à bord du prison-ship le *Rochester*, tombai-je dans une sérieuse maladie qui était la suite des privations que j'avais souffertes pendant la traversée... Le 17 septembre je fus conduit à bord du ponton *El-Corso* et le 22 j'arrivai sur le *Rochester* en rivière de Chatam où je trouvai plusieurs compatriotes et connaissances.

On pourra juger de l'importance que les Anglais mettaient à conserver un prisonnier de guerre français si l'on songe aux milliers de lieues qu'ils me firent parcourir pour m'amener augmenter le nombre de ces malheureuses victimes qu'ils entassaient dans ces prisons flottantes mouillées dans la rivière de Chatam au milieu des vases et dont l'aspect faisait frémir.

Bien persuadé que j'avais droit au cautionnement, je ne manquai pas de faire auprès de M. Hutchinson, agent des prisonniers de guerre, toutes les démarches nécessaires pour l'obtenir, mais celui-ci, ainsi que presque tous ses compatriotes, disposé à faire le mal plutôt que le bien, m'abusa pendant quatre mois entiers et négligea même de faire remettre à leur adresse plusieurs lettres de recommandation dont j'étais nanti et dont l'une m'avait été donnée par le jeune Cotenay, fils du duc de Clarence avec lequel j'avais mangé pendant mon séjour en Chine sur le vaisseau le *Bleinheim*.

Trop convaincu que je n'avais rien à attendre de ce vil Hutchinson, que j'avais appris à connaître depuis mon arrivée sur le ponton, je formai le projet de déserter et je confiai mon dessein à M. Barbel, un de mes amis et mon compagnon d'infortune ainsi qu'à deux autres officiers.

Nous entreprîmes de pratiquer un trou, mais le deuxième jour nous apprîmes que nous étions trahis. L'exécution de ce plan était devenu impossible à cause des nombreux espions dont les prisons étaient infestées et qui, pour obtenir quelques faveurs des Anglais, ne craignaient point de s'avilir en dénonçant impitoyablement tous les projets des prisonniers ; nous changeâmes de batterie et nous nous décidâmes à enlever un canot malgré les dangers dont cette nouvelle entreprise était environnée.

A onze heures du matin, le 2 janvier 1807, par un temps très brumeux, nous franchîmes en courant plusieurs factionnaires et nous nous emparâmes de l'embarcation qui était amarrée au raz (plate-forme qui se trouvait au pied de l'escalier). Etonné d'une entreprise aussi hardie, le factionnaire placé sur ce point en resta tout stupéfait et se contenta de nous coucher en joue ; mais voyant que nous étions débordés il courut sur la poupe et au moment où nous doublions l'arrière du ponton il nous tira son coup de fusil dont la balle passa dans le canot sans blesser aucun de nous. Ce coup de feu donna aussitôt l'alarme dans toute la rade et nous eûmes bientôt à notre poursuite un grand nombre d'embarcations. Le malheur voulut qu'en prenant terre, nous abordassions dans un endroit où la vase était si molle qu'à chaque pas nous enfoncions jusqu'à la ceinture, ce qui nous empêchait de marcher et ce qui nous fit rebrousser chemin et rentrer dans notre embarcation.

Le temps s'étant éclairci, nous fûmes découverts par les bâtiments qui étaient à une demi-portée de fusil et plusieurs soldats firent feu sur nous, ce qui ne nous empêcha pas cependant de nous diriger en toute hâte sur un autre point. Le canot avait été traversé de plusieurs balles, mais personne n'avait été blessé. Nous abordâmes de nouveau et nous nous mîmes à courir, ce qui n'était pas très facile à cause de la vase qui couvrait nos vêtements et qui nous chargeait d'un poids fort incommode.

Des paysans accourus au bruit de la mousqueterie nous arrêtèrent au moment où nous allions pénétrer dans un village et nous reconduisirent au bord de la mer où ils nous firent entrer dans un canot de la poudrière, lequel était arrivé presque en même temps que nous. Plusieurs embarcations du *Rochester* parurent presque au même instant et je pus reconnaître encore une fois la bassesse et la cruauté qui caractérisent la plupart des Anglais.

Quoi qu'il y eût environ douze minutes que nous étions repris, nous n'en reçûmes pas moins plusieurs coups de bâton qui me causèrent pendant longtemps de violents maux d'estomac et qui conduisirent au tombeau mon compagnon M. Barbel, du Havre-de-Grâce.

Arrivés à bord du ponton, nous fûmes descendus tout mouillés au cachot et nous ne dûmes qu'aux prières d'un de nos amis qui s'adressa au docteur anglais, la faveur de sortir de ce cachot le temps nécessaire pour changer de vêtements.

Nous y restâmes onze jours quoique le règlement de la prison défendît qu'on nous y laissât plus de dix et nous fûmes mis à la demi-ration pour six mois afin de défrayer, par cette économie sur notre nourriture, le Gouvernement anglais des 90 ou 100 coups de fusil qui avaient été tirés sur nous ; mais je m'abstiens de toute réflexion sur une conduite aussi odieuse.

Je me trouvai encore quelque temps après compromis avec les mêmes compagnons auxquels s'était joint M. Corthier, agent comptable, décoré de la Légion d'honneur.

Nous avions parmi nous un officier nommé Chantignol qui avait vendu son tour d'échange à un capitaine de Bordeaux appelé Lamperrière dont il avait pris le nom. Cet être méprisable et indigne du titre d'officier qu'il dégradait par son espionnage, avait insinué au capitaine Alt que nous avions formé le projet de nous emparer du ponton en massacrant la garde pour recouvrer notre liberté.

Celui-ci donna l'ordre de faire feu sur nous au premier mouvement qu'on apercevrait parmi nous. Nous fûmes sur-le-champ déshabillés complètement afin qu'on s'assurât si nous n'avions pas d'armes. Cette première visite et celle de nos malles ne procurèrent aucun mauvais résultat contre nous ; mais malheureusement on trouva un poignard dans le hamac d'un maître d'armes qui, disait-on, était de notre complot. Ce poignard fut envoyé à l'Amirauté et il n'en fallut pas plus pour nous faire condamner au cachot pour le reste de la guerre.

La conduite de ce M. Chantignol nous était suspecte depuis quelque temps et en effet il avait obtenu ses libres entrées dans toute la prison et il se vantait même d'aller sous peu de jours au cautionnement. De semblables faits nous désillèrent les yeux et ses actions ayant été surveillées de près il fut à bon droit reconnu comme espion et à ce titre mis à l'index parmi tous les habitants du ponton. On écrivit à l'agent des prisonniers qui refusa de nous entendre. On se décida alors à faire parvenir à l'amiral Rowley une lettre qui heureusement lui fut remise. Celui-ci assembla un conseil de guerre formé de trois capitaines de vaisseau et M. Corthier se chargea de plaider la cause commune devant ce tribunal.

L'accusation resta en défaut et aucun des faits à notre charge ne put être clairement prouvé. Quoi qu'il en soit on nous sépara et je fus conduis à bord du ponton le *Sandwich* d'où je fus évacué au bout de huit jours sur le *Bristol* par suite d'une nouvelle tentative de désertion.

Coswell, capitaine de ce ponton, rivalisait de cruauté avec tous ses collègues et le fait suivant est de nature à établir la vérité de mon assertion.

Un jour il me trouva dans la partie du bâtiment réservée aux Anglais et où cependant étaient admis les autres prisonniers ; il fit appeler le caporal de service, lui fit le reproche de m'avoir permis de pénétrer dans ce lieu et le condamna pour ce fait à recevoir trois douzaines de coups de martinet. Craignant de laisser punir un homme qui était innocent d'une faute dont seul je me sentais coupable, j'allai trouver cet officier pour implorer la grâce du militaire en lui avouant que si ses ordres avaient été enfreints, c'est que j'avais déjoué la surveillance du caporal. Cette déclaration franche faite à un homme ivre ne fut accueillie que par une abominable brutalité. Il me menaça du cachot. De pareilles menaces et une injustice aussi criante me révoltèrent et ma réponse se ressentit de l'indignation que j'éprouvais. Il ordonna aussitôt à un soldat de me saisir. Celui-ci vint à moi la baïonnette à la main et voulut m'en porter un coup. Je lui arrêtai le bras et le renversant sous moi, je le désarmai. Pourra-t-on jamais croire qu'on poussa la cruauté jusqu'à déchaîner un énorme chien qu'on lança contre moi ? Mais deux coups de baïonnette arrêtèrent promptement cet animal furieux. On eut recours à la garde qui se trouvait sur le pont et ordre lui fut donné de s'emparer de moi. Je fus aussitôt entouré d'une vingtaine de soldats armés et m'abusant moi-même au point de croire que ces hommes, qui avaient été témoins de la démarche que j'avais faite pour soustraire leur caporal à la punition dont il était menacé me tiendraient compte de ce procédé qui m'avait placé dans cette position désagréable et ne se porteraient pas à des voies de fait en m'arrêtant, je jetai loin de moi la baïonnette dont j'étais armé. J'étais grandement dans l'erreur.

Après qu'ils m'eurent saisi, ces lâches trouvèrent un exécrable plaisir à m'arracher les cheveux et à me mutiler la tête, le corps, les bras et la figure avec la douille de leur baïonnette. On me trouva dans cet état sur le gaillard d'arrière à demi-mort et mes vêtements en lambeaux.

Le docteur Fauster, chirurgien du ponton et parfait honnête homme, fut saisi d'indignation de me trouver dans cet état et après avoir adressé de violents reproches au capitaine et aux soldats, il me fit conduire à l'hôpital du bâtiment où il me conseilla de dresser ma plainte, ce que je fis dans la nuit même. M. Corthier eut la bonté de me traduire cette plainte en anglais et je l'adressai à l'amiral de Chatam. Ce pauvre diable de Corthier avait été aussi fort maltraité en voulant venir à mon secours et il fut obligé de se faire soigner.

Le lendemain, les officiers français en présence desquels les faits s'étaient passés furent mandés dans la chambre du conseil par le capitaine anglais et un instant après j'y fus appelé moi-même. Ce dernier, devenu vil et rampant au souvenir de son injustice, s'abaissa jusqu'à me prier de me désister de ma plainte en me promettant qu'à l'avenir les prisonniers n'auraient plus à se plaindre de lui et qu'il leur accorderait toute la liberté possible. Vaincu par les sollicitations de mes amis et dans le but de leur assurer à tous une tranquillité que j'avais payée si chère, je cédai à leurs instances et je retirai ma plainte.

Tels étaient cependant les hommes méchants et qu'on pourrait même appeler du nom d'assassins auxquels le Gouvernement britannique confiait la garde des prisonniers français...... Aussitôt que je pus sortir de l'hôpital, je fus transféré, sans avoir pu adresser un seul mot d'adieu à mes amis, à bord du ponton le *Sandwich* où je fus consigné dans le faux-pont pour deux mois par les ordres du capitaine Hongrefort, autre bourreau de la même espèce que le précédent. Au bout de ce temps, je fus évacué sur le *Bahama* où j'appris que des prisonniers travaillaient à pratiquer une ouverture qui devait leur procurer la liberté.

J'achetai pour quelques schellings le droit d'y passer le premier et le 27 juillet 1808, le temps étant convenable, nous nous mîmes à la mer à dix heures du soir. J'avais atteint la terre lorsque l'alarme fut donnée, mais je fus repris six heures après par des soldats du fort de Chatam et reconduit à bord du *Bahama* où je fus mis au cachot pour dix jours.

Quoique j'eusse déjà été déjoué plusieurs fois dans mes projets d'évasion, je n'avais cependant pas perdu courage et je conservais toujours l'espoir de réussir une fois ou l'autre et je m'arrêtai enfin à un plan qui n'avait encore été tenté par personne ; je mis dans ma confidence et j'associai à mon projet M. Rousseau, aspirant de marine, qui était déterminé à suivre ma fortune.

En me promenant sur le gaillard d'avant j'avais remarqué qu'il était possible de descendre de là sans être aperçu dans un des sabords du ponton à l'avant. Nous dressâmes notre plan en conséquence et quelques-uns de mes amis devaient baisser si nous passions sans être vus, les mantelets des sabords, ce qui ne paraîtrait pas suspect par un temps pluvieux où l'on ne comptait même pas les prisonniers au moment de les faire descendre. Nous pouvions alors nous glisser très facilement à la mer lorsque l'instant nous paraîtrait favorable.

Ma malheureuse étoile me destina le sabord de bâbord qui était le plus près de la galerie où se tenait le factionnaire.

Le 20 septembre au soir, par un temps de pluie, nous nous glissâmes l'un après l'autre à nos places respectives et à l'insu des

Anglais, qui se promenaient sur les gaillards de l'avant et de l'arrière, sur les passavants et sur la dunette. Les prisonniers furent renfermés comme de coutume et sans qu'il fut question de ce qui se passait ; la ronde se fit et tout parut dans l'ordre. Nous n'attendions plus que l'instant favorable et tout semblait sourire à notre entreprise lorsque les mantelets de sabord vinrent à se rouvrir. Alors nous nous crûmes découverts ; malgré cela nous étions décidés à attendre qu'on vint nous déposter. Cependant tout demeurait tranquille et nous commencions à reprendre espoir quand à notre grand désappointement le ciel devint pur et la mer calme. Le factionnaire se promenait en chantant à trois pieds au-dessous de nous.

M. Rousseau ayant alors renoncé à la partie, je résolus de mettre à profit ce qui se trouvait déjà fait et ce qui ne pourrait plus me servir le lendemain et, en dépit de ces contre-temps, je me disposai, après avoir placé dans mon chapeau une partie de mes effets à me mettre à l'eau avant que la marée ne devint un obstacle de plus à surmonter. Je saisis en conséquence la corde pour descendre avec toutes les précautions possibles mais au moment où je mettais le pied sur la galerie je fus aperçu du factionnaire dont le premier mouvement fut de me donner un coup de son fusil sur le brás et l'ayant aussitôt armé il allait faire feu à bout portant lorsque je saisis son arme et détournai le coup. Bien m'en pris car il m'eut tué. Alors je me préparai à repousser l'attaque, mais la corde de mon sac s'étant prise au-dessous de la galerie, je dus revenir sur mes pas pour la faire parer. Le factionnaire profita de ce mouvement pour m'asséner sur la tête plusieurs coups de fusil qui m'eussent infailliblement tué s'ils n'avaient pas été amortis par les effets qui étaient dans mon chapeau. Cependant, voyant qu'il y allait de ma vie et connaissant par une expérience acquise à mes dépens ce que j'avais à attendre de la haine et de la cruauté de mes geôliers, je n'hésitai pas à opposer une forte résistance à mon adversaire. Je courus sur lui et l'ayant saisi il fut promptement terrassé et désarmé. Alors il monta sur le pont en poussant des hurlements épouvantables, ce qui attira bientôt toute la garnison du bord. L'officier donna ordre de faire feu sur moi et je me jetai entre la guérite et le ponton. Dans cette position j'étais heureusement garanti par la rentrée du vaisseau, ce qui me préserva de recevoir une dizaine de balles que me réservait la générosité de ces braves Anglais qui, furieux de voir un de leurs grenadiers chassé de son poste, après avoir été désarmé par un seul Français, voulaient laver cet affront dans le sang d'un homme devenu inoffensif et presque réduit à l'état d'insensibilité par les coups qu'il avait reçus sur la tête et sur le corps.

Jugeant que j'avais cessé de vivre, un officier et un sergent descendirent et s'emparèrent de moi, mais grand fut leur étonnement en reconnaissant que j'avais été mis à l'abri de leur feu par la rentrée du vaisseau. De mon côté, je remerciai Dieu de m'avoir doué d'une grande force physique pour me faire triompher d'un des plus forts soldats du régiment.

Les Anglais, témoins de cette lutte sérieuse furent, à leur grand regret, convaincus qu'il ne faut pas dix Français pour démonter un Anglais et ils firent administrer trois douzaines de coups de martinet bien appliqués entre les deux épaules du pauvre soldat en présence de toute la garnison et même des prisonniers français.

Cette tentative de désertion détermina les Anglais à faire porter la baïonnette au bout du fusil des factionnaires placés dans les galeries et sur le raz.

On jugea probablement que j'étais assez puni par les coups que j'avais reçus car on m'envoya à l'hôpital et l'on me fit grâce du cachot.

Quelque temps après cette affaire, M. Rainier, capitaine du bâtiment qui nous avait capturés dans l'Inde sur le *Gustave*, eut lui-même besoin pour la rédaction de ses états de service d'un certificat émané de moi comme premier officier du bord de ce corsaire et qui constatât le nombre et le calibre des canons montés à bord au moment de la capture.

Il avait appris par M. Bonnefoux, officier distingué de la marine française, avec lequel j'avais été en prison à Chatam, que depuis mon arrivée de Madras où j'étais prisonnier sur parole, j'étais détenu sur les pontons en dépit de mes droits au cautionnement comme second capitaine d'un corsaire de 16 canons monté par 120 hommes d'équipage, que toutes mes réclamations étaient toujours restées sans résultat auprès de M. Hutchinson, agent des prisonniers, qui avait refusé obstinément de me faire obtenir cette faveur à laquelle j'avais des droits incontestables et cela parce que je ne pouvais pas produire la pièce qui m'était nécessaire pour établir mes titres. M. Bonnefoux avait ajouté que les nombreuses désertions que j'avais entreprises à Chatam ne devaient nullement compromettre mon honneur de prisonnier puisque je n'avais agi qu'étant sous les verrous et sous la garde de soldats anglais.

Quelle fut ma surprise, un bon matin, de me voir mandé sur le gaillard d'arrière, par M. Hutchinson qui me remit, en présence de plusieurs personnes, une lettre de M. Rainier renfermant un certificat de cet officier supérieur constatant le nombre de canons dont le corsaire était armé au moment de la capture et dans laquelle il me priait de lui transmettre une pareille déclaration signée de moi. Il avait, disait-il, été instruit de toutes les injustices dont j'avais été la victime. Il s'était lui-même rendu au transport d'office pour en donner connaissance et il m'assurait que sous peu de jours j'obtiendrais mon cautionnement.

Je fus ravis de cette heureuse nouvelle car je pensais bien que toute la mauvaise volonté d'Hutchinson échouerait devant le crédit de M. Rainier, neveu de l'amiral de ce nom, qui était membre de l'Amirauté.

Cet agent me dit cependant avec beaucoup d'assurance qu'avant de quitter le ponton j'aurais à rembourser la valeur de 50 années de demi-ration pour mettre le Gouvernement à couvert de tous les dégâts que j'avais causés sur les pontons. Néanmoins il n'en fut rien, et cinq jours après cette entrevue, je fus envoyé, sur parole, au cautionnement de Waintag où je restai un mois. Le transport d'office ordonna au bout de ce temps un mouvement général. Les officiers de marine furent dirigés sur l'intérieur et les officiers de troupe sur Endovers. Ce lieu n'étant éloigné ni de Londres ni de Pool convenait parfaitement à l'espoir que je nourrissais toujours de déserter et moyennant un louis d'or j'achetai cette destination d'un officier de dragons à qui il importait peu de vivre dans l'intérieur ou sur la côte. J'habitais cette ville depuis huit jours seulement lorsque je mis à exécution mon projet d'évasion. Ayant fait part de mes intentions à un capitaine de dragons avec lequel je logeais et qui s'appelait Chevallier, il se décida à tenter avec moi cette chance de liberté. Nous nous procurâmes, chez un marchand juif, chacun une paire de pistolets de poche doubles et le 8 août 1810, au milieu du jour, nous quittâmes le cautionnement. Une dame anglaise, à qui j'étais déjà redevable de plusieurs autres services nous rendit encore celui de nous procurer une voiture qui nous conduisit à Pool où nous logeâmes dans un grand hôtel qui n'était pas éloigné du quai. Dans l'après-midi je fis une tournée sur le quai pour prendre connaissance des lieux et examiner la sortie du port et je pus reconnaître qu'il n'était nullement facile d'enlever une embarcation.

Cependant un très joli petit cutter sur lequel on ne remarquait personne et qui était armé de pierriers et de longs fusils montés sur chandeliers, fixa mon attention. De retour à l'hôtel, je rendis compte à M. Chevallier de mon inspection et il m'objecta que ce cutter était trop grand et que la nuit il était sans doute gardé par un fort équipage. Nous nous décidâmes alors à nous rendre à Christ-Church où nous descendîmes à l'hôtel de Georges III. Je me mis encore seul en campagne et je poussai ma reconnaissance jusqu'au barachois où je remarquai une grande quantité de bateaux pêcheurs qui convenaient à notre projet. Je revins à l'hôtel et M. Chevallier me dit qu'il avait de fortes raisons de croire que nous étions reconnus pour Français. J'avais remarqué sur l'enseigne de l'hôtel des caractères particuliers ce qui me donna l'idée de faire appeler le maître à qui je fis part des inquiétudes que nous inspirait son domestique de qui nous pussions être reconnus. Il nous avoua que nos soupçons étaient fondés et que quant à lui, il était Français, qu'il habitait l'Angleterre depuis le commencement de la Révolution, qu'il voyait bien que nous étions officiers déserteurs du cautionnement ; que cependant il voulait bien nous servir à la condition toutefois que nous lui donnerions notre parole de ne point enlever de bateau pêcheur appartenant à la localité.

Ayant reçu de nous cette promesse, il nous cacha dans un grenier. L'heure du dîner étant venue et le domestique ne nous ayant pas trouvés dans notre chambre, l'éveil fut bientôt donné et beaucoup de personnes mises à notre poursuite. A huit heures du soir l'hôte vint nous trouver et après avoir bien mangé et bien bu et après avoir surtout beaucoup parlé de la France il nous conduisit hors de la ville en évitant avec beaucoup de précautions les corps de garde et nous ayant embrassés il nous souhaita bonne réussite.

J'avais toujours dans la pensée le cutter de Pool et je parvins à décider mon compagnon à retourner dans ce dernier lieu. Nous nous acheminâmes de nouveau en suivant, comme la première fois, la route qui serpente le long de la côte et qui est peu fréquentée, lorsque nous fîmes rencontre de deux Anglais fort bien mis et qui portaient chacun une cravache à la main. Ils nous passèrent d'abord puis revinrent sur leurs pas et cherchèrent à nous arrêter. Celui qui s'adressa à M. Chevallier avait sur lui l'avantage de la force, mais il n'en était pas de même de mon adversaire que je terrassai en un instant pour voler à l'attaque de l'autre qui éprouva bientôt le même sort et nos deux Anglais se trouvèrent si bien traités qu'ils en furent réduits à nous demander grâce pour leur vie.

« Nous pouvions, leur dîmes-nous, en leur montrant nos pistolets, vous l'arracher facilement ; mais dites-nous seulement si vous êtes constables ? Non. Etes-vous du guet ? Non, dirent-ils encore. Soldats ? Non. Faites-vous la guerre ? Non, gentlemen, sirs ! Et vous exercez le métier d'arrêter les prisonniers de guerre qui cherchent au péril de leur vie à recouvrer leur liberté. Nous reconnaissons bien là les gentlemen anglais qui ne font pas la guerre et c'est sans doute pour obtenir une guinée de votre Gouvernement que vous avez cherché à vous emparer de nous. Eh bien ! la voilà cette guinée » et, saisissant leurs cravaches, nous leur en administrâmes autant de coups sur les épaules qu'il y a de schellings dans cette pièce ; puis nous continuâmes notre route par des chemins de traverse, ce qui fut cause que nous n'arrivâmes à Pool qu'à 11 heures du soir. Nous nous jetâmes aussitôt dans un canot, bien déterminés à enlever le cutter qui ne me sortait pas de l'idée. C'était aussi le seul moyen d'échapper à la poursuite qu'on ne manquerait pas de nous faire quand on connaîtrait l'histoire de nos deux agresseurs. Nous arrivâmes sans opposition à bord de ce petit bâtiment dont nous trouvâmes le capot de la chambre fermé ainsi que celui de l'équipage.

Après nous être bien assurés qu'il n'y avait personne que nous à bord, je fis toutes les dispositions d'appareillage. Je parle de moi seulement car mon compagnon n'était pas marin et il était de plus gravement indisposé en raison des coups qu'il avait reçus.

Les vents étaient N.-N.-O. bonne brise. Nous passâmes à portée de voix d'un brick de guerre mouillé dans la passe qui ne nous héla même pas ; mais à 7 heures du matin, je fus chassé par un autre brick qui me força à passer entre l'île de Wight et la terre. A 11 heures du soir j'étais encore à petite distance de cette île et j'avais en vue plusieurs navires. Les 12, 13 et 14 il fit calme, mais le 15 au jour le temps étant fort beau et une belle brise du N.-N.-E. s'étant déclarée, nous fûmes aperçus d'une frégate anglaise qui nous appuya chasse à 5 heures du matin. La marche du cutter étant avantageuse, nous cessâmes de craindre la chasse de la frégate et à 2 heures du matin nous arrivions à Port-en-Bessin près de Caen. Tous les habitants de cette commune s'empressèrent de rendre à M. Chevallier qui, depuis notre fatale rencontre sur la route de Pool, n'avait cessé de vomir le sang, tous les soins que réclamait sa triste position. Mais tous les secours furent inutiles et il mourut à Caen quatre jours après notre arrivée sur le sol natal.

Le lendemain matin je lui fis rendre les derniers devoirs avec tous les honneurs dus à son rang. J'avais été conduit à Caen sous l'escorte de huit douaniers et de dix soldats. Le général commandant le département, après m'avoir fait subir un interrogatoire, m'envoya loger à l'hôtel Sainte-Barbe où je demeurai cinq jours en surveillance en attendant les renseignements qu'il avait demandés sur mon compte à Saint-Malo.

J'appris que le cutter que j'avais enlevé était affecté au service des douanes et que le lendemain de notre départ il devait entrer en commission. Il ne fut pas de ce bâtiment comme de celui que j'avais enlevé et conduit à Cherbourg en 1799. Il fut, par ordre, conduit et vendu à Caen et le produit de la vente fut divisé en trois parts, dont la première fut prélevée pour le Gouvernement, la seconde fut envoyée à la famille de mon malheureux compagnon et la troisième me parvint par le bureau des classes de Saint-Malo.

(Le 10 novembre 1810, Angenard est pris de nouveau sur le corsaire de Lorient la *Vénus* par la frégate le *Curaçao* après un brillant combat contre le packet la *Charlotte*.)

...Le lendemain de notre arrivée à Plymouth j'allai à terre avec M. Dufilleul, écrivain et interprète de mon bord et, accompagnés de plusieurs officiers et soldats de la frégate, nous fûmes conduits à l'Amirauté pour y constater la capture du corsaire. Il est d'usage qu'après avoir prouvé la validité de la prise, les officiers qui vous accompagnent vous fassent les honneurs d'un dîner dans l'un des meilleurs hôtels de la ville. On nous fit cette politesse et, au moment de nous mettre à table, nous priâmes un domestique de nous conduire aux lieux d'aisance. Nous profitâmes du moment où les soldats placés pour nous garder à la porte de l'hôtel tournaient le dos et nous franchîmes le mur de la cour. Ayant sur-le-champ loué pour Londres la première voiture qui nous tomba sous la main, nous courions dix minutes après grand train sur cette route, protégés par une grande pluie. Au premier relais un officier et des soldats de marine qui stationnaient là pour arrêter les nombreux déserteurs des vaisseaux et des frégates qui étaient mouillés sur la rade de Plymouth nous firent faire halte et lorsque nous fûmes reconnus pour Français, l'officier m'appliqua, sans que j'y eusse nullement donné lieu, un violent coup de poing sur la figure. Sa brutalité me fit entrer dans un si grand accès de colère, qu'en moins de dix secondes il roulait à mes pieds. Le coup que j'avais reçu me fit beaucoup saigner de la bouche mais, en revanche, la figure de mon agresseur était dans un état pitoyable.

Cette petite vengeance nous valut la faveur d'être enmenotés et de payer le retour de la voiture à Plymouth. Comme la pluie tombait toujours, l'officier et quatre soldats prirent l'intérieur de la voiture et nous placèrent sur la banquette. Il ne s'en tint pas là ; à l'entrée de la ville il nous fit descendre et chercha à ameuter contre nous un groupe de canailles et, comme le pays en fourmille, il réussit bien promptement. Sur son invitation nous fûmes bientôt couverts de boue : hommes, femmes et enfants se disputaient l'honneur de nous en jeter les plus grosses poignées sur la figure. Nous arrivâmes à Mille-Prisons sous l'escorte et sous les huées de ce crapuleux assemblage. L'agent des prisonniers français, M. Roger, refusa de nous recevoir dans l'état où on nous avait mis. Nous fûmes conduits à un corps de garde ; l'officier qui le commandait se chargea de nous, nous fit aussitôt ôter les menottes et prit soin de nous faire nettoyer. Il eut même une vive altercation avec notre conducteur à qui il refusa de nous remettre le lendemain. Il nous escorta lui-même avec une garde à Mille-Prisons où je trouvai plusieurs amis qui me racontèrent que des soldats devaient, moyennant quinze guinées chacun, leur procurer les moyens de sortir de la prison. Mon admission dans la partie fut prononcée.

Quelques jours après le moment arriva et le signal fut donné à dix heures du soir après le changement des factionnaires.

La sentinelle demanda alors qu'on lui jetât une corde qui devait servir à nous faire grimper sur le mur du bargont ; mais comme ce passage était hérissé de fragments de verre on proposa de le recouvrir d'un matelas et je me chargeai de l'opération que j'exécutai au risque de recevoir la balle du factionnaire qui tenait la corde ou de tout autre car nous avions de bonnes raisons de ne pas trop nous fier à l'obligeance anglaise. Cependant, comme j'avais déjà fait le plus fort de l'opération en gravissant le mur, je me décidai à m'affaler du côté opposé quoique je ne dusse passer qu'à la deuxième bande. Gautier et Debon me suivirent. Guibert se décida heureusement pour lui à ne passer qu'au deuxième tour.

Ce qui va suivre donne une idée bien juste de la loyauté des soldats anglais. Cinq factionnaires dispersés dans les environs quittèrent leurs postes respectifs pour se réunir autour de nous et, tendant la main, ils nous disaient que bientôt nous allions nous trouver libres dans Plymouth ; mais l'un d'eux fut trop pressé et sans attendre le second passage, il tira son coup de fusil pour donner l'éveil au moment où je comptais ma quinzième guinée, supposant que Gautier et Debon avaient déjà compté les leurs. Ils croisèrent aussitôt leurs baïonnettes sur nous, menaçant de nous les passer au travers du corps si nous faisions le moindre mouvement. Après nous avoir ainsi volés on nous mit au cachot pour onze jours et le lendemain, officiers et soldats vinrent d'un air triomphant, insulter à leurs victimes à la porte du cachot, le verre de bière à la main en nous disant avec un rire insensé : Messieurs les Français, la bière que vous payez est fort bonne ! Cette plate ironie était bien digne de ses auteurs.

A l'expiration des onze jours on nous sépara et l'on nous répartit sur divers pontons. A mon arrivée sur le ponton l'*Europe*, le capitaine prévint les prisonniers qu'il les priverait de tous les petits moyens d'existence qu'ils retiraient de leur industrie s'ils ne dénonçaient pas immédiatement toutes les tentatives que je pourrais faire pour recouvrer ma liberté.

Malgré ces menaces et les protestations de plusieurs Français, je désertai le cinquième jour et fus repris sur les vases où l'on me reconduisit au cachot. J'y restai les dix jours de rigueur et le onzième je passai sur le ponton le *Saint-Nicolas*.

Les mauvais traitements et les privations que j'avais éprouvés depuis six mois m'avaient tellement épuisé que je crachais le sang, ce qui me força de recourir au docteur anglais du *Saint-Nicolas*. Je lui dépeignis ma situation et j'obtins pour toute réponse que je pouvais aller au diable. Il poussa même l'oubli des devoirs de sa profession et l'inhumanité jusqu'à défendre au chirurgien français employé à bord du ponton de m'administrer aucun remède qui put me soulager.

J'écrivis aussitôt deux lettres : l'une au capitaine du ponton, l'autre au commodore des prisons-ships. J'exposais ma position en déclarant que le docteur me refusait ses soins et je les priais d'interposer leur autorité pour faire cesser une animosité dont j'étais la victime. Huit jours après, n'ayant reçu aucune réponse et après avoir passé une très mauvaise nuit pendant laquelle je n'avais cessé de vomir le sang, je me rendis auprès du chirurgien français du ponton pour réclamer de lui quelque soulagement. Au même instant arriva le docteur anglais qui m'enjoignit, avec menaces, de sortir sur-le-champ. Je voulus lui représenter mon état de souffrance ; il me repoussa violemment et se mit en garde pour le coup de poing. Acceptant la partie avec empressement, j'eus bientôt fait justice de ce damné carabin qui, furieux qu'un gentleman de son espèce eut été boxé par un pauvre Français malade, me fit traîner sur le gaillard où le capitaine du ponton me fit cramponner par les quatre membres. On poussa même la cruauté jusqu'à faire répandre sous moi un seau de brai et me voyant ainsi collé ou pour mieux dire crucifié sur le pont, un officier de troupe fut assez lâche et assez vil pour me passer le pied sur la figure. Ne pouvant me venger d'une autre manière, je me contentai de lui cracher au visage. Indignés d'une telle conduite, MM. Herpin, Leroy, Garnier et Geffroy, de Saint-Malo, parvinrent, pour quelques schellings, à faire remettre au commodore des prisons-ships une lettre dans laquelle ils le priaient de venir à bord pour être témoin du traitement indigne qu'on exerçait à l'égard d'un prisonnier français dont toute la culpabilité était d'avoir repoussé la force par la force.

Cette lettre atteignit heureusement son but et peu de temps après il vint à bord. Dès qu'on aperçut son canot on s'empressa de me délier et de m'arracher au brai ; on y mit même tant de précipitation que le dos de ma veste y resta collé. On me poussa vivement en bas avec les autres prisonniers avant que le commodore eut atteint le ponton. A son arrivée il me fit appeler et je lui dévoilai l'infâme traitement qu'on m'avait fait souffrir et, levant à ses yeux la toile avec laquelle on avait recouvert l'endroit où j'avais été cramponné et collé, je lui montrai le dos de ma veste qui y était resté comme témoin accusateur.

Après avoir entendu le capitaine et le docteur il déclara que le cas était grave et que le transport d'office serait appelé à en décider, que chacun de nous eût à dresser sa plainte particulière et qu'il se chargeait d'en faire la remise.

Dans mon exposé, je retraçais toutes les infamies et les outrages dont j'avais été abreuvé et je rappelais en même temps un autre acte de cruauté commis sur la personne d'un sapeur français qui s'était fait à lui-même le serment de ne pas couper sa barbe pendant qu'il serait prisonnier de guerre et qui comme moi avait été cramponné sur le gaillard d'arrière et rasé à sec par un perruquier anglais.

Quinze jours après cet événement une commission composée de l'amiral de Plymouth et de trois capitaines de vaisseau se rendit à bord et, après nous avoir entendus séparément, le capitaine et le docteur du ponton furent remplacés et mis à terre et je fus envoyé à bord du ponton la *Panthère* pour être consigné pendant trois mois dans le faux-pont.

Les Français témoins de la scène odieuse que je viens de tracer m'ont appris depuis que le docteur était au nombre des officiers du *Starlung-Castle* dont j'ai raconté la capture ; qu'il m'avait reconnu pour l'officier qui les avait amarinés et que, se rappelant que je leur avais fait déposer leurs armes en disant qu'un officier de corsaire français ne recevait point d'armes teintes de sang de poules, il m'avait conservé une rancune anglaise.

Il y avait déjà longtemps que je languissais dans cette contrainte et je commençais à perdre tout espoir de recouvrer ma liberté, lorsqu'un nouveau projet me traversa l'esprit : Je proposai à un infirmier français qui parlait assez bien la langue anglaise, de se charger de découvrir, en lui donnant la somme de dix guinées, un soldat anglais qui se jetterait à la mer et que je me chargerais d'en retirer. L'infirmier de son côté devait recevoir cinq guinées à sa part.

Dès le lendemain celui-ci me dit qu'il avait trouvé mon homme, qu'il n'y avait qu'une seule difficulté, que le soldat ne savait pas nager ; que du reste c'était un ivrogne de profession qui s'abonnerait bien à recevoir tous les jours deux douzaines de coups de martinet pour une bouteille d'eau-de-vie ; mais qu'au surplus il voulait me parler avant d'entrer en arrangement. Ceci devenait très difficile à faire sans qu'on s'en aperçût, mais l'infirmier leva cette nouvelle entrave.

Voici les questions qu'il m'adressa dans cette entrevue : Etes-vous catholique ? Oui. Je le suis aussi me dit-il. Je suis Irlandais. Savez-vous assez bien nager pour sauver un homme qui ne le sait pas du tout ? Oui, lui répondis-je. Eh bien ! pour prouver que vous dites la vérité, faites le signe de la croix ; Je le fis aussitôt. Savez-vous assez bien plonger pour retirer de l'eau un homme qui serait coulé à fond ? Oui, lui dis-je, quand même il y serait depuis deux heures. Vous êtes donc grand nageur ? Oui, certainement. Au résumé, vous me promettez de me donner dix guinées pour me jeter à l'eau ? Oui, c'est une affaire convenue. Alors demain vous me donnerez sept schellings, j'irai à terre avec le bateau de provisions et au retour, je me jetterai à la mer.

Le bateau revint le lendemain, mais mon soldat ne bougea pas ; il n'en fit pas plus à deux autres voyages à terre et il m'avouait toujours que le courage lui manquait au moment de se jeter à la mer. Je me crus encore dupe de la fourberie des soldats anglais, je lui adressai de violents reproches et il est probable qu'il en fut touché, car il me promit que si je voulais lui donner une autre pièce de sept schellings, il irait à terre le lendemain, s'y enivrerait et qu'il ne manquerait pas d'exécuter sa promesse en arrivant à bord du ponton et lorsqu'il m'apercevrait.

Effectivement, au retour du bateau qui était chargé de monde, je découvris mon Irlandais qui se tenait à l'avant et qui, aussitôt qu'il me vit, leva les yeux au ciel et se jeta à la mer comme un paquet de linge sale. Je me précipitai immédiatement après lui, nageant dans la direction du courant, car il avait coulé et je présumais bien qu'il reviendrait sur l'eau, au large du bateau, ce qui arriva en effet. Il revint en se débattant comme un homme qui se noie. N'étant pas éloigné de lui, je pus le saisir promptement et avec précaution. Cependant j'avais beaucoup de peine à le soutenir au-dessus de l'eau et j'étais parfois obligé de l'abandonner pour n'être pas saisi par lui. Le courant nous entraînait avec force et déjà nous étions par la traverse d'un autre ponton dont le canot nous sauva.

La grande quantité de personnes qui se trouvaient dans le bateau de notre ponton firent qu'il ne put arriver que lorsque nous étions déjà dans l'autre. Le pauvre diable d'Irlandais était sans connaissance et presque asphyxié. Il fut porté à l'hôpital du ponton où il rendit en plusieurs nausées beaucoup d'eau de mer et de rhum, ce qui le fit revenir à la vie.

A mon arrivée sur le ponton, le capitaine me complimenta et m'assura que, malgré les mauvaises notes que j'avais sur mon compte je serais certainement renvoyé en France ; qu'il se chargeait lui-même d'adresser un rapport sur cet acte de dévouement que j'avais exercé seul, à la honte d'une quantité d'Anglais et de Français qui, comme lui, en avaient été témoins et dont pas un n'avait songé à se jeter à la mer pour nous porter secours ; qu'au surplus je pouvais être certain d'être compris dans le premier cartel d'échange.

En effet, au bout de huit jours, je reçus un passe-port pour la France et je fus conduit à Mille-Prisons où je trouvai M. Langlois, de Saint-Malo, qui venait aussi de recevoir son passe-port.

Nous traitâmes de notre passage de concert avec une troupe de musiciens italiens, sur un petit sloop pour une somme de 25 guinées et nous débarquâmes dans la rivière de Morlaix le 28 août 1812.

(Angenard rembarque aussitôt sur la *Miquelonnaise*, puis sur le *Spéculateur* où il fut pris une dernière fois en 1814.) (Voir P. J. nº 61.)

Oberthur, Rennes (2492-14).

www.ingramcontent.com/pod-product-compliance
Lightning Source LLC
LaVergne TN
LVHW021934060726
842528LV00001B/180

* 9 7 8 2 0 1 9 9 8 2 5 2 2 *